Der Mann hat das Weib geschaffen – woraus doch? Aus einer Rippe seines Gottes – seines »Ideals« . . .

(Nietzsche)

Wer von den Philosophen alles nicht geheiratet hat: von den großen sind es u. a. Descartes, Spinoza, Leibniz, Kant, Schopenhauer, Nietzsche, Kierkegaard, dazu Cusanus, Eckehart, Thomas von Aquin und das gesamte Mittelalter und fast das gesamte Altertum. Die Gegenprobe fällt kläglich aus: Fichte, Schelling, Hegel, Husserl, Heidegger.

Diese Anthologie über die Philosophen und die Frauen prüft, wie Berufsdenker in der Vergangenheit und bis heute über Frauen gedacht haben. Die Herausgeberin versucht, ihr Thema in eine Nachdenklichkeit zu bringen, die nicht mit Affektiertheiten und tollen Wortschrauben belastet ist.

Da Ihr, trotz Eurer jetzigen Romantik, geborne Klassiker seid, so kennt
Ihr den Olymp. Unter den nackten Göttern und Göttinnen, die sich dort,
bei Nektar und Ambrosia, erlustigen, seht Ihr eine Göttin, die, obgleich
umgeben von solcher Kurzweil, dennoch immer einen Panzer trägt und
den Helm auf dem Kopf und den Speer in der Hand behält. *Es ist die Göttin
der Weisheit.*

H. Heine

Was Philosophen über Frauen denken

Zusammengefaßt und erläutert
von Annegret Stopczyk

Matthes & Seitz Verlag
München

Ich danke Dr. Martin Puder für seine Unterstützung an dieser Arbeit; auch danke ich Horst Cantzen für seine Hilfe beim Tippen, vor allen aber Rolf Cantzen, der bei der Quellensuche mitwirkte und mit dem ich in sehr vielen Gesprächen die Gedanken der Philosophen reflektieren konnte.

Umschlagbild: Minerva mit der Eule.

Gesamtherstellung: Kösel, Kempten. Printed in Germany.
ISBN 3-88221-314-0.

PHILOSOPH

Philos: Freund, Genosse, Gatte, Liebhaber, Vertrauter
+

Sophia: Weisheit, bewußte Kunst, Klugheit, List, Einsicht
(Athene, Minerva, Maja)
=

Freund der Weisheit – Liebhaber der List – Vertrauter der Einsicht – Genosse der bewußten Kunst – Gatte der Klugheit

FREUND DER WEISHEIT

INHALT

LAOTSE (LAU DSE)

(um 600 vuZ)

Chinesischer Philosoph und Reichsarchivar; sein persönliches Leben bleibt dunkel in Legenden verborgen. Er errichtete keine Schule wie Konfuze und bildete auch keine Jünger aus. Angeblich übergab er seine 5000 Worte des Dau dö Djing einem Grenzposten, als er das Land verließ. »Sein Streben war, sich selbst zu verbergen und ohne Namen zu bleiben« (Chin. Gesch.-schreiber Si Ma Tsien 163–85 vuZ). Dieses Streben nach »Überpersönlichkeit« und »Unpersönlichkeit« macht es heute noch möglich, nach einiger Zeit der Vertiefung, die Sprüche mit aktuellem persönlichem Gewinn zu verstehen.

TAO TE KING

6. Das Werden der Formen
Der Geist der Tiefe stirbt nicht.
Das ist das Ewig-Weibliche.
Des Ewig-Weiblichen Ausgangspforte
ist die Wurzel von Himmel und Erde.
Endlos drängt sich's und ist doch wie beharrend.
In seinem Wirken bleibt es mühelos.

28.

Zu wissen um seine Mannheit
und sich behüten seine Weibheit,
das wirkt der Welt als Strombett;
wirkt man der Welt als Strombett,
so ist die beständig rechte Gesinnung nicht fern
und man kehrt wieder heim unter die kleinen Kinder.

52. Rückkehr zum Ursprung
Der Anfang des Seins der Welt
heißt die Mutter der Welt.
Wer seine Mutter findet, um seine Kindschaft zu erkennen,
Wer seine Kindschaft erkennt, um seine Mutter zu bewahren,

Der kommt beim Aufhören des Ichs in keine Gefahr.
() Das heißt: das Ewige erben.

61.

Ein großes Reich ströme unten dahin:
es ist der Welt Sammelpunkt,
der Welt Weibliches.
Das Weibliche bezwingt beständig
durch Stille das Männliche:
durch Stille hält es sich unten.
Darum: stellt sich ein großes Reich
so unter das kleine Reich,
dann erobert es das kleine Reich;
stellt sich ein kleines Reich
so unter das große Reich,
dann erobert es das große Reich.
Also: das eine unterstellt sich,
um zu erobern,
das andere unterstellt sich
und wird dabei erobert.

61. Leben der Demut (Wilhelm-Übersetzung)
()
Wenn das große Reich nichts wünscht als die Menschen zu
einigen und zu nähren,
wenn das kleine Reich nichts wünscht als sich anzuschlie-
ßen und zu dienen:
so erhalten beide den Platz, den sie wünschen,
aber das große muß sich unten halten.

KONFUZIUS (KUNGFUTSE)
(um 551–479 vuZ)

Chinesischer Philosoph und Justizminister; verh.; seine Lehren wurden von seinen Schülern aufgeschrieben und bis zum großen Kommentarwerk (18. Jahrh.) immer wieder neu von den nachfolgenden Jüngern zusammengestellt. Im Unterschied zu dem abstrakt-philosophischeren Laotse könnte man ihn eher einen pragmatischen »Moralphilosophen« nennen, der bis heute in China populär geblieben ist. Seine ethischen Ideen nannten als höchste menschliche Verhaltensweisen die »Nächstenliebe« und die »Menschlichkeit«. Diese Menschlichkeit könne durch Selbsterziehung erreicht werden, und zwar unabhängig von Geburt und Staatszugehörigkeit.

VOM ÄLTEREN UND JÜNGEREN DAI – DAS BUCH DER SITTE

Mann und Frau

Mann (Nan Dsï) bedeutet der »Verantwortliche« (Jen); Sohn (Dsï) bedeutet der »Nachwuchs« (Dsï). Ein Mann heißt der, der dem Weltsinn von Himmel und Erde gegenüber die Verantwortung übernimmt und allen Dingen als Führer zu dem für sie Rechten vorsteht. Darum heißt er der männliche Führer (Dschang Fu). Führen (Dschang) bedeutet walten (Dschang); männlich (Fu) bedeutet tragen (Fu). Das heißt: Er waltet über allen Dingen.

Er weiß, was man tun darf, und weiß, was man nicht tun darf; er weiß, was man reden darf, und weiß, was man nicht reden darf; er weiß, wie man handeln darf, und weiß, wie man nicht handeln darf. Wenn er irgendeine Theorie untersucht, so ist er über ihre Besonderheiten klar. Das nennt man Wissen. Dadurch bringt er seine Geisteskräfte in Ordnung.

Frau (Nü Dsï) bedeutet die »Ähnliche« (Ju); () Die Frau ist also die, die durch Belehrung dem Mann »ähnlich« wird, der über dem Aufbau ihrer Pflichten waltet. Darum heißt sie Ehefrau (Fu Jen). Ehefrau (Fu Jen) ist die dem Manne unterworfene (Fu Yü Jen). Darum hat sie nicht das Recht auf selbständige Entscheidung, sondern die Pflicht zu dreifachem Gehorsam. Zu Hause ist sie dem Vater unterworfen, in der Ehe dem Gatten und nach dem Tode des Gatten dem ältesten Sohn. Sie wagt in nichts ihrem eigenen Kopf zu folgen. Ihre Befehle dringen nicht über die inneren Gemächer hinaus. Ihre Beschäftigung beschränkt sich auf Zubereitung des Essens. Darum hält sich die Frau den ganzen Tag innerhalb der Tore der Innengemächer auf. Sie begibt sich zu keiner Beerdigung, die über hundert Li weit ist (damit sie nicht auswärts übernachten muß). In ihrer Arbeit kennt sie kein eigenmächtiges Handeln, in ihrem Tun kein eigenmächtiges Werk. Sie berät sich, ehe sie sich bewegt, und prüft, ob es richtig ist, ehe sie redet. Bei Nacht geht sie nur mit Laterne. Die Seidenraupenzucht und das Spinnen und Weben besorgt sie, und die Haustiere zieht sie innerhalb des Hauses auf. Das heißt ihre Zuverlässigkeit. Dadurch bringt sie die weiblichen Geisteskräfte in Ordnung.

Fünf Gründe gegen Eheschließung

Es gibt fünf Gründe, aus denen man ein Mädchen nicht heiratet: Ein Mädchen aus einer aufrührerischen Familie heiratet man nicht; ein Mädchen aus einer zuchtlosen Familie heiratet man nicht; ein Mädchen aus einer Familie, in der mehrfach Verbrechen vorgekommen sind, heiratet man nicht; ein Mädchen aus einer Familie mit üblen Krankheiten heiratet man nicht; die älteste Tochter eines Mannes, der seine Frau verloren hat, heiratet man nicht. ()

Sieben Gründe der Ehescheidung

Es gibt sieben Gründe, aus denen ein Mann seine Frau entläßt. Wenn sie den Eltern (des Mannes) nicht folgt, entläßt er sie. Wenn sie keinen Sohn hat, entläßt er sie. Wenn sie zuchtlos ist, entläßt er sie. Wenn sie eifersüchtig ist, entläßt er sie. Wenn sie eine böse Krankheit hat, entläßt er sie. Wenn sie zuviel redet, entläßt er sie. Wenn sie stiehlt, entläßt er sie. ()

Drei Gründe gegen Ehescheidung

Es gibt drei Gründe, aus denen eine Frau nicht verstoßen werden darf. Wenn sie nach der Heirat niemand hat, zu dem sie sich flüchten könnte, entläßt man sie nicht. Wenn sie mit ihrem Mann die dreijährige Trauerzeit um Vater und Mutter zusammen verbracht hat, verstößt er sie nicht. Wenn sie mit ihrem Mann gemeinsam Armut und Niedrigkeit getragen und er reich und vornehm geworden ist, verstößt er sie nicht.
()

Verkehr der Geschlechter

Ein Mann spricht nicht über Angelegenheiten der inneren Gemächer, eine Frau nicht über äußere Angelegenheiten. () Auf den Straßen gehen die Männer rechts und die Frauen links . . . ()

Die Lebensalter, Unterricht

Mit zehn Jahren verlassen die Knaben das (Frauen-) Haus und werden außerhalb von einem Lehrer unterrichtet. () Die Mädchen verlassen vom zehnten Jahr an nicht mehr die inneren Gemächer. Die Erzieherinnen unterweisen sie in Grazie, in Wort und Haltung, Fügsamkeit und Gelehrigkeit. Sie lernen den Hanf behandeln, die Seidenfäden der Cocons schlichten, Gewänder weben, Bänder weben und Schnüre flechten. Sie lernen die Frauenarbeiten, um für die Kleidung sorgen zu können. Sie schauen beim Opfer zu und lernen es, Wein, Sauce, Platten aus Bambus und aus Holz, Salzgemüse und Essigeingemachtes richtig aufzustellen und bei den Riten im Darbringen der Gaben behilflich zu sein.

Mit fünfzehn stecken sie sich das Haar auf (entsprechend der Männerweihe), mit zwanzig werden sie verheiratet . . . Findet eine Hochzeit statt, so wird das Mädchen Hauptfrau; wenn sie ohne Feier Aufnahme findet, so wird sie Nebenfrau.

GESPRÄCHE GIA-YÜ

Weibliche Zurückgezogenheit

Die Mutter des Gung-Fu Wen-Bo war die Großtante des Freiherrn Gi Kang Dsï. Wenn Gi Kang Dsï sie besuchte, so stellte er sich stets an der Türe auf, um mit ihr zu reden. Keiner von beiden überschritt die Schwelle. Als Gung-Fu Wen-Bo einst seinem Ahn Dscho ein Opfer darbrachte, half der Freiherr Gi Kang Dsï mit. Beim Reichen der Gefäße nahm sie sie nicht direkt aus der Hand des Gi Kang Dsï, nach dem Abräumen der Opfer aß sie nicht mit ihm zusammen. Ehe die Hausbeamten vollzählig beisammen waren, vollzog sie das Nachtopfer nicht. Beim Nachtopfer zog sie sich zurück, ehe das Austreiben der Geister fertig war. Meister Kung hörte es und sprach: »Die züchtige Trennung der Geschlechter ist ein Hauptpunkt der Sitte. Die Frau des Gung-Fu versteht es, sich innerhalb der Grenzen zu halten und sich die Sitte zum Maßstab zu nehmen.«

GESPRÄCHE LUN YÜ

Buch XV, § 12   Himmlische und irdische Liebe

Der Meister sprach: »Es ist alles aus! Ich habe noch keinen gesehen, der moralischen Wert liebt ebenso, wie er die Frauenschönheit liebt.«

Buch XVII, § 25   Frauen und Knechte

Der Meister sprach: »Mit Weibern und Knechten ist doch am schwersten auszukommen! Tritt man ihnen nahe, so werden sie unbescheiden. Hält man sich fern, so werden sie unzufrieden.«

Pallas, den Jüngling in den Waffen übend

DEMOKRITOS (DEMOKRIT)
(um 460–370 vuZ)

Griechischer Philosoph und Naturforscher; verh.; er ist weit im Orient herumgereist und in überlieferten Anekdoten wird er oft »der lachende Philosoph« genannt. Sein erster Grundsatz: nichts existiert als die Atome und der leere Raum. Er gehört mit seinem Lehrer Leukippos zu den ersten Atomisten und begründete eine Weltanschauung, die von der Materie ausgeht, nicht von der Idee oder dem Geist.

FRAGMENTE

110. Das Weib soll sich nicht um die Rede mühen; denn das ist abscheulich.

111. Von einem Weibe beherrscht zu werden ist für einen Mann wohl äußerste Vergewaltigung.

122a. Weib (γυνή): (Mutter)leib (eig. Same, γονή).[1]

195. (Götter, Frauen?) Bilder, die mit Gewand und Schmuck zum Anschauen in die Augen stechen, aber es fehlt ihnen das Herz.

213. Mannhaftigkeit macht die Schicksalsschläge klein.

214. Mannhaft ist nicht nur wer seine Feinde, sondern auch wer seine Lüste überwindet. Manche aber sind Herren über Städte und Knechte von Weibern.

267. Von Natur ist das Herrschen dem Stärkeren eigen.

273. Das Weib ist viel rascher zu bösen Gedanken als der Mann.

274. Schmuck ist wenig Reden für das Weib; etwas Schönes ist ja auch Schmuckes Schlichtheit.

PLATON

(427–347 vuZ)

Griechischer Philosoph und Gründer der Akademie in Athen; led.; ein Mittelpunkt seiner in Dialogen ausgeführten Gedanken ist die Unterscheidung der sichtbaren von der unsichtbaren Wirklichkeit. Das Sichtbare seien die Dinge, das Unsichtbare die Ideen und seelischen Fähigkeiten (Vermögen) im Menschen. Durch ein sprachloses Anschauen der Ideen könne der Mensch Einsicht in das Gute, die Wahrheit und Vollkommenheit erreichen. Tugend sei, nach dieser idealen Wesensschau zu streben. Wegen seiner hohen Bewertung der Idee als die eigentliche Wirklichkeit wird er oft als Wegbereiter der idealistischen Philosophie bezeichnet. Aristoteles war einer seiner Schüler.

SYMPOSION

14. Die ursprüngliche Natur des Menschen; Herkunft und Art seiner drei Geschlechter.

() Nämlich unsere ehemalige Natur war nicht dieselbe wie jetzt, sondern eine ganz andere. Denn erstlich gab es

---

1 (γυνή) = (ausgesprochen: gyne) Weib, Frau, Gebieterin, Magd
(γονή) = (ausgesprochen: gone) Same, Brut, Erzeugung, Geschlecht

drei Geschlechter von Menschen, nicht wie jetzt nur zwei, männliches und weibliches, sondern es gab noch ein drittes dazu, welches das gemeinschaftliche war von diesen beiden, dessen Name auch noch übrig ist, es selbst aber ist verschwunden. Mannweiblich nämlich war damals das eine (). Ferner war die ganze Gestalt eines jeden Menschen rund, so daß Rücken und Brust im Kreise herumgingen. Und vier Hände hatte jeder und Schenkel ebensoviel wie Hände, ... (), und alles übrige wie es sich hieraus ein jeder weiter ausdenken kann. () An Kraft und Stärke nun waren sie gewaltig und hatten auch große Gedanken, und was Homeros vom Ephialtes und Otos sagen, das ist zu verstehen, daß sie sich einen Zugang zum Himmel bahnen wollten, um die Götter anzugreifen.

15. Bestrafung des menschlichen Übermuts durch Zeus und Zustandekommen der jetzigen menschlichen Art.

() Mit Mühe endlich hatte sich Zeus etwas ersonnen und sagte: Ich glaube nun ein Mittel zu haben, wie es noch weiter Menschen geben kann und sie doch aufhören müssen mit ihrer Ausgelassenheit, wenn sie nämlich schwächer geworden sind. Denn jetzt, sprach er, will ich sie jeden in zwei Hälften zerschneiden, so werden sie schwächer sein und doch zugleich uns nützlicher, weil ihrer mehr geworden sind, und aufrecht sollen sie gehen auf zwei Beinen. () Dies gesagt, zerschnitt er die Menschen in zwei Hälften, wie man Früchte zerschneidet (). Sobald er aber einen zerschnitten hatte, befahl er dem Apollon, ihm das Gesicht und den halben Hals herumzudrehen nach dem Schnitte hin, damit der Mensch, seine Zerschnittenheit vor Augen habend, sittsamer würde, und das übrige befahl er ihm auch zu heilen. () Nachdem nun die Gestalt entzweigeschnitten war, sehnte sich jedes nach seiner anderen Hälfte, und so kamen sie zusammen, umfaßten sich mit den Armen und schlangen sich ineinander. ()

16.

Jeder von uns ist also ein Stück von einem Menschen, da wir ja zerschnitten, wie die Schollen, aus einem zwei geworden sind. Also sucht nun immer jedes sein anderes Stück. Welche Männer nun von einem solchen Gemeinschaftlichen ein Schnitt sind, das damals Mannweib hieß, die sind weiberliebend, und die meisten Ehebrecher gehören zu diesem Geschlecht, und so auch, welche Weiber männerliebend sind und ehebrecherisch, die kommen aus diesem Geschlecht. Welche Weiber aber Abschnitte eines Weibes sind, die kümmern sich nicht viel um die Männer, sondern sind mehr den Weibern zugewendet, und die Tribaden kommen aus diesem Geschlecht; die aber Schnitte eines Mannes sind, suchen das Männliche auf, und so lange sie noch Knaben sind, lieben sie als Schnittstücke des Mannes die Männer, und bei Männern zu liegen und sich mit ihnen zu umschlingen ergötzt sie, und dies sind die trefflichsten unter den Knaben und heranwachsenden Jünglingen, weil sie die männlichsten sind von Natur. Einige nun nennen sie zwar schamlos, aber mit Unrecht. Denn nicht aus Schamlosigkeit tun sie dies, sondern weil sie mit Mut und Kühnheit und Mannhaftigkeit das ihnen Ähnliche lieben. Davon ist ein großer Beweis, daß, wenn sie vollkommen ausgebildet sind, solche Männer vorzüglich für die Angelegenheiten des Staates gedeihen. Sind sie aber mannbar geworden, so werden sie Knabenliebe haben; zur Ehe aber und Kindererzeugung haben sie von Natur keine Lust, sondern nur durch das Gesetz werden sie dazu genötigt, ihnen selbst wäre es genug, untereinander zu leben unverehelicht.

TIMAIOS

14. Erschaffung der menschlichen Seelen ()

()..., da jedoch die Natur des Menschen eine doppelte sei, solle das überlegenere Geschlecht dasjenige sein, welches in der Folge den Namen »Mann« führen werde. ()

Wer aber die ihm zukommende Zeit wohl verlebte, der wird wieder nach dem Wohnsitze des ihm verwandten Sternes zurückwandern und ein glückseliges, seinem früheren entsprechendes Leben führen, verfehle er das aber, dann werde er bei seiner zweiten Geburt in die Natur des Weibes übergehen.

44. Entstehung der Frauen und Bildung der Geschlechtsorgane, die übrigen Lebewesen. ()

Und für jetzt scheint nun die zu Anfang gestellte Aufgabe: über das Weltganze bis zur Entstehung des Menschen zu sprechen, so ziemlich gelöst. () Unter den als Männer geborenen gingen die Feiglinge, und die während ihres Lebens Unrecht übten, der Wahrscheinlichkeit nach, bei ihrer zweiten Geburt in Frauen über. Und deshalb entwickelten die Götter um jene Zeit den Trieb zur Begattung, indem sie so in uns wie in den Frauen ein beseeltes Lebewesen gestalteten, (). . . . Zeugungstrieb . . . Darum versucht die, gleich einem der Vernunft nicht gehorchenden Tiere, zu einem Ungelenksamen und selbstherrisch Gebietenden gewordene Natur der männlichen Geschlechtsteile, ihren wütenden Begierden alles zu unterwerfen. Aus eben demselben Grunde aber empfindet es das, was man bei den Frauen Gebärmutter und Mutterscheide nennt, welches als ein auf Kinderzeugung begieriges in ihnen ist, dies empfindet es mit schmerzlichem Unwillen, wenn es länger, über die rechte Zeit hinaus, unfruchtbar bleibt, . . . ()

() So entstanden also die Frauen und die weibliche Gattung überhaupt. Zum Geschlechte der Vögel aber, welchem statt der Haare Federn wachsen, gestalten sich Männer um von zwar harmlosem, aber leichtem Sinne, . . .
()

MENON

3.

() ..., die Tugend des Mannes: so ist es leicht zu sagen, daß dieses des Mannes Tugend ist, daß er vermöge, die Angelegenheiten des Staates zu verwalten und in seiner Verwaltung seinen Freunden wohl zu tun und seinen Feinden weh, sich selbst aber zu hüten, daß ihm nichts dergleichen begegne. Willst du die Tugend des Weibes, so ist auch nicht schwer zu beschreiben, daß sie das Hauswesen gut verwalten muß, alles im Hause gut im Stande haltend und dem Manne gehorchend.

NOMOI

7. Buch, 11. () Forderung gleicher Übungen für die Frauen

() Insgesamt dasselbe aber, was mein Gesetz für das männliche Geschlecht bestimmen möchte, dürfte es wohl auch für das weibliche, daß dieses zu gleichen Übungen verpflichtet sei; und diese Behauptung möchte ich wohl aufstellen, ohne hinsichtlich der Reitkunst und Leibesübungen zu besorgen, daß diese zwar den Männern, nicht aber den Frauen angemessen seien. Denn da ich alten Sagen, die mir zu Ohren kamen, vertraue, für die jetzige Zeit aber möchte ich sagen, weiß, daß am Pontos zahllose Mengen von Frauen wohnen, welche man Sauromatinnen nennt, die nicht bloß mit Pferden, sondern auch mit dem Bogen und den anderen Waffen umgehen und denen das in gleichem Maß wie den Männern anbefohlen ist und im gleichen Maße von ihnen geübt wird. Außerdem aber habe ich darüber noch folgende Erwägung: ich behaupte, es sei, wenn es möglich ist, daß das so geschehe, jetzt bei uns zu Lande höchst unverständig, wenn nicht alle aus aller Kraft einmütig dieselbe Beschäftigung als Männer wie als Frauen treiben. Denn so ist und wird bei denselben Abgaben und Leistungen beinahe jeder Staat statt eines doppelten zu einem halben, und gewiß dürfte das doch ein auffallender Mißgriff des Gesetzgebers sein.

6. Buch 21. Schwierigkeit, auch für die Frauen gemeinsame Mahlzeiten einzurichten

() ..., traten auf eine schöne und dabei, wie ich sagte, Verwunderung erregende Weise, vermöge einer Art göttlicher Fügung, die gemeinschaftlichen Mahlzeiten bei den Männern in das Leben; bei den Frauen dagegen blieb, wie es keineswegs recht ist, die Einrichtung ihres Zusammenspeisens vom Gesetze unberücksichtigt und ward nicht in das Leben gerufen, sondern das Geschlecht von uns Menschen, welches auch sonst von Natur versteckter und verschlagener ist wegen seiner Schwäche, das der Frauen, dieses wurde hier, indem der Gesetzgeber darin, wie er nicht sollte, nachgab, als der Ordnung schwer sich fügend freigegeben. Weil aber hier keine Bestimmung stattfand, blieb vieles bei euch liegen, was viel besser als jetzt beschaffen sein würde, wenn Gesetze darüber verfügten. ()

Wie sollte es nun jemand, ohne lächerlich zu erscheinen, wagen, in der Tat auch die Frauen zu nötigen, daß ihr Verzehr von Speisen und Getränken als öffentlicher mit Augen gesehen wird? Denn es gibt nichts, wozu dieses Geschlecht unwilliger sich bequemen würde; ist es doch gewöhnt, versteckter und im Dunkel zu leben, und wird, mit Gewalt an das Licht gezogen, durch Entgegensetzung jeglichen Widerstrebens einen entschiedenen Sieg über den Gesetzgeber davontragen. Dieses Geschlecht würde also anderwärts, wie ich sagte, nicht einmal das In-Vorschlag-bringen des Rechten sich, ohne das ärgste Geschrei zu erheben, gefallen lassen; aber vielleicht hier.

POLITEIA

5. Buch

() So haben also Mann und Weib dieselbe Natur, vermöge derer sie geschickt sind zur Staatshut, außer inwiefern die eine schwächer ist, die andere stärker? – So zeigt es sich. –

6.

() Nicht nur Mögliches also, sondern auch das Beste haben wir in unserer Stadt als gesetzlich angeordnet. () Mögen sich also immer die Frauen unserer Hüter entkleiden, und mögen teilnehmen am Kriege und an der übrigen Obhut über die Stadt und mögen anderes nicht verrichten. Hiervon aber wollen wir das Leichtere den Weibern zuteilen vor den Männern, wegen des Geschlechtes Schwäche. Ein Mann aber, welcher lacht über entkleidete Frauen, die sich des Besten wegen auf diese Art üben () weiß () nicht, worüber er lacht, noch was er tut. ()

7.

() Hiermit nun, sprach ich [Sokrates], und mit dem übrigen Vorhergegangenen hängt meiner Meinung nach zusammen folgende Einrichtung. – () – Daß diese Weiber alle allen diesen Männern gemeinsam seien, keine aber irgendeinem eigentümlich beiwohne, und so auch die Kinder gemeinsam, so daß weder ein Vater sein Kind kenne, noch auch ein Kind seinen Vater. () Ich denke nicht, sprach ich, daß man über die Nützlichkeit streiten werde, daß es nicht ganz vorzüglich gut sein müßte, wenn die Frauen gemeinsam wären und die Kinder gemeinsam, wenn es nur möglich wäre; aber darüber, denke ich, ob es möglich ist oder nicht, wird der meiste Streit entstehen.

ARISTOTELES

(384–322 vuZ)

Griechischer Philosoph, Naturforscher und Erzieher von Alexander dem Großen; verh.; er wandte sich von dem platonischen Ziel der reinen Ideenschau außerhalb der Dinge ab und forschte *in* den Dingen nach der Idee. Er nahm an, daß in jedem Gegenstand auch ein bestimmtes Ziel seines Werdens festliege – die Entelechie eines Dinges. So sei die Entelechie (das innere Ziel, das Entwicklungsgesetz) des einzelnen Menschen der Staat.

POLITIK

Erstes Buch

2. () Als erstes ist es notwendig, daß sich jene Wesen verbinden, die ohne einander nicht bestehen können, einerseits das Weibliche und das Männliche der Fortpflanzung wegen (und dies nicht aus freier Entscheidung, sondern weil es wie anderswo, bei den Tieren und Pflanzen, ein naturgemäßes Streben ist, ein anderes Wesen zu hinterlassen, das einem selbst gleich ist)...

Siebtes Buch

16. Da nun der Gesetzgeber von Anfang an darauf achten muß, daß die Körper der Säuglinge so tüchtig wie möglich werden, so muß er sich zuerst um die Ehe kümmern, was für Menschen sich untereinander ehelichen sollen und wann sie das tun sollen. ()
Die Verbindung von ganz Jungen ist für die Kinderzeugung schädlich. Denn bei allen Lebewesen sind die Kinder von zu jungen Eltern schwächlich, überwiegend weiblich und von unansehnlicher Gestalt () Es ist auch im Hinblick auf die Zucht besser, wenn die Mädchen in etwas höherem Alter verheiratet werden. Denn die jungen Frauen sind, wie man meint, im Beischlaf gar zu zügellos. () So ist es richtig, die Mädchen etwa mit achtzehn und die Männer etwa um siebenunddreißig Jahre herum zu verheiraten. ()

Erstes Buch

2. ...andererseits das naturgemäß Regierende und Regierte um der Lebenserhaltung willen. Denn was mit dem Verstand vorauszuschauen vermag, ist von Natur das Regierende und Herrschende, was aber mit seinem Körper das Vorgesehene auszuführen vermag, ist das von Natur Regierte und Dienende. Darum ist auch der Nutzen für Herrn und Diener derselbe.

Von Natur sind das Weibliche und das Regierte verschieden; () denn so wird jedes einzelne Werkzeug am schönsten herauskommen, wenn es nicht vielen Aufgaben, sondern nur einer einzigen dient. ()

3. () Es handelt sich also um die Wissenschaft vom Herrenverhältnis, vom ehelichen Verhältnis (denn die Verbindung von Mann und Frau hat sonst keinen anderen Namen) und vom väterlichen Verhältnis (auch dieses hat keinen eigenen Namen). ()

12. () das eheliche Verhältnis (so steht es dem Manne zu), über die Frau und die Kinder zu regieren, über beide als über Freie, aber nicht in derselben Weise, sondern über die Frau als Staatsmann und über die Kinder als Fürst. Denn das Männliche ist von Natur zur Leitung mehr geeignet als das Weibliche (wenn nicht etwa ein Verhältnis gegen die Natur vorhanden ist), und ebenso das Ältere und Erwachsene mehr als das Jüngere und Unerwachsene. ()

13. () dieselbe Frage auch bei Frau und Kind, ob nämlich auch diese ihre Tugenden besitzen, und ob auch eine Frau besonnen, tapfer und gerecht sein muß, ...()

Ganz im allgemeinen ist bei dem von Natur Regierenden und Regierten zu untersuchen, ob sie dieselbe Tugend besitzen oder nicht. () Es ist also klar, daß beide an der Tugend teilhaben müssen, daß es aber einen Unterschied geben wird () Also gibt es von Natur mehrere Arten von Herrschendem und Dienendem. Denn anders herrscht der Freie über den Sklaven, das Männliche über das Weibliche und der Erwachsene über das Kind. () Der Sklave besitzt das planende Vermögen überhaupt nicht, das Weibliche besitzt es zwar, aber ohne Entscheidungskraft, das Kind besitzt es, aber noch unvollkommen. () Es gilt also überall, was der Dichter vom Weibe sagt: »Dem Weibe bringt das Schweigen Zier«, aber für den Mann trifft dies nicht mehr zu. () So ist es notwendig, die Kinder und die Frauen im Hinblick auf die Staatsverfassung zu erziehen, sofern es für die Tüchtigkeit des Staates etwas ausmacht, daß auch die Kinder und die Frauen tüchtig seien. Es muß in der Tat etwas ausmachen. Denn die Frauen sind die Hälfte der Freien, und die Kinder sind die künftigen Teilhaber an der Staatsverwaltung.

Zweites Buch

9. () Jedenfalls haben diejenigen nicht den besten Weg gefunden, denen es so geht wie den Spartanern mit den Heloten. Ebenso ist die Zügellosigkeit der Frauen der Absicht der Verfassung und der Glückseligkeit des Staates schädlich. Wie nämlich Mann und Frau Teile des Hauses sind, so ist anzunehmen, daß auch der Staat nahezu halbiert wird in die Gruppe der Männer und die der Frauen, so daß es in allen Staaten, wo die Lage der Frauen schlecht geordnet ist, darauf hinausgeht, daß die Hälfte des Staates ohne Gesetzgebung bleibt. Dies ist in Sparta wirklich der Fall. Denn während der Gesetzgeber will, daß der ganze Staat sich in Disziplin übe, hat er sich offensichtlich nur im Hinblick auf die Männer darum bekümmert, dagegen es bei den Frauen vernachlässigt. Denn sie leben in jeder Richtung hemmungslos und ausschweifend. So wird denn in einer solchen Verfassung mit Notwendigkeit der Reichtum hoch geschätzt, besonders wenn erst noch die Frauen regieren, wie es bei vielen kämpferischen und kriegslustigen Völkern der Fall ist, außer bei den Kelten, und soweit es andere Völker gibt, die offen die Homosexualität in Ehren halten. () ... als dagegen, wie man berichtet, Lykurgos versuchte, auch die Frauen den Gesetzen zu unterwerfen, da zeigten sie sich widerspenstig, so daß er darauf verzichtete. ()

Es zeigten auch Ereignisse, daß diese Ordnung falsch war. Der Staat war nicht fähig, einen einzigen Schlag zu ertragen, sondern ging zugrunde infolge seines Menschenmangels. ()

Drittes Buch

4. () ..., wie ja auch die Besonnenheit des Mannes und diejenige der Frau eine andere ist (ein Mann würde feige wirken, wenn er in dem Sinne tapfer wäre, wie es die Frau ist, und umgekehrt eine Frau geschwätzig, wenn sie in dem Sinne zurückhaltend ist, wie es ein tüchtiger Mann sein soll. So ist auch die Aufgabe im Haushalt für Mann und Frau verschieden: der eine erwirbt, der andere verwaltet). ()

6. () Dagegen vollzieht sich die Herrschaft über die Kinder, die Frau und das ganze Haus, die wir die Hausverwaltung nennen, entweder dem Beherrschten zum Nutzen, oder zum gemeinsamen Nutzen beider, an sich aber für den Beherrschten, wie wir das auch bei den anderen Künsten sehen, etwa der Medizin und der Gymnastik, die nur nebenbei dem Künstler selbst zugute kommt. ()

Zweites Buch

1. () ...ist es für einen Staat, der gut eingerichtet sein soll, am besten, daß die Bürger möglichst viel gemeinsam haben, oder nur einiges? Denn die Bürger können ja auch Frauen, Kinder und Besitz untereinander gemeinsam haben, wie es im Staate Platons der Fall ist. Dort sagt nämlich Sokrates, daß Kinder, Frauen und Besitz gemeinsam sein sollen. Ist es nun besser, es so zu halten, wie es tatsächlich ist, oder wie es in Platons Staat geregelt wird?

2. Neben vielen anderen Schwierigkeiten bringt nun die allgemeine Gemeinschaft der Frauen besonders jene mit sich, daß der Zweck, um dessentwillen nach der Behauptung des Sokrates dieses Gesetz gelten soll, mit seinen Erwägungen gar nicht erreicht wird. ()

Ich meine dies, daß es das beste sein soll, wenn der gesamte Staat so sehr als möglich eins wird; diese Voraussetzung macht nämlich Sokrates. Es ist aber doch klar, daß ein Staat, der immer mehr eins wird, schließlich gar kein Staat mehr ist. Seiner Natur nach ist er eine Vielheit. ()

3. Aber selbst wenn es das beste wäre, daß die Gemeinschaft möglichst einheitlich ist, so ist dies der Sache nach nicht damit erreicht, daß alle gleichzeitig »mein« und »nicht mein« sagen. Sokrates meint ja, daß dies ein Zeichen davon sei, daß der Staat vollkommen eins sei. Der Begriff »alle« hat indessen eine andere doppelte Bedeutung. Wenn er heißt »jeder einzelne für sich«, dann existiert eigentlich schon, was Sokrates erstrebt; denn jeder wird seinen Sohn als seinen Sohn und seine Frau als seine Frau bezeichnen, und ebenso wird er vom Vermögen und allem, was ihn betrifft, sprechen. Aber jene, die die Frauen und Kinder gemeinsam haben, werden gerade nicht so reden: alle zusammen können es, aber nicht jeder einzelne und ebenso alle zusammen von Vermögen, aber nicht jeder einzelne. Es ist also offensichtlich ein Trugschluß, hier von »allen« zu sprechen (die Begriffe Alle, Beide, Ungrad, Gerade erzeugen auch in der Logik wegen ihres Doppelsinnes eristische Schlüsse. Darum ist der Zustand, daß alle dieselben Begriffe gebrauchen, teils ideal, aber nicht zu verwirklichen, teils gar kein Beweis von Eintracht).

Außerdem hat jene Lehre einen weiteren Fehler. Was den meisten gemeinsam ist, erfährt am wenigsten Fürsorge. Denn um das Eigene kümmert man sich am meisten, um das Gemeinsame weniger und nur soweit es den einzelnen angeht. () Nun bekommt aber jeder Bürger tausend Söhne, und diese nicht als Söhne eines einzelnen, sondern jeder beliebige ist gleichmäßig Sohn von jedem beliebigen. Also werden sie sie alle gleichmäßig vernachlässigen. ()

4. () Ferner scheint die Gemeinschaft der Frauen und Kinder eher bei den Bauern nützlich zu sein als bei den Wächtern. Wo nämlich Frauen und Kinder gemeinsam sind, da wird weniger Freundschaft bestehen, und dies ist insofern zweckmäßig, als dann die Regierten leichter gehorchen und nicht Neuerungen planen.

Allgemein wird notwendigerweise durch ein derartiges

Gesetz das Gegenteil von dem erreicht, was ein richtiges Gesetz erreichen soll, und weshalb Sokrates glaubt, die Verhältnisse der Frauen und Kinder auf diese Weise ordnen zu müssen. ()

CARUS LUCRETIUS
(um 96 vuZ – um 40 nuZ)

Römischer Philosoph und Dichter; Hauptvertreter der epikureischen Schule (gegen die stoische Schule), der das Glücksstreben des Menschen auf die sinnlich äußerlich erlebbare Welt als moralisch legitimes Ziel ausweitet, während die Stoiker nur in einer inneren Gleichmütigkeit gegenüber der materiellen Welt ihre Glückseligkeit finden wollten. Angeregt durch Demokrit entwickelte er eine »Atomlehre« der Natur, in der auch die Seele Materie sei, allerdings in einer komplizierteren Form. Diese Ideen nahm später Giordano Bruno wieder auf. Das Universum sei unendlich und es gäbe »noch andere Erden in anderen Welten, mit verschiedenen Rassen von Menschen...« Er bekämpfte den Götterglauben und prangerte Religion als illusorischen Ersatz für mangelndes Glück auf Erden an.

DIE PHRYGISCHE GÖTTERMUTTER

Deshalb nennt man die Erde die große Mutter der Götter,
Mutter des Wilds und zugleich auch die Schöpferin
unseres Leibes.
Diese Göttin, so singen gelehrte hellenische Dichter,
Komme aus Phrygiens Bergen und luftigen Sitzen hernieder
Hoch zu Wagen und lenke die Löwen im Doppelgespanne.
Damit lehren sie uns, daß die mächtige Erde im Luftraum
Schwebe. Denn Erde vermag sich nicht wieder zu stützen
auf Erde.
Bestien fügten sie zu, weil selbst der verwildertste
Nachwuchs
Sanfterem Dienste sich weiht, wenn Mutterliebe ihn
zügelt.
()

WARNUNG VOR DER LIEBESLEIDENSCHAFT

Dies heißt Venus bei uns; daher hat Amor den Namen;
Daher ward uns zuerst der süßeste Tropfen der Liebe
Eingeträufelt ins Herz; dann kam die erkältende Sorge.
Denn ist dir fern, was du liebst, so sind doch die Bilder der
Liebe
Immer dir nah und lieblich ans Ohr klingt immer ihr
Name.
Aber man sollte die Bilder verbannen, man sollte der
Liebe
Jegliche Nahrung entziehen, den Sinn auf anderes richten
Und den gesammelten Saft auf beliebige Leiber
verschleudern,
Statt ihn aufzubewahren, um *einer* Liebe zu fröhnen
Und sich nur sichere Sorge und Schmerzen dadurch zu
bereiten.
Nährt man ein solches Geschwür, so wirds nur
schlimmer, je älter;
Ärger wird täglich dein Rasen und drückender lastet dein
Kummer,
Wenn du nicht immer betäubst mit neueren Reizen den
Wundschmerz
Oder ihn vorher gleich bei den Liebchen der Gasse
kurierest
Oder die Triebe der Seele nach anderen Richtungen
ablenkst.
()

SCHWER IST DIE FLUCHT VOR DER LIEBE

()
Gleichwohl kannst du vielleicht, obgleich schon verstrickt
und gefesselt,
Doch noch dem Feinde entfliehn, wenn du dir nicht selber
im Wege
Stehst und wofern du nicht Nachsicht übst bei Fehlern der
Seele
Oder auch Fehlern des Leibes, die bei der Geliebten sich
finden.

Denn so machens's die Leute zumeist, wenn die Liebe sie
                                        blind macht,
Daß sie den Lieblingen Reize, die gar nicht vorhanden
                                        sind, leihen.
Vielfach sehen wir so, daß verwachsene, häßliche
                                        Mädchen
Doch noch Gefallen erwecken und höchlichst werden
                                        gepriesen.
    Da lacht einer des andern, man rät, sie sollten der Venus
Zorn versöhnen, dieweil an so scheußlicher Liebe sie
                                        kranken.
Und doch sehen die Ärmsten oft nicht *ihr* schwereres
                                        Unglück!
Ist sie schwarz, dann heißt sie »brünett« und die
                                        schmutzige »einfach«,
Die grauäugige »Pallas«, »Gazelle« die knochige, trockne,
Ist sie von zaghaftem Wuchs, heißt »zierlich« sie, »eine der
                                        Grazien«,
Aber ein Riesenweib hat »majestätische Würde«,
Redet sie stammelnd, so »lispelt sie süß«, die Stumme ist
                                        »schüchtern«,
Ist sie heftig, gehässig und schwatzhaft, nennt man sie
                                        »feurig«,
»Zart ist das liebe Geschöpf«, das vor Magerkeit kaum
                                        mehr kann leben,
»Schlank gewachsen« ist jene, die fast schon am Husten
                                        gestorben,
»Ceres, Iakchos nährend« ist eine von vollerem Busen,
»Satyra« heißt Stumpfnase, und »Küßchen«, die wul-
                                        stigen Mund hat.
Wollt' ich noch mehr dergleichen erwähnen, es wäre
                                        unendlich.
    Aber gesetzt auch, es gäbe die Maid mit dem herrlich-
                                        sten Antlitz,
Deren sämtlichen Gliedern entströmte der göttlichste
                                        Liebreiz,
Neben ihr gibt's auch noch andre, nicht wahr? Wir lebten
                                        ja früher
Ohne sie und – wir wissen, sie macht, was die Häßliche
                                        auch tut:

Räuchert sich selbst, die Arme! den Schoß mit widrigen
Düften,
Daß die Zofen sie fliehn und verstohlener Weise ver-
lachen.
Doch der Liebende steht an verschlossener Türe oft
weinend,
Schmückt sie mit Blumengewinden und sprengt an die
Pfosten der Spröden
Majoranöl und bedeckt die Pforte mit Küssen, der Arme!
Läßt sie ihn ein und trifft ihn ein einziges Lüftchen beim
Eintritt,
Sucht er gewiß bald wieder zum Abschied schicklichen
Vorwand.
Sein so langüberlegtes, dem Herzen entsprungenes Klag-
lied
Fällt nun ins Wasser. Er zeiht sich der Torheit, weil er nun
einsieht,
Mehr ihr gehuldigt zu haben als sterblichen Menschen
gebühret.
Das ist auch unseren Schönen bekannt. Drum suchen sie
eifrig
Alles, was hinter der Szene geschieht, vor denen zu
bergen,
Die sie länger noch wünschen in Liebesbanden zu halten.
Doch umsonst. Du vermagst ja gewiß mit den Augen des
Geistes
Alles ans Licht zu ziehn und hinter die Schliche zu
kommen,
Und, wenn sie sonst nur braven Gemüts und nicht
zänkisch ist, mag man
Wiederum Nachsicht üben und menschlicher Schwäche
verzeihen.

GEMEINSAMKEIT DER LIEBESEMPFINDUNG

Aber das Weib ist nicht immer nur Heuchlerin, wenn sie
nach Liebe

Schmachtet und in der Umarmung des Manns den Leib an
                              den Leib preßt,
Während sie saftige Küsse mit saugender Lippe ihm
                              darreicht;
Denn oft tut sie's von Herzen so gern, und sie sucht
                              im Genusse
Wechselwirkung und reizt zum Ziele des Rennens zu
                              kommen.
Ebenso können die Hühner, die Kühe, die Stuten und
                              Schafe
Samt dem wilden Getier von den Männchen besprungen
                              nicht werden,
Wenn nicht auch ihre Natur von überschwellender Brunst
                              glüht,
Daß sie mit Freuden erwidern die Liebeserregung der
                              Gatten.
Siehst du nicht oft, wenn gemeinsame Lust die Ge-
                              paarten zusammen
Koppelt, wie beide die Qual des gemeinsamen Bandes
                              erdulden?
Wenn auf den Plätzen so oft sich die Hunde zu trennen
                              bemüht sind
Und mit aller Gewalt auseinander zu kommen; doch
                              leider
Hängen sie innig verknüpft durch der Liebe gewaltige
                              Bande.
Niemals täten sie dies, wenn sie nie die gemeinsame
                              Wollust
Kennengelernt, die sie lockt und fest in den Banden
                              zurückhält.
Drum wie ich sage, so ist's: die Lust ist beiden gemeinsam.

VERERBUNGSFRAGEN

Wenn sich der Same nun mischt und das Weib durch die
                              Stärke der Inbrunst
Überwältigt die männliche Kraft und im Schoße sie
                              aufnimmt,

Gleichen der Mutter sodann die Sprossen vom Samen der
Mutter,
Wie sie dem Vater gleichen, wenn *er* siegt. Zeigen sich
beider
Formen und Züge der Eltern vereint und vermischt in den
Kindern,
Dann erwachsen sie so aus Vater- und Muttergeblüte,
Wenn sich vom Stachel der Liebe gereizt in den Gliedern
ihr Samen
Trifft und zusammenschlagen die gegenseitigen Flammen,
Ohne daß einer von beiden hier Sieger sei oder Besiegter.
Auch kommt's häufiger vor, daß die Kinder den Eltern
der Eltern
Gleichen und oft an die Ahnen in ihrer Gestaltung
erinnern.
Dies kommt daher, daß häufig die Eltern im Körper
verborgen
Mit sich führen so viele und vielfach gemischte Atome,
Welche vom Urstamm her die Väter den Vätern vererben.
Draus bringt Venus hervor gar mannigfach wechselnde
Formen, ()
Und wie aus Vaters Samen ein weiblich Geschlecht sich
entwickelt,
Also gehen auch Knaben hervor aus dem weiblichen
Stoffe.
Denn aus dem doppelten Samen muß jede Geburt sich
entwickeln,
Und wenn mit einem von beiden das Kind mehr
Ähnlichkeit aufweist,
Dann hat es ungleich mehr von diesem, wie deutlich zu
sehn ist,
Mag es nun männlichen Sproß, mag weiblich Geschlecht
es betreffen.

UNFRUCHTBARKEIT

Aber durch göttliche Mächte wird niemand am Zeugen
gehindert

So, daß ihm nie aus dem Munde von süßen Geschöpfen
der Name
»Vater« entgegenscholl und der Erbe ihm dauernd versagt
blieb.
Und doch glauben's die meisten und sprengen in ihrer
Betrübnis
Auf den Altar viel Blut und bringen ihm rauchende Opfer,
Daß mit reichlichem Samen der Gattinnen Schoß er
befruchte.
Doch sie bestürmen umsonst die Macht und Orakel der
Götter.
Denn Unfruchtbarkeit gibt's nur dann, wenn der Same
zu dick ist
Oder im Gegenteil zu flüssig und dünner als gut ist.
Wenn er zu dünn ist, so kann er im Mutterschoße nicht
haften,
Denn er verflüssigt sich rasch und fließt dann ohne Erfolg
ab;
Ist er bei andern zu dick, weil in festerer Form er, als
gut ist,
Abgeht, spritzt er entweder mit unzureichender Trieb-
kraft
Oder er kann nicht so recht in das Innere dringen, und
wenn es
Wirklich gelingt, so mischt er sich kaum mit dem
weiblichen Samen.
Denn auch die Harmonie scheint sehr verschieden im
Lieben.
Einer befruchtet wohl die, der andere jene Genossin;
Dies Weib wird auch leichter von diesem als anderen
schwanger.
Mancher der Frauen erblühte in mehreren Ehen kein
Sprößling,
Aber sie fand doch später den Mann, der Kinder ihr zeugte
Und mit süßen Geschöpfen ihr Dasein konnte bereichern.
Männer, die früher daheim bei den Gattinnen fruchtbaren
Nachwuchs
Nicht erzielten, gelang's, nachdem sich ein passendes
Wesen

Ihnen gesellt, ihr Alter mit liebenden Kindern zu
schützen.
Drum hat's solche Bedeutung, daß Samen mit Samen sich
mische,
Der zum Zwecke der Zeugung besonders geeignet er-
scheine,
Daß sich dem flüssigen dicker und flüssiger paare dem
dicken.
Hierbei kommt's auf die Nahrung an, die das Leben
ermöglicht;
Denn durch manche verdickt sich der Samen in unserem
Innern,
Andre verdünnt ihn im Gegenteil und macht ihn zu
flüssig.

ARTEN DES LIEBESGENUSSES

Auch ist dies recht wichtig, auf welcherlei Arten man übet
Kosenden Liebesgenuß. Die meisten vermeinen, die
Frauen
Könnten bequem empfangen nach Art vierfüßiger Tiere,
Weil der Samen dann leichter die inneren Stellen erreiche,
Wenn sie die Brust auflegen und höher die Schenkel
erheben.
Ferner nützen der Frau die geilen Bewegungen gar
nichts,
Denn sie hindert nur so die Empfängnis und wirkt ihr
entgegen,
Wenn sie mit Wiegen der Hüften die Liebe des Gatten
erwidert.
Und den gelenkigen Rumpf in wogenden Windungen
wirbelt;
Wirft sie doch so aus der Bahn und der richtigen Furche
die Pflugschar
Und lenkt ab von dem Ziele die Richtung des männlichen
Samens.
Solche Bewegungen üben die Dirnen zum eigenen Vorteil,
Um nicht zu oft zu empfangen und schwanger darnieder
zu liegen,

Und zugleich, um den Männern die Liebe bequemer zu
machen,
Was doch wohl überflüssig für unsere Gattinnen sein
wird.

LOB DER LIEBENSWÜRDIGEN, WENN AUCH
MINDER SCHÖNEN GATTIN

Auch wenn öfter ein Weibchen von minderer Schönheit
uns fesselt,
Hat sie das Göttern wohl nicht, nicht den Pfeilen der
Venus zu danken;
Denn oft wirkt ihr eigenes Tun, die gefällige Anmut
Ihrer Sitten, dazu ihr sauberes Äußere, daß man
Leicht daran sich gewöhnt das Leben mit ihr zu ver-
bringen.
Übrigens wird auch die Liebe noch mehr durch
Gewohnheit gemodelt.
Denn was ein häufiger Stoß, und sei's ein gelinder,
erschüttert,
Das wird besiegt und zum Wanken gebracht im Verlaufe
der Zeiten.
Siehst du nicht auch, wie die Tropfen des Wassers, durch
stetiges Fallen
Auf das Gestein, im Verlaufe der Zeit auch den Felsen
durchfressen?

Minerva

LUCIUS ANNAEUS SENECA
(um 4 vuZ–65 nuZ)

Römischer Philosoph und Tragödiendichter, verh.; Erzieher von Kaiser Nero, auf dessen Veranlassung er Selbstmord begehen mußte. Er lehrte u. a. die grundsätzliche Gleichheit aller Menschen, die Tugenden der Nächstenliebe und die Gleichmütigkeit gegenüber der sinnlichen äußeren Welt (Stoa). Die Glückseligkeit läge in der Harmonie mit sich selbst und dem Kosmos. Das frühe Christentum übernahm viele Inhalte seiner Lehren. Er nennt die Philosophen die »Pädagogen des Menschengeschlechts«.

TROSTSCHRIFT AN MARCIA

16.

Ich weiß, was du sagen wirst: »Du hast vergessen, daß du ein Weib tröstest; du zählst mir Beispiele von Männern

auf.« Wer aber hat je behauptet, die Natur sei mit den
Gemütern der Frauen mißgünstig verfahren und habe ihre
Tugenden auf enge Grenzen beschränkt? Sie haben,
glaube mir, gleiche Kraft, gleiche Fähigkeit zu dem
Sittlichguten, wenn sie nur wollen; Schmerz und Anstrengung ertragen sie, wenn sie sich daran gewöhnt haben, auf
gleiche Weise. In welcher Stadt, gute Götter, spreche ich
dies? Da, wo Lucretia und Brutus einen König gestürzt
haben; dem Brutus verdanken wir die Freiheit, der
Lucretia den Brutus; da, wo wir die Clölia, die Feind und
Strom verachtete[1], ihrer ausgezeichneten Kühnheit wegen
beinahe unter die Männer rechnen. Auf einer Bildsäule zu
Pferde sitzend an der heiligen Straße, an einem stark
besuchten Platze, macht Clölia unseren jungen Männern,
die auf das Polster der Sänften steigen, Vorwürfe, daß sie
in derselben Stadt so ihren Weg machen, wo wir selbst
Frauen mit einem Rosse beschenkt haben. ()

TROSTSCHRIFT AN HELVIA

16.

Du hast nicht nötig, von der Entschuldigung Gebrauch zu
machen, die schon in dem Namen »Frau« liegt, der ein
beinahe ungemäßigtes, doch nicht unendliches Recht der
Tränen zugestanden ist () von dir aber verlangt ein von
Anfang an kräftigeres Leben etwas mehr, die Entschuldigung des weiblichen Geschlechts kann der nicht zustatten
kommen, von der alle weiblichen Schwächen entfernt
waren. Dich hat nicht das größte Übel unseres Zeitalters,
Unzüchtigkeit, der Mehrzahl der Frauen beigestellt, dich
haben nicht Edelsteine, nicht Perlen bestochen, ... (). Nie
hast du dich deiner Fruchtbarkeit, als ob sie dir dein Alter
vorrückte, geschämt: nie hast du nach der Sitte anderer,
die sich nur durch ihre Gestalt zu empfehlen suchen,
deinen schwangeren Leib wie eine unanständige Bürde zu
verbergen gesucht, und nie hast du die in deinem Schoße

---

1 »Im Kriege mit Porzenna schwamm Clölia, die sich unter den
römischen Geiseln befand, um sich zu befreien, zu Pferde durch den Tiber
und nahm auch andere Jungfrauen, die ihr Los teilten, mit sich.«

aufgenommene Hoffnung auf Kinder vernichtet. () als der einzige Schmuck, die größte und keiner Zeit antastbare Schönheit, die höchste Zierde erschien dir die Keuschheit. () ..., wenn du nur auf jene Frauen hinblicken willst, denen ihre anerkannte Seelenstärke einen Platz unter den großen Männern anwies.

PAULUS (SAULUS)
(bis um 67 nuZ)

Römischer briefeschreibender missionierender Apostel der christlichen »Urgemeinde«; verh.; Zeltemacher; die meisten christlichen Philosophen berufen sich in ihren Aussagen über die Geschlechter-Beziehung zwischen den Menschen auf ihn und entwickeln in Kommentaren zu seinen Briefen ihre eigenen Auffassungen. Er wurde von der röm. kath. Kirche heilig gesprochen.

STANDESPFLICHTEN

Seid einander untertan in der Furcht Christi. Die Frauen seien ihren Männern untergeben wie dem Herrn. Denn der Mann ist das Haupt für die Frau, wie Christus das Haupt für die Kirche ist: er, der Erlöser seines Leibes. Wie die Kirche Christus untertan ist, so seien es in allem auch die Frauen ihren Männern.

Ihr Männer, liebt eure Frauen, wie Christus die Kirche geliebt und sich für sie hingegeben hat, um sie durch das Wort in der Wassertaufe zu reinigen und zu heiligen. Auf diese Weise sollte er sich eine Kirche bereiten, strahlend rein, ohne Flecken, ohne Runzeln oder dergleichen, sondern heilig und makellos. So sollen auch die Männer ihre Frauen lieben wie ihren eigenen Leib. Wer seine Frau liebt, liebt sich selbst. Kein Mensch hat je sein eigenes Fleisch gehaßt, sondern er hegt es und pflegt es. So macht es auch Christus mit der Kirche. Wir sind ja Glieder an seinem Leibe. »Darum wird der Mensch Vater und Mutter verlassen und seiner Frau anhangen, und die beiden

werden zu einem Fleische.« Darin liegt ein großes
Geheimnis: ich meine das Verhältnis Christi zu seiner
Kirche. Jedenfalls soll von euch jeder seine Frau lieben wie
sich selbst. Die Frau aber habe Ehrfurcht vor ihrem
Manne. ()

C. MUSONIUS RUFUS

(um 25–um 100 nuZ)

Römischer Philosoph und Lehrer; verh.; überzeugter Stoiker (griech.
philosophische Schule, in der man frei von Affekten in »stoischer« Ruhe
zur Tugend kommen will); Tacitus, römischer Geschichtsschreiber,
schreibt über ihn: »Es hatte sich den Gesandten Musonius Rufus
angeschlossen, ein Mann aus dem Ritterstande, der sich der Philosophie
und den Lehren der Stoiker gewidmet hatte. Dieser begab sich mitten unter
die Soldaten und versuchte, sie von dem Segen des Friedens und dem Fluch
des Krieges zu überzeugen, um sie vom Blutvergießen zurückzuhalten.
Die meisten lachten über ihn, viele wurden seines Geschwätzes überdrüs-
sig, und schon hätten ihn einzelne zurückgestoßen und niedergetreten,
wenn er nicht schließlich der Mahnung besonnener Elemente und der
Drohung anderer nachgegeben und auf seine unzeitige Weisheit verzichtet
hätte.«

DASS AUCH DIE FRAUEN PHILOSOPHIEREN
SOLLTEN

Als ihn jemand fragte, ob auch die Frauen philosophieren
sollten, begann er etwa folgendermaßen darzulegen, daß
sie das tun sollten. Die Frauen haben von den Göttern
dieselbe Vernunft wie die Männer, die wir im Verkehr
miteinander gebrauchen und durch die (mit der) wir über
jede Sache denken, ob sie gut oder schlecht ist und schön
oder häßlich. Ebenso hat die Frau ganz dieselben Sinne
wie der Mann, Sehen, Hören, Riechen und die anderen
Sinnesvermögen. Ebenso sind auch die Teile des Körpers
dieselben bei beiden Geschlechtern; keines von beiden hat
mehr als das andere. Ferner haben nicht nur die Männer

von Natur ein Verlangen und innere Verwandtschaft zur Tugend, sondern auch die Frauen. Denn sie freuen sich infolge ihrer Naturanlage ebensosehr wie die Männer über schöne und gerechte Taten und verwerfen ebenso wie sie das Gegenteil davon. Wenn die Dinge so liegen, warum sollte es da nur den Männern wohl anstehen, danach zu suchen und zu forschen, wie sie ein sittliches Leben führen, was gleichbedeutend mit Philosophie ist, dagegen die Frauen nicht? Etwa, weil es den Männern geziemt, gut zu sein, und den Frauen nicht?

Laßt uns einmal im einzelnen die Eigenschaften betrachten, die der Frau geziemen, die gut sein soll. Es wird sich dann nämlich herausstellen, daß gerade von Seiten der Philosophie eine jede dieser Eigenschaften einer solchen Frau zukommt. Die Frau muß doch erst einmal haushälterisch sein und mit Verstand alles auszuwählen wissen, was dem Haushalt förderlich ist, und das Gesinde regieren können. Ich behaupte, daß diese Fähigkeiten ganz besonders der philosophischen Frau zukommen, wenn anders eine jede von ihnen ein Teil des Lebens und die Wissenschaft vom Menschenleben nichts anderes ist als Philosophie und der Philosoph, wie Sokrates zu sagen pflegte, das dauernd im Auge hat, »was nur immer in den Häusern Gutes und Schlechtes geschieht«. – Aber die Frau muß auch keusch und züchtig sein. Sie muß rein sein von unerlaubten Liebesbeziehungen, rein von Unmäßigkeit bei den anderen Genüssen; sie darf keine Sklavin irgendwelcher Begierden sein, nicht Streit suchen, nicht auf Wohlleben erpicht und nicht putzsüchtig sein. Das sind Tugenden einer züchtigen Frau. Und außerdem noch die folgenden: sie muß ihren Zorn beherrschen können, darf sich nicht von Trauer überwältigen lassen, muß Herrin über jede Leidenschaft sein. Das alles fordert die Philosophie von ihr. Wer immer sich diese Lehren zu eigen gemacht hat und danach lebt, der scheint mir der Allervortrefflichste zu sein, einerlei, ob es Mann oder Weib ist.

So liegen die Dinge. Was aber folgt daraus? Und da wäre eine Frau, die der Philosophie ergeben ist, nicht gerecht und nicht eine tadellose Lebensgefährtin, nicht

eine ausgezeichnete Mitwirkerin zu häuslicher Eintracht,
nicht eine sorgsame Betreuerin von Mann und Kindern
und nicht rein von jeder Gewinnsucht oder Ich-Sucht?
Und wer könnte wohl in höherem Grade ein so tugendsa-
mes Weib werden als das philosophisch gesinnte! Denn
ein solches muß ja unbedingt, wenn anders es eine wahre
Philosophie ist, Unrecht tun für schlimmer halten als
Unrecht leiden, wo jenes weit schimpflicher ist, dagegen
das Wenigerhaben für besser als das Mehrhaben (als
andere), und außerdem ihre Kinder lieber haben als ihr
Leben. Welches Weib stände wohl in sittlicher Hinsicht
höher als eine solche Frau? Und wahrlich, auch tapferer
muß eine wahrhaft gebildete Frau sein als eine ungebilde-
te, und ganz besonders die philosophische weit mehr als
eine gewöhnliche Frau. So daß sie weder aus Angst vor
dem Tode noch aus Scheu vor Arbeit Schimpfliches
erleidet und sich niemandem hingibt, mag er auch aus
adligem Geschlecht oder ein Mächtiger sein oder ein
reicher Mann oder gar, beim Zeus, ein Tyrann! Sie hat sich
ja dauernd bemüht, einen hohen Sinn zu haben und den
Tod für kein Übel zu halten und das Leben für kein Gut.
Und ebenso ist sie gewöhnt, keiner Arbeit aus dem Wege
zu gehen und den Müßiggang überhaupt nicht zu suchen.
Daher ist es ganz natürlich, daß eine solche Frau überall
selbst mit Hand anlegt, auch beschwerliche Arbeit auf sich
nimmt, die Kinder, die sie geboren hat, an ihrer eigenen
Brust nährt und ihrem Mann dient mit ihren eigenen
Händen und, was andere für Sklavendienste halten – wenn
es nötig ist – ohne Zaudern tut. – Wäre nicht eine solche
Frau ein großer Segen für ihren Mann, eine Zierde für ihre
Verwandten und ein leuchtendes Beispiel für die, die sie
kennen?

»Aber wahrhaftiger Gott!« sagen gewisse Leute, »die
Frauen, die bei den Philosophen in die Lehre gehen, die
werden meist selbstgefällig und dreist! Das ist ganz
unvermeidlich, wenn sie ihren Haushalt im Stiche lassen
und sich mitten unter den Männern bewegen und sich
üben, Reden zu halten, spitzfindige Beweise zu führen
und Trugschlüsse zu widerlegen, während sie zu Hause
sitzen und spinnen sollten!« – Demgegenüber bin ich der

Meinung, daß die Frauen, die Philosophie studieren,
ebensowenig wie die Männer die ihnen obliegende Arbeit
im Stiche lassen und nur noch studieren sollten, sondern
daß sie sich die philosophischen Lehren, mit denen sie sich
beschäftigen, wegen ihrer praktischen Anwendung im
wirklichen Leben aneignen müßten! Ist doch das ganze
medizinische Studium wertlos, wenn es nicht die Gesundheit des menschlichen Körpers als Ziel hat. Und ebenso ist
eine Theorie, die ein Philosoph vertritt oder lehrt, ohne
jeden Nutzen, wenn sie nicht zur Tugend der menschlichen Seele führt. Vor allem aber muß man die Lehre des
Philosophen, der die ihn hörenden Frauen nach unserer
Meinung folgen sollen, daraufhin prüfen, ob die, welche
die Sittsamkeit für das höchste Gut erklärt, die Frauen
dreist machen kann, ob ein Philosoph, der ein würdiges,
gesetztes Benehmen auf das höchste preist, die Frauen
daran gewöhnt, sich dreist und frech zu benehmen, ob
etwa der, welcher die Zuchtlosigkeit für das ärgste Übel
erklärt, nicht zu Zucht und Sitte erzieht, ob nicht der dazu
antreibt, den Haushalt treu zu besorgen, der die rechte
Haushaltsführung für eine Tugend erklärt. Und ob nicht
die Lehre der Philosophen die Frauen dafür gewinnt, (die
häusliche Arbeit) zu lieben und selber mit anzufassen!

OB MAN DIE TÖCHTER ÄHNLICH WIE DIE SÖHNE ERZIEHEN SOLL

Als einmal die Rede darauf kam, ob Söhne und Töchter
dieselbe Erziehung haben sollten, erwiderte er: Die
Pferdezüchter und die Jagdkundigen erziehen die männlichen und weiblichen Tiere zusammen, ohne jeden Unterschied in der Zucht. Vielmehr werden die weiblichen
Hunde in ähnlicher Weise wie die männlichen zur Jagd
abgerichtet. Und wenn jemand will, daß weibliche Pferde
die Leistungen der Pferde zu voller Zufriedenheit vollbringen, dann kann man sehen, daß sie nicht anders als die
männlichen dressiert werden. Und da sollen bei den
Menschen die Männer in der Erziehung und Aufzucht
eine Ausnahme bilden gegenüber den Frauen, als ob nicht

beiden Geschlechtern dieselben Tugenden anerzogen
werden müßten oder als ob es möglich wäre, dieselben
Tugenden nicht durch die gleichen Erziehungsmethoden,
sondern durch andere zu erwerben?

Daß aber die Tugenden des Mannes nicht andere sind
als die der Frau, läßt sich leicht begreifen. Verstand haben
muß der Mann, doch ebensosehr die Frau. Denn was
taugte ein törichter Mann oder eine törichte Frau? Und
gerecht sein im Leben müssen beide Geschlechter, das
eine so gut wie das andere. Es kann ja doch der Mann, der
ungerecht ist, kein guter Bürger sein und die Frau könnte
nicht gut im Hause walten, wenn sie nicht gerecht wäre.
Wenn sie ungerecht wäre, würde sie ja ungerecht gegen
ihren eigenen Mann sein, wie man das von Eriphyle
erzählt. Sittlichkeit und Selbstzucht stehen der Frau wohl
an, doch ebenso dem Mann. Strafen doch die Gesetze
ebenso den Ehebrecher wie die Ehebrecherin. Und Hang
zu Leckereien und Prunksucht und andere ähnliche
Laster, die ein Beweis von Zuchtlosigkeit sind und die
davon Behafteten schwer schänden, sie beweisen, daß
Sittlichkeit und Selbstzucht für jeden Menschen unbedingt notwendig sind, sei es Mann oder Frau. Denn nur
durch Sitte und Selbstzucht entgehen wir der Zuchtlosigkeit, auf andere Weise überhaupt nicht. – Was aber
Tapferkeit betrifft, so könnte man vielleicht meinen, daß
sie nur den Männern anstände. Aber auch das ist nicht
richtig. Denn es muß auch die Frau tapfer sein und frei von
jeder Feigheit, das heißt die ideale Frau, so daß sie sich
weder durch schwere Mühsal noch durch Furcht beugen
läßt. Wie könnte sie sonst noch keusch und züchtig
bleiben, wenn jemand sie durch Angst oder Quälerei mit
schwerer Arbeit zwingen könnte, etwas Schimpfliches zu
erdulden. Es müssen sich die Frauen aber auch zu wehren
wissen, wenn sie – beim Zeus! – nicht schlechter sein
wollen als die Hennen und andere weibliche Vögel, die
mit viel stärkeren Tieren als sie selber für ihre Jungen
kämpfen. Wie hätten da die Frauen keine Tapferkeit
nötig? Daß sie aber auch Wehrfähigkeit im Kampfe mit
der Waffe besitze, das hat das Geschlecht der Amazonen
bewiesen, das viele Völker durch Gewalt der Waffen

unterworfen hat. Wenn aber die anderen Frauen in dieser
Hinsicht zu wünschen übriglassen, so ist die Ursache
hiervon mehr Mangel an Übung als mangelhafte Naturanlage. Wenn also die Tugenden von Mann und Frau
dieselben sein müssen, dann muß auch die Ernährung und
Erziehung für beide Geschlechter unbedingt dieselbe sein.
Denn die Pflege, die jedem Lebewesen, auch jeder Pflanze
in der rechten Weise zuteil wird, muß auch die jenem
geziemende Tugend in ihm erwecken. Oder wenn Mann
und Frau in gleicher Weise die Kunst des Flötenspiels
beherrschen müßten und wenn diese Kunst jedem von
beiden zum Leben nötig wäre, dann würden wir doch
beide Geschlechter in gleicher Weise die Flötenkunst
lehren, und dasselbe gilt von dem Spiel auf der Kithara.
Wenn aber beide Geschlechter in der dem Menschen
zukommenden Tugend gut sein und sie in gleicher Weise
Verstand haben müssen und das eine wie das andere
Selbstzucht, Tapferkeit und Gerechtigkeit besitzen, werden wir da nicht beide Geschlechter in derselben Weise
erziehen und sie nicht die Kunst, durch die man ein
wirklich guter Mensch wird, in gleicher Weise lehren? Ja,
so muß man vorgehen und nicht anders!

Aber wie steht nun die Sache? Da wird vielleicht einer
sagen: »Willst du etwa auch, daß die Männer ebenso wie
die Frauen spinnen lernen sollen und die Frauen ebenso
wie die Männer Gymnastik treiben?« – Das werde ich
freilich nicht fordern. Ich behaupte vielmehr – da bei den
Menschen die Männer von Natur das stärkere Geschlecht
sind, die Frauen das schwächere, – daß man jeder der
beiden Naturanlagen die für sie förderlichsten Leistungen
zuweisen muß, die schwereren dem stärkeren, die leichte-
ren dem schwächeren Geschlecht. Daher paßt das Spinn-
rad besser für die Frauen als für die Männer und ebenso
der Haushalt! Dagegen die Gymnastik mehr für die
Männer als für Frauen wie auch das Leben unter freiem
Himmel. Zuweilen werden freilich auch einzelne Männer
leichtere und mehr für Frauen passende Arbeiten vernünftigerweise verrichten wie auch Frauen härtere und mehr
den Männern anstehende Arbeiten auf sich nehmen, wenn
es die körperlichen Verhältnisse so fordern oder Zwang

der Umstände oder die Forderung der Stunde. Denn alle
menschlichen Arbeiten und Verrichtungen bleiben ein
gemeinsames Arbeitsfeld für beide Geschlechter, sind
Männern und Frauen gemeinsam, und keine einzige ist
nur für das eine Geschlecht durch den Naturzwang
reserviert. Doch sind einige geeigneter für die einen,
andere für die anderen Naturanlagen. Daher nennt man
die einen Werke der Männer, die andern die der Frauen.
Die aber, welche in den Bereich der sittlichen Tugend
fallen, die geziemen – das kann man mit Recht behaupten
– in gleicher Weise beiden Geschlechtern, wenigstens,
wenn wir behaupten, daß auch die Tugenden keinem der
beiden Geschlechter mehr als dem anderen geziemen.
Daher muß man auch vernünftigerweise in allem, was
zum Gebiet der Sittlichkeit gehört, das weibliche und das
männliche Geschlecht in ähnlicher Weise erziehen. Und
gleich von Kindesbeinen an muß man sie lehren: »Das ist
gut; das dagegen ist schlecht«, weil gut und böse für beide
Geschlechter dasselbe ist, und ebenso »das ist nützlich,
das aber schädlich«; »das muß man tun, das aber nicht«.
Daraus erwächst den lernenden Mädchen und Knaben in
gleicher Weise die rechte Einsicht, ohne Unterschied der
Geschlechter. Und dann muß man ihnen Abscheu gegen
alles Gemeine einflößen. Unter solchen Voraussetzungen
müssen ja Männer wie Frauen sittliche Menschen werden.
Und insbesondere muß der, der richtig erzogen wird, wer
er auch sei, ob Knabe oder Mädchen, daran gewöhnt
werden, Strapazen zu ertragen; man muß sie daran
gewöhnen, den Tod nicht zu fürchten, sich durch keinerlei
Unglück unterkriegen zu lassen. Auf diese Weise wird
einer tapfer. Tapferkeit, habe ich schon eben gesagt,
müssen auch die Frauen besitzen. Ferner müssen sie
lernen, die Übervorteilung anderer zu fliehen, dagegen
Recht und Billigkeit zu ehren; sie müssen wohltun
wollen, als Mensch den Menschen nie Böses tun wollen
– das ist die schönste Weise der Erziehung; sie macht die
so Erzogenen zu rechtlich denkenden Menschen. Warum
sollte ein Mann diese Dinge mehr lernen? Denn wenn,
beim Zeus, auch die Frauen gerecht sein müssen, dann
müssen beide Geschlechter auch dasselbe lernen und vor

allem die Hauptsachen, die allerwichtigsten Grundsätze.
Denn wenn etwa einmal auf irgendeinem Gebiet der
Mann etwas weiß, die Frau aber nicht, oder umgekehrt, sie
etwas weiß, er aber nicht, was auf irgendeinem Fachwis-
sen beruht, so fordert dieser Unterschied noch nicht die
verschiedene Erziehung der Geschlechter. Nur soll keiner
über irgendeinen der wichtigsten Grundsätze anderes
lernen als der andere, sondern genau dasselbe. Wenn aber
mich jemand fragt: welche Wissenschaft ist maßgebend
für diese Erziehungsmethode, so antworte ich, daß ohne
die Philosophie weder irgendein Mann noch irgendeine
Frau in der rechten Weise gebildet werden kann. Ich will
aber damit nicht sagen, daß die Frauen größeren Scharf-
sinn und übermäßige Gewandtheit im Disputieren besitzen sollen, wenn anders sie als Frauen Philosophie treiben
sollen. Denn ich lobe das nicht einmal bei Männern. Wohl
aber, daß auch die Frauen eine edle Gesinnung und ein
wahrhaft sittliches Wesen erwerben sollen. Ist doch die
Philosophie das Streben nach wahrer Sittlichkeit und
nichts anderes.

AURELIUS AUGUSTINUS

(354–430)

Afrikanischer Philosoph, Theologe und bedeutender Kirchenlehrer des
Christentums, der sich in seinen Lehren auf Platon bezog; led.; er
entwickelte in seinem »Gottesstaat«, daß die Geschichte »Heilsgeschichte«
sei, in der sich der Kampf von Glaube und Unglaube abspiele, der Kampf
zwischen »Gottliebenden« und den nur »Sich-selbst-suchenden«. Die
Kirche sei die mystische Gemeinschaft der »Gottliebenden«. Was in der
Geschichte außerhalb dieses Kampfes geschähe, sei ein sinnloses chaoti-
sches Auf und Ab. Das Heil sei die Gottfindung. Er wurde von der röm.
kath. Kirche heilig gesprochen.

BEKENNTNISSE

Sie aber wußte wohl, daß sie dem Zürnenden sich niemals
widersetzen dürfe, im Tun nicht und auch nicht mit

Worten. Dann erst, wenn seine Wut gebrochen und er still geworden war, gab sie ihm, wenn sie es für gut hielt, Rechenschaft von ihrem Tun, wenn er darüber unbedacht etwa in Zorn geraten war. Es gab viele Frauen, deren Männer weniger aufbrausend waren, und die doch im geschändeten Gesicht die Spuren harter Schläge trugen. Und wenn die dann mit Freundinnen plaudernd über ihre Männer klagten und sagten, das sei deren Schuld, da sagte meine Mutter dann, nein, das sei ihrer Zunge Schuld, und wie im Scherz, jedoch bitter ernst, gab sie den Frauen noch die Mahnung: von jenem Augenblick an, da man ihnen den Ehevertrag verlesen, die Urkunde gleichsam, die sie zu Mägden machte, hätten sie bedenken sollen, wessen Standes sie nun seien, und hätten gegen ihre Herren sich nicht erheben dürfen.

AVICENNA, IBN SINA
(um 980–1037)

Arabischer Philosoph, Mediziner und Minister; er stützte sich auf Aristoteles und gewann später durch Thomas von Aquin und die Scholastik auch europäische Bedeutung. (Scholastik: mittelalterliche Schullehrweise; Scholasticus = Lehrer, wobei die Philosophie »zur Magd der Theologie« wurde. D. h. Philosophie hatte Gottesexistenz vorauszusetzen und zu beweisen.) Nach Avicenna sei die Welt strengen Gesetzen der Gottheit unterworfen, aus der heraus die Welt sich lediglich entfalte. Der Mensch käme durch göttliche Erleuchtung über die Erfahrung der Welt zu Gott.

Das erste, was der Gesetzgeber vorschreiben muß, sind die Bestimmungen über die Ehe, die für den Nachwuchs sorgt. Er muß zu derselben auffordern und anregen; denn durch die Ehe wird das Bestehen der Arten ermöglicht. Das Bestehen der menschlichen Art ist ein Beweis für die Existenz des Schöpfers. Der Gesetzgeber muß ferner vorschreiben, daß das Schließen der Ehe offen stattfindet, damit kein Zweifel über die Abstammung bestehen bleibt, und damit auf Grund einer heimlichen Ehe keine Unterbrechung (des Stammbaumes) und keine Übertragung von Erbschaften stattfindet. ()

Alle diese Bestimmungen müssen hinleiten auf den festen Zusammenhang, und dazu führen, daß jeder Mensch zu einer Eheschließung schreitet. Damit können leicht vielfältige Schäden verbunden sein. Die vorzüglichsten Ursachen für das Glück des Menschen liegen bekanntlich in der (gegenseitigen) Liebe. Dieses Band aber wird fest geschlungen nur durch Zusammenleben und Gewöhnung aneinander. Das Zusammenleben besteht nur in der Gewohnheit, diese entsteht nur nach langer Dauer, während der die Menschen miteinander leben. Diese Festigkeit in der Ehe hängt ab von der Frau, und der Gesetzgeber muß dafür sorgen, daß es nicht in ihrer Gewalt liegt, die Trennung herbeizuführen; denn sie ist in Wahrheit von schwachem Verstande und leicht dazu geneigt, der Leidenschaft und dem Zorne zu gehorchen. ()

Daher ist es ferner notwendig, daß die Möglichkeit der von beiden Seiten freiwillig erfolgenden Ehescheidung freigelassen wird. Dies jedoch darf nicht zu leicht gemacht werden. Derjenige der beiden Teile, der am wenigsten geistige Einsicht besitzt, der jedoch zugleich am meisten zum Mißverständnis, zur Trennung und Feindschaft neigt, darf in keiner Weise darüber verfügen können. ()

Der Frau ist es aufzuerlegen, daß sie im Hause strenge behütet werde; denn sie ist leichtfertig in der Liebe und selbstsüchtig. Zugleich aber ist sie mehr der Gefahr ausgesetzt, sich betrügen zu lassen, und leistet weniger dem Verstande Gehorsam.

Die Unbeständigkeit in der Liebe ist eine große Schande und ein Fleck an der Ehre. Sie ist für die Frau ein unvergleichliches Übel. Für den Mann ist sie jedoch nicht in demselben Maße eine Schande. Sie ist vielmehr ein Grund des Neides; der Neid ist jedoch nichts, was der Beachtung wert wäre. Er beruht nur auf Verführungen des Teufels.

Daher ist es erforderlich, daß der Gesetzgeber betreffs

der Frau die Bestimmung aufstelle, daß sie sich verschleie-
re und zurückgezogen lebe. Die Frau darf daher keine
gewinnbringenden Beschäftigungen unternehmen, wie
der Mann, und aus diesem Grunde muß der Gesetzgeber
betreffs ihrer bestimmen, daß sie allen Anforderungen des
Haushaltes entspreche nach den Wünschen des Mannes;
der Mann jedoch muß die Auslagen bestreiten. Als Entgelt
dafür erhält der Mann ein anderes Gut und dieses besteht
darin, daß er über die Frau zu befehlen hat, während sie
jedoch nicht über den Mann herrscht. Sie darf kein
Verhältnis mit einem anderen Manne eingehen. Dem
Manne aber ist darin keine Einschränkung auferlegt.
Wenn ihm auch verboten ist, die festgesetzte Anzahl zu
überschreiten, so darf er doch seine Wünsche auch über
dieses Maß hinaus befriedigen. Ihm liegt aber die Pflicht
des Unterhaltes ob.

Dasjenige, worüber die Frau zu verfügen hat, steht dem
gegenüber, was dem Manne rechtmäßig zukommt. Damit
meine ich nun nicht den ehelichen Verkehr; denn der
Nutzen ist auf beiden Seiten gemeinsam. Der Genuß der
Frau ist aber größer, als der des Mannes. Ebenso verhält
sich die Freude und das Glück an dem Kinde. ()

THOMAS VON AQUIN
(1225–1274)

Italienischer Philosoph und kath. Theologe (Dominikanermönch), leh-
rend in Paris und Rom; er stützte sich in seinen Lehren auf Aristoteles und
»bewies« Gott als Garant der Wahrheit, die der Mensch erkennen könne.
Die Übereinstimmung zwischen dem, was der Mensch sieht, und dem, was
er darüber denkt, würde von Gott garantiert sein, denn der Mensch könne
durch göttliche Gnade und Vorsehung erleuchtet werden. Er rechtfertigt
das naturwissenschaftliche Wissen und die Philosophie gegenüber dem
Anspruch des theologischen Dogma, daß der Glaube Gott näher sei als das
Wissen, mit den Worten, daß »in der Seele des Menschen die ganze
Ordnung des Universums und aller seiner Gründe und Ursachen
beschrieben werde«. So könne der Mensch Wissenschaft treiben ohne
Gefahr, vom Glauben abzufallen.

Kap. 124 *Daß die Ehe nur zwischen Einem und Einer bestehen muß*

() Bei den Menschen kommt aber noch als besonderer Grund hinzu, daß der Mensch, () von Natur aus verlangt, *über das Kind Gewißheit zu haben.* Diese Gewißheit *würde* aber *fortfallen,* wenn *mehrere ein und denselben Geschlechtspartner besäßen.* Also geht aus dem Naturtrieb hervor, daß die Ehe nur zwischen Einem und Einer besteht.

Hierbei ist aber noch folgender Unterschied zu beachten: Daß nämlich ein und dasselbe Weib nicht von mehreren Gatten erkannt werde, dafür sprechen die beiden oben angeführten Gründe. Daß aber ein und derselbe Gatte nicht mehrere Weiber erkenne, dafür spricht nicht der zweite der beiden obigen Gründe, denn die Gewißheit um das Kind wird nicht aufgehoben, wenn ein und derselbe Gatte mehrere Frauen erkennt. Jedoch spricht hiergegen der erste Grund; denn *wie die Freiheit, das Weib zu gebrauchen, für den Gatten dann zerstört wird, wenn das Weib noch einen anderen Gatten hat, so wird dieselbe Freiheit dem Weibe genommen, wenn der Gatte mehrere Frauen hat.* Und daher, weil die Gewißheit betreffs des Kindes das Hauptgut ist, welches aus der Ehe erwächst, *so erlaubt es kein Gesetz,* noch irgendeine menschliche Gewohnheit, *daß eine Gattin mehrere Männer habe.* ()

Ferner: Die Freundschaft besteht in einer gewissen Gleichheit. *Wenn es* nun *der Frau nicht erlaubt ist, mehrere Männer zu haben, weil es die Gewißheit betreffs des Kindes gefährdet,* anderseits *es aber dem Manne erlaubt sein würde, mehrere Ehefrauen zu haben, so wäre keine edle Freundschaft* zwischen der Ehefrau und ihrem Manne vorhanden, sondern gemeinsam nur eine sklavische. Diese Begründung wird auch durch die Erfahrung bestätigt, weil bei den Männern, die mehrere Ehefrauen haben, diese gleichsam wie Sklavinnen gehalten werden.

Außerdem: *Eine innige Freundschaft kann man nicht mit vielen haben,* wie man bei Aristoteles liest. Wenn also die Ehefrau nur einen einzigen Mann hat, dagegen der

Mann mehrere Frauen, so wäre die Freundschaft hier keine edle, sondern gewissermaßen eine sklavische. ()

Kap. 125.

Außerdem: Zur Vernichtung der guten Sitten führt es, wenn Menschen allzusehr sich den *Freuden des Koitus* ergeben, denn da diese Freude am *meisten den Geist absorbiert*, so pflegt die Vernunft hierdurch an denjenigen Dingen behindert zu werden, die vernunftgemäß zu tun wären. ()

Kap. 126 *Daß nicht jede fleischliche Vermischung Sünde ist*

() *Dasjenige, ohne welches etwas nicht gut oder am besten sein kann, das ist an sich nicht schlecht.* Nun wird die Fortdauer der Art nur durch die Erzeugung gewährleistet, welche aus der fleischlichen Vermischung hervorgeht. Also kann die fleischliche Vermischung unmöglich an sich schlecht sein.

Daher heißt es: Die Frau »sündigt nicht, wenn sie heiratet«.

Hierdurch wird nun der *Irrtum* derer ausgeschlossen, die *jede fleischliche Vereinigung* für *unerlaubt* halten und daher die Ehe und *das Heiraten* gänzlich *verdammen;* von denen nämlich manche dies deshalb behaupten, *weil sie glauben, daß das Körperliche* nicht von einem guten, sondern *von einem bösen Prinzip herstamme*. ()

Kap. 137 *Wider jene, die die Ehe der Jungfräulichkeit gleichsetzen*

Es gab aber auch andere, die zwar *die ständige Enthaltsamkeit* nicht verwarfen, aber ihr dennoch *den Stand der Ehe gleichsetzten;* und dies war *die Haeresie des Jovinian*. Aber die Falschheit dieses Irrtums erhellt aus dem bereits Gesagten, da ja der Mensch durch die Enthaltsamkeit fähig wird, seinen Geist zum Geistigen und Göttlichen zu erheben, und gewissermaßen über den Zustand des Menschen hinaus zu einer gewissen Ähnlichkeit mit den Engeln erhoben wird.

Dem steht nicht entgegen, daß manche an Tugend sehr vollkommene Männer in der Ehe gelebt haben, wie Abraham, Isaak und Jacob; denn *je größer die Kraft eines Geistes ist, desto weniger kann dieser durch etwas von seiner Höhe herabgezogen werden.* Daher haben diese Männer trotz ihrer Ehe nicht weniger Betrachtung der Wahrheit und des Göttlichen geliebt; aber insofern es der Zustand der Zeit erforderte, gebrauchten sie die Ehe zur Vermehrung des gläubigen Volkes. ()

Allegorie der Tugend

MEISTER ECKEHART VON HOCHHEIM
(um 1260–1327)

Deutscher Philosoph und kath. Theologe (Dominikanermönch); wohl
einer der intensivsten Mystiker des Mittelalters. Seine »Offenbarungen«
verkündigte er in Predigten und Trostschriften. In vielen Bildern und
Analogien findet er Beschreibungen für sein geistiges Erlebnis einer
Wesensschau Gottes und der Welt. Seine Intensität ließ ihn aber an
Grenzen der kirchlichen Toleranz stoßen, so daß er noch kurz vor seinem
Tode als Ketzer verurteilt wurde. Der Renaissancephilosoph Jacob Böhme
ließ sich wahrscheinlich stark von ihm beeinflussen.

VOM MAGDLICHEN WEIBE

Intravit Jesus in quoddam castellum et mulier quaedam
excepit illum

Ich hab ein Wörtlein gesprochen, vorerst auf lateinisch,
das steht geschrieben im Evangelium und lautet also zu
deutsch: Unser Herr Jesu ging hinauf in einen Burgflek-
ken und ward empfangen von einem Weibe – von einer
Jungfrau, die ein Weib war. Denn wohlan! prüft es nur
genauer, dies »empfangen von einem Weibe«: unweigerlich muß es eine Jungfrau gewesen sein, von der Jesus
empfangen ward. () »eine Jungfrau, die Weib ist«, eine
freie, an keine Willkür angebundene Seele, die ist Gott
allezeit so nahe wie sich selber, die bringt viel Früchte und
ansehnliche: nichts Geringeres nämlich als Gott selber.
Diese Frucht und ihre Hervorbringung macht aus dem
magdlichen Weibe eine Gebärerin! Des Tages hundert,
und tausend Mal, ja ohne Zahl, gebiert sie und bringt
Frucht hervor aus dem alleredelsten Grunde! () Denn
Jesus, das Licht, und die Sichtbarkeit des väterlichen
Herzens – und mit Gewalt durchleuchtet er das väterliche
Herz! – dieser Jesus ist mit ihr eins geworden, und sie mit
ihm: () In der Seele gibt es eine Kraft, die rührt nicht Zeit
noch Fleisch; sie entspringt dem Geiste, und verbleibt im
Geiste, ganz und gar geistig ist sie. ()

»Weib« ist der edelste Name, den man der Seele

zusprechen kann. () Daß der Mensch () in sich empfängt, ist gut – in solcher Empfänglichkeit erweist er sich seine Jungfräulichkeit. Daß aber () fruchtbar werde in ihm, ist besser. () Darum eben sage ich, Jesus sei aufgenommen worden von einer Jungfrau, die ein Weib war. ()

BETRACHTUNGEN – TROSTSCHRIFT

Der Liebe aber eignet von Natur, daß sie entspringt und ausfließt von zweien als ein schlechthin Einziges. Niemals ein Zwiefaches: als zwei existiert Liebe nicht! Zwei als Eins, das gibt unweigerlich und naturgemäß Liebe, voller Drang und Glut und Begierde. »Alle Gewässer, ja alle Wesen eilen und fließen zurück in ihren Urquell«, sagt Salomo. () Wenn das irdische Feuer das Holz entzündet und aufbrennen läßt als Funken, so empfängt es Feuernatur und wird zum Ebenbild jenes lauteren Feuers, welches ohn' jedes Mittel an der untern Himmelswölbung haftet: und im Handumdrehen vergißt und verläßt es »Vater und Mutter, Brüder und Schwestern auf Erden« und eilet und jagt empor gen den »himmlichen Vater«. Sein Vater hienieden (des Funkens) ist das Feuer, seine Mutter ist das Holz, seine Brüder und Schwestern sind die anderen Funken. () Und darum sage ich: Solange erst Ähnlichkeit erfunden wird und am Tage liegt zwischen Feuer und Holz, so ist da auch nimmer wahre Lust noch Schweigen, nicht Ruhm noch Genügen. Mit den Meistern zu reden: Das Feuerwerden geschieht mit Widerstreit, mit Ach und Weh, als ein unruhvolles Treiben innerhalb der Zeit, die vollzogene Geburt aber des Feuers, als Freude, ist sonder Zeit und Ferne. Und Lust und Freude dünken niemand lange oder fremd. (Alles das liegt bereits in dem Ausspruch unseres Herrn: »So die Frau das Kind gebiert, so hat sie Leid und Pein; so aber das Kind geboren ist, so ist Leid und Pein vergessen.«)

ERASMUS VON ROTTERDAM

(um 1467–1536)

Holländischer Philosoph, Sprachforscher und kath. Theologe (Dispensierter Augustinermönch); led.; Gegner der Reformationsbewegung (Luther, Zwingli), aber Kritiker der kirchlichen Mißstände. Er wollte durch die neue Bearbeitung der Bibeltexte und der alten Kirchenväter zum wahren »Urchristentum« finden, und sah den Weg der humanistisch-klassisch-griechischen Wissenschaft und Bildung als Erfüllung dahin an. Er unterstützte nicht die deutsche Bibelübersetzung durch Luther, da er die religiösen Probleme eher im Gelehrtenkreise aufgehoben wissen wollte. Er schrieb zu Luther: »Ich sage gerade heraus, Intelligenz muß ich lieben, willkürliches Drauflosschreiben nehme ich einem jeden übel.« Er argumentierte für die Freiheit des menschlichen Willens gegen die Auslieferung des Menschen an einen unbeeinflußbaren göttlichen Willen oder an die göttliche Vorsehung und Gnade.

DER FRAUENSENAT

Cornelia: Ich nehme es als eine glückliche Vorbedeutung für unser Geschlecht und für die ganze Republik der Frauen, daß ihr euch heute so eifrig und zahlreich eingefunden habt. () Ihr alle wißt, so darf ich annehmen, wie abträglich es für uns war, daß die Männer in täglichen Sitzungen ihre Angelegenheiten beraten, wir aber beim Spinnrocken und Webstuhl sitzen und unsere Sache im Stich lassen mußten. So ist es dahin gekommen, daß kein gemeinschaftliches Verantwortungsgefühl unter uns bestand und die Männer uns gewissermaßen als Gegenstand des Sinnenkitzels betrachten und uns kaum des Namens Mensch für würdig erachten. Lassen wir es so weitergehen, wie wir angefangen haben, so könnt ihr euch selbst an den Fingern abzählen, wohin es schließlich führen wird; ich scheue mich, Worte von so schlimmer Vorbedeutung auszusprechen. Sehen wir vom Ehrenstandpunkt ganz ab, so müssen wir jedenfalls um unsere Selbsterhaltung besorgt sein. () Die Bischöfe haben ihre Synoden, die Mönchsherden ihre Privatkonzilien, die Soldaten ihre Appelle, selbst die Diebe ihre Winkelversammlungen, und schließlich halten sogar die Ameisen ihre Zusammenkünfte ab. Unter allen Lebewesen kommen allein wir Frauen nicht zusammen. () Irre ich nicht, so () vor dreizehnhundert Jahren der hochpreisliche König Heliogabal () Dieser Heliogabal nun verfügte, daß, gleichwie der Kaiser mit den Seinen einen Senat hatte, auch seine kaiserliche Mutter ihren Senat haben sollte, in welchem über die Angelegenheiten des weiblichen Geschlechts verhandelt werden sollte; die Männer nannten ihn aus Spott oder zur Unterscheidung das »Senätlein«. Dieses so viele Jahrhunderte unterbrochene Vorbild hätten wir in unserem eigenen Interesse schon längst erneuern sollen. Es kann jede von uns kalt lassen, daß der Apostel der Frau das Reden in der Versammlung verboten hat, die er Kirche nennt: er spricht von der Versammlung der Männer, hier aber handelt es sich um eine Versammlung von Frauen. Wenn die Frauen immer schweigen sollten, warum hat uns die Natur nicht minder geläufige Zungen gegeben als den Männern und eine nicht weniger wohlklingende Stimme? Ohnehin tönt die Stimme der Männer rauher und erinnert mehr an die der Esel, als die unsere. Uns allen aber muß es das Hauptanliegen sein, unsere Sache so ernsthaft in Angriff zu nehmen, daß die Männer nicht wieder von einem Senätlein sprechen können oder gar noch einen schlimmeren Spottnamen aushecken, bissig wie sie mit Vorliebe gegen uns sind. Dürfte man ihre Sitzungen wahrheitsgetreu einschätzen, so würden sie uns mehr als weiblich erscheinen. Die Herrscher sehen wir schon seit so vielen Jahren nichts anderes tun als Krieg führen; zwischen den Theologen, Priestern, Bischöfen und dem Volk fehlt jede Eintracht: soviel Köpfe, soviel Meinungen. Ihre Wankelmütigkeit ist mehr als weibisch. Keine Stadt verträgt sich mit der andern, kein Nachbar mit dem Nachbarn. Hätten wir die Zügel in der Hand, die menschlichen Beziehungen würden sich weiß Gott erträglicher gestalten. Es verträgt sich vielleicht nicht mit weiblichem Takt, so viele hochgestellten Männer der Torheit zu bezichtigen; aber es wird wohl gestattet sein, anzuführen, was Salomon im 13. Kapitel der Sprüche schreibt: Unter den Stolzen ist immer Hader, aber Weisheit ist bei denen, die sich raten lassen. ()

Satzung soll auch sein, daß keine unter Namensnen-
nung allzu unverblümt von ihrem Mann redet; es mag dies
in ganz allgemeinen Ausdrücken geschehen, mit Mäßi-
gung und ohne Übertreibung.

Katharina: Warum sollen wir nicht über die Männer
reden dürfen, wie uns der Schnabel gewachsen ist, da sie
doch beständig über uns sprechen? Wenn mein Titus in
Gesellschaft besonders gut in Stimmung ist, erzählt er,
was er des Nachts mit mir getrieben hat und was ich gesagt
habe, und nicht selten erfindet er vieles dazu.

Cornelia: Um der Wahrheit die Ehre zu geben, hängt
unsere Würde von den Männern ab: stellen wir sie bloß,
was tun wir da anderes, als daß wir uns selbst entehren?
Wenn wir auch nicht wenig Ursache haben, uns mit Recht
zu beklagen, so ist doch, alles in allem genommen, unsere
Lage angenehmer als die ihre. Um ein Vermögen zu
erwerben, ziehen sie, oft mit Leib- und Lebensgefahr,
über Land und Meer; im Krieg, wenn die Trompeten
schmettern, stehen sie erzgepanzert in der Schlachtreihe,
wir aber sitzen sicher zu Hause. Vergehen sie sich gegen
die Gesetze, so wird streng mit ihnen ins Gericht
gegangen; mit unserem Geschlecht hat man Nachsicht.
Letzten Endes liegt es zum großen Teil an uns, daß wir
angenehme Ehemänner haben. – ()

Hört nun, worüber zu beraten sein wird. In erster Linie
müssen wir auf unsere Würde bedacht sein; diese beruht
vorzugsweise auf der Kleidung. Das wird gegenwärtig
derart mißachtet, daß heutzutage kaum mehr unterschieden werden kann zwischen einer Adeligen und einer
Bürgerin, einer Jungfrau und Witwe oder einer ehrbaren
Matrone und einem Straßenmädchen. So sehr ist alle
Scham geschwunden, daß jede sich herausnimmt, wozu
sie Lust hat. () Schon längst mahnen die unerträglichen
Zustände, in derlei Dingen bestimmte Richtlinien festzu-
setzen. Wir könnten dies leicht unter uns ausmachen,
denn es geht nur das weibliche Geschlecht etwas an.
Freilich gibt es auch Punkte, die wir mit den Männern zu
bereinigen haben, die uns von allen Ehrenstellen fernhal-
ten und fast nur wie Waschweiber und Küchenfeen
behandeln und alle öffentlichen Angelegenheiten nach

ihrem Gutdünken einrichten. Räumen wir ihnen die
Staatsämter und die Kriegsführung ein! Geht es aber an,
daß das Wappen der Frau sich immer auf der linken Seite
befindet, selbst wenn sie den Adel ihres Mannes um drei
Wappenfelder übertrifft? Sodann ist es nur billig, daß bei
der Aussteuer der Kinder auch die Mutter ein Wörtlein
mitzureden hat. Vielleicht werden wir auch durchsetzen,
daß wir wechselseitig die öffentlichen Ämter bekleiden,
soweit sie wenigstens innerhalb der Mauern und ohne
Waffen versehen werden. Das ist es in der Hauptsache,
worüber zu beraten sich wohl der Mühe lohnt. Es mag
nun jede über diese Fragen nachdenken, damit wir über
jeden einzelnen Punkt unsere Senatsbeschlüsse fassen. ()

AGRIPPA VON NETTESHEIM (HEINRICH CORNELIUS)

(1486–1535)

Deutscher Philosoph, Mediziner und Alchemist; verh.; wurde bekannt
durch sein Buch »Occulta philosophia«, ein Lehrbuch der weißen Magie,
das von dem größten deutschen Meister der geheimen Wissenschaften und
Künste – Abt Tritheim aus Würzburg – geprüft wurde. Auch Paracelsus
war Schüler dieses Lehrers. Agrippa bekämpfte in seinen Schriften auch
den Hexenwahn und die Hexenverfolgung, was ihm wegen Ketzerei
Gefängnis einbrachte. Seine abenteuerliche geheimnisumwitterte Gestalt
wurde Goethe zum Hauptmodell des »Faust«.

VON DEM VORZUG DES WEIBLICHEN VOR DEM MÄNNLICHEN GESCHLECHT

§ 1

Der grundgütige und große Gott, der Schöpfer aller
Dinge, schuf im Anfang der Welt den Menschen nach
seinem Ebenbilde, und ihm selbst gleich, und schuf sie als
ein Männlein und Fräulein. Der Unterschied dieser beiden

Geschlechter besteht nur in der unterschiedenen Gelegenheit der Teile des Leibes, welche nötig sind zur Fortpflanzung und Erhaltung des menschlichen Geschlechts. Denn
Gott hat einerlei Gestalt, sowohl des einen, als des andern
Seele gegeben, unter welcher kein Unterschied; Das Weib
hat von Gott eben solchen *Verstand* empfangen, wie der
Mann, ebenso die Vernunft, und eben solches Vermögen
zu disenriren; Sie hat eben denselben *Endzweck* und das
Absehen, welches er hat, welches die ewige Seligkeit ist, da
wird kein Unterschied der Geschlechter sein, was nemlich
den Gebrauch anlangt, denn nach der Wahrheit des
Evangelium wird ein jeder wohl in seinem eigenen Leibe
auferstehen, aber sowohl dem einen, wie dem andern ist
die Gleichheit der Engel versprochen. So ist demnach
unter ihnen, nemlich zwischen Mann und Weib, in
Betrachtung der Seelen und des Verstandes kein Vorzug,
und keiner geht dem andern an Vortrefflichkeit vor,
sondern es haben beide Geschlechter von Natur gleiche
Freiheit.

§ 3

Damit wir nun zur Sache schreiten, so ist das Weib
anfänglich dem Mann um so viel mehr vorzuziehen, *weil
sie einen vortrefflicheren Namen hat als er;* Denn der
Name Adams, welcher der erste Mann war, bedeutet
nichts anderes als Erde, und der Name *Eva,* so das erste
Weib war, bedeutet das Leben, und also ist das Weib um so
viel edler, als der Mann, so weit das Leben der Erde
vorzuziehen ist. Und nun muß man nicht sagen, daß es ein
schwacher Beweis sei, wenn man von den Sachen nach der
Betrachtung ihrer Namen urteilt. Denn wir wissen, daß
der Schöpfer alles Wesens, welcher Gott ist, dieselben
kannte, bevor er sie beim Namen genannt, und wie er in
dieser Erkenntnis nicht hat irren können, so hat er die
Namen gegeben, die Natur, Eigenschaften, und den
Gebrauch eines jeden seiner Kreaturen damit auszudrük-
ken; darum ist die Wahrheit und der Nachdruck der alten
Namen nach dem Zeugnis der Römischen Gesetze so
beschaffen, daß sie mit den Sachen übereinkommen, und

eine ganz klare Bedeutung haben muß. Und deswegen ist auch bei den Gottes-Gelehrten ein Beweis, aus den Namen hergenommen, von großer Wichtigkeit. ()

§ 4

() Ingleichen der hl. Cyprianus, wenn er wider die Juden schreibt, merkt an, wie der Name des ersten Menschen aus vier Buchstaben zusammengesetzt wäre, welche die vier Teile der Welt bedeuteten, gleich als sollte er über den ganzen Erdkreis herrschen. Und eben derselbe Kirchen-Lehrer sagt an eben demselben Orte, daß der Name Adam so viel bedeute wie Erde, das Fleisch geworden. Obwohl diese Erklärung nicht mit dem überein kommt, was Moses davon sagte, weil dieser Name Adam bei den Hebräern nur aus drei Buchstaben besteht, und nicht aus vieren; allein, diese Erklärung muß man nicht gänzlich verwerfen, da sie von einem so großen und heiligen Manne ihren Ursprung hat, der in der hebräischen Sprache unerfahren war, ()

Wenn mir nun nicht vergönnt ist, dieses angenehme Geschlecht nach der Untersuchung ihres, das ist des ersten Weibes, Namen zu loben, so vergönnt man mir wenigstens zu sagen, daß nach den geheimnisvollen Kennzeichen der Kabbalisten, ihr Name mehr Verwandtschaft hat mit dem unaussprechlichen Namen Gottes von vier Buchstaben (), als der Name des Mannes, der nicht im geringsten mit dem göttlichen Namen übereinkommt, weder in den Buchstaben noch in der Figur, noch in der Zahl der Buchstaben. Allein wir wollen jetzt hiervon nicht reden, denn wenige lesen es, und noch weniger verstehen es und es erfordert eine weitläufigere Ausführung, als hier unser Zweck ist. Indessen wollen wir den Vorzug des Frauenzimmers vor den Mannes-Personen nicht mehr aus ihrem vortrefflicheren Namen beweisen, sondern aus wichtigeren Dingen, aus ihren Verrichtungen und Bedienungen, und aus ihren Verdiensten. ()

§ 6

Denn als der Schöpfer an die Erschaffung des Weibes
gekommen war, da stand er still, als wenn er nichts
vortrefflicheres zu erschaffen hätte als sie, und bei ihr
findet sich alle Weisheit und Macht des Schöpfers
vollkommen, () Da nun das Weib zum letzten unter allen
Kreaturen gebildet wurde, und das Ende und die Vollendung aller Geschöpfe Gottes, ja die Vollkommenheit der
ganzen Welt ist, wer kann nun leugnen, daß sie nicht die
allervortrefflichste unter allen Kreaturen sei ()

§ 7

() Denn nachdem die Welt von Gott erschaffen worden
war, als ein ganzer und vollkommener Zirkel, so hat sie zu
Ende gebracht werden müssen in einem Punkt, welcher
das erste aller Dinge mit dem letzten vereinigte, durch ein
unzertrennliches und unauflösliches Band, also das Weib
ist in der Erschaffung der Welt zum letzten erschaffen der
Zeit nach, allein sie ist das erste gewesen in den Gedanken
des Schöpfers, und man kann ihr in diesem Stück die
Worte des Weisen beilegen, () Gott hat sie erwählet, ehe
Himmel und Erde aus nichts gemacht, und er hat sie vor
allen anderen Dingen erwählet. Denn die Meinung der
Philosophie in diesem Stück ist ganz gewiß, daß der
Endzweck, welcher ein Künstler sich vorstellt, das erste in
seinen Gedanken, aber das letzte in seiner Ausübung sei;
so ist das Weib die erste Vorstellung des Schöpfers unter
allen Kreaturen gewesen, weil sie die letzte Arbeit seiner
Hände ist ()

§ 8

() Weiter ist das Weib dem Manne vorzuziehen, in
Erwägung der Materie, woraus sie gebildet ist, was nicht
ein wenig lebloser Lehm oder Kot gewesen ist, wie die des
Mannes, sondern eine gereinigte, lebhafte, und mit einer
vernünftigen Seele begabte Materie, die des Geistes Gottes
teilhaftig war. Denn der Mann ist aus einem Erdenkloß

gemacht () aber das Weib ist von Gott allein geschaffen ohne Hilfe der Gestirne noch einiger mitwirkenden Kräfte, sondern aus einer vollkommenen und an sich selbst vollständigen Materie, indem der Mann eine seiner Rippen verliert, welche tüchtig war zur Bildung des Weibes (), also kann man einigermaßen sagen, daß der Mann ein Werk der Natur ist, und das Weib ein Werk Gottes; darum ist das Weib oft geschickter als der Mann, die göttlichen Geheimnisse zu verstehen. ()

§ 15

Und damit nichts nachbleibt, was den Ruhm ihres Geschlechts vermehren könne, so sehen wir ja, wie die Natur sie dem männlichen vorgezogen, wegen der Fortpflanzung des menschlichen Geschlechts, wo wir uns auf die Meinung des Galeni und Avicenna berufen, welche behaupten, daß sie viel mehr als der Mann zur Zeugung beitrage.

§ 16

Das ist die Eigenschaft, sagen diese berühmten Medici, und dies ist das Amt der Weiber, daß sie empfangen und das erhalten, was sie empfangen haben. Aus dieser Ursache sehen wir, daß die meisten Kinder oftmals dem Gesichte nach ihren Müttern gleich sehen, und auch ihre Sitte und Art an sich haben, weil sie aus ihrem Blut gezeugt und gebildet wurden. Denn wenn Mütter dumm und einfältig sind, so sind die Kinder gleichfalls albern; wenn die Mütter klug und weise sind, so sind die Kinder auch verständig und klug: dahingegen sieht man oft, wie die klugen Väter dumme und unverständige Kinder, und die unverständigen Väter kluge Kinder zeugen, wenn nur die Mütter diese Eigenschaften an sich haben. Und keine andere Ursache ist es, warum die Mütter ihre Kinder mehr lieben als die Väter, weil sie von Natur wissen, daß sie mehr zur Zeugung beigetragen haben als die Väter; also kann man sagen, daß die Väter ihren Kindern Gutes wünschen, aber die Mütter allein lieben sie. ()

§ 21

Aber lasset uns von den welt- zu den geistlichen Beweistümern schreiten ()

§ 23

So ist denn der Segen wegen des Weibes dem Mann von
Gott gegeben worden, und das Gesetz wegen des Mannes,
das Gesetz, sage ich, des Zorns und des Fluches, und nicht
der Eva, denn Gott wollte, daß sie immer frei wäre, von
Anfang ihrer Erschaffung. Demnach hat der Mann
gesündigt, als er von dem verbotenen Apfel aß, und er hat
den Tod in die Welt gebracht, nicht aber das Weib, denn
wie der hl. Paulus sagt: Wir haben in Adam gesündigt,
und nicht in Eva, und wir haben uns alle die Erbsünde auf
den Hals geladen, nicht von dem ersten Weibe, sondern
von dem ersten Manne unter den Lebendigen.

§ 24

Deswegen hat Gott in seinem Gesetz verordnet, daß die
Männer beschnitten würden und nicht die Weiber, um die
Erbsünde zu bestrafen, nur an dem Geschlecht, das sie
begangen hat. () und deswegen ist auch zur Schlange
gesagt, daß des Weibes Samen ihr den Kopf zertreten
sollte, und nicht des Mannes Samen. ()

§ 43

() Und wenn es nicht durch die Gewohnheit den Weibern
verboten wäre, zu studieren, so würden wir zu unserer
Zeit derer noch mehr gelehrte Frauen zu sehen bekommen, als unter den gelehrtesten Männern. () so folgt, daß
wenn die Weiber so wie die Männer studieren könnten, so
würden sie sich mindestens ebenso berühmt in geist- und
weltlichen Schriften machen wie die Männer. ()

§ 52

() Man lese die alten glaubwürdigsten Scribenten, so wird
man finden, daß in Getulla, unter den Bracttanern, und in
Galicien die Gewohnheit gewesen ist, daß, wenn die
Männer ihren Wollüsten nachgingen, die Weiber die
Äcker bestellten, bebauten, Handel betrieben, geritten
und sehr geschickt alles verrichteten, was jetzt die Männer
zu tun pflegen. Bei den Cantabriern steuerten ehemals die
Weiber die Männer aus, die Schwestern erwählten ihren
Brüdern Weiber und die Töchter waren die vorgezogenen
Erben ihrer Eltern, da die Söhne ausgeschlossen wurden.
() Allein, da jetzt, da alle Dinge verwirrt sind durch das
Ansehen, welches ihnen die Männer wider allen Rechts
und wider aller Billigkeit nehmen, so sind die Weiber allen
ihren Vorzugs beraubt, und diese Gewalttätigkeiten
entschuldigend sagt man, daß die Gesetze ihnen verbieten,
sich den Männern gleich zu achten, daß alle Privilegien,
die ihnen von den Alten zugestanden wurden, durch die
Gewohnheit, den Gebrauch und die Erziehung abgeschafft seien. So bald eine Tochter geboren wird, hält man
sie im Hause eingesperrt, man zieht sie auf in Zärtlichkeit
und Faulheit, als wenn sie von Natur zu keinem wichtigen
Amt geschaffen wäre, man gönnt ihr gleichsam nirgends
weiter zu denken als an ihren Faden und an die Nadel;
wenn sie nun zu ihren mannbaren Jahren gekommen ist,
so verheiratet man sie und übergibt sie der Gewalt eines
Mannes, welcher sie oftmals als eine Sklavin traktiert, und
er läßt ihr nicht mehr Freiheit, als ihm etwa seine
närrischen Einfälle raten. Sie mag immerhin brummen
und sich beklagen, man hört sie nicht, ihre eigenen Eltern,
welche sie von Herzen geliebt haben, da sie doch unter
ihrer Aufsicht erzogen wurde, haben oft nicht Kredit
genug, ihre Tochter glücklicher zu machen. Sie sind alle
des Rechts beraubt, sich öffentliche Bedienung anzumaßen, die verständigsten und klügsten haben nicht die
Freiheit, einen vor Gericht anzuklagen, sie sind von aller
Justiz verworfen, sie können nicht Schieds-Leute sein,
auch keinen an Kindes statt annehmen, sie dürfen nichts
mit Testament- und Kriminalsachen zu tun haben. Sie sind

von dem Kirchendienst abgesondert, obschon der hl.
Geist durch seinen Propheten Joel verspricht, nicht nur,
daß die Alten Träume haben werden, die jungen Leute
Gesichter sehen werden, sondern auch, daß die Töchter
weissagen werden. () Sind demnach die Töchter mit
Gewalt genötigt worden, den Männern zu weichen,
welche über sie siegen, gleich als wären sie ihnen durch
Kriegsrecht unterworfen, keineswegs durch göttliche
Verordnung, nicht durch die Kraft einer gesendeten
Ursache, sondern durch die Gewohnheit, durch die
Erziehung, durch das Los und durch die tyrannische
Gelegenheit. Man behauptet, daß alles Unglück, das in der
Welt ist, die Weiber verursacht haben, und man hört oft
von verschiedenen gegen sie klagen, die beteuern, sie
könnten die Weiber weder lieben noch wert halten, weil
sie, ihrer Meinung nach, den größten Männern von allen
Zeiten her ein Stein des Anstoßes gewesen sind und sie
führen allzeit diese Worte im Munde: Das Weib hat den
Petrum, Adam und Salomon, den Simson und David
hintergangen, wie sollte man sie lieben? Ja es ist wahr, daß
Weiber diese großen Männer hintergingen, das ist, über-
fallen und bezwungen haben; allein, wenn dieses auch
eines ihrer größten Verbrechen ist, so sind sie doch
unschuldig, weil sie sich dadurch in den Vorzug gesetzt
haben, welchen sie mit Recht von den Männern begehren,
denn weil, nach dem Ausspruch der Wahrheit selbst, der,
welcher von einem bezwungen wird, der wird sein Knecht
und wird ihm untertan, so muß der Mann dem Weibe
unterworfen sein, weil er von ihr bezwungen wurde. Man
findet auch Männer, die sich einbilden, daß sie in der
heiligen Schrift einen zulänglichen Grund finden, die
Weiber zu verachten und die sich jederzeit des Fluches
erinnern, der wider die erste unter den Weibern gesprochen wurde: Du sollst deinem Mann unterworfen sein
und er soll dein Herr sein. Wenn man ihnen antwortet,
daß Christus diesen Fluch aufgehoben hat, so werden sie
behaupten, daß selbiger durch den Apostel in diesen
Worten erneuert wurde: Die Weiber sollen schweigen in
der Gemeine, und sollen ihren Männern unterworfen sein
und sollen sich von ihnen zu Hause unterrichten lassen:

Allein, wem die unterschiedlichen Figuren und Redensarten bekannt sind, die man in der heiligen Schrift antrifft, der wird klar sehen, daß dieser Grund nur zuwider zu sein scheint, daß um eine Wahrheit gestritten wird, die vorher doch nur fest bekräftigt wurde. Denn es ist wohl wahr, daß nach der Kirchen-Ordnung die Männer den Weibern vorgezogen werden, wie die Juden den Heiden vorgezogen wurden, vermöge des Gesetzes und der Verheißung. Allein Gott setzt doch keinen Unterschied zwischen diesen beiden Geschlechtern und er betrachtet seine vernünftigen Kreaturen einen wie den andern, wenn sie nur durch seinen Geist erneuert werden. Ja wegen ihrer Härte des Herzens sind Männern unterschiedliche Sachen gestattet, welche das Ansehen haben, sie in größeres Ansehen zu setzen, als Weiber, wie den Juden das Recht des Scheidebriefes; allein das schadet ihnen in ihrem Vorzug oder zumindest in ihrer Gleichheit nicht. Denn man findet, daß die Weiber die Macht gehabt haben, Leute zu richten, in der Person der Königin Seba.

§ 53

So habe ich gezeigt, wie vortrefflich das weibliche Geschlecht sei, durch die Untersuchung ihres Namens, durch die Ordnung und den Ort ihrer Erschaffung, wegen der vortrefflichen Materie, wovon sie gemacht, und wie groß der Vorzug sei, den sie vor dem Mann erhalten hat. Dies wurde bewiesen, obschon ein wenig unordentlich, wegen der Natur, wegen ihres Eifers zur Gottesfurcht, aus den göttlichen und menschlichen Gesetzen, aus gewissen Gründen und Beweistümern, und unterschiedlichen Beispielen. Ich gestehe gern, daß ich nicht soviel davon geredet habe, als ich wohl hätte sagen sollen, weil ich nicht aus Ehrgeiz geschrieben habe, sondern aus Schuldigkeit, und weil ich aus Liebe zur Wahrheit dazu gezwungen war, weil ich befürchtete, daß, wenn ich geschwiegen hätte, und dasjenige Pfund, was mir anvertraut worden ist begraben hätte, es aussehen würde, als wollte ich wie ein Dieb diesem Ruhmwürdigen Geschlecht durch ein gottloses Stillschweigen dasjenige Lob nehmen, welches ihnen

von rechtswegen und vermöge der Gesetze zukommt.
Wenn ein neugieriger Mensch findet, daß ich nicht alles
gesagt habe, was es von dieser Materie zu sagen gäbe, und
es für nötig erachtet, hierhinzusetzen, was er etwa meinen
würde, von dem er glaubt, daß es ausgelassen wäre, so
setze er soviel als er will hin, auch wenn ich von ihm
verachtet wäre, ich aber werde ihm im Gegenteil verbunden sein, daß er meinem Unternehmen geholfen hat und
dasjenige verbessert, was ich nur ohnehin entworfen habe.

THEOPHRASTUS PARACELSUS
(1493–1541)

Deutscher Philosoph, Mediziner und Alchemist; led.; er sagte von sich
selbst: »Nit ein apostel oder dergleichen bin ich, sonder ein philosophus
nach der teutschen art«, und er hielt in deutscher Sprache seine
medizinischen Vorlesungen an der baseler Universität, was in der
lateinisch-sprechenden Gelehrtenwelt ein Skandal war. Eine kraftvolle
kosmologisch-mystische Denkweise bestimmte die Ansicht des Paracelsus, daß der Mensch Modell des Kosmos sei und Mittelpunkt der Welt. Er
trat für die Bauern und sozial Schwächeren der Bevölkerung ein und war
auch als wandernder Arzt des Volkes bekannt.

MENSCH UND SCHÖPFUNG

Gott will den Mann als Mann und die Frau als Frau und
will, daß jeder von ihnen Mensch sei.

Gott hat den Menschen unmittelbar aus der »Matrix«[1]
geschaffen. Er hat ihn aus der »Matrix« genommen und
einen Menschen aus ihm gemacht ... Und dann hat er ihm
seine eigene »Matrix« gegeben: die Frau ... Auf daß
fortan ihrer zwei seien, aber doch nur eines; zweierlei
Fleisch, aber doch eines, nicht zwei. Das heißt so viel, daß

---

1 Matrix: Gebärmutter, Urmutter, Urschoß, das Empfangende-Noch-
Ungestaltete, das die Form aufnimmt.

keines allein vollkommen ist, sondern, daß erst beide zusammen den ganzen Menschen ergeben... () Dann ward aus dem Mann die Frau geschaffen, und sie wurde zum Mutterschoß aller Menschen bis an das Ende der Welt. () Die Frau ist von ihrer Haut wie von einem Gehäuse umschlossen, und alles, was darin ist, bildet gleichsam einen einzigen Schoß. Wiewohl der Frauenkörper dem Manne entnommen wurde, so ist er nicht mit seinem zu vergleichen. In der Gestalt ist er dem Körper des Mannes allerdings ähnlich, denn die Frau ist auch als Mensch geformt und trägt, wie der Mann, Gottes Bildnis in sich. Aber in allem übrigen: im Wesen, in den Eigenschaften, in seiner Natur und seinen Eigentümlichkeiten ist er von dem des Mannes völlig verschieden. Der Mann leidet als Mann, die Frau leidet als Frau: beide jedoch leiden als zwei Kreaturen, die Gott lieb sind. ()

Die Frau ist gleich der Erde und allen Elementen, und in diesem Sinn ist sie als »Matrix« zu verstehen; sie ist der Baum, der aus der Erde wächst, und das Kind ist wie die Frucht, die aus dem Baum hervorgeht. Gleich wie ein Baum in der Erde steht und nicht nur der Erde, sondern auch der Luft und ebenso dem Wasser und dem Feuer zugehört, also sind auch in der Frau alle vier Elemente – denn aus diesen vieren besteht der Große Acker, die untere und die obere Sphäre der Welt – und in ihrer Mitte steht der Baum, als dessen Abbild die Frau anzusehen ist. Wie die Erde, ihre Frucht und die Elemente um des Baumes willen geschaffen sind und um ihn zu erhalten, so sind auch die Glieder der Frau, all ihre Eigenschaften und ihre ganze Natur um ihrer »Matrix«, um ihres Schoßes willen da. ()

Wer die Frau sieht, der soll in ihr den Mutterschoß des Mannes erblicken; sie ist die Welt des Mannes, aus der er geboren wird. Aus welcher Kraft jedoch der Mensch eigentlich hervorgeht, das vermag niemand zu sehen. ()

Wie könnte einer Feind der Frau sein – sie sei, wie sie wolle? Mit ihren Früchten wird die Welt bevölkert, darum läßt Gott sie lange leben, auch wenn sie noch so garstig wäre.

Philosophia (A. Dürer)

GIORDANO BRUNO

(1548–1600)

Italienischer Philosoph und Lehrer; led.; er stellte in lebhaften und
polemischen Dialogen die Einheit von Körper und Geist in der Materie
dar, die als beseelte Materie die unendliche Einheit des Alls bedeute und als
körperliche Materie die endliche veränderliche Welt. So sei alles Materie in
verschiedenen Formen; das Geistige allein sei nicht das Ewige und
Unsterbliche, es lebe nur ewig Materie. Er nahm an, daß es unendlich viele
Welten ähnlich der Erde gäbe, und die menschliche Intelligenz nicht die
einzige Intelligenz im Universum sei. Er wurde der Ketzerei angeklagt und
starb auf dem Scheiterhaufen der Inquisition. Auf dem Weg zum
Scheiterhaufen hätte er einen Strohhalm aufgehoben, geküßt und gesagt:
»Auch du bist mir Seele«. Shakespeare läßt seinen Hamlet in der
»Vertreibung der triumphierenden Bestie« lesen, und nennt ihn mit
Sympathie einen »satirischen Schuft«.

DIE ABSCHIEDSREDE

Daß Minerva die meisten dieser Riesen sicher fast ohne
jede Mühe niedergemacht hat, bezeugt die Sage. Und weil
zumal in der Kriegführung, sei es gegen sichtbare, sei es
gegen unsichtbare Feinde, die Weisheit Mutter jeden
Erfolges ist, gilt sie somit als besondere Gottheit der
Kriegskunst. Sie führt ein Schild von durchsichtiger
Klarheit; er ist umrändert von zahlreichen Schlangen;
denn eine bevorzugte Eigenschaft der Schlangen ist
scharfe Sehkraft. Deswegen ermahnt uns die Schrift, klug
zu sein, wie die Schlangen, wie schon Moses bezeugt, daß
die Schlange listiger ist als alle Geschöpfe der Erde. Denn
wenn nicht Wachsamkeit, Vorsicht und Umsicht den
Kriegsherrn umgibt und auszeichnet, wie sollen wir uns
sicher fühlen vor so vielen Myriaden von Feinden, die uns
umlauern und nachstellen? Aus klarem durchsichtigen
Kristall denkt man sich ihr Schild, weil der sicherste und
größte Schutz gegen die Tücken des gewaltsamen Schicksals in der Wahrhaftigkeit des Weisen und in der durchsichtigen Reinheit der Lebensführung zu finden ist. Ein
flatternder Helmbusch ziert ihren Helm; denn nicht nur
Kraft und Stärke, sondern auch der Schmuck eines

ritterlichen Wesens ziemt dem Krieger. Von der Spitze des Helmes her schaut ein mit ausgebreiteten Flügeln sich kampfbereit brüstender Hahn. Denn dieser ist ein treffliches Sinnbild sowohl der Tapferkeit als auch der Wachsamkeit und Voraussicht. Eine hochragende spitze Lanze bildet ihre Waffe; denn zum Ansturm wie zur Abwehr bedarf man der Schärfe desselben; ihre Geschosse sind scharfe, befiederte Beweise, die tief in die Seelen dringen. Denen, die es wagen, gegen sie anzustürmen, schüttelt sie das entsetzliche Gorgonenhaupt entgegen, dessen Anblick versteinert; denn so furchtbar und wunderbar ist Weisheit, daß die Menschen vor Furcht und Verwunderung bei ihrem Anblick erstarren.

Wer ist die, die hervorbricht, wie die Morgenröte, so schön, so auserlesen, so schrecklich? Das ist die Weisheit, Sophia, Minerva, schön wie der Mond, strahlend wie die Sonne, furchtbar anzuschauen wie eine in Schlachtordnung anrückende Heerschar. Der Mond in seiner lieblichen Klarheit, die Sonne in ihrem majestätischen Glanz, eine Heerschar wegen ihrer unbesiegbaren Tapferkeit. Ihr Thron steht dem des Jupiter zunächst nach dem Ausspruch des lyrischen Dichters:

Proximos illi tamen occupavit Pallas honores.[1]

Und ebenso sagt der Prophet: »Ich, die Weisheit, wohne in der Höhe, mein Thron ist über den Wolken«; – denn wird der Weise durch seine Handlungen an schöpferischem Vermögen, Einfluß, Fähigkeit und Ansehen nicht zum wirklichen Ebenbilde Gottes? Auf den Lehnen ihres Thronsessels sah ich jene heilige Eule ausgeschnitzt, die überall, auch in einer Umgebung, die für die übrigen finster ist, die Weisheit zu sehen vermag nach jenem Psalmwort: »Denn auch Finsternis nicht finster ist vor dir; und die Nacht leuchtet wie der Tag, deine Augen sahen mich, es war dir mein Gebein nicht verhohlen, da ich im Verborgenen gemacht ward!«

Aber auf ihrem Thronhimmel schaut man Werke

---

1 Horatius: »Jedoch nach ihm (Zeus) hat als nächste Pallas die höchste Ehre errungen.«

Vulkans, nämlich die Geschichte der Werke Gottes und sein körperliches Abbild. Dort waren auch diese Worte eingeschrieben: »Denn er hat mir gegeben gewisse Erkenntnis alles Dinges, daß ich weiß, wie die Welt gemacht ist, und die Kraft der Elemente; der Zeit Anfang, Ende und Mitte, wie der Tag zu- und abnimmt; wie die Zeit des Jahres sich ändert; und wie das Jahr herumläuft; wie die Sterne stehen; die Art der zahmen und der wilden Tiere; wie der Wind so stürmet; und was die Leute im Sinn haben; mancherlei Art der Pflanzen und Kraft der Wurzeln. Ich weiß alles, was heimlich und verborgen ist; denn die Weisheit, so aller Kunst Meister ist, lehret mich's. Denn es ist in ihr Geist, der verständig ist, heilig, einig, mannigfaltig, scharf, behend, beredt, rein, klar, sanft, freundlich, ernstlich, frei, wohltätig, leutselig, fest, gewiß, sicher; vermag alles, siehet alles und gehet durch alle Geister, wie verständig, lauter, scharf sie sind. Neben jenem Thron erblickte ich das Palladium, das sowohl das Kennzeichen als auch die Kräfte darstellt, vermöge deren ein Staat so lange unversehrt, sicher und unüberwindlich vor allen Feinden verharrt, als das Palladium unentweiht in seinen Mauern gewahrt bleibt. Dieses ist der Glanz des ewigen Lichtes und die Ausstrahlung der Weisheit, die bei der Leitung öffentlicher Angelegenheiten als Vormünderin waltet. – Fragen wir nunmehr nach ihrer Herkunft: Sie ist die Tochter des Zeus, ohne Mutter, da sie seinem Haupte entsprang, wie die Orphischen Dichter es berichten und die Offenbarung des Propheten es bestätigt. Denn es steht geschrieben: »Ich bin hervorgegangen aus dem Munde des Höchsten. Ich bin die Erstgeborne vor aller Kreatur. Aus des Herrn Haupte (sage ich) bin ich geboren. Denn sie ist ein Hauch der göttlichen Kraft und ein Strahl der Herrlichkeit des Allmächtigen; darum kann nichts Unreines zu ihr kommen; denn sie ist ein Glanz des ewigen Lichts, und ein unbefleckter Spiegel der göttlichen Kraft und ein Bild seiner Gütigkeit; da sie ewig ist, wirkt sie alles; sie bleibt, das sie ist und verneuert doch alles; und für und für ergießt sie sich in heilige Völker und macht Gottes Freunde und Propheten. Denn Gott liebt niemand, er bleibe denn bei der Weisheit. Sie gehet einher herrlicher denn die Sonne und die Sterne, und gegen das Licht gerechnet gehet sie weit vor.«

Da sie eine solche und so groß ist, was Wunder, daß alle nicht erst durch ihre Gestalt, sondern schon durch eine Ähnlichkeit mit ihrer Gestalt ergriffen werden. Vernehmt was Salomo sagt: »Ich hielt sie teurer, denn Königreiche und Fürstentümer, und Reichtum hielt ich für nichts gegen sie. Ich gleichte ihr keinen Edelstein; denn alles Gold ist gegen sie wie geringer Sand, und Silber ist wie Kot gegen sie zu rechnen. Ich hatte sie lieber, denn gesunden und schönen Leib, und erwählete sie mir zum Licht; denn der Glanz, der von ihr geht, verlöschet nicht.«

EROICI FURORI – HEROISCHE LIEBE

Wenn demnach einer auch das ganze weibliche Geschlecht tadelte, so dürfte sich dies doch keine von Euren Damen anziehen; denn die Engländerinnen bilden keinen Teil dieses Geschlechts, sind keine Weiber, keine Frauenzimmer, sondern im Vergleich zu allen anderen Nymphen, Göttinnen, englische Wesen, und unter ihnen weilt ja auch als die Erste die einzige Diana, die ich bei dieser Gelegenheit und unter dieser Zahl nicht nennen will. Man verstehe mich also im gewöhnlichen Sinne! Auch in letzterem würde man mich zu Unrecht persönlich nehmen; denn keine einzelne braucht sich die allgemeinen Schwächen ihres Geschlechts zuzueignen; wenn hier Fehlgriffe und Irrtümer möglich sind, so liegt diese Möglichkeit in der Natur und im Gattungsbegriff, darum aber noch keineswegs in der Besonderheit jedes Individuums. Was ich also verabscheue, ist lediglich jene übertriebene und unmäßige Liebesleidenschaft, der manche so sehr unterliegen, daß sie sich vor ihr mit dem Geiste zu Sklaven erniedrigen und ihr die höheren und edleren Kräfte der vernünftigen Seele dienstbar machen.

In Anbetracht dessen wird kein keusches und züchtiges Weib sich über meine natürlichen und wahrhaften Äußerungen entrüsten und sich dadurch verletzt fühlen, vielmehr mir dafür Beifall und Liebe zollen dürfen, indem

auch ihr selber vom passiven Standpunkte aus eine
derartige Liebe der Frau zum Manne nicht minder
tadelnswert erscheinen muß, als ich vom aktiven Standpunkte aus jene Liebe der Männer zu den Frauen
gemißbilligt habe. Indem also dies meine Gesinnung,
meine Anschauung und Erklärung ist, beteure ich, daß
meine erste und hauptsächliche, meine mittelbare und
nebensächliche, meine endgültige und ausschließliche
Absicht bei diesem Werke nichts anderes war und ist, als
die Darstellung nicht einer gewöhnlichen, sondern einer
heroischen Liebe, einer göttlichen Anschauung, die in
zwei Hauptteile zerfällt, deren jeder wieder in fünf
Dialoge eingeteilt ist. ()

Im *fünften Dialog* treten zwei Frauen auf, welchen es
nach Art und Sitte meines Vaterlandes nicht wohl ansteht,
zu kommentieren, zu argumentieren und zu entziffern,
viel zu wissen und als blaustrümpflerische Doktorinnen
zu glänzen, sich ein Lehramt und einen Erziehungsposten
gegenüber älteren Männern anzumaßen, sondern vielmehr zu ahnen und zu weissagen, sooft der Geist von
ihrem Körper Besitz ergreift. Darum habe ich mich
begnügt, sie nur ein Sinngedicht vortragen zu lassen,
dessen Erklärung ich irgend einem männlichen Geiste
anheim stelle.

VON DER URSACHE

() Poliinnio () Dieser gotteslästerliche Pedant ist die vierte
Person, einer jener gestrengen Zensoren der Philosophie,
der sich wie ein Momus aufspielt; ein eifriges Schaf aus der
scholastischen Herde, daher in seiner sokratischen Liebe
auch ein geschworener Feind des weiblichen Geschlechts,
der bloß, weil er kein Physiker ist, sich für einen Orpheus
() hält. () Er allein ist glücklich, er allein lebt ein
himmlisches Leben, wenn er seine Göttlichkeit im Spiegel
einer Ährenlese von Phrasen, eines Wörterbuchs, () eines
Glossars, () betrachtet. Mit dieser Überlegenheit ausgestattet ist er allein alles in allem, während jeder andere nur
einer ist. Lacht er, so nennt er sich Demokrit, stößt ihm
schmerzliches zu, ist er Heraklit; disputiert er, so heißt er

Chrysipp; denkt er nach, Aristoteles; ergeht er sich in Chimären, nennt er sich Plato; brüllt er eine Rede, so ist er Demosthenes; konstruiert er Sätze in seinem Virgil, ist er selber Maro. ()

Filoteo: Verschieden sind zwar die Arten und Weisen der Zensuren, verschieden auch ihre Grade; aber die härtesten, strengsten, schärfsten, schrecklichsten und entsetzlichsten werden doch von den Erzschulmeistern gegeben. Daher müssen wir vor ihnen unsere Knie beugen, das Haupt neigen, die Augen verdrehen, zu ihnen die Hände emporheben, seufzen, weinen, schreien und um ihre Gnade flehen. So wende ich mich denn an Euch, die Ihr den Heroldstab Merkurs in Händen tragt, um die Kontroversen zu entscheiden, die Fragen festzustellen, die zwischen Sterblichen und Göttern auftauchen; an Euch, Ihr Menippe, die Ihr auf der Kugel des Mondes sitzt und mit verdrehten und blinzelnden Augen auf uns herabseht und unser Tun und Treiben verachtet, an Euch, Ihr Schildträger der Pallas, Ihr Bannerträger der Pallas, () Ihr Auspeitscher des Vergnügens, () Ihr Beischläfer der Nymphe Egeria, Ihr Berichtiger des Enthusiasmus, Ihr Anführer des irrenden Volkes, Ihr Entzifferer der Demogorgone, Dioskuren schwankender Wissenschaften, Schatzhüter des Pantamorfus und Sündenböcke der Hohenpriester Aron, Eurem Urteil empfehlen wir unsere Prosa, unterwerfen wir unsere Musen, unsere Prämissen, Subsumtionen, Digressionen, Parenthesen, Applikationen, Klauseln, Perioden, Konstruktionen, Attribute, Epitheta. O, ihr lieblichen Salbader, die Ihr mit so schönen Eleganzen uns das Herz stehlt, den Sinn gefangen nehmt, das Gemüt bezaubert, und unsere dirnenhaften Seelen verkuppelt, haltet unseren Barbarismen die gute Absicht zugute, feilt unsere Solözismen ab, beschneidet unsere Makrologien, flickt unsere Ellipsen aus, zügelt unsere Tautologien, mäßigt unsere Akrilogien, verzeiht unseren Eskrilogien, entschuldigt unsere Perissologien, vergebt uns unsere Kakophonien! Ich beschwöre Euch insgesamt und insbesondere Dich, Du strenger, mürrischer und griesgrämiger Magister Poliinnio, mäßige Deine wilde Wut und diesen Deinen verbrecherischen Haß gegen das weibliche Geschlecht, verekele uns nicht das Schönste, was die Welt hat und der Himmel mit all seinen Augen erblickt! Kehr um, kehr um zu uns, besinne Dich, damit Du einsiehst, wie dieser Dein Groll nichts anderes ist, als ausgesprochener Wahnsinn und frenetische Wut! Wer kann so unsinnig und stumpfsinnig sein, die Sonne bei hellem Tage zu leugnen! Welche Narrheit könnte verwerflicher sein, als um ihres Geschlechtes willen die Natur selber zu hassen, wie jener barbarische König von Sarza, der es sicherlich von Euch gelernt hat, zu behaupten:

> Natur kann nichts Vollkommenes gestalten,
> Weil die Natur wird für ein Weib gehalten.

Betrachte einmal die Wahrheit, erhebe die Augen zum Baume der Erkenntnis des Guten und Bösen, sich auf den Gegensatz und die Gegenüberstellung des einen zum andern, schau her, hier sind Männer, hier Weiber! Hier ist der Körper, dein Freund, ein Mann, dort die Seele, deine Feindin, ein Weib! Hier der Wirrwarr männlichen, dort die Ordnung weiblichen Geschlechts; hier der Schlaf, dort die Wachsamkeit, hier der Stumpfsinn, die Erinnerung, hier der Irrtum, dort die Wahrheit, hier der Mangel, dort die Fülle, hier der Orkus, dort die Seligkeit, hier der Haß, dort die Liebe, hier der Schrecken, dort die Zuversicht, hier der Verdruß, dort die Zufriedenheit, hier der Pedant Poliinnio, dort die Muse Polyhymnia, kurz alle Laster, Fehler, Verbrechen sind männlich, alle Tugenden, Vorzüge, Verdienste weiblich. Daher werden Klugheit, Gerechtigkeit, Tapferkeit, Mäßigkeit, Schönheit, Erhabenheit, Würde, Gottheit weiblich vorgestellt, geschildert, gemalt, und weiblich sind sie auch. Und um diese theoretischen, begrifflichen und grammatikalischen Gründe, die zu Ihrer Methode passen, beiseite zu lassen und auf natürliche, wirkliche und praktische Beweise zu kommen, sollte Dir nicht, um Dir den Mund zu stopfen, dies eine Beispiel genügen, das Dich mit allen Deinen Genossen längst hätte stutzig machen sollen, daß Du nirgendwo einen Mann finden kannst, der besser oder auch nur gleich wäre dieser göttlichen Elisabeth, die in England regiert! Die so sehr begabt, so von Gott begnadet

ist, so vom Himmel begünstigt und geschützt wird, daß
alle Worte und Werke sich umsonst bemühen, sie herab-
zusetzen, diese Dame, sage ich, die an Wert keiner im
ganzen Reiche, kein Edelmann an Heldensinn, kein
Gelehrter an Bildung, kein Staatsmann an Weisheit
übertrifft; im Vergleich mit der, mag man nun auf
Schönheit, auf Kenntnis der Volks- wie der gelehrten
Sprachen, auf Vertrautheit mit Kunst und Wissenschaft,
auf Klugheit im Regiment, auf das Glück eines hohen und
weitreichenden Ansehens, auf alle anderen Vorzüge der
Gesittung und Natur sehen, eine Sophonisbe, Faustina,
Semiramis, Dido, Kleopatra und alle anderen berühmten
Frauen, deren Italien, Griechenland, Ägypten und andere
Länder Europas und Asiens aus vergangenen Zeiten sich
rühmen, nichts bedeuten. Zeugnis geben dafür ihre Werke
und deren glücklicher Erfolg, den unser Jahrhundert nicht
ohne edles Staunen bewundert. ()

VIERTER DIALOG

Poliinnio: Et os vulvae numquam dicit: sufficit, i. e.
scilicet, videlicet, utpote, quod est dictu, materia,[1] welche
durch diese Dinge bezeichnet wird, recipiendis formis
numquam expletur.[2] Nun, da sonst niemand anwesend ist
im Lyceo vel potius Anti-Lycaeo solus, ita inquam solus,
ut minime omnium solus, deambulabo, et ipse mecum
confabulabor.[3] Der Fürst der Peripatetiker und Erzieher
des gewaltigen Makedonierhelden also, non minus auch
der göttliche Plato bezeichnen die Materie als Chaos oder

---

1 Sprüche Salomonis 30, 16, nach Luthers Übersetzung: »Die Hölle, der
Frauen verschlossene Mutter, die Erde wird nicht Wasser satt und das
Feuer spricht nicht: Es ist genug.«
Die Obszönität des Salomonischen Gleichnisses tritt in dieser Übersetzung nicht deutlich zutage; sie wird deutlicher, wenn man an Boccaccios
berühmte Novelle erinnert, in der der Teufel in die Hölle geführt wird;
wörtlich: die Pforte des weiblichen Organs sagt niemals: Es ist genug!
2 wird niemals durch Aufnahmen von Formen ausgefüllt.
3 oder da ich vielmehr in diesem Anti-Lyceum allein, – so freilich allein,
daß ich am wenigsten allein bin, auf und abwandele und mich mit mir selbst
unterhalte.

Hyle oder Silva oder Masse oder Potenz oder Fähigkeit ()
nachdem ich so viele verschiedene Ausdrücke zusammen-
geleimt habe, um ihre Natur zu definieren, ab ipsis
scopum attingentibus wird sie femina, tandem, inquam, ut
una complectantur omnia vocabula, a melius rem ipsam
perpendentibus foemina dicitur.[4] Et mehercle, nicht ohne
wichtigen Grund hat es diesen Senatoren im Reiche des
Pallas gefallen, diese zwei Dinge gleich zu setzen: die
Materie und das Weib. Denn die Erfahrung, die sie mit
Weibern gehabt, hat der Schuftigkeit, ein Wald von
Nichtswürdigkeiten, eine Masse von Unrat, eine Fähigkeit zu jeglicher Verderbnis – nun eine andere rhetorische
Fassung, die von einigen Complexio genannt wird: Wo
lag die Zerstörung von Troja nicht nur in potentia remota,
sondern etiam propinqua? In einem Frauenzimmer! Wer
war das Werkzeug der Vernichtung der Kräfte Simsons?
Jenes Helden, sage ich, der mit einem Eselskinnbacken,
den er gefunden, unbesiegter Triumphator der Philister
wurde? Ein Frauenzimmer! Wer bezwang zu Capua die
Kraft und Energie des großen Heerführers und unver-
söhnlichen Feindes der römischen Republik, Hannibal?
Ein Frauenzimmer! Nenne mir, o du Zitherspieler und
Seher, den Grund deiner Gebrechlichkeit! Quia in
peccatis concepit me mater mea.[1] Wie konntest du, unser
alter Stammvater, da du doch in einem paradiesischen
Garten wohntest und der Gärtner des Lebensbaums
warest, so schlecht werden, daß du nebst allem Samen des
Menschengeschlechts hinausgestoßen werden mußtest in
den tiefen Schlund der Verderbnis? () die Form sündigt
nicht und keine Form begeht einen Fehler, der kommt
immer durch ihre Verknüpfung mit der Materie. So ist es
denn die durch den Mann dargestellte Form, die in ihrer
Gesellung zur Materie und nach der Vermischung und
Begattung mit derselben die natura naturans mit diesen
Worten, mit diesem Satze anredet: Mulier quam dedisti
mihi id est die Materie, die du mir zur Gattin gegeben hast,
ipsa me decepit, hoc est, sie ist die Ursache meiner Sünde.

---

4 von denjenigen, die das Ziel erreichen, wird sie Weib genannt; sie wird,
um alles in einem Worte zusammenzufassen, von denen, die die Sache tiefer
ergründen, ein Frauenzimmer genannt.

Betrachte, betrachte, mein göttlicher Geist, wie die ausgezeichneten Philosophen, die sorgfältigsten Anatomen der innersten Teile der Natur, um uns das Wesen der Materie deutlich zur Anschauung zu bringen, keine passendere Weise gefunden haben, als diese, daß sie uns klar machen, daß der Status der natürlichen Dinge in demselben Verhältnisse unter dem Einfluß der Materie leidet, wie der wirtschaftliche, politische und bürgerliche unter dem Einfluß des weiblichen Geschlechts! Öffnet, ja öffnet Eure Augen!... Doch da sehe ich dieses Ungeheuer von Frechheit kommen, den Gervasio, der den Faden meiner kraftvollen Rede unterbricht. Ich besorge, er hat mich gehört; aber was tut's?

Gervasio: Salve, magister doctorum optime!

Poliinnio: Wenn Du nicht – tuo more, mich bloß verspotten willst, tu quoque salve!

Gervasio: Ich möchte gern wissen, was es ist, worüber Sie grübeln und Selbstgespräche halten.

Poliinnio: In meinem kleinen Museo studierend in eum, qui apud Aristotelem est, locum incidi,[2] im ersten Buche seiner Physik in calce;[3] woselbst er klar machen will, was die materia prima ist, und zum Gleichnis das weibliche Geschlecht nimmt, dies widerspenstige, schwächliche, unbeständige, weichliche, kleinliche, ehrlose, unedle, feile, verworfene, unwürdige, nichtswürdige, unheilvolle, tadelnswerte, kalte, häßliche, leere, eitle, unsinnige, treulose, nachlässige, undankbare, unvollkommene, unvollendete, unzureichende, unzulängliche Wesen, diesen Meltau, diese Nessel, dies Unkraut, diese Pest, diese Seuche, diesen Tod,

> Von Gott-Natur im Zorn dem Leben
> Als Last und Bürde beigegeben.

Gervasio: Ich weiß, Sie sagen dies mehr um sich in der Redekunst zu üben und Ihre Wortfülle an den Tag zu legen, als um Ihre wirkliche Überzeugung zu bekräftigen.

---

1 Weil meine Mutter mich in Sünden empfangen hat.
2 Bin ich auf die Stelle geraten!
3 am Ende.

Denn bei Ihnen, meine Herren Humanisten, die Sie sich
Professoren der schönen Wissenschaften nennen, ist es
eine gewöhnliche Sache, sobald Sie sich voll von Phrasen
finden, die Sie nicht bei sich behalten können, solche über
die armen Frauenzimmer zu entladen; wie Sie, wenn
irgend ein Ärger Sie bedrückt, solchen an dem ersten
besten Übeltäter unter Ihren Schülern auslassen. Aber
meine Herren vom Schlage des Orpheus, hüten Sie sich
vor dem wütenden Zorn der thrakischen Weiber!

Poliinnio: Ich bin Poliinnio, ich bin kein Orpheus.

Gervasio: Also schimpfen Sie nicht aus Überzeugung
über die Frauenzimmer?

Poliinnio: Minime, minime quidem.[1] Ich spreche aus
Überzeugung, ich meine es so, wie ich es sage; denn ich
mache nicht sophistarum more ein Gewerbe daraus, zu
beweisen, daß weiß schwarz ist.

Gervasio: Warum färben Sie sich denn den Bart?

Poliinnio: Aber ingenue loquor[2] und ich behaupte, ein
Mann ohne Frau ist einer der reinen Intelligenzen ähnlich,
ein Heros, sage ich, ein Halbgott ist, qui non duxit
uxorem.

Gervasio: Er ist auch einer Auster ähnlich, sogar einem
Pilz, einem Mucker.

Poliinnio: Darum hat der lyrische Dichter so göttlich
gesagt:

Credite, Pisones, melius nil caelibe vita.[3]

Und wenn Sie den Grund wissen wollen, so hören Sie
den Philosophen Sekundus: Das Weib, sagte er, ist ein
Hindernis der Ruhe, ein beständiger Schaden, ein tägli-
cher Krieg, ein Gefängnis des Lebens, ein häuslicher
Sturm, ein Schiffbruch des Mannes. Treffend hat jener
Biskajer es bestätigt, der durch ein schrecklich Schicksal
und die Wut des Meeres in Zorn versetzt sich mit
grimmigem Blicke gegen die Wellen wandte und sprach:
O Meer, Meer, daß ich dich verheiraten könnte! Er wollte
damit sagen, daß das Weib der Sturm der Stürme ist. Als

---

1 Durchaus nicht, keineswegs!
2 Ich rede frank und frei.
3 Glaubt mir, o Pisone, es geht nichts über ein eheloses Leben!

daher Protagoras gefragt wurde, warum er seine Tochter seinem Feinde gegeben habe, antwortete er: ich konnte ihm gar nichts schlimmeres antun, als ihm eine Frau zu geben. Auch jener brave Franzose wird mich nicht Lügen strafen, der, als ihm bei einem gefährlichen Seesturm Cicala, der Schiffskapitän befahl, das schwerste Gepäck ins Meer zu werfen, zuerst sein Weib über Bord warf.

Gervasio: Sie führen als Gegenstück nicht so viele Beispiele von Männern an, die um ihrer Frauen willen für höchst glücklich geschätzt werden. Um Sie nicht allzuweit zu schicken, blicken Sie hier unter diesem Dache auf den Herrn von Mauvissière, der eine Frau sein nennen kann, die nicht nur mit ungewöhnlicher körperlicher Schönheit, die ihre Seele einhüllt und umschleiert, ausgestaltet ist, die auch mit dem Triumvirat eines sehr feinsinnigen Geschmacks, edler Bescheidenheit und sittsamer Artigkeit den Sinn ihres Gatten durch ein unlösliches Band gefesselt hält, und jeden, der sie kennt, für sich einzunehmen vermag. Was wollen Sie von seiner edlen Tochter sagen? Kaum ein Lustrum und noch ein Jahr hat sie die Sonne gesehen, und nach ihrer Sprachkenntnis könnten Sie nicht entscheiden, ob sie aus Italien, Frankreich oder England stammt; nach der Meisterhand, mit der sie musikalische Instrumente beherrscht, ob sie ein körperliches oder unkörperliches Wesen ist. Wenn Sie aber die vollendete Güte ihrer Sitten betrachten, müssen Sie zweifeln, ob sie von der Erde stammt oder vom Himmel herabgestiegen ist. Jedermann sieht, daß hier nicht nur das Blut beider Eltern zur Bildung eines so schönen Körpers, sondern auch alle Vorzüge ihres Seelenadels zur Erzeugung eines so ausgezeichneten Geistes sich glücklich vereint haben.

Poliinnio: Rara avis,[1] diese Maria von Boshtel! Rara avis, diese Maria von Castelnau!

Gervasio: Diese Seltenheit, die Sie hier bei den Frauen behaupten, dürfte ebenso bei den Männern zutreffen.

Poliinnio: Kurz, um auf unser Thema zurückzukommen, das Frauenzimmer ist nichts anderes als eine Materie. Wenn Sie nicht wissen, was für ein Ding ein

---

1 Ein seltener Vogel.

Frauenzimmer ist, weil Sie nicht wissen was für ein Ding die Materie ist, so studieren Sie ein wenig die Peripatetiker; die werden Sie belehren, was die Materie, die werden Sie belehren, was das Frauenzimmer ist.

Gervasio: Ich sehe schon, da Sie ein peripatetisches Gehirn haben, so haben Sie wenig oder nichts von Allem verstanden, was gestern Teofilo über das Wesen und Vermögen der Materie sagte.

Poliinnio: Mit dem sei's wie man will! Ich stehe auf dem Standpunkte, daß ich die Begehrlichkeit der einen wie der anderen tadele, sie ist Ursache alles Übels, alles Leids, alles Mangels, alles Untergangs, alles Verfalls. Glauben Sie nicht, daß, wenn die Materie sich mit der gegenwärtigen Form begnügte, keine Veränderung und kein Leid Herrschaft über uns haben würde, wir nicht sterben, vielmehr unvergänglich und ewig sein würden?

Gervasio: Und wenn sie sich begnügt hätte mit der Form, die sie vor fünfzig Jahren hatte, was würden Sie sagen? Würden Sie existieren, Herr Poliinnio, ein so renommistischer, renommierter, wollte ich sagen, und vollkommener Gelehrter? Wie es also Ihnen gefällt, daß die anderen Gestalten dieser Platz gemacht haben, so liegt es im Willen der Natur, die das Weltall regiert, daß alle Gestalten allen weichen müssen. Überdies entspricht es mehr der Würde dieser unserer Substanz, daß sie sich zu allem machen kann, daß sie alle Gestalten annehmen kann, weit mehr, als wenn sie immer nur ein einziges und teilweises Sein festhielte.

Poliinnio: So fangen Sie an gelehrt zu werden und über Ihr gewöhnliches Maß hinauszuwachsen. Führen Sie mir, wenn Sie es können, an Gleichnissen die Würde durch, die den Frauen zukommt.

Gervasio: Das wird mir eine Kleinigkeit sein. Aber sehen Sie, da kommt Teofilo! ()

Teofilo: Sehen wir nicht, daß die Peripatetiker wie auch die Platoniker die Substanz in eine körperliche und unkörperliche einteilen? () ich spreche von den Dingen, welche sind; denn zwischen dem Seienden und Nichtseienden, behaupte ich, besteht keinerlei realer, sondern nur ein wörtlicher und begrifflicher Unterschied. Dieses noch

Ungeschiedene ist ein gemeinsamer Begriff, zu dem der
Unterschied und die unterscheidende Form erst hinzu-
tritt. Und sicher läßt sich nicht leugnen, daß wie alles
Sinnliche ein Substrat der Sinnlichkeit, so auch alles
Intelligible ein Substrat der Intelligibilität voraussetzt.
Also muß es ein Wesen geben, das dem gemeinsamen
Begriff sowohl des einen wie des anderen Substrats
entspricht; ()

Dicson: Allerdings haben Sie in dem, was Sie in aller
Kürze gesagt haben, viele und starke Gründe beigebracht,
um den Schluß zu rechtfertigen. Daß die Materie Eins ist,
ein einziges Vermögen, durch welches Alles, was ist, in
Wirklichkeit ist, und daß sie den unkörperlichen Substanzen mit nicht geringerem Grunde zukommt als den
körperlichen, da dieselben das Sein ebenso wie jene nur
vermöge des Seinkönnens haben. Sie haben es auch noch
durch andere kräftige Gründe, die jeden, der sie gründlich
betrachtet und begreift, überzeugen müssen, bewiesen.
Immerhin möchte ich, wenn nicht zur Vollendung der
Lehre, so doch zwecks ihrer Klarheit, daß Sie mir noch auf
andere Weise im einzelnen ausführten, wie in den
erhabensten Dingen, nämlich in den unkörperlichen sich
ein Formloses und Unbestimmtes finden kann; wie da
eben dieselbe Materie sein kann, und warum sie dann
gleichwohl trotz des Hinzutretens der Form und Wirklichkeit nicht Körper genannt werden können; wie Sie
dort, wo keine Veränderung, kein Entstehen und Vergehen ist, eine Materie voraussetzen können, die doch
niemals zu anderem Zwecke gesetzt wird; wie wir endlich
sollen sagen können, daß die intelligible Natur einfach
und zugleich, daß in ihr Materie und Aktus ist. Ich frage
darnach nicht meinethalben, mir ist die Wahrheit offenbar
– sondern im etwaigen Interesse anderer, die hartnäckiger
und schwieriger sein dürften, als zum Exempel Herr
Poliinnio und Gervasio.

Poliinnio: Cedo![1]

Teofilo: () Denn eben diese Materie () eben das, was
gemacht werden kann oder sein kann oder gemacht ist, ist

---

1 Ich gebe es zu! (oder auch »her damit!«)

es durch Vermittlung der räumlichen Dimensionen und der Ausgedehntheit der Substanz und derjenigen Eigenschaften, die ihr Sein in der Quantität haben, und eben dies heißt körperliche Substanz und setzt die körperliche Materie voraus. Ist es dagegen geworden – sofern es das Sein erst neu empfangen hat – und ist es ohne solche Dimensionen, Ausdehnung und Qualitäten, so heißt es unkörperliche Substanz und setzt die sog. unkörperliche Materie voraus. So entspricht einer aktiven Potenz, sei es nun von körperlichen oder von unkörperlichen Dingen oder aber sowohl einem körperlichen Sein als auch einem unkörperlichen allemal auch eine passive Potenz, sei es nun eine körperliche, sei es eine unkörperliche und ein entweder körperliches oder unkörperliches Seinkönnen. Wollen wir also von Zusammensetzung sowohl in der Körperwelt wie in der Welt des Unkörperlichen sprechen, so müssen wir sie in der einen oder anderen Weise auffassen und bedenken, daß im Ewigen immer nur eine Materie unter einer Wirkungsform gemeint wird, daß sie aber in der Welt des Veränderlichen immer bald die eine, bald die andere bedeutet. ()

Dicson: Einige geben zwar zu, daß auch den unkörperlichen Dingen eine Materie zugrunde liegt, aber sie verstehen darunter etwas ganz anderes. ()

Dicson: Sie meinen demnach, daß die Materie nichts als Kraft, Tätigkeit ist? Sie meinen sodann, daß auch die Materie der unkörperlichen Dinge mit Tätigkeit, Handlung identisch ist?

Teofilo: Gerade so wie das Seinkönnen mit dem Sein zusammenfällt.

Dicson: Sie unterscheiden sich also nicht in der Form?

Teofilo: Durchaus nicht im absoluten Vermögen und absoluten Akt, der daher der höchste Grad von Reinheit, Einfachheit, Unteilbarkeit und Einheit ist, weil er auf absolute Weise alles ist; ()

Poliinnio: Quaeso,[2] sagen Sie noch etwas von der Begehrlichkeit der Materie, damit wir über einen gewissen Streit zwischen mir und Gervasio zur Entscheidung kommen!

2 Ich bitte

Gervasio: Mit Vergunst, tun Sie es, Teofilo; denn dieser hat mir den Kopf zerbrochen mit dem Gleichnis zwischen dem Weibe und der Materie; das Weib, sagt er, bekomme die Männer ebensowenig satt, wie die Materie die Formen und dergleichen mehr.

Teofilo: Sintemalen die Materie nichts von der Form empfängt, warum meinen Sie, daß sie begehrlich sei? Wenn, wie wir gesehen haben, sie die Formen aus ihrem Schoß hervorbringt, folglich dieselben in sich hegt, warum sollte sie solche verlangen? Sie begehrt nicht jene Formen, die sich täglich auf ihrer Oberfläche ändern. Denn jegliches Ding verlangt in der Regel nur nach dem, was zu seiner Vollendung gehört. Was kann ein vergängliches Wesen einem ewigen geben? ein unvollkommenes, wie es die Form der sinnlichen Dinge ist, die immer in Bewegung ist, einem ewigen Wesen? und noch dazu einem so vollkommenen, daß es bei richtiger Betrachtung uns als ein göttliches Sein in den Dingen erscheint, was vermutlich der von denen, die seine Meinung berichten, so übel verstandene David von Dinanto sagen will? Sie begehrt die Form nicht, um von ihr in ihrem Sein erhalten zu werden; denn das Vergängliche erhält nicht das Ewige. Vielmehr ist offenbar, daß die Materie die Form erhält. Also dürfte manche Form viel eher die Materie begehren, um Dauer zu erhalten; denn von jener getrennt verliert sie ihr Dasein und nicht jene, die alles das hat, was sie hatte, bevor jene da war, und die auch alles andere haben kann. Ich will davon nicht reden, daß so oft eine Ursache der Zerstörung gegeben ist, man nicht sagt, daß die Form die Materie flieht oder verläßt, sondern vielmehr, daß die Materie diese Form abwirft, um eine andere anzunehmen. Ja man könnte sogar ebensogut sagen, daß die Materie die Formen hasse, als daß sie nach ihnen verlange, wenn man diejenigen ins Auge faßt, die entstehen und vergehen. Denn der Urquell aller Formen kann nicht begehren, was in ihm ist, man begehrt doch nicht, was man schon besitzt. Mit demselben Grunde, mit dem man sagt, daß sie das begehrt, was sie manchmal empfängt und hervorbringt, kann man, wenn sie es wieder abwirft und beseitigt, sagen, daß sie es verabscheut, ja viel mächtiger verabscheut, als

begehrt, da sie ja für alle Ewigkeit diese zählbare Form
abschüttelt, die sie nur für kurze Zeit festgehalten hat.
Wenn Sie also beherzigen, daß sie alles, was sie annimmt,
auch wieder abwirft: so wird es gleichermaßen erlaubt
sein, zu behaupten, daß sie einen Abscheu dagegen hat,
wie ich Ihnen zu sagen empfehle, als daß sie Verlangen
darnach trägt.

Gervasio: Sieh da, wie nicht nur die Festungen Herrn
Poliinnios, sondern auch anderer Leute als er dem
Erdboden gleich gemacht sind!

Poliinnio: Parcius ista viris tamen objicienda me-
mento![1]

VERTREIBUNG DER
TRIUMPHIERENDEN BESTIE

Die Jungfrau: Keuschheit

Sofia: »Nun, was soll aus der Jungfrau werden?« fragte
die keusche Lucina, die Jägerin Diana. – »Fragt sie doch«,
erwiderte Zeus, »ob sie nicht Lust hat, Priorin oder
Äbtissin irgend eines Schwester- oder Nonnen-Ordens zu
werden, wie sie sich in den Konventen und Klöstern
Europas finden, versteht sich in solchen Gegenden, wo sie
noch nicht ganz dem Verfall und der Auflösung des
Verderbs anheimgefallen sind; oder ob sie lieber die
jungen Damen der Höfe erziehen will, damit denselben
nicht der Appetit komme, die Früchte vor oder außerhalb
der reifen Jahreszeit zu essen oder sich zu Nebenbuhlerin-
nen ihrer dortigen Herrinnen zu machen.« – »Oh!« sagte
Dictynna, »daß die nur nicht dahin zurückkehrt, von wo
sie einmal verjagt und so oft schon geflüchtet ist!« Der
Allvater fügte hinzu: »So bleibe sie denn sicher im
Himmel und hüte sich hübsch zu fallen, und nehme sich ja
in acht, an dieser Stelle nicht befleckt zu werden.« Momus
sagte: »Mir deucht, daß sie sich leicht rein und unbefleckt
erhalten kann, so lange sie sich beharrlich fern hält von
vernunftbegabten Geschöpfen, von Helden und Göttern,

---

1 Vergil: »Bedenkt, daß man Männern soetwas schonender sagen muß.«

und sich verbirgt unter Bestien, wie sie es bislang getan hat, da sie ihre westliche Seite durch den wilden Löwen, die östliche aber durch den giftigen Skorpion bewachen ließ. Aber ich weiß nicht, was von jetzt ab passieren wird, wo ihr Großherz so nahe steht mit seiner Liebenswürdigkeit, seinem Edelmut und seiner Männlichkeit, möglicherweise wird der sie noch umarmen, und sie durch intimen Verkehr mit ihm etwas großherziges, liebevolles, edles und männliches annehmen, und so werden diese Tugenden sie am Ende aus einem Weibe in einen Mann umwandeln, und sie aus einer Wald- und Gebirgs-Göttin, einer Gottheit der Satyre und Faune zu einer liebreichen menschlichen, zugänglichen und gastlichen Gottheit machen.«

»Sie mag werden, was sie werden soll«, antwortete Zeus, »aber mit ihr auf demselben Platz sollen verbunden bleiben die Keuschheit, die Schamhaftigkeit, die Enthaltsamkeit, die Reinheit, die Bescheidenheit, Ehrbarkeit und Ehrenhaftigkeit, die Feindinnen der sich preisgebenden Lüsternheit, der ausschweifenden Unenthaltsamkeit, Unkeuschheit und Schamlosigkeit, in Anbetracht deren ich die Jungfräulichkeit unter die Tugenden rechne, obwohl sie an und für sich selbst ohne inneren Wert ist; denn an und für sich ist sie weder eine Tugend noch ein Laster und schließt weder ein Gut noch ein Verdienst, noch irgend eine Würde in sich ein; und soweit sie dem Gebote der Natur nicht gehorcht, wird sie sogar zum Vergehen, zur Kraftlosigkeit, ist sie nur ein Ausdruck der Albernheit und Dummheit; nur sofern sie auf einem vernünftigen Grunde beruht und sich Enthaltsamkeit nennen darf, hat sie das Wesen einer Tugend; denn insofern hat sie Teil an der Tapferkeit, Selbstbeherrschung und Verachtung der Begierden und ist nicht eitel und unnütz, sondern trägt zur Erhaltung des echt menschlichen Verkehrs und zur ehrenhaften Genugtuung des Nächsten bei.«

FRANCIS BACON
(1561–1626)

Englischer Philosoph, Jurist und Staatsmann; verh.; entwarf eine neue
Gliederung aller Wissenschaften, wobei die Erfahrung zur Grundlage der
Wissenschaft gemacht wurde. Wissen sei ihm Macht über die Natur im
Dienste des Menschen. In seiner »Lehre von den Idolen« kritisiert er die
verschiedenen Vorurteile und Unwissenheiten, die zu Irrtümern und
Verwirrungen führen würden. So weist er auch auf das Trugbild der
Sprache hin, wenn Worte für etwas gebildet würden, was gar nicht
existieren würde, z. B. erster Beweger (Gott), Planetensphären; während
für wirkliche Dinge unsachgemäße Worte gebraucht würden.

Wer Weib und Kinder besitzt, hat dem Schicksal Geiseln
gegeben, denn sie sind Hindernisse, wo etwas Großes
unternommen werden soll, entweder Gutes oder Böses.
Bekanntlich sind die besten und für das Gemeinwohl
verdienstvollsten Werke von ehelosen oder kinderlosen
Menschen ausgegangen, die sowohl mit ihrer Zuneigung
wie mit ihrem Vermögen gleichsam die Allgemeinheit
geehelicht und versorgt haben. () Keusche Frauen sind
häufig stolz und hochmütig, als ob sie sich auf ihre
Keuschheit etwas zugute täten. Eines der besten Unter-
pfänder für die Keuschheit wie für den Gehorsam des
Weibes ist ihre Überzeugung von der Klugheit des
Mannes. Frauen sind die Geliebten der Männer in der
Jugend, die Gefährtinnen auf der Höhe des Lebens, die
Pflegerinnen im Alter. Auf diese Weise kann ein Mann zu
jeder Zeit eine Rechtfertigung für seine Heirat finden.
Trotzdem wird der zu den Weisen gezählt, der auf die
Frage, wann man heiraten solle, antwortete: »Ein junger
Mann noch nicht, ein älterer Mann nicht mehr.« (Plut-
arch)

NEU-ATLANTIS

4. () Ich will Dir erzählen, was ich weiß. Du wirst sehen,
daß man unter der Sonne kaum noch ein so keusches Volk

findet wie das von Bensalem und keins, das so rein von jedem Schmutz und jeder Befleckung ist: die »Jungfrau der Welt« möchte ich es nennen. () Darum will ich Dir verraten, daß es bei ihnen keinerlei Freudenhäuser, keine Bordelle, keine bezahlten Buhlerinnen noch etwas anderes dieser Art gibt. Ja, nicht ohne eine gewisse Verachtung wundern sie sich, daß ihr in Europa derlei zulaßt. Sie meinen, ihr hättet die Ehe ihrer eigentlichen Bestimmung beraubt. Denn die Ehe ist als Heilmittel der unerlaubten Begierden eingerichtet worden; der natürliche Trieb aber ist soviel wie ein Anreiz zur Ehe. () Daher sieht man bei euch unzählige Männer, die keine Frau nehmen, sondern vielmehr ein zucht- und zügelloses Junggesellenleben dem ehrenvollen Joch der Ehe vorziehen. () Wenn sie aber eine Ehe eingehen, was ist ihnen dann die Ehe anderes als ein bloßes Geschäft? () Keineswegs aber kommt ihnen jene treue eheliche Gemeinschaft zwischen Mann und Frau, die von Anbeginn das Wesen der Ehe ausmacht, in den Sinn.

Tommaso Campanella
(1568–1639)

Italienischer Philosoph, kath. Theologe (Dominikanermönch) und Lyriker; er verbrachte 27 Jahre seines Lebens im Kerker, weil er wegen seinen kirchlich-politischen Reformideen als Ketzer galt. Noch vor dem franz. Philosophen Descartes stellte er sich das Problem der Selbstgewißheit und des Zweifelns an allem. Er nahm dann aber wie Augustinus an, daß es etwas unbezweifelbar Festes im Menschen gäbe, das Garantie für die Richtigkeit der Erkenntnis über die Welt bewirke; dieses »Feste« sah er als ein Bindeglied zu einem übersinnlichen Gott an. Bekannt ist er hauptsächlich durch seine an Platon orientierte Gesellschafts-Utopie geworden.

SONNENSTAAT

17. Gemeinbesitz der Frauen

Der Großmeister: () Aber die Gemeinsamkeit der
Frauen ist doch zu hart. Der heilige Clemens Romanus
sagt zwar auch, daß die Frauen nach dem apostolischen
Gesetz gemeinsam sein müßten, und lobt Platon und
Sokrates, die dasselbe lehren; aber die Glosse bemerkt,
daß die Gemeinsamkeiten den Gehorsam, nicht aber das
Bett betreffe. Und Tertulian stimmt darin mit der Glosse
überein, daß die alten Christen alles gemeinsam gehabt
hätten außer die Frauen; diese jedoch waren im Gehorsam
gemeinsam.

Der Genuese: Das weiß ich selbst nicht recht. Jedenfalls sah ich, daß bei den Sonnenstaatlern die Frauen im
Gehorsam *und* im Bett gemeinsam sind, jedoch nicht
durchweg und nicht nach Art der Tiere, die jedes
Weibchen, das ihnen begegnet, annehmen, sondern lediglich der gesunden und leistungsfähigen Nachkommenschaft wegen () Es könnte möglich sein, daß sie diese Sitte
einmal aufgeben; denn in den untergebenen Staaten sind
nur die anderen Güter gemeinsam, die Frauen aber
keineswegs, außer bezüglich des Gehorsams und der
Handwerke. Die Sonnenstaatler schreiben dies aber der
Unvollkommenheit der anderen zu, die eben philosophisch nicht genug durchgebildet seien. () Immerhin
macht die Gewöhnung die Frauen zum Kriegsdienst und
anderen Tätigkeiten brauchbar. Daher stimme ich dem
Platon bei () keineswegs aber () Aristoteles.

13. Die Fortpflanzung
()
   Der Genuese: Keine Frau wird mit einem Manne
verbunden, ehe sie das neunzehnte Lebensjahr erreicht
hat. Und kein Mann darf zeugen, bevor er das einund-
zwanzigste Jahr überschritten hat (). Vor dieser Zeit ist es
nur einigen erlaubt, mit Frauen umzugehen, jedoch nur
mit unfruchtbaren oder schwangeren, damit sie nicht
gezwungen werden, unnatürliche Auswege zu suchen.

Ältere Frauen und Beamte sorgen für den Liebesgenuß derer, die zu stürmisch sind (). Jedoch wird die Erlaubnis von dem obersten Beamten der Fortpflanzungsangelegenheiten erteilt, dem Oberarzt, ()

Da nach Art der alten Spartaner bei den Übungen auf dem Sportplatze alle, Männer und Frauen, völlig nackt sind, erkennen die Beamten, die die Aufsicht führen, wer zeugungsfähig und wer ungeeignet zum Beischlaf ist und welche Männer und Frauen ihrer körperlichen Veranlagung nach am besten zusammenpassen. Dann erst weihen sie sich, nach einem Bade, dem Liebeswerk. Große und schöne Frauen werden nur mit großen und tüchtigen Männern verbunden, dicke Frauen mit mageren Männern und schlanke Frauen mit starkleibigen Männern, damit sie sich in erfolgreicher Weise ausgleichen. () Im Schlafgemach stehen schöne Bildwerke berühmter Männer, die die Frauen anschauen. () Sie schlafen in zwei getrennten Kammern bis zur Stunde des Beilagers. Dann aber erhebt sich die Aufseherin und öffnet beide Türen von außen. Diese Stunde bestimmen der Astrologe und der Arzt, () Die übrigen, die zum Vergnügen, aus gesundheitlichen Rücksichten oder aus Liebesdrang mit unfruchtbaren oder schwangeren oder feilen Frauen umgehen, beachten diese Vorschriften nicht. ()

Wenn eine von diesen Frauen von einem Manne nicht empfängt, verbinden sie sie mit einem anderen; wenn sie auch dann unfruchtbar bleibt, wird sie zum Gemeinbesitz. Es werden ihr dann jedoch weder in der Versammlung noch im Tempel noch bei Tische die Mutterehren erwiesen. Dies tun sie deshalb, damit keine Frau sich um des Vergnügens willen unfruchtbar macht.

14.

() Die Fortpflanzung aber wird gewissenhaft zum Wohle des Staates und nicht zum Nutzen der Einzelnen geregelt. Und man muß den Behörden unbedingt gehorchen.

15. *Gattenwahl durch den Staat*

Und wenn wir behaupten, daß das natürliche Recht des Menschen sei, () eine eigene Frau zu haben, eine eigene Wohnung und eigene Kinder, so leugnen sie das, indem sie sagen, daß die Zeugung () zur Erhaltung der Art und nicht des Individuums da sei; ()

29. *Astrologie*

Der Genuese: Die Sonnenstaatler glauben also, daß die weiblichen Zeichen am Himmel den Gegenden, die sie beherrschen, Fruchtbarkeit verleihen und das schwache Geschlecht auf Erden zur Herrschaft gelangen lassen, indem sie Möglichkeiten und Gelegenheiten geben, (). Daher überwog, wie wir wissen, in diesem Jahrhundert die Herrschaft der Frauen; wie die neuen Amazonen zwischen Nubien und Monopotapa, so regieren auch in Europa die Frauen: Rossolane in der Türkei, Bona in Polen, Maria in Ungarn, Elisabeth in England, Katharina in Frankreich, Bianca in Toskana, Margareta in Belgien, Maria in Schottland und Isabella in Spanien, die Entdeckerin der neuen Welt. Und ein Dichter dieses Zeitalters beginnt folgendermaßen über die Frauen: »Die Frauen, Ritter, Waffen, Liebesbande...«

Die übelredenden Poeten und Ketzer nehmen überhand infolge des Mars-Dreiecks und der durch die Erdferne hervorgerufenen Nachbarschaft Merkurs; infolge von Venus und Mond reden sie dauernd von unzüchtigen und ehebrecherischen Dingen. Alle Männer möchten in Geschlecht und Stimme zu Weibern werden. Sie lassen sich »Euer Hochwohlgeboren« nennen. In Afrika, wo Krebs und Skorpion herrschen, gibt es, abgesehen von den Amazonen, in Fez und Marokko öffentliche Männerbordelle und zahllose andere Schmutzstätten, zu denen die Konstellation der Gestirne zwar einlädt, aber nicht zwingt. ()

JOHANNES KEPLER

(1571–1630)

Deutscher Philosoph und Hofastronom; verh.; er entdeckte, daß die Planetenumlaufbahnen nicht kreisförmig, wie vorher angenommen wurde, verlaufen, sondern elliptisch. In seiner »Weltharmonik« versuchte er zu beweisen, daß das gesamte Universum, auch die menschliche Gesellschaft, so wie die Musik, nach bestimmten harmonischen Gesetzen geordnet sei, so daß Disharmonien wie Schmerzen empfunden würden, die der Mensch zu überwinden trachtete, indem er wieder harmonische Beziehungen herzustellen versuche. Bezogen auf seine so weitreichenden kosmologischen und gesellschaftlichen Aussagen schreibt er: »Doch Mangel an Wagemut ist der Tod der Philosophie«.

WELTHARMONIK

() ... die Einteilung der Musik in drei Geschlechter nicht natürlich... () Ich will von den beiden natürlichen Tongeschlechtern Dur und Moll reden. Welche Affekte diese erregen, sagen schon ihre Namen. Denn wie die Frau hauptsächlich zum Erleiden geschaffen ist, der Mann zum Handeln, besonders beim Zeugungsakt, so dient das Mollgeschlecht dem Ausdruck der passiven weiblichen Eigenschaften, das Durgeschlecht dem der aktiven männlichen. () Wir haben festgestellt, daß in der ursprünglichen Oktav, die mit G beginnt, zu allererst die Tongeschlechter auftreten. In dieser Oktav bildet die Lage des Halbtons an zweitunterster Stelle das Mollgeschlecht, an drittunterster Stelle das Durgeschlecht; dort ist die Terz an unterster Stelle weich, hier hart. Welcher Zusammenhang besteht nun zwischen dieser Lage und den Affekten? Oder was hat die kleine Terz mit der Frau, mit der Passivität, mit der Weichheit zu tun? Was die Durterz mit der Männlichkeit, mit der Härte, der Aktivität, der Energie?

Zunächst erinnere man sich, daß die Durterz ihren Ursprung im Fünfeck hat und daß das Fünfeck durch die Teilung nach dem äußeren und mittleren Verhältnis bestimmt ist, die den göttlichen Schnitt bildet. In diesem schönen Verhältnis liegt nun aber die Idee der Zeugung verborgen. () Nun hat aber Gott der Schöpfer die Gesetze der Zeugung jener Teilung entsprechend gestaltet. (), während die Verbindung je zweier Zahlenproportionen (wobei die bei der einen fehlende Einheit durch den Überschuß bei der anderen ausgeglichen wird) der Verbindung von Mann und Frau entspricht. Ist es also verwunderlich, wenn die Abkömmlinge des Fünfecks, die Durterz 4/5 und die Mollterz 5/6 die Seelen, die Ebenbilder Gottes, in Stimmungen versetzen, wie sie beim Zeugungsakt auftreten? () Steht es nun fest, daß der Bund der beiden Terzen den Bund von Mann und Frau darstellt, so macht es keine Mühe zu bestimmen, welche der Terzen den einzelnen Geschlechtern zuzuordnen ist. Die größere wird sich als männlich erweisen, die kleinere als weiblich, entsprechend dem Verhältnis der Körpergröße und der körperlichen und seelischen Kräfte bei den beiden Geschlechtern. Und da die große Terz von einer Figur mit ungerader Seitenzahl, nämlich dem Fünfeck, die kleine ursprünglich von einer solchen mit gerader Seitenzahl, dem Zehneck, stammt, stimmt es auch mit der Pythagoreischen Lehre überein, wenn man die erstere für männlichen, die letztere für weiblichen Geschlechts hält; denn Pythagoras nennt die ungeraden Zahlen männlich, die geraden weiblich ().

() Man muß unterscheiden zwischen der *sinnlichen* und der *reinen* Harmonie. () Was nun die *sinnlichen* Harmonien anbelangt, so wirkt bei ihrem Sein ein Vierfaches mit. () Bei alle dem handelt es sich um etwas Passives, () ... bei der reinen Harmonie () Kreise und Bögen. () ... der Kreis, das wahre Abbild des geschaffenen Geistes, der gesetzt ist, den Körper zu regieren. () ...; ich kenne eine Frau, () Sie ist von sehr unruhigem Geist, erreicht damit aber nicht nur nichts auf wissenschaftlichem Gebiet (was bei einer Frau nicht verwunderlich ist), sondern bringt auch ihre ganze Gemeinde in Aufregung und ist sich selber Urheberin beklagenswerten Elendes. ()

Boethius und die Philosophie

Jacob Böhme
(1575–1624)

Deutscher Philosoph und Schuster, genannt der »Schusterphilosoph«; verh.; zum ersten Mal wurden durch ihn philosophische Schriften in deutscher Sprache veröffentlicht, was ihm auch den Namen »philosopus teutonicus« eintrug. Als Mystiker, der visionär die Weisheit Gottes (Theo-sophie) in der Natur zu schauen glaubte, schreibt er von Einem Urgrund, in dem Gutes und Böses gemeinsam verursacht seien. Alle Gegensätze der Welt fänden irgendwann wieder zu diesem Urgrund zurück, aus dem heraus sich der Sinn des Kosmos und des menschlichen Lebens in analoger Weise erschauen ließen. Er spricht von der Lichtgestalt der Weisheit im Dunkel des Urgrundes, auch Mutter genannt. Baader und auch Hegel haben sich in ihren philosophischen Lehren an ihn erinnert.

VOM DREIFACHEN LEBEN

101. Die Welt ist nach dem Falle Adams einäugig gewesen, denn sie hat unter den sechs Siegeln, verstehe unter den sechs Planeten gelebt mit ihrer Erkenntnis: aber das siebte Siegel tut sich auf, da werdet ihr mit Solis[1] Augen sehen. Wir reden hier was wir erkennen und sehen. Also verstehet uns recht, wir wollen euch den schweren Begriff erleichtern, sehets und merkets.

102. Das ganze Regiment dieser Welt () kommt von den Gestirnen, ()

103. So seht ihr nun vornehmlich an den sieben Planeten das Ober-Regiment, denn sie sind des Geistes Regiment, und dasselbe zweifach: sie haben der Tinctur Regiment, als das Feuer-Leben, und auch das Luft-Regiment, als das Wasser-Leben.

104. Die drei Planeten über der Sonne, führen mit der Sonne das Feuer-Leben und Regiment: und die drei unter der Sonne, sind der Ausgang von des Feuers Tinctur, und sind ein Sinken und führen mit der Sonne das Luft-Regiment, und haben das weibliche Geschlecht, denn sie haben der Matricis[2] Wesenheit, und die Oberen haben Matricis Tinctur.

1 solis lat. von sol = Sonne, Licht, Öffentlichkeit, Hervorragende Person
2 Matricis lat. von Matrix = Gebärmutter, Quelle, Ursache

105. Die Tinctur hält die Seele, und die untere Matrix Veneris[3] den Geist. Also begehrt das Obere des Unteren, und das Untere des Oberen; und zwar ist wohl ein Leib, denn Sol ist das Herz und hat Glanz der Majestät dieses Principii: also verstehet ihr die zwei Geschlechter, männlich und weiblich.

106. Der Mann ist das Haupt, und hat in sich das Ober-Regiment mit der Tinctur Feuer, und er hat in seiner Tinctur die Seele, die begehrt Venerem, als die leibliche Matricem, denn die Seele will Geist haben, und will Leib haben, und das hat die Matrix der Frauen. Und das Unter-Regiment ist das weibliche, und steht im Regiment des Mondes: Denn Sol gibt ihr Herz und Venus Tinctur; und hat aber keine feurige sondern wässrige, darum gibt er dem Geist Luft ()

107. Darum muß sie der Mann regieren, denn des Feuers Tinctur ist die scharfe Probierung aller Wesen: Mercurius ist der Aufwecker ihrer Tinctur, darum sind sie geschwätzig; und der Mond hat ihre Matricem, der ist aus allen Planeten und ist furchtsam vor der Erde, darum eilt er also, und nimmt im Rade von allen Planeten und Sternen Kraft wo er kann.

108. Er begehrt heftig Solis, darum zeucht er auch ihren Schein an sich: und wie sich der Mond nach der Sonne sehnt, denn er ist irdischer Art und begehrt himmlisches Herz; also sehnt sich auch die weibliche Matrix nach des Mannes Herz, nach seiner Tinctur als nach der Seele, denn die Seele ist das ewige Gut.

109. So sehnt sich nun die Natur nach dem Ewigen, und wollte gern die Eitelkeit los sein: und als urständet das heftige Begehren in dem weiblichen und männlichen Geschlecht aller Kreaturen, daß sich eines nach dem anderen sehnt zu vermischen; denn der Leib versteht das nicht, auch der Geist-Luft nicht, allein die zwei Tincturen männliche und weibliche verstehen das.

---

3 Veneris lat. von venerus = sinnlich, geschlechtlich, wollüstig

RENÉ DESCARTES

(1596–1650)

Französischer Philosoph und Mathematiker; led.; suchte nach eindeutigen und sicheren Grundlagen der menschlichen Erkenntnismöglichkeit und erstrebte eine Reform der Philosophie, die als Einheitswissenschaft mit der mathematischen Methode zu wahren allumfassenden Erkenntnissen führen sollte. Er entwickelte für die Mathematik die analytische Geometrie mit dem Koordinatensystem. Unter einer »strengen wissenschaftlichen Methode« verstand er den Aufbau von Definitionen, Axiomen und Theoremen, die die Voraussetzung für alle Wissenschaften bilden sollten, auch der Philosophie, deren Resultate dadurch allgemeingültig, notwendig und nachprüfbar würden. Diese Methode nennt man auch »rationale Methode«. Durch selbstbeobachtende Meditationen fand er nur im Denken einen wahren und sicheren Existenzbeweis (Ich denke, also bin ich), alles andere könnte als Illusion und Traum prinzipiell bezweifelt werden. Er gilt als Begründer der »Philosophie der Neuzeit« oder der »bürgerlichen Philosophie«.

AN DEN VATER

()
Es ist wahr, daß ich zu dunkel in dem gewesen bin, was ich in dieser Abhandlung über die Methode über die Existenz Gottes geschrieben habe, und obwohl es das wichtigste Stück darstellt, gestehe ich, daß es das am wenigsten ausgearbeitete des ganzen Werkes ist; () und diese Gedanken erschienen mir nicht als geeignet, um sie in ein Buch zu bringen, von dem ich wollte, daß selbst die Frauen etwas von ihm verständen und dabei auch die Spitzfindigsten genügend Stoff fänden, um ihre Aufmerksamkeit zu beschäftigen. Ich gebe auch zu, daß diese Dunkelheit zum Teil, wie Sie sehr richtig bemerkt haben, von meiner Voraussetzung herrührt, daß gewisse Begriffe, die die Gewohnheit des Denkens mir vertraut und augenscheinlich gemacht haben, es ebenso für jeden anderen sein müßten.

PRINZIPIEN DER PHILOSOPHIE
WIDMUNG AN ELISABETH,
PFALZGRÄFIN BEI RHEIN

Es ist der größte Vorzug, den ich meinen Schriften
verdanke, daß sie mir die Ehre verschaffen, Ihre Hoheit
kennen zu lernen und mich bisweilen mit Ihnen unterre-
den zu dürfen –, ich habe keinen gefunden, der meine
Schriften so umfassend und so gut verstanden; selbst
unter den besten und gelehrtesten Köpfen giebt es viele,
die sie sehr dunkel finden; ich habe fast durchgängig
bemerken müssen, daß die einen die mathematischen
Wahrheiten leicht fassen, aber den metaphysischen verschlossen sind, während es sich bei den anderen gerade
umgekehrt verhält. Der *einzige* Geist, soweit meine
Erfahrung reicht, dem beides gleich leicht wird, ist der
Ihrige. Darum muß ich diesen Geist unvergleichlich hoch
schätzen. Und was meine Bewunderung steigert, es ist
nicht ein bejahrter Mann, der viele Jahre auf seine
Belehrung verwendet hat, bei dem sich eine solche
umfassende wissenschaftliche Bildung findet, sondern
eine noch jugendliche Fürstin, die in ihrer Anmut eher den
Grazien, wie die Poeten sie beschreiben, als den Musen
oder der weisen Minerva gleicht.

AN CHANUT

() und Herr Clerselier hat mir sogar geschrieben, daß Sie
meine französischen *Méditations* von mir erwarten, um
sie der Königin des Landes, in dem Sie sich befinden, zu
überreichen. Ich habe niemals genügend Ehrgeiz gehabt,
um zu wünschen, daß Persönlichkeiten dieses Ranges
meinen Namen kennen, und wenn ich nur ebenso weise
gewesen wäre, wie nach der Meinung der Wilden, wie man
sagt, die Affen sind, würde ich niemals bei wem auch
immer in der Eigenschaft als Bücherschreiber bekannt
geworden sein: denn man behauptet, die Wilden bilden
sich ein, die Affen könnten, wenn sie wollten, sprechen,
enthielten sich dessen aber, damit man sie nicht zum
Arbeiten zwinge; und weil ich nicht die gleiche Klugheit

hatte, mich des Schreibens zu enthalten, habe ich nicht mehr soviel Muße und Ruhe, wie ich haben würde, wenn ich den Geist gehabt hätte, zu schweigen. Da der Fehler aber einmal begangen ist und ich bei einer Unzahl von Vertretern der Schulphilosophie bekannt bin, die meine Schriften scheel ansehen und nach allen Richtungen die Mittel suchen, mir zu schaden, habe ich durchaus den Wunsch, auch von Persönlichkeiten von größerem Verdienst gekannt zu werden, deren Macht und Tugend mich schützen könnten.

Und ich habe gehört, daß man diese Königin so sehr schätzt, daß ich, anstatt mich wie häufig über diejenigen zu beklagen, die mir die Bekanntschaft von irgendeinem Großen haben verschaffen wollen, mich nicht enthalten kann, Ihnen dafür zu danken, daß Sie liebenswürdigerweise mit ihr über mich gesprochen haben. Ich habe Herrn de la Thuillerie nach seiner Rückkehr aus Schweden hier gesehen, der mir ihre Eigenschaften auf eine so vorteilhafte Art und Weise beschrieben hat, daß die Eigenschaft Königin zu sein als eine ihrer geringsten erscheint; und ich würde nicht die Hälfte davon zu glauben gewagt haben, wenn ich nicht aus Erfahrung an der Prinzessin, der ich meine *Principes de Philosophie* gewidmet habe, gesehen hätte, daß Persönlichkeiten von hoher Geburt, welchen Geschlechtes sie auch seien, nicht sehr viel Alter zu haben brauchen, um an Bildung und Tugend die anderen Menschen bei weitem übertreffen zu können. Ich fürchte aber sehr, daß die von mir veröffentlichten Schriften es nicht verdienen, daß sie sich mit ihrer Lektüre aufhält, und daß sie Ihnen daher nicht viel Dank weiß, sie ihr empfohlen zu haben.

AN BRASSET

man hat es nicht seltsam gefunden, daß Odysseus die Zauberinseln der Kalypso und Circe verließ, auf denen er alle erdenklichen Genüsse haben konnte, und daß er ebenso den Gesang der Sirenen verachtete, um in einem steinigen und unfruchtbaren Lande zu wohnen, da dieses ja der Ort seiner Geburt war. Ich gestehe aber, daß ein

Mensch, der in den Gärten der Touraine geboren worden ist und sich jetzt in einem Lande befindet, in dem es, wenn auch nicht so viel Honig wie in dem, das Gott den Israeliten versprochen hatte, doch glaubhafterweise viel mehr Milch gibt, daß dieser Mensch also sich nicht so leicht entschließen kann, es zu verlassen, um im Lande der Bären zwischen Felsen und Gletschern zu leben. Da dieses selbe Land jedoch auch von Menschen bewohnt wird, und die Königin, die über diese herrscht, ganz allein mehr Wissen, Intelligenz und Verstand hat als alle Gelehrten der Klöster und Kollegien, die die Fruchtbarkeit der Länder, in denen ich gelebt habe, hervorbrachten, bin ich überzeugt, daß die Schönheit des Ortes für die Weisheit nicht notwendig ist, und daß die Menschen nicht den Bäumen ähnlich sind, die, wie man beobachtet, nicht so gut wachsen, wenn die Erde, in die sie verpflanzt werden, magerer ist als die, in die sie gesetzt worden waren.

AN ELISABETH

nachdem ich vor vier oder fünf Tagen in Stockholm angekommen bin, ist eine der ersten meines Erachtens zu meiner Pflicht gehörenden Obliegenheiten, Eurer Hoheit das Angebot meines ganz ergebenen Dienstes zu erneuern, damit sie erkennen möge, daß die Veränderung an Luft und Land nichts an meiner Verehrung und meinem Diensteifer ändern oder vermindern kann. Ich habe bisher nur zweimal die Ehre gehabt, die Königin zu sehen; es scheint mir aber, als ob ich sie schon genügend kenne, um die Behauptung zu wagen, daß sie nicht weniger Verdienst und mehr Tugend hat, als der Ruf ihr zuschreibt. Mit der Hochherzigkeit und der Majestät, die aus allen ihren Handlungen hervorleuchten, sieht man eine Milde und Güte verbunden, die alle, die die Tugend lieben und die Ehre haben, sich ihr zu nähern, dazu nötigen, gänzlich ihrem Dienste ergeben zu sein. Eine der ersten Sachen, die sie mich gefragt hat, war, ob ich Nachrichten von Ihnen hätte, und ich habe keine Bedenken getragen, ihr zunächst zu sagen, was ich von Eurer Hoheit denke; denn da ich die Stärke ihres Geistes bemerkte, befürchtete ich nicht, damit irgendeine Eifersucht bei ihr zu erregen, wie ich ebenfalls sicher bin, daß Eure Hoheit keine solche empfinden wird, wenn ich ihr freimütig meine Meinung über diese Königin schreibe. Sie hat außerordentliche Neigung für das Studium der schönen Wissenschaften; weil ich aber noch nicht weiß, ob sie schon etwas von Philosophie kennt, kann ich über den Gefallen, den sie daran finden wird, nicht urteilen, auch nicht ob sie darauf wird Zeit verwenden können, und ob ich folglich imstande sein werde, ihr irgendwelche Genugtuung zu verschaffen und ihr in etwas nützlich zu sein. Dieser große Eifer für die Kenntnis der Literatur regt sie jetzt vor allem an, die griechische Sprache zu pflegen und viele alte Bücher zu sammeln; aber vielleicht wird sich dies ändern. Und wenn es sich nicht ändern würde, wird mich die Tugend, die ich an dieser Fürstin bemerke, immer veranlassen, die Nützlichkeit ihres Dienstes dem Wunsch, ihr zu gefallen, vorzuziehen, sodaß es mich nicht hindern wird, ihr meine Meinungen offen zu sagen; und wenn sie ihr unangenehm sein sollten, was ich nicht glaube, so würde ich zumindest diesen Vorteil daraus ziehen, daß ich meiner Pflicht genüge getan hätte und mir Gelegenheit gegeben wird, sobald wie möglich zu meiner Einsamkeit zurückkehren zu können, außerhalb derer ich schwerlich etwas auf der Suche nach der Wahrheit vorwärts treiben kann; und darin besteht doch mein hauptsächlichstes Gut in diesem Leben.

AN FREINSHEMIUS

Es handelt sich um folgendes: da ich diese Reise nicht vorbereiten konnte, ohne daß mehrere von meiner Absicht erfuhren, und da ich eine Menge von Feinden habe, allerdings Gott sei Dank nicht wegen meiner Person, sondern in meiner Eigenschaft als Autor einer neuen Philosophie, zweifle ich nicht daran, daß einige Personen nach Schweden geschrieben haben, um zu versuchen, mich dort in Verruf zu bringen. Es ist zwar richtig, daß ich nicht befürchte, die Verleumdungen könnten irgendeine Macht über den Geist Ihrer Majestät haben, weil ich weiß, daß diese sehr klug und scharfsinnig ist; da aber die Herrscher ein großes Interesse daran haben, alles bis zu den geringsten Gelegenheiten zu vermeiden, was ihre Untertanen als Vorwand nehmen könnten, um deren Handlungen zu mißbilligen, würde ich äußerst betrübt sein, wenn meine Gegenwart denen als Anlaß zu übler Nachrede dienen könnte, die Lust zu der Behauptung hätten, daß Ihre Majestät dem Studium zu ergeben sei.

Kaibara Ekiken
(1630–1714)

Japanischer Philosoph, Mediziner, Lehrer, Erziehungstheoretiker; verh.; nahm ähnlich wie Giordano Bruno an, daß Materielles und Immaterielles *ein* Wesen bilden, das als unauflösliche Verbindung zusammen lebt und zugrunde geht. Er wendet sich gegen den pessimistischen Ton im Weltschmerz der Buddhisten und gegen die »Tatenlosigkeit« der Taoisten (Laotse) und führt die konfuzianischen Lehren neu ein. Die Meditationen des Neo-Konfuzianismus seien aktiver als die Meditationen der Buddhisten und Taoisten. Er entwickelte eine Ethik der Harmonie zwischen Gemeinwohl und Eigeninteresse, und schrieb eine Unterrichtslehre (Didaktik) in japanischer Schrift, obwohl die Gelehrtensprache Chinesisch war, wie in Europa Latein. An Schulen sollte konfuzianische Klassik gelehrt werden, aber auch nationales Bildungsgut; er war einer der einflußreichsten Philosophen Japans.

Frauen und Dienerinnen sind schon für die Heiligen schwer zu behandeln gewesen, um wieviel mehr müssen sie es für den gewöhnlichen Menschen sein! Wie soll man sie nur dazu bringen, sich in acht zu nehmen? Die weibliche Natur ist ja nicht selten auch recht klug und scharfsinnig, man findet mitunter Personen von sehr leichter Fassungskraft; für den meisten Teil aber sind sie stumpf und schwerfällig; wenn man solche auch noch so unverdrossen unterweist, sie gelangen doch nicht zu einem geistigen Verständnis. Mag man es auch in aller Güte versuchen, es gelingt nicht, sie zu einsichtigem Nachdenken zu bewegen, man müht sich ganz vergebens mit ihnen ab, im Gegenteil, ihre Verdrießlichkeit und ihr Widerstand nehmen nur noch zu (Shinshiroku, 2). ()

Knaben können ins Freie und dürfen ihre Lehrer begleiten, sie vermögen die Dinge selbst aufzusuchen und zu studieren, die in der Welt geltenden Sitten und Gebräuche kennen zu lernen, verbunden mit ihren Kameraden genießen sie nicht nur die Unterweisung durch die Eltern, sondern es bieten sich ihnen vielerlei Gelegenheiten, die Dinge außerhalb des Hauses beobachten zu können. Die Mädchen aber, die immer im Innern des Hauses bleiben müssen und nie ins Freie gelangen, haben diese Möglichkeiten nicht. ()

Es besteht die Tatsache, daß Kinder noch mehr als dem Vater der Mutter an Charakter ähnlich werden; man hat genug Proben dafür, daß deren Klugheit oder Dummheit, Tapferkeit oder Feigheit ganz und gar den gleichen Eigenschaften ihrer Mütter entsprechen; ein von einer tapferen Frau geborener Sohn ist wieder mutig. ()

Man soll nur eine Frau von guten Anlagen und aus gutem Hause (zur Gattin und Mutter) auswählen. ()

Den Frauen, die von Geburt an schon unter dem Einfluß des negativen, weichlich-biegsamen Prinzipes stehen, ist keine Weisheit eigen, und oft neigen sie auch zu Betrug; es fällt ihnen sehr schwer, dem rechten Weg zu folgen (= nach den rechten Grundsätzen zu leben); Mägde sind von je her schon von niedriger Sinnesart und durch Vernunftgründe schwer zu beeinflussen; gleichzeitig sind sie dumm und vermögen das »Dau« nicht zu begreifen (Kadō-kun).

ZIELE DER WEIBLICHEN ERZIEHUNG

Für die Schwiegereltern die Kleider nähen, die Speisen zubereiten, dem Manne dienen, bescheiden zurückstehen; weiterhin Seidenstoffe falten, die Sitzkissen ausbreiten, Koch- und Fadenarbeit versehen, Kinder aufziehen, für Reinlichkeit im Hause sorgen... – wenn auch Dienerinnen in größerer Zahl vorhanden sind, sie muß doch selbst persönlichen Anteil nehmen und viele solche

Mühen auf sich nehmen und bewältigen – alles dies sind
die Pflichten einer Frau, denen sie sich in bescheidener
Stellung mit Eifer widmen muß. Wenn sie ihnen gerecht
wird, so entspricht sie auch in gutem Einvernehmen dem
Herzen des Schwiegervaters, sie gewinnt die Herzen der
übrigen Hausgenossen und ist im Stande, das ganze
Hauswesen zu versorgen. Geht sie aber hochmütig mit
den Leuten um, ist sie nachlässig im Erfüllen ihrer
Pflichten und bequem, so zieht sie sich die Abneigung des
Schwiegervaters zu, wird von den Untergebenen mit übler
Nachrede bedacht, verliert das Vertrauen der Hausgenos-
sen und vermag das Hauswesen in keiner Weise zu führen.
()

ONNA – DAIGAKU

§ 1

Im eigenen (Vater)Hause ist die Erfüllung der Kindesliebe
gegen die eigenen Eltern das Erste und Größte; jetzt aber,
im Hause der Schwiegereltern, treten die Schwiegereltern
an die Stelle der eigenen; diese von Herzen zu lieben, zu
ehren, ihnen zu gehorchen muß jetzt das ganze Sinnen
(der Schwiegertochter) ausfüllen.

§ 2

Der Ehegatte ist als wirklicher Herr zu achten und zu
verehren, ihm ist willfährig zu sein.

(Zusammenfassung von Olaf Graf)
Weiter wird in Artikel 3 verlangt, daß auch den Geschwistern des Mannes herzliche Zuneigung entgegen zu
bringen sei. In den weiteren Artikeln folgen dann
Ermahnungen und Warnungen unter Anlehnung an die
bekannten 7 Scheidungsgründe einer Ehe nach dem
früheren Herkommen. Der Mann bezw. Schwiegervater
war berechtigt, die Frau ins Haus ihrer Eltern zurückzu-
schicken, falls einer der folgenden Anlässe zutraf: Unge-
horsam gegen die Schwiegereltern (1), Kinderlosigkeit (2),

Untreue (3), Eifersucht (4), Aussatz oder andere absto-
ßende Krankheit (5), Klatschsucht oder Unverträglichkeit
mit der Sippe (6), Stehlen (7). Daneben laufen dann
positive Ermahnungen zu fleißiger Arbeit, sparsamen und
ehrfurchtsvollem Reden, Einfachheit und Sparsamkeit,
Unparteilichkeit und gütiger Nachsicht etc.

Besondere Warnung ergeht vor Eifersucht. Mag sie, die
Frau, auch noch so berechtigten Grund dazu haben, sie
soll ruhig und gelassen bleiben und warten, bis sie ihrem
Mann in einer guten Stunde zusprechen kann. Der Mann
sei eben wie der »Tiän« der Himmel selber, zu achten, sein
Zorn und seine Rache sei stets zu fürchten. Auch vor allem
Aberglauben müsse sie sich hüten; keine Wallfahrten, so
wird verlangt, zu Schreinen und Tempeln, vor allem nicht
zu solchen, wo großer Massenzulauf herrscht, und
wenigstens nicht in einem Alter unter 40 Jahren. Noch
weniger dürfe man zu magischen Praktiken, Wahrsagerei
und Zauberei, zu allen möglichen Buddhas und Göttern
seine Zuflucht nehmen; wenn sie nur in Treue und Eifer
ihren häuslichen Pflichten nachgehe, würden sie die
Buddhas und die Götter auch ohne lange Tempelbesuche
und Gebete beschützen. – Im Konfliktsfall der Pflichten
habe sie immer der Familie des Mannes und seinen
Interessen den Vorzug zu geben vor ihrer eigenen Familie.

DAS GESCHLECHTSVERHÄLTNIS

() Dies Verhältnis ist *Prozeß*, der mit dem *Bedürfnisse*
beginnt, indem das Individuum als *Einzelnes* der imma-
nenten Gattung nicht angemessen und zugleich deren
identische Beziehung auf sich in *einer* Einheit ist; es hat so
das *Gefühl* dieses Mangels. Die Gattung in ihm ist daher
als Spannung gegen die Unangemessenheit ihrer einzelnen
Wirklichkeit der Trieb, im Anderen seiner Gattung sein
Selbstgefühl zu erlangen, sich durch die Einung mit ihm
zu integrieren und durch diese Vermittlung die Gattung
mit sich zusammenzuschließen und zur Existenz zu
bringen, – die *Begattung*.

Zusatz: () Die *Bildung der unterschiedenen Geschlechter* muß verschieden sein, ihre Bestimmtheit gegeneinan-

der als durch den Begriff gesetzt existieren, weil sie als
Differente Trieb sind. Beide Seiten sind aber nicht bloß,
wie im Chemismus, an sich das Neutrale, sondern wegen
der ursprünglichen Identität der Formation liegt den
männlichen und weiblichen Geschlechtsteilen derselbe
Typus zugrunde, nur daß in den einen oder den anderen
der eine oder der andere Teil das Wesentliche ausmacht:
bei dem Weibe notwendig das Indifferente, bei dem
Manne das Entzweite, der Gegensatz. Bei niederen Tieren
ist diese Identität am auffallendsten: »In einigen Heu-
schrecken (z. B. *Gryllus verruccivorus*) sind die großen
Testikel, aus bündelweise zusammengerollten Gefäßen,
den ebenso großen Ovarien, aus ähnlichen bündelweise
gerollten Eileitern bestehend, ähnlich... Auch bei dem
Männchen der Breme sind die Hoden nicht nur in ihrem
Umriß ganz ebenso gestaltet als die gröberen, größeren
Eierstöcke, sondern sie bestehen auch aus fast eiförmigen,
länglichen, zarten Bläschen, die mit ihrer Basis auf der
Substanz der Hoden aufstehen wie Eier an einem Eierstock.« Den weiblichen Uterus an den männlichen Teilen
zu entdecken, hat die meiste Schwierigkeit gemacht.
Ungeschickterweise hat man den Hodensack dafür genommen, da doch eben die Testikel sich bestimmt als das
dem weiblichen Eierstock Entsprechende ankündigen.
Dem weiblichen Uterus entspricht vielmehr im Manne die
Prostata; der Uterus sinkt im Manne zur Drüse, zur
gleichgültigen Allgemeinheit herunter. Dies hat *Acker-
mann* sehr gut an seinem Hermaphroditen gezeigt, der
einen Uterus bei sonstigen männlichen Formationen hat;
aber dieser Uterus ist nicht nur an der Stelle der Prostata,
sondern die Ausführungsgänge des Samens *(conduits
éjaculateurs)* gehen auch durch seine Substanz und öffnen
sich an der *crista galli* in die Harnröhre *(urethra)*. Die
weiblichen Schamlefzen sind ferner die zusammengegan-
genen Hodensäcke, daher in Ackermanns Hermaphroditen die weiblichen Schamlippen mit einem testikelartigen
Gebilde erfüllt waren. Die Mittellinie des *scrotum* endlich
ist beim Weibe gespalten und bildet die *vagina*. Man
versteht auf diese Weise die Umbildung des einen
Geschlechts in das andere vollkommen. Wie im Manne

der Uterus zur bloßen Drüse herabsinkt, so bleibt dagegen der männliche Testikel beim Weibe im Eierstocke eingeschlossen, tritt nicht heraus in den Gegensatz, wird nicht für sich, zum tätigen Gehirn, und der Kitzler ist das untätige Gefühl überhaupt. Im Manne hingegen haben wir dafür das tätige Gefühl, das aufschwellende Herz, die Bluterfüllung der *corpora cavernosa* und der Maschen des schwammigen Gewebes der Urethra; dieser männlichen Bluterfüllung entsprechen dann die weiblichen Blutergüsse. Das Empfangen des Uterus, als einfaches Verhalten, ist auf diese Weise beim Manne entzweit in das produzierende Gehirn und das äußerliche Herz. Der Mann ist also durch diesen Unterschied das Tätige; das Weib aber ist das Empfangende, weil sie in ihrer unentwickelten Einheit bleibt.

Die *Zeugung* muß man nicht auf den Eierstock und den männlichen Samen reduzieren, als sei das neue Gebilde nur eine Zusammensetzung aus den Formen oder Teilen beider Seiten, sondern im Weiblichen ist wohl das materielle Element, im Manne aber die Subjektivität enthalten. Die *Empfängnis* ist die Kontraktion des ganzen Individuums in die einfache, sich hingebende Einheit, in seine Vorstellung, der Same diese einfache Vorstellung selbst, – ganz *ein* Punkt, wie der Name und das ganze Selbst. Die Empfängnis ist also nichts anderes als dies, daß das Entgegengesetzte, diese abstrakten Vorstellungen zu *einer* werden.

BENEDIKT SPINOZA (BARUCH D'ESPINOSA)
(1632–1677)

Portugiesisch-Holländischer Philosoph und Optiker; led.; am ehesten bekannt durch seinen philosophischen »Beweis« des »Pantheismus«, d. h.: er setzte Natur mit Gott gleich. In seiner Ethik definierte er in geometrisch-mathematisch genauer Form zahlreiche Gefühle (Affekte) des Menschen, die der Mensch durch seine geistige Tätigkeit kontrollieren könne. Die Liebe zum Menschen galt ihm viel, aber doch weniger als die unendliche Liebe zur unendlichen Gott-Natur. So sei der Mensch nur endliches Rädchen im determinierten Getriebe der unendlichen Natur.

DER POLITISCHE TRAKTAT

Kap. 11 § 4

Vielleicht fragt jemand, ob die Frauen von Natur oder erst durch menschliche Satzung unter der Gewalt der Männer stehen. Ist das letztere der Fall, so nötigte uns kein vernünftiger Grund, die Frauen von der Regierung auszuschließen.

Befragen wir die Erfahrung, so werden wir die Ursache in ihrer Schwäche erblicken. Denn nirgends ist es vorgekommen, daß Männer und Frauen nebeneinander regierten, sondern überall auf der ganzen Erde, wo Männer und Frauen leben, sehen wir, daß die Männer regieren und die Frauen regiert werden und daß beide Geschlechter bei diesem Verhältnis in Eintracht leben. Wären die Frauen von Natur den Männern gleichwertig und würden sie an Seelenstärke und Geist, worin die menschliche Macht und damit das Recht besteht, ebenso tüchtig sein, so müßte es doch unter so vielen und so verschiedenen Völkern einige geben, wo beide Geschlechter nebeneinander auf gleichem Fuß, und andere, wo Frauen die Männer regierten und so erziehen, daß sie ihnen geistig untergeordnet sind. Da dies aber nirgends der Fall ist, so darf man entschieden behaupten, daß Frauen von Natur nicht das gleiche Recht haben wie Männer, sondern ihnen nachstehen, weshalb es eine Unmöglichkeit ist, daß beide Geschlechter in gleicher Weise regieren, geschweige denn, daß Männer von Frauen regiert werden.

GIOVANNI BATTISTA VICO
(1668–1744)

Italienischer Philosoph, Professor und Historiker; verh.; er wandte sich
gegen die Priorität der Naturerforschung und der mechanischen Gesetze,
wie es zu seiner Zeit »in Mode« war, weil diese vom Menschen nicht
gemacht seien, und daher auch weniger erkennbar. Der Mensch könne das
am sichersten erkennen, was er selbst geschaffen hätte und so wandte er
sich u. a. der Sprache und der Geschichte der Menschheit zu; er entwarf
eine Geschichtsphilosophie in sich aufeinander aufbauenden Stufen und
Zeitaltern. »Da heute das einzige Ziel der Studien die Wahrheit ist, richten
wir unsere Forschung auf die Natur der Dinge, weil sie gewiß zu sein
scheint; die Natur der Menschen aber erforschen wir nicht, … Es kann
kein Zweifel sein, daß diese historische Welt ganz gewiß von den Menschen
gemacht worden ist und darum können … in den Modifikationen unseres
eigenen menschlichen Geistes ihre Prinzipien aufgefunden werden … Die
Menschen können das gewiß erkennen, was sie geschaffen haben.« (Neue
Wissenschaft)

ERKLÄRUNG DES GEGENÜBERSTEHENDEN GEMÄLDES

()
Die Frau mit dem geflügelten Haupt, die auf der
Weltkugel, oder der Welt der Natur steht, ist die
Metaphysik, denn dies ist ihr Name. Das leuchtende
Dreieck mit dem schauenden Auge, das ist Gott mit dem
Blick seiner Vorsehung; um dieses Blickes willen betrach-
tet ihn die Metaphysik in ekstatischer Haltung über die
Ordnung der *natürlichen* Dinge hinweg, um deren willen
die Philosophen ihn bisher betrachtet haben: denn in
diesem Werk hebt sie sich höher empor und betrachtet in
Gott die Welt des *menschlichen Geistes,* welches die
metaphysische Welt ist, um seine Vorsehung zu erweisen
in der Welt des menschlichen Willens, welches die
historische Welt ist oder die Welt der Völker; ()
Der Strahl der göttlichen Vorsehung, der einen kon-
vexen Edelstein bestrahlt, mit dem die Brust der Metaphysik geschmückt ist, zeigt an das reine und klare Herz,
das die Metaphysik hier haben muß, nicht schmutzig und

befleckt von geistigem Hochmut oder von der Niedrigkeit körperlichen Genusses; ()

Außerdem aber bedeutet er, daß die Gotteserkenntnis nicht bei der Metaphysik endet, so daß sie nur für sich von den geistigen Dingen erleuchtet würde und nur ihre eigene sittliche Haltung danach regelte, wie es bisher die Philosophen getan haben; das wäre mit einem glatten Edelstein angedeutet worden. Sondern er ist konvex, so daß der Strahl zurückspringt und nach außen sich verbreitet, weil die Metaphysik Gottes Vorsehung erkennt in den öffentlichen sittlichen Dingen, oder politischen Sitten, durch die die Völker in der Welt entstanden sind und sich erhalten.

Eben dieser Strahl fällt von der Brust der Metaphysik auf die Statue Homers, des ersten Autors des Heidentums, der uns überliefert ist; ()

Die Weisheit bei den Heiden begann mit der Muse ()

VOLTAIRE – FRANÇOIS MARIE AROUET
(1694–1778)

Französischer Philosoph und Schriftsteller; led.; lange zusammenlebend mit Madame de Châtelet; befreundet mit Friedrich II.; gehörte zeitweise zu den französischen »Aufklärern«, die sich für die Zusammenstellung des gesamten menschlichen Wissens (Enzyklopädie) einsetzten. Seine Aufklärung zeigt sich im Appell an die Vernunft, die Selbstverantwortlichkeit des Menschen und für die Toleranz. Am heftigsten ruft er gegen jegliche Art brutaler Unterdrückung, Krieg und Folter auf. Er schrieb eine Geschichte der Sitten der Menschheit, nicht der Kriege, und prägte das Wort »Geschichts-philosophie«, wobei er dem Philosophen einräumte, die menschliche Geschichte auch moralisch beurteilen zu können, und nicht nur stupide Jahreszahlen und Kriegsereignisse aneinanderreihen zu müssen. Bekannt ist er aber hauptsächlich durch seine kritisch-humorvoll-satirisch-philosophischen Erzählungen geworden.

FRAUEN, SEID EUREN MÄNNERN UNTERTAN

Der Abbé von Chàteauneuf erzählte mir eines Tages, daß die Marschallin von Grancey sehr herrisch sei; übrigens hatte sie vortreffliche Eigenschaften. () Tausend edelmütige Handlungen bezeichneten ihren Lebensweg; jedoch wenn man sie dafür lobte, glaubte sie sich verachtet; sie pflegte zu sagen: »Also glauben Sie, daß mich diese Handlungen Mühe gekostet haben?« Ihre Liebhaber vergötterten sie, ihre Freunde liebten sie, und ihr Gemahl achtete sie.

Vierzig Jahre brachte sie in jener Zerstreuung und in dem Wirbel von Vergnügungen zu, die die Frauen ernstlich beschäftigen; indem sie nie etwas gelesen hatte außer den Briefen, die man an sie schrieb; indem sie nie etwas in ihren Kopf getan hatte außer den täglichen Neuigkeiten, den lächerlichen Blößen ihres Nächsten und den Angelegenheiten ihres Herzens. Endlich, da sie sich in jenem Alter fand, von dem man sagt, daß schöne Frauen, wenn sie Geist haben, einen Thronwechsel vornehmen, wollte sie lesen. Sie begann mit den Tragödien Racines und war erstaunt, beim Lesen mehr Vergnügen zu empfinden, als sie bei der Vorstellung im Theater empfunden hatte. () Man gab ihr Montaigne zu lesen: sie war bezaubert von einem Mann, der sich auf ein Gespräch mit ihr einließ und dabei an allem zweifelte. Man gab ihr danach die großen Männer von Plutarch; sie fragte, warum er nicht die Geschichte der großen Frauen geschrieben hätte.

Der Abbé von Chàteauneuf traf sie eines Tages puterrot vor Zorn an. »Was haben Sie denn, Madame?« sagte er zu ihr. »Ich habe zufällig«, erwiderte sie, »ein Buch aufgeschlagen, das in meinem Kabinett herumlag; es handelt sich, glaube ich, um eine Briefsammlung; darin habe ich die folgenden Worte gefunden: *Frauen, seid euren Männern untertan;* ich habe das Buch fortgeworfen.«

»Wie das, Madame? Wissen Sie auch, daß das die Briefe des heiligen Paulus sind?«

»Das kümmert mich nicht, von wem sie sind. Der Verfasser ist sehr unhöflich. Nie hat mein Herr Marschall in diesem Stil an mich geschrieben. Ich bin überzeugt, daß

Euer Sankt Paul ein Mann war, mit dem sich schwer leben
ließ. War er verheiratet?«

»Jawohl, Madame.«

»Seine Frau muß ein gutmütiges Geschöpf gewesen
sein; wäre ich die Frau eines solchen Mannes gewesen, ich
hätte ihm gezeigt, was eine Harke ist. *Seid untertan euren
Männern.* Wenn er sich damit begnügt hätte zu sagen:
Seid sanftmütig, gefällig, aufmerksam, sparsam, dann
würde ich meinen: der Mann hat Lebensart; aber warum
untertan, wenn ich bitten darf? () Sind wir denn Sklaven?
Ist es nicht schon genug, daß ein Mann, nachdem er
geheiratet hat, das Recht besitzt, mir eine Krankheit von
neun Monaten zu versetzen, die manchmal tödlich
ausgeht? Ist es nicht genug an dem, daß ich unter sehr
großen Schmerzen ein Kind auf die Welt bringe, das
möglicherweise gegen mich prozessiert, wenn es volljäh-
rig ist? Reicht es nicht, daß ich allmonatlich Unpäßlich-
keiten unterworfen bin, die für eine Frau von Stand höchst
unangenehm sind, und daß, um allem die Krone aufzuset-
zen, das Aussetzen einer dieser zwölf Krankheiten im Jahr
imstande ist, mir den Tod zu geben? Und da sagt man
noch obendrein zu mir: Gehorcht!

Die Natur hat es bestimmt nicht gesagt; sie hat uns
Organe geschaffen, die von denen des Mannes verschie-
den sind; jedoch indem sie uns füreinander notwendig
machte, hat sie nicht vorgehabt, daß die Verbindung eine
Sklaverei darstellen sollte. Ich erinnere mich wohl an das
Wort von Molière:

Auf Seiten des Bartträgers ist die Allmacht.

Das nenne ich mir einen komischen Grund dafür, daß
ich einen Herrn haben soll. Wie! Weil das Kinn des
Mannes ein häßliches Stachelfeld bedeckt, das so knapp
wie möglich zu scheren man genötigt ist, während mein
Kinn rasiert zur Welt kommt, soll ich ihm in aller Demut
gehorchen? Ich weiß wohl, daß die Männer im allgemeinen Muskeln haben, die stärker als unsere sind, und daß
sie einen gezielteren Faustschlag austeilen können. Ich
fürchte sehr, daß dies der Ursprung ihrer Überlegenheit
ist.

Sie behaupten, sie hätten auch einen besser veranlagten

Kopf, und infolgedessen rühmen sie sich, zum Regieren befähigt zu sein. Aber ich werde ihnen Königinnen zeigen, die so manchen König aufwiegen. () Was mich betrifft: hätte ich einen Staat zu regieren, ich fühlte mich zu dem Wagnis imstande () Übrigens«, sagte sie, »ist es wahr, daß Mohammed mit solcher Verachtung auf uns herabsah, daß er behauptete, wir wären nicht würdig, ins Paradies einzugehen, und daß man uns nur bis zum Eingang vorlassen würde?«

»Wenn dem so wäre«, sagte der Abbé, »würden die Männer sich immerzu am Tor aufhalten. Aber trösten Sie sich: an alldem, was man hier von der mohammedanischen Religion behauptet, ist kein wahres Wort. ()

»Wie! Es trifft nicht zu, Monsieur, daß Mohammed die Vielweiberei erfunden hat, um die Männer fester an sich zu ketten? Es trifft nicht zu, daß wir in der Türkei Sklavinnen sind und daß es uns verboten ist, zu Gott in einer Moschee zu beten?«

»Kein Wort von alledem, Madame; Mohammed hat die Polygamie nicht nur nicht erfunden, sondern er hat sie bekämpft und eingeschränkt; der weise Salomon besaß siebenhundert Gemahlinnen; Mohammed reduzierte diese Zahl auf lediglich vier. ()

»Aber sagen Sie mir: hat Ihr Mohammed geboten, daß die Frauen ihren Männern untertan sein sollen?«

»Nein, Madame, hierüber findet sich nichts im Koran.«

() »Frauen, seid euren Männern untertan«, sagte immer noch die Marschallin zwischen den Zähnen. »Dieser Paul war recht brutal«. ()

GEDENKREDE FÜR MADAME LA MARQUISE
DU CHATELET

() Es will viel heißen für eine Frau, mit der allgemeinen Geometrie vertraut zu sein, das genügt aber kaum, um in die sublimen Wahrheiten dieses unsterblichen Werkes einzuführen. Selbstverständlich hatte sich die Marquise du Châtelet schon sehr früh mit dem Wissenschaftsgebiet beschäftigt, das Newton erschloß, und sie beherrschte das, was dieser große Mann lehrte. Wir haben zwei Wunder erlebt: das eine, daß Newton dieses Werk schuf, und das andere, daß eine Frau es übersetzte und erläuterte. ()

Sie war Newton darin überlegen, daß sie die Tiefe der Philosophie mit dem lebendigsten und feinsten Sinn für Literatur verband. Einen Philosophen, der sich allein auf die trockenen, kargen Wahrheiten beschränkt und dem die Kostbarkeiten der Phantasie und des Gefühls abgehen, kann man nur bedauern. ()

Ihr Eifer und ihre Besessenheit und zahllose durcharbeitete Nächte, zu einer Zeit, da Ruhe sie hätte retten können, führten zuletzt ihren Tod herbei, den sie geahnt hatte. Sie fühlte ihr Ende nahen, und mit eigentümlich gemischten Gefühlen, die miteinander im Streit zu liegen schienen, sah man sie den Verlust des Lebens beklagen und den Tod unerschrocken erwarten. Der Schmerz über einen Abschied für immer lastete schwer auf ihrer Seele, und die Philosophie, die ihren Geist erfüllte, schenkte ihr den großen Mut. Ein Mann () ist nur ein schwaches Abbild ihres Schmerzes und ihrer Haltung; ()

DENKWÜRDIGKEITEN

() Madame du Châtelet war anfangs sehr angetan von Leibniz und erläuterte einen Teil seines Systems in einem sehr gut geschriebenen Buch mit dem Titel »Einrichtungen der Physik«. Sie suchte dabei keineswegs diese Philosophie mit nicht Dazugehörigem zu schmücken; solche Affektiertheit war ihrem männlichen und wahrhaften Charakter fremd. Ihr Stil war klar, genau und elegant. () Von Natur aus zur Wahrheit veranlagt, ließ sie bald von den philosophischen Systemen ab und wurde von den Entdeckungen des großen Newton gefesselt. ()

PHILOSOPHISCHES WÖRTERBUCH

Mensch

() Die Frauen, unablässig mit der Ernährung ihrer Kinder beschäftigt und von ihren häuslichen Sorgen in
Anspruch genommen, sind von all diesen Berufen, die die
menschliche Natur verderben und verrohen, ausgeschlossen. Sie sind überall weniger roh als die Männer. Das
Körperliche verbindet sich mit dem Moralischen, um die
Frauen von schweren Verbrechen fernzuhalten. Ihr Blut
ist sanfter, und sie neigen weniger zu starken Getränken,
die verrohend wirken. Ein klarer Beweis dafür ist die
Tatsache, daß, wie wir an anderer Stelle nachgewiesen
haben, auf tausend Opfer der Justiz, auf tausend Hinrich-
tungen wegen Mordes kaum vier Frauen kommen. ()

JEAN-JACQUES ROUSSEAU
(1712–1778)

Französischer Philosoph und Schriftsteller; verh.; »Ich fühlte mehr als ich
dachte«, schrieb er in seinen autobiographischen Bekenntnissen. Er
versuchte das Gefühl, die leidenschaftliche Innerlichkeit des Menschen,
philosophisch aufzuwerten, in einer Zeit, in der die Vernunft als
übergeordnete Instanz der Gefühle von zahlreichen Aufklärern veridealisiert wurde; z. B. auch von Voltaire, den er sich zum Gegner machte. Er
setzte den Menschen als Natur-Wesen gegen den Menschen als Zivilisa-
tions-Wesen, womit er die damalige »zivilisierte Gesellschaft« als verderblich kritisierte.

BRIEF AN D'ALEMBERT

Die Frau liebt im allgemeinen die Künste nicht, versteht
sich auf keine einzige, und an Genie fehlt es ihr ganz und
gar. Sie kann in kleinen Werken glücklich sein, die nichts

Dyse Figuren/mit Jren darauß gebochtigen Reymen/dye von cynem alten Teßich/vor hundert Jaren vngeuerlich gemacht/ vnd in dem Schloß Eßlichelßeld am Rheyn zu muszsehen. Jm Tauset Funffhundert vnd Drei vndzwanzig Jar gefunden/ abgemalet/vnd abgemacht sindt. Zaygen an/was dye alten/der yetzigen kunstßhalben/So sich täglich ereugen/ Jn Jrem verstandt gehabt/vnd heymlich bey sich behalten haben.

Frobm die ferriginius

Johann die Gruscam

Vernufft

Warhait

Gerechtigkait

(A. Dürer)

als leichten Witz, nichts als Geschmack, nichts als Anmut, höchstens Gründlichkeit und Philosophie verlangen. Sie kann sich Wissenschaft, Gelehrsamkeit und alle Talente erwerben, die sich durch Mühe und Arbeit erwerben lassen. Aber jenes himmlische Feuer, welches die Seele erhitzt und entflammt, jenes um sich greifende, verzehrende Genie, jene brennende Beredsamkeit, jene erhabene Begeisterung, die ihr Entzücken dem Innersten unseres Herzens mitteilt, wird stets in den Schriften der Frauen fehlen. Die Schriften der Frauen sind alle frostig, aber doch hübsch wie sie selber. Man lasse sie auch noch so geistvoll geschrieben sein, es ist doch keine Seele und kein Leben darin, tausendmal eher wird man vernünftige Gedanken als die Sprache der Leidenschaften darin finden. Die Frauen wissen nicht einmal die Liebe selbst zu beschreiben und zu fühlen. Einzig Sappho, soviel ich weiß, ... ().

EMILE

Ich kenne ... Mademoiselle de l'Enclos, ... () Obwohl sie die Tugenden ihres Geschlechts verachtete, bewahrte sie sich doch die unsrigen, wie man sich erzählt: Man rühmt ihre Offenheit, ihre Geradheit, ihre Sicherheit im Umgang, ihre Treue in der Freundschaft. Um das Bild ihres Ruhmes zu vollenden, behauptet man, daß sie ein ganzer Mann gewesen wäre. Ausgezeichnet! Aber bei all diesem Ruhm hätte ich doch nicht diesen Mann zum Freund oder zur Geliebten haben wollen. ()

Die Erforschung der abstrakten und spekulativen Wahrheiten, die Prinzipien und Axiome der Wissenschaften, alles, was auf die Verallgemeinerung der Begriffe abzielt, ist nicht Sache der Frauen. Ihre Studien müssen sich auf das Praktische beziehen. Ihre Sache ist es, die Prinzipien anzuwenden, die der Mann gefunden hat. () Sie muß also bis auf den Grund den Geist des Mannes erforschen. Nicht den Geist des Mannes im allgemeinen durch Abstraktion, sondern die Geister der Männer, die sie umgeben, den Geist der Männer, denen sie unterworfen ist, sei es durch das Gesetz, sei es durch den gesellschaftlichen Zwang. () Männer philosophieren besser über das menschliche Herz. Sie lesen aber besser im Herzen eines Mannes. Es ist die Aufgabe der Frauen, gewissermaßen die praktische Moral zu finden; unsere ist es, sie in ein System zu bringen. Die Frau hat mehr Witz; der Mann mehr Genie. Die Frau beobachtet; der Mann zieht Schlüsse.

()

Leser, ich berufe mich hierin auf euch selber. Seid ehrlich! Von welcher Frau habt ihr einen besseren Eindruck und welcher Frau nähert ihr euch mit größerer Ehrfurcht, wenn ihr das Zimmer betretet: wenn ihr sie mit Arbeiten ihres Geschlechts, mit den Sorgen ihres Haushaltes und beim Flicken der Kindersachen beschäftigt seht, oder wenn sie auf ihrem Putztisch Verse schreibt, umgeben von allen möglichen Drucksachen und von Briefchen in allen Farben? Wenn es nur vernünftige Männer auf der Welt gäbe, so bliebe jedes gelehrte Mädchen ihr Leben lang alte Jungfer.

(): daß die Frauen die natürlichen Richter der Verdienste der Männer sind. Wer möchte schon von den Frauen verachtet werden? Niemand auf der Welt, selbst der nicht, der sie nicht mehr lieben will. Glaubt ihr etwa, daß mir ihr Urteil gleichgültig wäre, obwohl ich ihnen so harte Wahrheiten sage? Nein, ihre Zustimmung bedeutet mir mehr als eure, Leser, weil ihr oft weibischer seid als sie. Selbst wenn ich ihre Sitten verabscheue, möchte ich doch ihrer Gerechtigkeit Ehre erweisen. Es liegt mir wenig daran, ob sie mich hassen, wenn ich sie nur zwänge, mich zu achten.

DENIS DIDEROT

(1713–1784)

Französischer Philosoph und Schriftsteller, verh.; befreundet mit L. Voland, genannt Sophie; Organisierte die Herausgabe der ersten großen Enzyklopädie der Menschheit. Durch diese Tätigkeit sammelten sich um ihn viele Intellektuelle, die sich aufklärerisch betätigen wollten. Er schrieb in der Vorrede der Enzyklopädie: »Dieses Werk könnte einem Berufsgelehrten als Bibliothek dienen für alle Fächer, die er nicht selbst betreibt. Es wird die Elementarbücher ersetzen ... zur Gewißheit und zum Fortschritt der menschlichen Kenntnisse beitragen, die Zahl der echten Gelehrten, der hervorragenden Künstler und der aufgeklärten Laien vermehren und folglich in der Gesellschaft neue Vorteile verbreiten.«

ÜBER DIE FRAUEN

() Die Frauen setzen uns vor allem in Erstaunen in der Liebesleidenschaft, in Anfällen von Eifersucht, im Überschwang der Mutterliebe, in den Augenblicken des Aberglaubens, der Art, wie sie auf Massenpsychosen reagieren: sie können schön sein wie die Engel Klopstocks oder fürchterlich wie Miltons Teufel. Ich habe Liebe, Leidenschaft, Eifersucht, Aberglauben, Zorn in Frauen so ins Maßlose gesteigert gesehen, wie es bei Männern nie möglich wäre. () Die Frauen unterliegen einer epidemischen Wildheit. Das Beispiel einer einzigen reißt eine Masse mit sich. Nur die erste ist strafbar, die andern sind krank. O Frauen, ihr seid merkwürdige Kinder! () Die Zerstreuungen unseres beschäftigten und kampferfüllten Lebens zerbrechen unsere Leidenschaften. Die Frau hütet die ihren. Es ist ein fester Punkt, auf dem ihre Muße, die Nichtigkeit ihrer Aufgaben ihren Blick unwandelbar festhält. Der Punkt dehnt sich ins Maßlose, und zum Wahnsinn fehlt der leidenschaftlichen Frau nur die absolute Einsamkeit, die sie sucht. Die Unterwerfung unter einen Herrn, der ihr mißfällt, ist ihr eine Qual. Ich habe eine anständige Frau vor Entsetzen zittern gesehen, sobald ihr Mann in ihre Nähe kam; ich habe sie sich ins Bad stürzen sehen und gesehen, wie sie sich immer noch

nicht genügend reingewaschen glaubte von der Beschmut-
zung durch ihre Gattenpflicht. Diese Art Widerwille ist
uns fast unbekannt. Wir sind da weniger empfindlich.
Manche Frau stirbt, ohne das Höchstmaß an Wollust
empfunden zu haben. () Ihr Organismus ist so völlig
verschieden von dem unseren, der Trieb zur Wollust in
ihnen so zart, seine Quelle liegt so tief und fern, daß es
nicht verwunderlich ist, wenn die Lust gar nicht kommt
oder sich auf dem Wege verirrt. ()

Sie wird älter, die Schönheit schwindet, es kommen die
Jahre der Verlassenheit und Launenhaftigkeit und der
Langeweile. Durch Unwohlsein hat die Natur sie zur
Mutterschaft befähigt, durch eine lange und gefährliche
Krankheit nimmt sie ihnen diese Fähigkeit wieder. Was ist
die Frau dann? Von ihrem Gatten vernachlässigt, verlassen von ihren Kindern, ohne Bedeutung in der Gesellschaft, bleibt ihr als einzige und letzte Ausflucht die
Frömmigkeit. In fast allen Ländern hat sich die Grausamkeit des bürgerlichen Gesetzes mit der Grausamkeit der
Natur gegen die Frau verbündet. Sie werden behandelt
wie idiotische Kinder. Keine Art Quälerei, die der Mann
bei den zivilisierten Völkern nicht straflos an der Frau
begehen könnte. () Frauen, ich beklage euch! Es gab nur
eine Entschädigung für euer Leiden! Wäre ich Gesetzgeber gewesen, ihr hättet sie vielleicht erhalten. Von aller
Sklaverei befreit wäret ihr heilig und unantastbar gewesen,
wo immer ihr erschienen wäret. Wenn man über Frauen
schreibt, muß man seine Feder in den Regenbogen
tauchen und den Staub von Schmetterlingsflügeln auf das
Papier streuen: () Es genügt nicht, von Frauen zu sprechen
und gut von ihnen zu sprechen, ()

Die Ideen von Gerechtigkeit, Tugend, Laster, Güte,
Bosheit schwimmen an der Oberfläche ihrer Seele.
Eigenliebe und Egoismus dagegen haben sie in ihrer
ganzen natürlichen Kraft erhalten. Sie sind zwar äußerlich
zivilisierter als wir; aber innerlich sind sie wahre Wilde
geblieben, mindestens ganze Machiavellisten. Das Symbol
der Frauen im allgemeinen ist das der Apokalypse, über
der geschrieben steht: Mysterium. Wo wir eine eherne
Mauer sehen, ist für sie oft nur ein Spinnennetz. () So

befähigt sie gerade ihre Unwissenheit, unmittelbar die Wahrheit aufzunehmen, sobald man sie ihnen zeigt. Keinerlei Autorität hat sie unterjocht, während bei uns die Wahrheit am Eingang unseres Gehirnes Plato, Aristoteles, Epikur, Zenon als Wachen aufgestellt findet, die sie mit Spießen zurücktreiben. Die Frauen sind selten systematisch, immer dem Augenblick unterworfen. () Die Frauen gewöhnen uns, die trockensten und dornigsten Probleme noch liebenswürdig und klar zu behandeln. Man spricht sie dauernd an, will von ihnen gehört werden, man fürchtet, sie zu ermüden und zu langweilen, und nimmt eine ganz besondere Leichtigkeit im Ausdruck an, der aus der Unterhaltung in den Stil eindringt. Wenn Frauen Genie haben, dann, glaube ich, ist es bei ihnen origineller als bei uns.

Immanuel Kant

(1724–1804)

Deutscher Philosoph und Professor, led.; auch »königsberger Philosoph« genannt. In der »Kritik der reinen Vernunft« bezweifelt er, daß dem endlichen, sterblichen Menschen absolute Erkenntnis über die Welt überhaupt möglich sei, wie es vorher oft dogmatisch und sogar »Gott-ga-rantiert« angenommen wurde. Er verstand den Menschen beschränkt in den Grenzen seiner Vernunft und versuchte, innerhalb dieser Schranken die Möglichkeiten menschlicher Erkenntnis aufzuzeigen. Alle Ideen, z. B. theologische oder kosmologische, hätten zwar in der Erfahrung ihren Anfang, stiegen dann aber über die Erfahrung hinaus und seien daher weder beweisbar noch widerlegbar, weil ihnen der Erfahrungsgegenstand fehle. So gibt es also nach ihm einen Vernunftbereich, a priori, (d. h. vor- oder unabhängig von der Erfahrung in Raum und Zeit). Nur auf sich selbst beschränkt würde die Vernunft allerdings dogmatisch werden, und sollte daher immer die Erfahrung suchen. Er kritisiert zwar grundsätzlich die Möglichkeit einer »wahren« Gotteserkenntnis, hält aber den Gottesglauben in der Lebenspraxis für notwendig.

METAPHYSIK DER SITTEN – RECHTSLEHRE

§ 23

Die Erwerbung nach diesem Gesetz ist dem Gegenstande nach dreierlei: Der *Mann* erwirbt ein *Weib*, das *Paar* erwirbt *Kinder* und die *Familie Gesinde*. ()

§ 24 Das Eherecht

Geschlechtsgemeinschaft (commercium sexuale) ist der wechselseitige Gebrauch, den ein Mensch von eines anderen Geschlechtsorganen und Vermögen macht (), und entweder ein *natürlicher* (wodurch seines Gleichen erzeugt werden kann), oder *unnatürlicher* Gebrauch, ()

... die *Ehe* (matrimonium), d. .i. die Verbindung zweier Personen verschiedenen Geschlechts zum lebenswierigen wechselseitigen Besitz ihrer Geschlechtseigenschaften. – ()

Es ist nämlich, auch unter Voraussetzung der Lust zum wechselseitigen Gebrauch ihrer Geschlechtseigenschaften, der Ehevertrag kein beliebiger, sondern durchs Gesetz der Menschheit notwendiger Vertrag, d. i. wenn Mann und Weib einander ihren Geschlechtseigenschaften nach wechselseitig genießen wollen, so *müssen* sie sich notwendig verehelichen, und dieses ist nach Rechtsgesetzen der reinen Vernunft notwendig.

ANTHROPOLOGIE

Der Charakter des Geschlechts

In alle Maschinen, durch die mit kleiner Kraft eben so viel ausgerichtet werden soll, als durch andere mit großer, muß *Kunst* gelegt sein. Daher kann man schon zum voraus annehmen: daß die Vorsorge der Natur in die Organisierung des weiblichen Teils mehr Kunst gelegt haben wird, als in die des männlichen, weil sie den Mann mit größerer Kraft ausstattete als das Weib, um beide zur innigsten *leiblichen* Vereinigung, doch auch als *vernünftige* Wesen, zu dem ihr am meisten angelegten Zwecke, nämlich der Erhaltung der Art *zusammenzubringen*, und überdem *sie* in jener Qualität (als *vernünftige* Tiere) mit gesellschaftlichen Neigungen versah, ihre Geschlechtsgemeinschaft in einer häuslichen Verbindung fortdauernd zu machen.

Zur Einheit und Unauflöslichkeit einer Verbindung ist das beliebige Zusammentreten zweier Personen nicht hinreichend; ein Teil mußte dem andern *unterworfen* und wechselseitig einer dem andern irgendworin überlegen sein, um ihn beherrschen oder regieren zu können. Denn in der *Gleichheit* der Ansprüche zweier, die einander nicht entbehren können, bewirkt die Selbstliebe lauter Zank. Ein Teil muß im *Fortgange der Kultur* auf heterogene Art überlegen sein: der Mann dem Weibe durch sein körperliches Vermögen und seinen Mut, das Weib aber dem Manne durch ihre Naturgabe, sich der Neigung des Mannes zu ihr zu bemeistern; da hingegen im noch unzivilisierten Zustande die Überlegenheit bloß auf der Seite des *Mannes* ist. – Daher ist in der Anthropologie die weibliche Eigentümlichkeit mehr als die des männlichen Geschlechts ein Studium für den Philosophen. () *Die* Weiblichkeiten heißen Schwächen. Man spaßt darüber; Toren treiben damit ihren Spott, Vernünftige aber sehen sehr gut, daß sie gerade die Hebezeuge sind, die Männlichkeit zu lenken und sie zu jener ihrer Absicht zu gebrauchen. Der Mann ist leicht zu erforschen, die Frau verrät ihr Geheimnis nicht; obgleich andere (wegen ihrer Redseligkeit) schlecht bei ihr verwahrt ist. Er liebt den *Hausfrieden* und unterwirft sich gern ihrem Regiment, um sich nur in seinen Geschäften nicht behindert zu sehen; sie scheut den *Hauskrieg* nicht, den sie mit der Zunge führt und zu welchem Behuf die Natur ihr Redseligkeit und affektvolle Beredtheit gab, die den Mann entwaffnet. Er fußt sich auf das Recht des Stärkeren, im Hause zu befehlen, weil er es gegen äußere Feinde schützen soll; sie auf das Recht des Schwächeren: vom männlichen Teile gegen Männer geschützt zu werden, und macht durch Tränen der Erbitterung den Mann wehrlos, indem sie ihm seine Ungroßmütigkeit vorrückt.

Im rohen Naturzustande ist das freilich anders. Das Weib ist da ein Haustier. Der Mann geht mit Waffen in der Hand voran, und das Weib folgt ihm mit dem Gepäck seines Hausrats beladen. Aber selbst da, wo eine barbarische Verfassung Vielweiberei gesetzlich macht, weiß das am meisten begünstigte Weib in ihrem Zwinger (Harem genannt) über den Mann die Herrschaft zu erringen, und dieser hat seine liebe Not, sich in dem Zank vieler um Eine (welche ihn beherrschen soll) erträglicher Weise Ruhe zu schaffen. () Wer soll dann den oberen Befehl im Hause haben? denn nur Einer kann es doch sein, der alle Geschäfte in einen, mit diesen seinen Zwecken übereinstimmenden, Zusammenhang bringt.- Ich würde in der Sprache der Galanterie (doch nicht ohne Wahrheit) sagen: die Frau soll *herrschen* und der Mann *regieren;* denn die Neigung herrscht und der Verstand regiert. – ()

...so entdeckt sich der weibliche Charakter: mit ihrer Gunst gegen Männer auf Freiheit und dabei zugleich auf Eroberung dieses ganzen Geschlechts Anspruch zu machen. – Diese Neigung, ob sie zwar, unter dem Namen der Koketterie, in übelem Ruf steht, ist doch nicht ohne einen wirklichen Grund zur Rechtfertigung. Denn eine junge Frau ist doch immer in Gefahr, Witwe zu werden, und das macht, daß sie ihre Reize über alle, den Glücksumständen nach ehefähige, Männer ausbreitet: damit, wenn jener Fall sich ereignete, es ihr nicht an Bewerbern fehlen möge.

() ... *Zweck der Natur* bei Einrichtung der Weiblichkeit war () 1. die Erhaltung der Art, 2. die Kultur der Gesellschaft und Verfeinerung derselben durch die Weiblichkeit.

() Weibliche Tugend oder Untugend ist von der männlichen, nicht sowohl der Art als der Triebfeder nach, sehr unterschieden. – Sie soll *geduldig,* er muß *duldend* sein. Sie ist *empfindlich,* er *empfindsam.* – Des Mannes Wirtschaft ist *Erwerben,* die des Weibes *Sparen.* – Der Mann ist eifersüchtig *wenn er liebt;* die Frau auch ohne daß sie liebt; ()

Der Mann hat Geschmack für *sich,* die Frau macht sich
selbst zum Gegenstande des Geschmacks für *jedermann.*
– »Was die Welt sagt, ist *wahr,* und *was sie tut, gut«,* ist ein
weiblicher Grundsatz, der sich schwer mit einem *Charak-*
ter, in der engen Bedeutung des Worts, vereinigen läßt. Es
gab aber doch wackere Weiber, die in Beziehung auf ihr
Hauswesen einen dieser ihrer Bestimmung angemessenen
Charakter mit Ruhm behaupteten. – Dem Milton wurde
von seiner Frau zugeredet, er solle doch die ihm nach
Cromwells Tode angetragene Stelle eines lateinischen
Sekretärs annehmen, ob es zwar seinen Grundsätzen
zuwider war, jetzt eine Regierung für rechtlich zu
erklären, die er vorher als widerrechtlich vorgestellt hatte;
»Ach«, antwortete er ihr: »meine Liebe: Sie und andere
Ihres Geschlechts wollen in Kutschen fahren, ich aber
– muß ein ehrlicher Mann sein«.

NACHLASS

()
   Das weibliche Geschlecht hat mehr gut Gemüt und
Herz als Charakter. Es ist merkwürdig, daß das weibliche
Geschlecht in Ansehung dessen, was das gemeine Beste
betrifft, völlig gleichgültig sei; daß, ob sie gleich nicht
immer in Ansehung einzelner Personen, die sie kennen,
lieblos sind, doch die *Idee* vom *Ganzen* ganz und gar
keine bewegende Kraft hat; solange das noch unangetastet
bleibt, was ihre besondere Neigung interessiert, so sehen
sie den Lauf der Dinge, wie er geht, ohne daß er ihnen
anficht. Sie waren nicht geschaffen, um an dem ganzen
Gebäude Hand anzulegen, und sehen es für Torheit an,
sich um was mehr als seine eigene Angelegenheit zu
kümmern. Das ist sehr gut. Die Männer erholen sich bei
ihnen von den öffentlichen Angelegenheiten. ()

BEOBACHTUNGEN

Schon von früh den Männlichen entgegengesetzt.

Das Frauenzimmer hat ein angeborenes stärkeres Gefühl
für alles, was schön, zierlich und geschmückt ist. Schon in

der Kindheit sind sie gerne geputzt und gefallen sich, wenn sie geziert sind. () Sie haben sehr früh ein sittsames Wesen an sich, wissen sich einen feinen Anstand zu geben und besitzen sich selbst; und dieses in einem Alter, wenn unsere wohlerzogene männliche Jugend noch unbändig, tölpisch und verlegen ist. Sie haben viel teilnehmende Empfindungen, Gutherzigkeit und Mitleiden, ziehen das Schöne dem Nützlichen vor und werden den Überfluß des Unterhalts gerne in Sparsamkeit verwandeln, um den Aufwand auf das Schimmernde und den Putz zu unterstützen. () Das schöne Geschlecht hat ebensowohl Verstand als das männliche, nur ist es ein *schöner Verstand;* der unsrige soll ein *tiefer Verstand sein.*

Gegen weibliche Gelehrsamkeit.

Mühsames Lernen oder peinliches Grübeln, wenn es gleich ein Frauenzimmer darin hoch bringen sollte, vertilgen die Vorzüge, die ihrem Geschlechte eigentümlich sind, und können dieselben wohl um der Seltenheit willen zum Gegenstande einer kalten Bewunderung machen, aber sie werden zugleich die Reize schwächen, wodurch sie ihre große Gewalt über das andere Geschlecht ausüben. Ein Frauenzimmer, das den Kopf voll Griechisch hat, wie die Frau *Dacier,* oder über die Mechanik gründliche Streitigkeiten führt, wie die Marquisin von *Châtelet,* mag sie nur immerhin noch einen Bart dazu haben; denn dieser würde die Miene des Tiefsinns noch gründlicher ausdrücken, um welchen sie sich bewerben...
Die Schönen werden in der Geschichte sich nicht den Kopf mit Schlachten und in der Erdebeschreibung mit Festungen anfüllen; denn es schickt sich für sie ebensowenig, daß sie nach Schießpulver, als für die Mannesperson, daß sie nach Bisam riechen sollen... Der Inhalt der großen Wissenschaft des Frauenzimmers ist vielmehr der Mensch, und unter den Menschen der Mann. Ihre Weltweisheit ist nicht Vernünfteln, sondern Empfinden.

Die Wahrheit wird entschleiert von der Philosophie, die über allen Wissenschaften steht. Soviel besagt diese allegorische Darstellung des 18. Jahrhunderts (Titelbild der »Enzyklopädie«)

Ferdinando Galiani
(1728–1787)

Italienischer Philosoph, Wirtschaftstheoretiker und Diplomat in Paris; gehörte zum Kreis der französischen Aufklärer und neigte zum Naturalismus (daß alles aus der Natur erklärbar sei), ähnlich wie Diderot, der das Denken so organisch erklären wollte wie z. B. die Umwandlung von Marmor – Staubzerfall – zur Pflanze, die durch Verspeisung zu Fleisch würde. Daraus folgte der Beweis: Aus Marmor wird Fleisch (in: Gespräch mit D'Alembert von Diderot).

DIALOG ÜBER DIE FRAUEN

Marquis: Wie definieren Sie die Frau?

Chevalier: Ein von Natur aus schwaches und krankes Wesen.

Marquis: Ich gebe zu, daß sie oft das eine und das andere sind, aber ich bin überzeugt, daß dies eine Folge der Erziehung und des Systems unserer Sitten ist und sich nicht von Natur aus so verhält.

Chevalier: Die Welt ist natürlicher und ihre Gesetze werden seltener verletzt als Sie denken. ()

Marquis: Was schließen Sie also aus Ihrer Definition?

Chevalier: Daß die Grundfarbe des weiblichen Geschlechts, ihr vornehmster Charakterzug, aus Schwäche und Krankheit zusammengesetzt ist. Gehen Sie nur tiefer jetzt auf diese Theorie ein, wendet sie an und Sie werden alles aus ihr entwickeln. Erstens verhindert ihre Schwäche die Frau an aller schweren Arbeit, die viel Kraft und Gesundheit erfordert; sie soll nicht Schmied, nicht Maurer, Schiffer, Soldat...

Marquis: Sie zweifeln, ob die Frauen Krieg führen könnten? Ich aber glaube, daß sie sich tapfer schlagen würden.

Chevalier: Ich auch. Aber sie würden nicht im Biwak schlafen. ()

Also ich bestehe darauf, daß die Frau schwach gebaut ist. Daher kommt ihr zurückgezogenes Leben, ihre Hingebung für den Mann, der ihre Stütze bildet, daher ihre Beschäftigung, ihre leichte Tracht.

Marquis: Und warum nennen Sie sie krank?

Chevalier: Weil sie es von Natur aus ist. Zuerst ist sie krank wie alle Tiere, wenn sie heranwachsen. Dann kommen die bekannten Symptome, unter denen sie jeden Monat sechs Tage leidet. Das macht den fünften Teil ihres Lebens aus. Dann kommt die Schwangerschaft und die Zeit, in der sie stillt – genau betrachtet zwei lange und schwere Krankheiten. Den Frauen ist also gleichsam nur ein Lichtblick der Gesundheit inmitten beständiger Krankheit vergönnt. Ihren Charakter beeinflußt dieser gewöhnliche Zustand sehr. Sie sind zärtlich und anziehend wie fast alle Kranken, jäh und launisch wie die Kranken. () Wir pflegen sie, wir interessieren uns für sie, wir versuchen sie zu zerstreuen, zu unterhalten, dann lassen wir sie wieder in ihren Zimmern, um sie dann wieder zu besuchen, zu liebkosen, und dann...

Marquis: Sprechen Sie es nur aus, bleiben Sie nicht auf halbem Wege stehen.

Chevalier: Ja, wir versuchen sie zu heilen, indem wir ihnen eine neue Krankheit bringen.

MARQUIS DE SADE
DONATIEN ALPHONSE FRANÇOIS
(1740–1814)

Französischer Philosoph und Schriftsteller; verh.; bekannt durch seine »Anti-moralischen« Schriften, in denen er bis in äußerste Gedankenmöglichkeiten Brutalitäten, sexuelle Orgasmen und Verbrechen beschreibt, und sich damit gegen die herkömmlichen »sittlichen Vorstellungen« seiner Gesellschaft zu wenden glaubt. Daher ist auch im Wort »Sadismus« an ihn erinnert worden. Er schrieb, daß er niemals zu den entsprechenden Taten auffordern wollte, er wollte nur die Möglichkeiten der entfesselten Wollust in seinen schriftlichen Werken aufzeigen. Allerdings ist er wegen »entsprechender« »sadistischer Taten« angezeigt worden und verbrachte elf lange Jahre seines Lebens im Gefängnis.

DIE GESCHICHTE DER JULIETTE

() Wollüstige und philosophische Frauen, die Ihr uns zu lesen geruht, dies ist wieder an Sie adressiert. Profitieren Sie davon und lassen Sie unsere Bemühungen, die wir unternommen haben, um Sie aufzuklären, nicht als unnütz erscheinen. Nie werden Sie nämlich die wahren Freuden erkennen ohne die blindeste Unterwerfung unter diese hervorragenden Ratschläge. Glauben Sie, daß wir, indem wir sie Ihnen geben, nur Ihr Glück im Auge haben. ()

5. Schlechtigkeit ist ein bedeutender Charakterzug bei einer Frau. Von jeher war sie die Waffe des Schwachen. Und da sie immer ihrem Herrn unterlegen ist, wie wollte sie sich gegen die Unterdrückung ohne Lüge und ohne Heuchelei wehren? Sie soll also ohne Furcht ihre Waffen benutzen, die ihr von der Natur gegeben sind, um sich gegen alle Handlungen ihrer Unterdrücker zu verteidigen. Die Männer wollen betrogen werden, ein angenehmer Irrtum ist viel harmloser als eine traurige Wirklichkeit. Ist es nicht besser, daß sie ihr Unrecht verbirgt, als es zuzugeben?

6. Eine Frau soll vor sich selbst nie Charakter haben wollen. Sie muß die Leute, die sie benötigt, sei es für ihre Geilheit, sei es für ihren Geiz, geschickt und schonend behandeln, jedoch ohne daß diese Nachgiebigkeit ihre notwendige Energie behindert, mit der sie sich in alle Arten von Verbrechen stürzt, die ihre Leidenschaften verschönen oder die ihnen dienen sollen – etwa dasjenige des Ehebruchs, der Blutschande, des Kindermordes, der Vergiftung, des Diebstahls, des Mordes, all diejenigen, die ihr angenehm sein können und denen sie sich, unter der Maske der Falschheit und des Betruges – die wir ihr anraten – ohne Furcht oder Gewissensbisse hingeben kann, weil sie von der Natur in das Herz der Frauen gelegt sind und weil die Vorurteile, die man bei der Erziehung mitbekommen hat, sie nur daran hindern, sie jeden Tag auszukosten, wie sie es tun sollte.

7. Die übertriebenste, die neueste, die grausamste Ausschweifung soll – weit davon entfernt, sie zu erschrek-

ken – die Basis ihrer köstlichsten Beschäftigungen werden. Wenn sie auf die Natur hören will, wird sie sehen, daß
sie von ihr mit den heftigsten Neigungen für diese Art von
Freude ausgestattet ist und daß sie sich daher ihr täglich
ohne Furcht hingeben soll. Je mehr sie fickt, desto mehr
dient sie der Natur, sie verletzt sie nur durch ihre
Keuschheit.

Fast alle keuschen Frauen sterben jung oder werden
verrückt, gelähmt, geschwächt zur Zeit ihrer Blutungen.
Sie haben daher alle einen bitteren, herrschsüchtigen
Charakter, der sie in der Gesellschaft unerträglich macht.

8. Sie verweigere sich nie einem wollüstigen Akt, der ihr
von einem Manne vorgeschlagen wird. Tiefstes Einver-
ständnis bildet in diesem Fall immer das sicherste Mittel,
denjenigen zu fangen, den sie gerne behalten möchte. Die
Beschäftigung mit einer Frau ermüdet einen Mann rasch.
Was geschieht, wenn sie nicht die Geschicklichkeit
besitzt, ihn wieder zu beleben? Er ekelt sich und verläßt
sie. Derjenige aber, der bei einer Frau die größten
Bemühungen verspürt, seine Genüsse zu erraten und sie
zu erhalten, ihn damit zu fesseln, derjenige, sage ich, der
den Besitz einer Frau jeden Tag neu erlebt, bleibt viel eher
bei ihr. ()

11. Ihre Seele sei absolut abgehärtet und lasse sich
niemals von Empfindsamkeit leiten. Eine sensible Frau
muß stets auf jedes Unglück gefaßt sein, denn da sie
schwächer und zerbrechlicher als die Männer ist, wird
alles, was ihre Empfindsamkeit berührt, sie grausam
zerreißen. Und von dem Zeitpunkt gibt es keine Freuden
mehr für sie. Ihre Leibesbeschaffenheit führt sie zur
Wollust. Wenn sie sich in einem Ausbruch von Empfindsamkeit, die wir ja zu zerstören suchen, an einen einzigen
Mann kettet, verzichtet sie im selben Augenblick auf alle
Reize der Ausschweifung; die einzigen, die wirklich für
sie bestimmt sind und die sie mit Wollust überschütten
sollen, gemäß der Rolle, die ihr die Natur bestimmt hat.

GEORG CHRISTOPH LICHTENBERG
(1742–1799)

Deutscher Philosoph und Physiker, verh.; Gegner jeglicher Systemphilosophie, gegen die er als »Verbiegung der Wirklichkeit« polemisierte. In dem ganzen heroischen Pathos, Ernst, Gefühlsschwang und der Maximen-Klugheit (Kant, Goethe) im damaligen deutschen intellektuellen Leben ragt er als ein Denker hervor, der satirisch-polemisch und witzig zur Gegenwart Stellung nahm. Ein witziger deutscher Philosoph – was für eine Seltenheit! Er verstand sich selbst als Aufklärer, indem er gegen Vorurteile aller Art argumentierte und sich jeglicher Gefolgschaft irgendwelcher Doktrinen und philosophischen Systemen verweigerte. Immer wieder ruft er zum Selbst-denken auf: »Laß dich nicht anstecken, gib keines andern Meinung ehe du sie dir passend gefunden, für deine aus, meine lieber selbst.«

APHORISMEN

Unsere Erde ist vielleicht ein Weibchen.

()

Den Männern in der Welt haben wir so viel seltsame Erfindungen in der Dichtkunst zu danken, die alle ihren Grund in dem Erzeugungstrieb haben, alle die Ideale von Mädchen und dergleichen. Es ist schade, daß die feurigen Mädchen nicht von den schönen Jünglingen schreiben dürfen, wie sie wohl könnten, wenn es erlaubt wäre. So ist die männliche Schönheit noch nicht von denjenigen Händen gezeichnet, die sie allein recht mit Feuer zeichnen könnten. Es ist wahrscheinlich, daß das Geistige, was ein paar bezauberte Augen in einem Körper erblicken, der sie bezaubert hat, ganz von anderer Art sich den Mädchen in männlichen Körpern zeigt, als es sich dem Jüngling in weiblichen Körpern entdeckt.

()

() Mir ist es allemal angenehm, wenn ich von einer neuen Dichterin höre. Wenn sie sich nur nicht nach den Gedichten der Männer bildeten, was könnte nicht da entdeckt werden!

()

Ein Mädchen, das sich ihrem Freund nach Leib und Seele
entdeckt, entdeckt die Heimlichkeiten des ganzen weiblichen Geschlechts; ein jedes Mädchen ist die Verwalterin
der weiblichen Mysterien. Es gibt Stellen, wo Bauernmäd-
chen aussehen wie die Königinnen, das gilt von Leib und
Seele.

()

Die Mädchen, anstatt sich für ihren Überfluß Schuh,
Strümpfe, undurchsichtige Halstücher und solche üppi-
gen Plunder anzuschaffen, lasen die gelehrte Zeitung und
errichteten eine Lesegesellschaft, bliesen Oden und
lauschten auf das Brausen des Genies in den Wolken.

()

Ehmals verlangte man nur, daß die Mädchen schön wären,
heutzutage auch noch, daß sie gescheit aussehen sollen.

()

Die Augen eines Frauenzimmers sind bei mir ein so
wesentliches Stück, ich sehe oft darnach, denke mir so
vielerlei dabei, daß, wenn ich nur ein bloßer Kopf wäre,
die Mädchen meinetwegen nichts als Auge sein könnten.

WERKE

Die Natur hat die Frauenzimmer so geschaffen, daß sie
nicht nach Prinzipien, sondern nach Empfindung handeln
sollen.

()

In Persien sind die Damen von der Poesie ausgeschlossen.
Sie sagen: Wenn die Henne krähen will, so muß man ihr
die Kehle durchschneiden.

()

() Die Griechen, nicht allein das weiseste und tapferste,

sondern auch das wollüstigste Volk auf der Welt, hielten
wahrlich die Mädchen nicht für Göttinnen oder den
Umgang mit ihnen für Paradies oder ihre Liebe für
unwiderstehlich. Sie erzeigten ihnen nicht einmal die
Achtung, die man wenigstens von einem freien Volk, ich
will nicht sagen von einem gefühlvollen, gegen ein
schwaches Geschlecht hätte erwarten sollen. Sie brauchten sie, die organisierten Fleischmassen zu zeugen, aus
denen sie selbst nachher Helden, Weise und Dichter
formten, und ließen sie übrigens gehen. Sie wohnten im
Innersten des Hauses, kamen nicht in Männergesellschaften, wodurch ihnen denn freilich aller Weg abgeschnitten
ward, sich für so kluge Köpfe gehörig auszubilden, daher
sie immer schlechter und verächtlicher werden mußten.

()

Ich werde alles in den geradesten Ausdrücken sagen, die
mir vorkommen, und muß deswegen () bitten: einmal,
daß Sie denken, ich schriebe weder an Mann noch Weib,
sondern bloß an eine vernünftige Seele, und daß, weil
diese Vorstellung manchem nicht so geläufig sein möchte
als Ihnen, Sie mir diesen Brief, sobald Sie ihn gelesen
haben, wieder versiegelt zurückschicken. ()
Die Ausdrücke: Herz verschenken, Gunst verschenken, sind wieder poetische Blümchen. Kein Mädchen
schenkt ihr Herz weg, sie verkauft es entweder für Geld
oder Ehe oder vertauscht es gegen ein anderes, wobei sie
Vorteil hat oder doch zu haben glaubt. () Ich habe sehr
hohe Begriffe von der Größe und Würde des Menschen.
Einem Trieb folgen, ohne den die Welt nicht bestehen
könnte, die Person lieben, die mich zum einzigen Gesell-
schafter ausersehen hat, zumal da nach unseren Sitten
diese Person sich durch tausend andere Dinge an unser
Herz festhängt und unter den mannigfaltigen Relationen,
von Ratgeber, Freund, Handlungskompagnon, Bettka-
merade, Spielsache, lustiger Bruder (Schwester klingt
nicht) auf uns wirkt, das halte ich sicherlich für keine
Schwachheit, sondern für klare reine Schuldigkeit, und ich
glaube auch, es steht nicht bei uns, ein solches Geschöpf
nicht zu lieben. Beklagen wir ja den Tod eines Haushun-

des. Allein ein Mädchen sollte imstande sein, mit ihren Reizen einem Manne seine Ruhe zu rauben, () dem Manne, der Armut, Hunger, Verachtung seines Verdienstes ertragen, ja seiner Ehre wegen in den Tod gehen kann? Das glaube ich ewig nicht. Dem Gecken wohl, dem weichlichen Schwachen, der nie in irgend etwas Widerstand versucht hat, oder dem Wollüstling, der höhere Vergnügen des Geistes nicht kennt als das Bewußtsein, daß ihn ein hübsches Mädchen liebt (denn vom Genuß abstrahiere ich, um dem Werther allen möglichen Vorteil zu geben), aber gewiß keiner eigentlichen Seele; () Viele Männer halten das weibliche Geschlecht für so schwach, eitel, leichtgläubig und eingebildet, daß sie alles glauben, was man ihnen sagt, sobald es die Macht ihrer Reize angeht. Diese Männer, wenn man sie anders so nennen kann, irren sich aber sehr. Nicht wahr, Madam?

Der Einzug der Göttin der Vernunft (Paris 1793)

Johann Gottfried Herder
(1744–1803)

Deutscher Philosoph und Schriftsteller, verh.; Begründer der deutschen Geschichtsphilosophie. Er verstand sich als Gegner der Vernunft-Verherrlichung (Aufklärung) und versuchte, den unbewußten Kräften des Menschen gerecht zu werden; den Leidenschaften, den volksmäßigen, den genialischen und schöpferischen Elementen menschlichen Lebens. Dadurch gewann er auf etliche Dichter der »Sturm und Drang«-Periode Einfluß, z. B. auch auf Goethe.

FRAGMENTE B

Ein Frauenzimmer, das gut nicht aber gelehrt erzogen ist, wird über Dinge, die in ihrer Sphäre sind mit einer Geläufigkeit, ungekünstelten Bestimmtheit und naiven Schönheit sprechen, daß sie gefällt; kommt aber ein Schulgelehrter, der ihre Worte wägen will, so wird sie schüchtern werden; will er philosophische Erklärungen und Bestimmungen, so wird sie stammeln – nochmals stammeln und endlich dasselbe Wort wiederholen; will er jetzt aber grammatische Zierlichkeiten lehren, wie sie es besser hätte sagen können, so wird sie sich loswinden und ihn von weiten anhören,

als ob der graduierte Mann
mit einem Zauberfluche
sie zu beschwören suche.

Warum? Sie ist gewohnt, über ihre Welt klar, aber nicht logisch-deutlich zu denken, verständlich und schön, aber nicht gelehrt und abgezirkelt zu sprechen.

URSPRUNG DER SPRACHE

Das menschliche Weib hat keine Jahreszeit der Brunst wie die Tierweiber und die Zeugungskraft des Mannes ist nicht so ungebändigt, aber fortwährend. () Der Mensch gegen den struppigen Bär und den borstigen Igel gesetzt,

ist ein schwächeres, dürftigeres, nacktes Tier; () das
menschliche Weib hat also, als Schwangere, als Gebärerin,
einer gesellschaftlichen Hilfe mehr nötig als der Strauß,
der seine Eier in die Wüste legt. ()

Das Weib, in der Natur so sehr der schwächere Teil,
muß es nicht von dem erfahrnen, versorgenden, sprachge-
bildeten Manne Gesetz annehmen? Ja heißt's Gesetz, was
bloß milde Wohltat des Unterrichts ist?

BRIEF AN KAROLINE

Als Ehemann werde ich Freund, Bürger, Mensch; jetzt
bin ich ein – Einsamer, ein künstlicher Geist, ().

() …, wenn ich täglich millionenmal die Last meines
Nichtsseins und meiner Einsamkeit fühle und Dich,
holdes Mädchen zu meiner Führerin, Muse, Freundin und
Ordnungsstifterin wünsche, … ()

PHILOSOPHIE DER GESCHICHTE DER
MENSCHHEIT

Die Natur nämlich hat unserem Geschlecht keinen
Herren bezeichnet; nur tierische Laster und Leidenschaften machen uns derselben bedürftig. Das Weib bedarf
eines Mannes und der Mann des Weibes.

JOHANN GOTTLIEB FICHTE
(1762–1814)

Deutscher Philosoph und Professor, verh.; er glaubte die Welt der Dinge beherrschen zu können, indem er ihre Macht negierte und ignorierte und alle Macht dem denkenden Subjekt »Ich« gab (subjektiver Idealismus). Er wollte die Autonomie und Freiheit des Menschen ähnlich wie Kant dadurch beweisen, daß er annahm, der Mensch könne frei nach seinen Ideen handeln. Eine Idee in Handeln umsetzen, das nannte er Freiheit und rief die Gelehrten auf, den Fortschritt dieser Freiheit zu befördern. Er entwickelte ausführlich die Dreiheit der dialektischen Methode: These=Ich, Antithese=Nicht-Ich, Synthese=Einheit von beidem im Ich. Später bezog sich auch Hegel auf diese dialektische Methode.

FOLGERUNGEN AUF DAS GEGENSEITIGE RECHTSVERHÄLTNIS BEIDER GESCHLECHTER ÜBERHAUPT IM STAATE

§ 32

Hat das Weib die gleichen Rechte im Staate, welche der Mann hat? Diese Frage könnte schon als Frage lächerlich scheinen. Ist der einzige Grund aller Rechtsfähigkeit Vernunft und Freiheit: wie könnte zwischen zwei Geschlechtern, die beide dieselbe Vernunft und dieselbe Freiheit besitzen, ein Unterschied der Rechte stattfinden?

Nun aber scheint es doch allgemein, seitdem Menschen gewesen sind, anders gehalten, und das weibliche Geschlecht in der Ausübung seiner Rechte dem männlichen nachgesetzt worden zu seyn. Eine solche allgemeine Übereinstimmung muß einen tiefliegenden Grund haben; und ist die Aufsuchung desselben je ein dringendes Bedürfniss gewesen, so ist sie es in unseren Tagen.

() ..., so würde es keineswegs hinreichen, als den Grund dieser Zurücksetzung die geringeren Geistes- und körperlichen Kräfte des Weibes anzuführen. Besonders auf das erstere würden die Weiber und ihre Schutzredner antworten: zuvörderst bildet man uns nicht gehörig aus, und das männliche Geschlecht entfernt uns geflissentlich von den Quellen der Bildung; ()

Es wäre demnach vor allen Dingen nur das zu untersuchen: ob denn auch wirklich die Weiber so zurückgesetzt sind, als es einige unter ihnen, und noch mehr, einige unberufene Schutzredner derselben vorgeben. ()

§ 33

Ob an sich dem weiblichen Geschlechte nicht alle Menschen- und Bürgerrechte so gut zukommen, als dem männlichen; darüber könnte nur der die Frage erheben, welcher zweifelte, ob die Weiber auch völlige Menschen seyen. Wir sind darüber nicht im Zweifel, wie aus den oben aufgestellten Sätzen hervorgeht. Aber darüber: ob und inwiefern das weibliche Geschlecht alle seine Rechte ausüben und auch *nur wollen könne,* könnte allerdings die Frage entstehen. ()

§ 34

() ... ist das Weib entweder noch *Jungfrau,* und dann steht sie unter der väterlichen Gewalt, wie der unverheirathete Jüngling ebenfalls. Hierin sind beide Geschlechter ganz gleich. ()

Oder das Weib ist *verheirathet,* und dann hängt ihre eigene Würde daran, daß sie ihrem Manne ganz unterworfen sey und scheine. – Man bemerke wohl – es geht zwar dies aus meiner ganzen Theorie hervor, und ist mehrmals ausdrücklich angemerkt, aber es ist vielleicht nicht überflüssig, es wiederholt einzuschärfen, – das Weib ist nicht unterworfen, so dass der Mann ein *Zwangsrecht* auf sie hätte, sie ist unterworfen durch ihren eigenen fortdauernden nothwendigen und ihre Moralität bedingenden Wunsch, unterworfen zu seyn. Sie dürfte wohl ihre Freiheit zurücknehmen, wenn sie *wollte;* aber gerade hier liegt es; sie kann es vernünftigerweise nicht *wollen.* Sie muß, da ihre Verbindung nun einmal allgemein bekannt ist, allen, denen sie bekannt ist, erscheinen wollen, als gänzlich unterworfen dem Manne, als in ihm gänzlich verloren.

Also, zufolge ihres eigenen nothwendigen Willens ist

der Mann der Verwalter aller ihrer Rechte; sie will, daß dieselbigen behauptet, und ausgeübt werden, nur inwiefern *er* es will. Er ist ihr natürlicher Repräsentant im Staate und in der ganzen Gesellschaft. Dies ist ihr Verhältnis zur Gesellschaft, ihr *öffentliches* Verhältnis. Ihre Rechte unmittelbar durch sich selbst auszuüben, kann ihr gar nicht einfallen.

Was das *häusliche* und *innere* Verhältnis anbelangt, *giebt nothwendig die Zärtlichkeit des Mannes ihr alles und mehr zurück, als sie verloren hat.* () Das Weib hat auch Rechte über öffentliche Angelegenheiten, denn sie ist Bürgerin. Ich halte es für die Schuldigkeit des Mannes, daß er in Staaten, wo der Bürger eine Stimme über öffentliche Angelegenheiten hat, diese Stimme nicht gebe, ohne mit seiner Gattin sich darüber unterredet, und durch das Gespräch mit ihr seine Meinung modificirt zu haben. Er wird sonach nur das Resultat ihres gemeinsamen Willens vor das Volk bringen. ()

Nur auf ihren Mann und ihre Kinder kann eine vernünftige und tugendhafte Frau stolz seyn; nicht auf sich selbst, denn sie vergißt sich in jenen.–

§ 35

Könnte oder wollte der Mann nicht in der Volksversammlung erscheinen, so verhindert nichts, daß seine Gattin an seiner Stelle erscheine, und die gemeinschaftliche Stimme, doch immer als *Stimme ihres Mannes* vortrage. ()

Dies giebt uns zugleich die Principien der Beurteilung für die Witwe, die Abgeschiedene und die, welche sich überhaupt nicht verheirathet hat, ohne doch unter der väterlichen Gewalt zu seyn. Diese alle sind keinem Manne unterworfen: es ist sonach gar kein Grund, warum sie nicht alle Bürgerlichen Rechte, gerade wie die Männer, durch sich selbst ausüben sollten.– ()

§ 37

Oeffentliche Staatsämter allein können die Weiber nicht verwalten, aus folgenden einfachen Gründen: – Der

öffentliche Beamte ist dem Staate ganz und durchgängig
verantwortlich, nach dem oben geführten Beweise; entweder, wenn er selbst die höchste Obrigkeit ist, dem
Volke, oder, wenn er durch die letztere ernannt, und ein
Theil ihrer Gewalt ihm übertragen ist, der Obrigkeit. Er
muß sonach ganz frei seyn, und immer von seinem
eigenen Entschlusse abhängen; ausserdem wäre eine
solche Verantwortlichkeit widersprechend und ungerecht. – Nun aber ist das Weib frei und von sich selbst
abhängig, nur so lange sie unverheirathet ist. Das Versprechen, sich nie zu verheirathen, wäre sonach die ausschies-
sende Bedingung, unter welcher der Staat einem Weibe ein
Amt übertragen könnte. Ein solches Versprechen aber
kann keine Frau vernünftigerweise geben, noch kann der
Staat vernünftigerweise es von ihr annehmen. Denn sie ist
bestimmt zu lieben, und die Liebe kommt ihr von selbst,
und hängt nicht von ihrem freien Willen ab. Liebt sie aber,
so wird es ihre Pflicht zu heirathen; und der Staat darf ihr
an der Ausübung derselben nicht hinderlich seyn. ()

§ 38

Diese, dass die Weiber nicht für öffentliche Aemter
bestimmt sind, hat eine andere Folge, welche die Schutzredner der Weiber als eine neue Beschwerde gegen unsere
politischen Einrichtungen anführen. Sie werden nemlich
sehr natürlich nicht zur Verwaltung dessen erzogen, was
sie nie verwalten sollen, sie werden nicht auf Schulen und
Universitäten geschickt; und da behaupten sie denn: dass
man ihren Geist vernachlässige, sie hinterlistiger- und
neidischerweise in der Unwissenheit erhalte, und von den
Quellen der Aufklärung entferne. – Wir wollen diesen
Vorwurf von Grund auf beleuchten.

Der Gelehrte von Profession studirt nicht lediglich für
sich; *als* Gelehrter, der Form nach, studirt er gar nicht für
sich, sondern für andere. Entweder er wird ein Kirchen-
diener, oder Staatsbeamter, oder Arzt; so ist es ihm darum
zu thun, das Erlernte unmittelbar auszuüben; (). Oder, er
wird ein Lehrer künftiger Gelehrten auf Schulen oder
Universitäten; so ist sein Zweck, das Erlernte einst wider

mitzutheilen, und durch eigene Erfindungen zu vermehren, damit die Cultur nicht stillstehe. () Dieses gerade ist
es, was die Weiber nicht brauchen können, denn sie sollen
weder das erstere noch das letztere werden. – Zum eigenen
Gebrauch für den Menschen gehören von der Geistescul-
tur nur die Resultate, und diese erhalten die Weiber in der
Gesellschaft: in jedem Stande das Resultat der ganzen
Cultur dieses Standes. () sie betrachten es sonach als
Zweck an sich, als etwas an sich Herrliches und Vortreffli-
ches; woher es denn auch kommt, dass eigentlich gelehrte
Weiber – ich rede nicht von denen, die bloss nach dem
gesunden Menschenverstande raisonniren, denn diese
sind höchst achtungswürdig – meistens Pedantinnen
werden.

() – Es lässt sich nicht behaupten, dass das Weib an
Geistestalenten *unter* dem Manne stehe; aber es lässt sich
behaupten, dass der Geist beider von Natur einen ganz
verschiedenen Charakter habe. Der Mann bringt alles,
was in ihm und für ihn ist, auf deutliche Begriffe, (). Das
Weib hat ein natürliches Unterscheidungsgefühl für das
Wahre, Schickliche, Gute; nicht etwa dass ihr dasselbe
durch das blosse Gefühl gegeben werde, () Man kann
sagen, der Mann muss sich erst vernünftig machen; aber
das Weib ist schon von Natur vernünftig. () Ihr Grund-
trieb verschmilzt gleich ursprünglich mit der Vernunft,
weil er ohne diese Verbindung die Vernunft aufhübe: er
wird ein vernünftiger Trieb; darum ist ihr ganzes Gefühls-
system vernünftig, und gleichsam auf die Vernunft be-
rechnet. Dahingegen muss der Mann alle seine Triebe erst
durch Mühe und Thätigkeit der Vernunft unterordnen.

Das Weib ist sonach schon durch ihre Weiblichkeit
vorzüglich praktisch, keineswegs aber speculativ. In das
Innere über die Grenze ihres Gefühls hinaus eindringen,
kann sie nicht, und soll sie nicht. (Dadurch wird ein sehr
bekanntes Phaenomen erklärt. Wir haben nemlich Weiber
gehabt, die in Sachen des Gedächtnisses, z. B. Sprachen,
selbst in der Mathematik, inwiefern sie erlernt werden
kann, als Vielwisserinnen sich auszeichneten; solche, die
in Sachen der Erfindung, in der sanften Dichtkunst, im
Romane, selbst in der Geschichtsschreibung berühmt

wurden. Aber Philosophinnen, oder Erfinderinnen neuer Theorien in der Mathematik haben wir nicht gehabt.)

Noch ein paar Worte über die Begierde der Weiber, Schriftstellerei zu treiben, die sich unter ihnen immer weiter verbreitet. Es lassen sich nur zwei Zwecke der Schriftstellerei denken: entweder der, neue Entdeckungen in den Wissenschaften der Prüfung der Gelehrten vorzulegen; oder der, das schon Bekannte und Ausgemachte durch populaire Darstellung weiter zu verbreiten. – Entdeckungen können die Weiber nicht machen, aus den oben angeführten Gründen. Populaire Schriften für Weiber, Schriften über die weibliche Erziehung, Sittenlehren für das weibliche Geschlecht, als solches, können die Weiber am zweckmässigsten schreiben; ()..., keineswegs aber aus Ruhmsucht und Eitelkeit... Ausser dass in dem letzteren Falle ihre Producte wenig literarischen Werth haben werden, würde auch dem moralischen Werthe der Verfasserin dadurch grosser Abbruch geschehen. Ihre Schriftstellerei wird dann weiter nichts für sie seyn, als ein Werkzeug der Coquetterie mehr. Ist sie verehelicht, so erhält sie durch ihren schriftstellerischen Ruhm eine von ihrem Gatten unabhängige Selbstständigkeit, die das eheliche Verhältnis nothwendig entkräftet und zu lösen droht. Oder sie wird getadelt, so empfindet sie den Tadel als eine ihrem Geschlechte zugefügt Beleidigung, und ihre und ihres unschuldigen Gatten Tage werden verbittert.

Franz Xaver von Baader

(1765–1841)

Deutscher Philosoph, Arzt, Bergmann und Professor; verh.; er schrieb
schon 13 Jahre vor dem Marxschen Kommunistischen Manifest eine
Schrift »Über das dermalige Mißverhältnis der Vermögenslosen oder
Proletairs zu den Vermögen besitzenden Klassen« und schrieb für eine
Verbesserung der Lebenszustände der Proletarier. Seine tiefsten Ideen
schöpfte er aber nicht aus dem sozialen, sondern aus dem kosmologischen
und religiösen Bereich. So meinte er, den »Platonischen Idealismus« mit
dem »Aristotelischen Realismus« durch Jacob Böhmes »ewige Natur« als
mittleres Drittes zu versöhnen. Er versuchte die Mystik des Böhme für
seine Gegenwart lebendig zu machen. Durch seine eigene philosophische
Mystik gewann er auch Einfluß auf Hegel und Solovjev. Überhaupt suchte
er überall die »höhere Mitte« zwischen den Gegensätzen aufzufinden.

() Wäre nun aber der Mensch, nachdem er sich doch
gleichfalls in seiner Selbheit entzündet und erhoben hatte,
und in solcher Entzündung ein Gleichnis aus sich
begehrte, sich überlassen blieben, so war Gefahr, sagt J.
Böhme, daß er sich zum Teufel entzündete, und wenn
darum die Schrift sagt: »Es ist nicht gut, daß der Mensch
allein sei, wir wollen ihm eine Gehilfin (der Fortpflanzung) machen, die *um* ihn (*außer* ihm) sei,« so heißt dies
eigentlich: Nun, nachdem sich der Mensch einmal in eine
gesetzwidrige Selbstgebärungs- und Selbstfortpflan-
zungslust und Begierde eingeführt hat, wollen wir ihm
seine Macht nehmen (diese in Ohnmacht und Schlaf
versenkend) und ihm im Schlafe ein Weib geben. Es wollte
nämlich das Feuer des Abgrundes in menschlicher Eigenschaft wieder aufgehen, wie früher durch Lucifer's
Entzündung in der Welt, und es mußte also bei dieser
Erdewerdung des Menschen eine ähnliche arretierende
Gegenanstalt getroffen werden, wie bei der *allgemeinen*
Erdewerdung, () und dem Hoffartsgeist seine Pracht legte,
so trat auch das Weib dem *Adam* entgegen. Und wenn
schon der Verführer, dem der unmittelbare Zugang in das
Innere des Menschen (die Feuerseele) hiermit geschlossen
ward, doch mittels des Weibes ihm von neuem beikam, so

blieb der Mensch doch eben durch dieses Weib errettbar, und *Eva* mußte und konnte nur ihm zur *Ave* (Maria) werden.

Der kommende »Mensch der Sünde« wird »als sich über allen Gottesdienst überhebend und die Frauenliebe nichts achtend« vorgestellt, wie denn auch Voltaire () in jenem infamen Spottgedicht mit Bestimmtheit »die Religion und die Frauenliebe als auf dieselbe Foiblesse gegründet erklärt. In der Tat ist es () in der Regel ungleich öfter des Mannes, als des Weibes Schuld, wenn dieses jenem anstatt einer Gottesgebärerin zur Teufelsgebärerin wird.

() . . . könnte man sagen, daß das Weib über dem Manne ist, insofern selbes die Trägerin der Lust (des Bildes) ist, welche seine Begierde erregt, daß sie aber eben darum, weil sie nur vorerst bewußtlose Trägerin dieses Bildes, unterm Manne ist, indem sie selbst zum Bewußtsein dieses Bildes erst durch Hilfe der erweckenden Kraft des Mannes gelangt. – Dieses gilt von der guten wie von der bösen Lust, vom Weibes- wie vom Schlangensamen. Denn jedes Weib ist eine *Eva* und eine *Ave* (Maria) zugleich, und es ist größtenteils das Werk des Mannes, ob die eine, oder ob die andere dieser zwei Gestalten in ihr sich herauskehrt. ()

() Ich bemerke hier, daß in der Schrift der Name als das von der Person zwar unterschiedene, jedoch untrennbare Attribut gilt; darum hat das Weib keinen eigenen Namen, weil sie (als dem Manne vermählt) keine eigene Persönlichkeit hat. ()

() Nur also weil der Mensch in der ersten Versuchung oder im ersten Momente derselben nicht bestand und in ihm die Lust nach einem *äußeren* Gehilfen zur Selbstmultiplikation, wie solchen die Tiere haben, aufging, hiermit aber die Lust an dem inneren Gehilfen (an *dem Weibe seiner Jugend,* wie *Salomon sagt*) in ihm unterging, wurde das Weib aus ihm geschaffen. () . . . *als rettende Gegengestalt,* um einen außerdem unvermeidlichen tieferen Sturz des Menschen in die (bereits vom Geist des Verderbers infizierte) Tiernatur abzuwehren; Wohin denn auch

Adams Worte bei der Vorführung seines Weibes deuten;
»das ist doch von meinem Fleische« u. s. f. Diese letztere
Einsicht muß besonders gegen jenes Mißverständnis
festgehalten werden, welches, die Veranlassung des Ur-
standes des Weibes oder der Geschlechtsdifferenz mit
dieser selber vermengend, die göttliche Einsetzung der
Ehe leugnet; so wie die Gnostiker die Materie selber für
böse () achteten... ()

Kann aber auch der dermalige völlig *vertierte* Mensch
sich im gewöhnlichen Leben kaum mehr tier-, bauch- und
erdfrei denken und fühlen, so kann er es in seltenen
Zuständen seines Lebens wenigstens zum Teil. Ich meine
nämlich jene Steigerungen des Brust- oder Herzlebens ()
Wie denn besonders das gesteigerte Affektleben in der
magnetischen Ekstase dieses irdische Leben suspendiert,
indem es selbst die Bauchregion gleichsam verklärt und
vergeistigt, und wir gleichfalls ein höheres Moment der
Energie oder Reinheit des Affekts in der Frauenliebe den
Geschlechtstrieb zum Schweigen bringt. ()

Wenn wie die Osteologen behaupten, die Arme verlän-
gerte Rippen sind, so zeigt der Mann in der Umarmung
des Weibes gleichsam den Versuch, dieses wieder seinem
Thorax (Brust oder Herz) einzuverleiben, aus welchem
dasselbe kam ()

Hat man sich einmal von dem Satze überzeugt: daß jede
Selbstgründung oder Verselbständigung durch das Zusammengehen eigenen Gegensatzes zu Stande kommt, so
hat man hiermit schon anerkannt, daß Selbstlosigkeit
Geschlechtslosigkeit ist, in jeder Region. – In der Tat,
warum zieht uns das geschlechtslose Kind so sehr an, und
weckt uns die Erinnerung oder den Wunsch des paradiesischen Zustandes der äußeren Natur? – () Und ist die
Wehmut wahrer Liebe etwas anderes, als die Klage über
dieses verlorene Paradies, d. h. als Klage über den Schmerz
dieses *Bruches* oder Spaltung, und *somit Entzündung* der
äußeren Natur? () ... so wie wir selbst in der Frauenliebe
in den edelsten Naturen jene Wehmut über das Getrennt-
halten der Gemüter *durch* die Geschlechtsdifferenz sich
kund geben sehen () Auch ist wohl nicht zu leugnen, daß

sich nicht das Tier im Menschen seiner Potenz schämt,
wohl aber der Geistmensch seiner Impotenz, welche eben
im Aufgehen jener Potenz in ihm ihren Anfang nahm ()
Denn das ist ja eben ein Grundirrtum unserer bisherigen
Philosophie, daß sie die Verselbständigung der äußeren
Natur im Menschen mit jener des Geistmenschen vermengt ()

Hieraus begreift man denn auch die ursprünglich
androgyne[1] Natur des Geistes, oder daß jeder Geist als
solcher seine Natur (Terre) in sich hat, und nicht außer
sich: Wie denn die wahre Liebe nur damit wirklich wird,
daß beide Liebende wechselweise ihr verselbstigendes und
entselbstigendes Vermögen in Wirksamkeit setzen, dessen
Vorhandensein also in beiden vorausgesetzt wird. Der
Unverstand über die ursprünglich androgyne Natur des
Menschen ist übrigens so groß, daß man sogar den
Hervorgang Evens aus Adam als eines zweiten Menschen
mit der hierbei stattgefunden habenden Halbierung der
Geschlechtspotenz in beiden vermengt hat, hiermit aber
die Androgyne zur Fortpflanzung absolut impotent sich
vorstellte. In der normalen Geschlechtsverbindung
(durch Liebe) hilft der Mann dem Weib bewundern, dieses
dem Mann lieben, oder der Mann hilft dem Weibe in sich
zur Mannheit, dieses dem Mann in sich zur Weibheit.
Wogegen in der abnormen (lieblosen) Geschlechtsverbindung das Weib dem Manne zur Schlange, der Mann dem
Weibe zum luziferischen Hoffartsgeist hilft.

ÜBER SOPHIA

() Wenn J. Böhme die Exposition des sich Offenbarens,
Formierens und Verwirklichens mit der Magia oder
Imagination als dessen tiefster Wurzel beginnt und auch
sagt, daß alles Daseiende in seinem Urstande magisch ist,
so geht er von demselben Begriffe aus als die Hebräer mit
der Sophia, die Inder mit der Maja, die Griechen
(Platoniker) mit der Idea, d. h. vom Begriffe der Spiege-
lung, () wovon auch das Wort Speculation kommt. () Aber

---

1 androgyn = zwitterhaft, zweigeschlechtlich

gerade von diesem innersten Anfang des Lebensprozesses (von der Imagination) weiß unsere Philosophie so viel wie nichts, und versteht unter selbiger nur subjektive Phantasterei (Alimentations- und Geschlechts-Appetit als Imagination der Nichtintelligenz, welche den Bestand des Individuums wie des Geschlechts bedingt). – Nur wenn man diese plastische kreative Bildungsmacht der Imagination erkennt, kann man deren Wirkung in der höchsten Lebensregion () erkennen im guten wie im bösen Sinne. Wer ein Weib ansieht, ihrer zu begehren, hat schon im Herzen die Ehe mit ihr gebrochen. ()

() Nämlich sowohl die Sophia (Idea), als das Prinzip der ewigen Natur, haben in Gott () keine Persönlichkeit oder Selbheit; () – Wie übrigens Gott ewig in sich seine Idea (Name, Sophia, himmlische Menschheit oder Adam Kadmon) in seiner ewigen Natur ewig aufhebt, entäußert und verbirgt... ()

J. Böhme hat nachgewiesen, daß und wie, nachdem der Mensch ins Irdische gelüstend und aus seinem jungfräulichen (Gottes-)Bild in das Mannes- und Weibesbild verstaltet und verbildet ward, ihm doch diese Jungfrau (Sophia oder himmlische Menschheit) sich wieder ins Lebenslicht als ein in der Nacht leuchtend Gestirn (Engel oder Guide) einsetzte oder vorstellte, als ihn in und aus seinem Elend (Fremde) zur verlornen Heimat wieder weisend (Weisheit ist Weiserin). Als solcher Gehilfe (aide), Weiser, Leuchter und Führer steht nun diese Jungfrau sowohl in jeder Mannesseele als in jeder Weibesseele. Wenn aber selbe sich in einer Mannes- und Weibesseele insonderheit und *solidair* verbindet, so ist hiermit ein Verlöbnis und Bund wahrhafter Liebe und Ehe geschlossen. () Wie denn dieses meistens aus Schuld (Unreinheit, Untreue und Unverstand) der Liebenden von ihnen nicht fixierte Durchblicken der himmlischen Jungfrau die Ekstase der Liebe und ihren Silberblick begreiflich macht. Der höhere, die Zeit übergreifende Zweck der Liebe ist also eben diese solidaire Wiederherstellung (Inkarnation) des für den Menschen zum unleibhaften Geist gewordenen Gottes- oder Jungfrauenbildes in beiden Liebenden ()

Wie denn eben die noch abstrakte innere Mannheit und Weibheit, welche als selbstsüchtig der Liebe widerstreiten, das Kreuz sind, welches die Liebenden im Zeitleben einander sich zu tragen und zu ertragen behilflich sein müssen. Dieser Wiedergeburtsprozeß (Religion) der Liebe in zwei Liebenden dramatisch dargestellt, und im Kampf mit seinem Widersacher (denn der Teufel ist der Ehe oder Liebe feind, weil er der Widergeburt feind ist) würde freilich zugleich Wahrhafteres und Poetischeres geben, als alles, was alle Poeten uns bisher über die Liebe zu geben wußten, weil sie ohne Ausnahme im Mysterium der Liebe völlig blind blieben oder höchst unklar sahen.

WILHELM VON HUMBOLDT
(1767–1835)

Deutscher Philosoph, Sprachforscher und Staatsmann, verh.; führender Vertreter des humanistischen Bildungsideals, d. h. Wendung zur Kunst und Philosophie der Griechen und Abwendung von den Naturwissenschaften. Seine Ideen waren maßgeblich für die Bildungsreform der Universitäten, die erst in der jetzigen Zeit durch neue Bildungsreformen in Frage gestellt werden. Selbst Schiller, sein Freund, kritisierte an ihm diese totale Selbsthingabe an die griechisch-humanistischen Ideale. Der Name Humboldt bedeutet für viele Menschen immer noch ein »Denkmal der deutschen Bildung«.

ÜBER DEN GESCHLECHTSUNTERSCHIED

() ... der Unterschied der Geschlechter. Die zeugende Kraft ist mehr zur Einwirkung, die empfangende mehr zur Rückwirkung gestimmt. Was von der ersteren belebt wird, nennen wir *männlich,* was die letztere beseelt, *weiblich.* Alles Männliche zeigt mehr Selbsttätigkeit, alles

Weibliche mehr leidende Empfänglichkeit. () Ohne auch in tiefere Beweise einzugehen, sehen wir im Menschen immer Selbsttätigkeit und Empfänglichkeit einander gegenseitig entsprechen. Der selbsttätigste Geist ist auch der Reizbarste; und das Herz, das für jeden Eindruck am meisten empfänglich ist, gibt auch jeden mit der lebhaftesten Energie zurück. Nur also die verschiedene Richtung unterscheidet hier die männliche Kraft von der weiblichen. Die erstere beginnt, vermöge ihrer Selbsttätigkeit, mit der Einwirkung; nimmt aber, vermöge ihrer Empfänglichkeit, die Rückwirkung gegenseitig auf. Die letztere geht gerade den entgegengesetzten Weg. Mit ihrer Empfänglichkeit nimmt sie die Einwirkung auf, und erwidert sie mit Selbsttätigkeit. () In beiden ist das Gefühl eines überströmenden Vermögens mit dem eines schmerzlichen Entbehrens gepaart. Aber wo die Männlichkeit herrscht, ist das Vermögen: Kraft des Lebens, bis zur Dürftigkeit von Stoff entblößt; und die entbehrende Sehnsucht auf ein Wesen gerichtet, das der Energie zugleich Stoff zur Tätigkeit gebe, und, indem es durch Rückwirkung ihre Empfänglichkeit beschäftigt, ihre glühende Heftigkeit lindere. In dem Kreise der Weiblichkeit hingegen ist das Vermögen: eine üppig überströmende Fülle, zu reich, als dass die eigene Kraft allein ihrer Belebung genügte; indess die entbehrende Sehnsucht ein Wesen sucht, das zugleich den inneren Stoff erwecke, und der eigenen Kraft, indem es sie durch Einwirkung zu selbsttätiger Rückwirkung nötigt, eine grössere Stärke erteile. In dem ersteren Fall ist daher eine Stärke, die, auf Einen Punkt, versammelt, von diesem *nach außen hin* strebt. Ausser sich sucht dasjenige einen Stoff, was in sich nicht genug Beschäftigung seiner Tätigkeit findet. In dem letzteren ist eine Fülle des Stoffs, die sich einem fremden Gegenstand in einem Punkte *innerhalb* ihres Wesens aufzunehmen, und von ihm Einheit zu empfangen sehnt. So befriedigt die eine Kraft die Sehnsucht der anderen, und beide umschlingen einander zu einem harmonischen Ganzen.

Auch in der geistigen Zeugung nehmen wir nicht bloss dieselbe Wechselwirkung, sondern auch denselben Unterschied zweier verschiedener Geschlechter wahr. Ganz anders ist es in den Gemütern beschaffen, die zu zeugen, anders in solchen, die zu empfangen bestimmt sind. Es ist schon schwer, so feine Verschiedenheiten im intellektuellen und moralischen Leben nur zu bemerken, und bei weitem schwerer noch, sie darzustellen. Wo indess das Genie männliche Kraft besitzt, da wird es, zeugend, mit selbsttätiger Vernunft auf das idealische Objekt einwirken. Wo demselben hingegen weibliche Fülle eigen ist, wird es, empfangend, die Einwirkung dieses Objekts durch das Übergewicht der Phantasie erfahren und erwidern. Vorzüglich offenbart sich dieser Unterschied in der inneren Stimmung bei der Hervorbringung selbst; dem geübten Blick aber wird er ebensowenig in den Produkten entgehn. Denn ist gleich jedes echte Werk des Genies die Frucht einer freien, in sich selbst gegründeten, und in ihrer Art unbegreiflichen Übereinstimmung der Phantasie mit der Vernunft; so kann ihm dennoch bald die männlichere Vernunft mehr Tiefe, bald die weiblichere Phantasie mehr üppige Fülle und reizende Anmut gewähren. Da aber der Geschlechtsunterschied überhaupt, als ein Unterschied der Natur, durch den formenden Willen, so viel als möglich zur Einheit erhoben werden muß; so wird freilich dasjenige Genie, das sich auf seine Bildung versteht, jene beiden Kräfte, bis zur gänzlichen Verkennung desselben in ein reines Gleichgewicht zu stimmen bemüht sein. ()

Nicht also ihrem Grade, sondern allein ihrer Gattung nach, sind die zeugenden und empfangenden Kräfte voneinander verschieden. () Der wahre Charakterunterschied beider Kräfte besteht darin, daß den empfangenden mehr Stoff, mehr Körper, den zeugenden mehr Seele eigen ist, wenn nämlich Seele jedes selbsttätige Prinzip bezeichnet. () Indem nun alles Männliche *angestrengte Energie,* alles Weibliche *beharrliches Ausdauern* besitzt, bildet die unaufhörliche Wechselwirkung von beiden die *unbeschränkte Kraft* der Natur, deren Anstrengung nie ermattet, und deren Ruhe nie in Untätigkeit ausartet. () Denn nur die Verbindung der Eigentümlichkeiten beider Geschlechter bringt das Vollendete hervor, und wenn das

Studium des männlichen den Verstand anhaltender beschäftigt, und die Betrachtung des weiblichen die Empfindung lebhafter bewegt, so befriedigt nur die Verknüpfung
beider, oder vielmehr das reine Wesen, abgesondert von
allem Geschlechtsunterschied, die Vernunft, als das Vermögen der Ideen. () Eigentlich geschieht daher die
Belebung durch beide Geschlechter zugleich, nur dass die
männliche Kraft doch allein die Erweckung bewirkt,
indess die weibliche nur ihre Möglichkeit vorbereitet, und
ihr Fortdauer sichert. ()

ÜBER DIE MÄNNLICHE UND WEIBLICHE FORM

() Nur dem Griechischen Künstler gelang es, das Ideal
selbst zu einem Individuum zu machen () Was unser
dunkles Gefühl von weiblicher Bildung erwartet, finden
wir darum in ihr am leichtesten wieder () Dabei stellt sich
der Hauptcharakter der göttlichen Weiblichkeit, Anmuth
von Würde getragen, in so hohem Grade dar, daß er nur
desto mächtiger erscheint, je mehr er zurücktritt. Dianens
Strenge hat auch schon die Phantasie des Dichters
gemildert. Wenn die nächtliche Einsamkeit und das
Schweigen der tosenden Jagd die Göttin mehr in sich
selbst zurückführen, wird sie von Endymions Reizen
gerührt, indess man die ernste Pallas[1] keiner Schwachheit
zu zeihen vermag. () Haben wir unsere Phantasie ()
gereinigt, so stellt sich uns in dieser Gottheit das Bild
wahrer Weiblichkeit nur auf einer erhabenen Stufe dar. In
keinem einzelnen Zuge drängt sie sich vor, sondern wirft
um die ganze Gestalt einen zarten Schleier, durch welchen
die Gottheit frei und ungehindert durchblickt. () Dennoch
erscheint die Weiblichkeit nicht in ihrer ursprünglichen
Beschaffenheit in ihr, nicht wie sie, noch unverändert
durch die Persönlichkeit, aus der Hand der Natur kommt.
Vielmehr mit der Gottheit vereint, wird sie von dieser
empor getragen. Kühner erhebt sich daher die Gestalt der
Göttin, freier wölbt sich das Auge, stolzer gebietet der

1 Pallas Athene, die Göttin der Weisheit

Mund, und frei von den Schranken des Geschlechts, ist sie allein mit den Vorzügen derselben begabt. Der Ausdruck der göttlichen und weiblichen Natur verliert sich sanft ineinander, und jeder wird durch den andern gegenseitig erhöht oder gemäßigt. () Hier also tritt die Weiblichkeit in einer neuen Gestalt auf. Es ist nicht das eigene Ideal derselben, welches wir sehen, nicht eine Gestalt, welche ihre Vorzüge, wie ihre notwendigen Schranken, zu zeigen bestimmt wäre; es ist das Ideal einer geistigen Natur überhaupt, welche, um einen Körper anzunehmen, sich notwendig zu einem Geschlechte bekennen mußte, und nun das weibliche wählte. ()

Der eigentliche Geschlechtsausdruck ist in der männlichen Gestalt weniger hervorstechend, und kaum dürfte es möglich sein, das Ideal reiner Männlichkeit eben so, wie in der *Venus* das Ideal reiner Weiblichkeit, zu *vereinzeln*. () und die größere Unabhängigkeit von dem Geschlechtsunterschied gehört daher unmittelbar mit zu dem Begriff der männlichen Bildung. () ... und es ist den Weibern in einem hohen Grad ihrem Geschlecht nachzugeben verstattet, indess der Mann das seinige fast überall der Menschheit zum Opfer bringen muß. Aber gerade dies bestätigt aufs neue die große Freiheit seiner Gestalt von den Schranken des Geschlechts. ()

So wie sich beide Geschlechter zum Ideal reiner und geschlechtsloser Menschheit verhalten, so verhält sich auch ihre beiderseitige Schönheit zum Ideal der Schönheit. () Im Mann und im Weibe findet unser ästhetisches Gefühl nur insofern Schönheit, als der Charakter der Menschheit den Charakter des Geschlechts veredelt hat. () Bei dem Mann ist die Schönheit eine Zugabe und ein freies Geschenk der, über den einseitigen Geschlechtscharakter siegenden Menschheit in ihm; von dem Weibe wird sie als eine Schuld, die das Geschlecht entrichtet, wie die Weiblichkeit selbst, verlangt. Wie diese, kann sie daher auch bei der Beurteilung des Innern in Betrachtung kommen, und gewissermaßen zur Pflicht gemacht werden; denn der innere Charakter der Weiblichkeit kann keinen andern Ausdruck als Schönheit haben. () Das weibliche Geschlecht () muß gerade jede weibliche

Eigentümlichkeit mit schonender Sorgfalt zu erhalten
bemüht sein, um nicht jenen lebendigen Ausdruck seiner
Gestalt selbst zu zernichten; und wenn ihm dies Bemühen
gänzlich mißlingt; so sinkt es allein zu seiner Naturbe-
stimmung und den Verrichtungen des äußeren alltäglichen
Lebens herab, oder geht zu Beschäftigungen über, die
eigentlich nicht zu seinem Kreise gehören. Denn auch hier
ist die Weiblichkeit, sobald man die Grenzen des bloßen
Naturzwecks verläßt, nur das *Höchste* zu geben geschaffen, und wer sich mit anderen Forderungen an sie wendet,
der beweist bloß seine Unkenntnis des Geschlechts.

WEIBERTREUE

15.

Der Liebe Zartheit und des Geistes Adel
keimt nicht bloß da, wo Gold und Reichtum blinken;
rein, wie der Bach und sonder Fehl und Tadel
ist oft auch die, der bei des Abends Sinken,
wenn sie den langen Tag in Schweiss durchfrohnet,
nur schwarzes Brot und hartes Lager winken.
Ein Herz auch unterm groben Kittel wohnet,
in das Natur den reichen Schatz gesenket,
den höchsten, mit dem Mensch dem Menschen lohnet,
das rücksichtslos sich dem Geliebten schenket,
und in des Lebens engbefangnem Gleise
am Ätherduft der Himmelsliebe tränket.
So warst in deines Hauses kleinem Kreise
du, stilles Tagelöhnerweib, Rosine,
begleitend auf des Lebens saurer Reise,
mit stets geduldig demutsvoller Miene,
den Mann, dem dich dein Vater früh gegeben,
daß unterwürfiger dein Arm ihm diene.
Der Strenge, gegen den kein Widerstreben,
kein Flehen galt, kein rührend Bitten,
sprach: »dieses ist der Mann, mit dem zu leben
ich dir befehle!« und gehorchen mitten
in Tränen mußte sie und Jammer
wie sehr dagegen Herz und Neigung stritten.

Auf ihren Knien fand in ihrer Kammer
die sanftre Mutter sie; sie rang die Arme,
ihr Busen pochte, wie ein Eisenhammer;
da, daß zum Leben wieder sie erwarme,
zog sie an sich der Tochter kalte Glieder,
und sprach ihr zu in ihrem tiefen Harme:
»Mein Kind, ein Herz, das schläget unterm Mieder,
ist da in dieser Welt allein zum Leiden,
und steigt mit schwerem Graun zur Grube nieder.
Das Weib muß dienen und gehorchen, scheiden
von jeder eignen Lust, und sonder Klage
im sauren Dienst der Stirne Schweiß vergeuden.
Beginne drum die mühevollen Tage
geduldig, Rose, wein dich satt im Stillen,
wenn, wie des Regens Flut, die saure Plage
mit jedem Kindbett wächst. Du weißt, den Willen
nicht bloß dem Mann, dem Amtmann auch, dem
Schreiber,
dem Herrn, der gnädigen Frau müssen erfüllen
wir, wenn nicht unsre unbarmherzgen Treiber
mit Schmerz und Hohn, nach strengen Rechtes Üben,
bedecken sollen unsre armen Leiber.
Vergiss nie: zu dulden und zu lieben
den, dem sie dienet, ist das Weib geboren.
Denn sie ist nicht zum Glück nach eignen Trieben,
zu fremden Vorteils Werkzeug nur erkoren.«

Aus dem Reisetagebuch:

Auf der Fähre arbeitete ein Mädchen mit, äußerst häßlich,
aber stark, männlich, arbeitsam. Es ist unbegreiflich, wie
anziehend für mich solch ein Anblick, und jeder Anblick
angestrengter Körperkraft bei Weibern – vorzüglich
niedrigeren Standes – ist. Es wird mir beinahe unmöglich,
meine Augen wegzuwenden, und nichts reizt so stark jede
wollüstige Begier in mir ... wie sich zuerst meine Seele mit
Weibern beschäftigte, dachte sie sich immer Sklavinnen,
durch allerlei Arbeiten gedrückt, tausend Martern gepei-
nigt, auf die verächtlichste Weise behandelt. ()

DIE GRIECHENSKLAVIN

()
Doch da ich einmal dich im Bett umfassen,
nackt unter dir mich dienstbar strecken muß,
gehorsam reichen mit den tränennassen
angstbleichen Lippen dir der Sklavin Kuß,
am ganzen, armen Leib gewähren lassen
dich, wo du suchen willst der Brust Genuß,
und dulden endlich, daß die Kraft der Lenden
du in mein Innerstes darfst herrisch senden;

So kann auch meine Treue nichts erreichen,
und wie die Hündin vor den Herrn sich legt,
zu winseln unter seiner Peitsche Streichen,
bleibt meine Treu dir fest und unbewegt.
Gern mag ich mich dem armen Tier vergleichen,
das ja, wie ich, die Sklavenkette trägt,
und Hündinnen nur sind wir Christenweiber
auch in den Augen unsrer harten Treiber.
()

Brief an seine Geliebte J.

Ich lebe gar nicht unglücklich, ich lebe glücklich mit
meiner Frau und meinen Kindern. Aber das Eigentüm-
lichste in mir spricht sich nicht aus, oder nicht ganz rein,
ich bin nicht, wie ich sein würde ganz nach meinem Willen
und meiner Lust, sondern wie ich für sie sein will … Aber
es gibt eine andere, viel eigentlichere und tiefere Liebe,
von der ich mit niemand reden möchte als mit Dir, die Du
mich auf einmal verführst, herauszugehen aus mir …
Denn diese Liebe besteht darin, daß das Weib ganz
aufgehe in dem Mann und gar keine Selbständigkeit mehr
habe als seinen Willen, keinen Gedanken, als den er
verlangt, keine Empfindung, als die sich ihm unterwirft,
und daß er vollkommen frei und selbstkräftig bleibe und
sie ansehe als ein Teil von sich, als bestimmt, für ihn und in
ihm zu leben.

Die Philosophie (Raffael)

Friedrich Daniel Ernst Schleiermacher
(1768–1834)

Deutscher Philosoph und protestantischer Theologe, verh.; Kritiker der
Vernunft-orientierten Aufklärung. Als das »Höchste und Teuerste« sieht
er die Religion an, die das tiefste Gemüt und Gefühl des Menschen
ausdrücken würde. Dieses »Heiligtum der Menschheit« dürfe nicht durch
Wissenschaft und Philosophie verschüttet werden. Seine Sonntagspredig-
ten wurden von vielen Studenten und Gelehrten besucht, auch Feuerbach
ließ sich »das Vergnügen dieser Predigten« nicht nehmen. Schleiermacher
gilt als Hauptvertreter der »religiösen Romantik«.

ÜBER DIE EHE

() Denn wenn der Apostel sagt, die Männer sollen ihre
Weiber lieben, wie Christus die Gemeine geliebt hat: so

wissen wir ja, daß das eine Liebe ist, welche zwar
Gegenliebe zuläßt nicht nur, sondern auch fordert, () daß
es aber auch eine Liebe ist, die von einer andern Seite über
alle Gegenliebe erhaben ist, (). Kann nun eben so das Weib
nichts wieder thun für ihren Mann, sondern immer nur
von ihm annehmen; so steht die Sache des Weibes zu
ihrem Manne schlimm, und die Frau bleibt immer im
Nachtheil. Und wenn es heißt, die Weiber seien unterthan
ihren Männern als dem Herrn, denn der Mann ist des
Weibes Haupt gleichwie Christus der Gemeine; und das
Weib also soll immer unterthan sein, der Mann aber darf
allein gebieten, wie ja die Gemeine nie und nirgend über
Christum gebieten kann, sondern er immer und in jeder
Hinsicht der Herr bleibt: so steht es auch insofern
schlimm um das Verhältnis des Weibes zu ihrem Manne.
Und eben so wenig möchten auch wir Männer zufrieden
sein mit der Stelle, die uns hiedurch angewiesen wird, weil
wir wol fühlen, daß wir sie nicht so ausfüllen können, und
daß je mehr die Ehe ein Bund geistiger Liebe sein soll, um
desto weniger wir uns rühmen können so weit hervorzu-
ragen über unsere Weiber wie Christus über die Gemeine.
Aber auch damit möchten wir uns wol nicht begnügen ()
Darum laßt uns nur um so tiefer in den Sinn dieser Worte
des Apostels einzudringen suchen; () daß () der Mann
Vater und Mutter verlassen wird, und wird seinem Weibe
anhangen. Wie ist in diesen Worten, welche die allgemeine
göttliche Ordnung beschreiben, doch so deutlich hingewiesen auf eine Kraft, welche von dem weiblichen
Gemüthe ausgeht und sich des männlichen bemächtiget.
Der Mann sucht sich ein Weib, () aber wehe ihm, wenn er
willkührlich wählt, sei es, daß irgendeine verständige
Berechnung ihn leite, oder daß er mit der bewußtlosen
Willkühr ungeduldiger Leidenschaft seinen Gegenstand
ergreife. () Soll er seinem Weibe anhangen: so muß von ihr
eine Kraft ausgehn, die ihn so festhält, daß er sich alles
Suchens erledigt fühle und alles Sehnen gestillt; und eben
diese Kraft muß es gewesen sein, welche, unwissend was
sie that, ihn zuerst anzog und fesselte. Aber wenn das
Weib das Ja ausspricht, wodurch der Mann ihr Haupt
wird, ein frei gesprochenes Ja, ohne welches kein Mann

des Weibes Haupt werden soll in christlicher Gemeine : so
fühle sie, daß er nach Gottes allgemeiner Ordnung und
besonderem Rathe ihr Haupt geworden ist durch eine
unbewußte und unwillkürliche Wirkung dieser in ihr
ruhenden Kraft; und daß für ihr beiderseitiges ganzes
Leben von der fortwährenden Wirkung dieser Kraft die
rechte christliche Treue, die volle ungeschwächte Anhäng-
lichkeit abhängt, welche einen christlichen Ehebund über
alles Vergängliche und Zufällige erhebt ().

Darum bestehe immerhin unverrükkt, und gewiß
ungestraft würden wir sie auch nicht verrükken, die
göttliche Ordnung, daß das Weib dem Manne unterthan
ist, und der Mann des Weibes Haupt; sie bestehe, weil eine
christliche Ehe nur sein kann in der christlichen Gemeine
und in der bürgerlichen Gemeine, und in beiden allein der
Mann, welchem Gott das bindende Wort und die äußere
That angewiesen, das Hauswesen zu vertreten geeignet ist,
das Weib sich aber nie ungestraft unmittelbar in jene
größeren Angelegenheiten einmischt; sie bestehe, wir
finden doch darin keine störende Ungleichheit, sondern
diese löset sich auf in die herrlichste Gleichheit. Denn
ordnet der Mann auch im Hause alles um so mehr, als es
sich genauer auf jene größeren Verbindungen bezieht;
waltet er auch draußen ganz allein, und schafft dadurch
ohne des Weibes Ab- und Zuthun dem Hause mit Freude
und Ehre auch wieder Leid und Sorge : dennoch, kehrt er
nur, wie es durch jene erste göttliche Ordnung gesetzt ist,
von draußen immer wieder zurükk, anhangend dem
Weibe, das ihm Gott gegeben, erquikkt er sich in dem
Bunde treuer Liebe, wenn er ermüdet, stärkt er sich, wenn
er gehemmt war, so fühlt auch das treue Weib in allem,
was er thut, ordnet und schafft, ihre Kraft und ihren Segen
().

Wenn also auf der einen Seite das Weib zwar unterthan
ist und sein muß, aber auf der andern immer mehr befreit
wird durch den, der sie liebt nach dem Bilde Christi; wenn
der Mann zwar das Haupt ist, aber nur in sofern, als er
dem Weibe anhängt in unverbrüchlicher Treue mit inniger
Liebe : so verschwindet jeder Schein der Ungleichheit, als
herrsche der eine und sei untergeordnet die andere, in dem

schöneren und höheren Gefühl einer vollkommenen Gemeinsamkeit des Lebens, wie auch dem Apostel die himmlischen und herrlichen Bilder verschwinden in dem einen Gedanken, daß zweie Eins sein werden.

IDEE ZU EINEM KATECHISMUS DER VERNUNFT FÜR EDELE FRAUEN

Die zehn Gebote

I

Du
sollst keinen Geliebten haben
neben ihm:
aber du sollst Freundin sein können,
ohne in das Kolorit der Liebe
zu spielen und zu kokettieren
oder anzubeten.

II

Du
sollst dir kein Ideal machen,
weder eines Engels im Himmel,
noch eines Helden aus einem Gedicht
oder Roman,
noch eines selbstgeträumten
oder phantasierten;
sondern du sollst einen Mann lieben,
wie er ist.
Denn sie, die Natur, deine Herrin,
ist eine strenge Gottheit,
welche die Schwärmerei der Mädchen
heimsucht an den Frauen
bis ins dritte oder vierte Zeitalter
ihrer Gefühle.

()

V

Ehre
die Eigentümlichkeiten
und die Willkür deiner Kinder,
auf daß es ihnen wohlergehe
und sie kräftig leben auf Erden

VI

Du
sollst nicht absichtlich lebendig machen.

VII

Du
sollst keine Ehe schließen,
die gebrochen werden müßte.

VIII

Du
sollst nicht geliebt sein wollen,
wo du nicht liebst.

IX

Du
sollst nicht falsch Zeugnis ablegen
für die Männer;
du sollst ihre Barbarei nicht
beschönigen mit Worten
und Werken.

X

Laß
dich gelüsten nach der Männer Kunst,
Weisheit und Ehre.

GEORG WILHELM FRIEDRICH HEGEL
(1770–1831)

Deutscher Philosoph und »Staatsphilosoph« der preußischen Regierung, verh.; er übernahm die Methode der Dialektik von Fichte, um die Bewegung des Geistes selbst darzustellen; der Geist (Gott) in unserer Denktätigkeit, in unserer Vernunft und in der Geschichte. Der Mensch sei die höchste Vervollkommnung des Geistes, der sich überall in der Natur als Nicht-Ich begreife, im Menschen aber zu seiner Einheit (Synthesis) käme – in der Vernunft. Daher könne der Mensch Gott als absoluten Geist erkennen. Das Ziel des Geistes und damit der menschlichen Denktätigkeit sei die Freiheit des Geistes. Das wird ihm zum Kriterium, alle geschichtlichen Entwicklungen als Stufenfolgen zu diesem Ziel hin zu interpretieren. Seine Philosophie nahm wesentlichen Einfluß auf Marx.

PHILOSOPHIE DES RECHTS
§ 165

Die *natürliche* Bestimmtheit der beiden Geschlechter erhält durch ihre Vernünftigkeit intellektuelle und sittliche Bedeutung. Diese Bedeutung ist durch den Unterschied bestimmt, in welchem sich die sittliche Substantialität als Begriff an sich selbst dirimiert, um aus ihm ihre Lebendigkeit als konkrete Einheit zu gewinnen.

PHÄNOMENOLOGIE DES GEISTES

Wir sehen sie zwar in zwei Wesen und deren Wirklichkeit sich teilen; aber ihr Gegensatz ist vielmehr die Bewährung des Einen durch das Andere, und, worin sie sich unmittelbar als wirkliche berühren, ihre Mitte und Element ist die unmittelbare Durchdringung desselben. Das eine Extrem, der allgemeine sich bewußte Geist, wird mit seinem andern Extrem, seiner Kraft und seinem Element, mit dem *bewußtlosen* Geiste, durch die *Individualität des Mannes* zusammengeschlossen. Dagegen hat das *göttliche* Gesetz seine Individualisierung, oder der *bewußtlose* Geist des Einzelnen sein Dasein an dem

Weibe, durch welches als die *Mitte* er aus seiner Unwirklichkeit in die Wirklichkeit, aus dem Unwissenden und Ungewußten in das Bewußte Reich herauftritt. Die Vereinigung des Mannes und des Weibes macht die tätige Mitte des Ganzen und das Element aus, das, in diese Extreme des göttlichen und menschlichen Gesetzes entzweit, () – deren jene dem Manne, diese dem Weibe zukommt,– in Eine vereinigt.

PHILOSOPHIE DES RECHTS
§ 166

Das *eine* ist daher das Geistige, als das sich Entzweiende in die *für sich* seiende persönliche Selbständigkeit und in das Wissen und Wollen der *freien* Allgemeinheit, des Selbstbewußtseins des begreifenden Gedankens und Wollen des objektiven Endzwecks; – das *andere* in der Einigkeit sich erhaltende Geistige als Wissen und Wollen des Substantiellen in Form der konkreten *Einzelheit* und der *Empfindung;* – jenes im Verhältnis nach außen das Mächtige und Betätigende, dieses das Passive und Subjektive. Der Mann hat daher sein wirkliches substantielles Leben im Staate, der Wissenschaft und dergleichen, und sonst im Kampfe und der Arbeit mit der Außenwelt und mit sich selbst, so daß er nur aus seiner Entzweiung die selbständige Einigkeit mit sich erkämpft, deren ruhige Anschauung und die empfindende subjektive Sittlichkeit er in der Familie hat, in welcher die *Frau* ihre substantielle Bestimmung und in dieser *Pietät* ihre sittliche Gesinnung hat.

Die Pietät wird daher in einer der erhabensten Darstellungen derselben, der Sophokleischen Antigone, vorzugsweise als das Gesetz der empfindenden, der subjektiven Substantialität, der Innerlichkeit, die noch nicht ihre vollkommene Verwirklichung erlangt, als das Gesetz der alten Götter, des Unterirdischen, als ewiges Gesetz, von dem niemand weiß, von wannen es erschien, und im Gegensatz gegen das offenbare, das Gesetz des Staates, dargestellt; – ein Gegensatz der höchste sittliche und

darum der höchste tragische, und in der Weiblichkeit und
Männlichkeit daselbst individualisiert ist; ()

(Zusatz: Frauen können wohl gebildet sein, aber für die
höheren Wissenschaften, die Philosophie und für gewisse
Produktionen der Kunst, die ein Allgemeines fordern,
sind sie nicht gemacht. Frauen können Einfälle, Geschmack, Zierlichkeit haben, aber das Ideale haben sie
nicht. Der Unterschied zwischen Mann und Frau ist der
des Tieres und der Pflanze: das Tier entspricht mehr dem
Charakter des Mannes, die Pflanze mehr dem der Frau,
denn sie ist mehr ruhiges Entfalten, das die unbestimmtere
Einigkeit der Empfindung zu seinem Prinzip erhält.
Stehen Frauen an der Spitze der Regierung, so ist der Staat
in Gefahr, denn sie handeln nicht nach den Anforderungen der Allgemeinheit, sondern nach zufälliger Neigung
und Meinung. Die Bildung der Frauen geschieht, man
weiß nicht wie, gleichsam durch die Atmosphäre der
Vorstellung, mehr durch das Leben als durch das Erwerben von Kenntnissen, während der Mann seine Stellung
nur durch die Errungenschaft des Gedankens und durch
viele technische Bemühungen erlangt.)

ÄSTHETIK

Das Verlorensein seines Bewußtseins in dem anderen,
dieser Schein von Uneigennützigkeit und Selbstlosigkeit,
durch welchen sich das Subjekt erst wiederfindet und zum
Selbst wird, diese Vergessenheit seiner, so daß der
Liebende nicht für sich existiert, nicht für sich lebt und
besorgt ist, sondern die Wurzeln seines Daseins in einem
anderen findet ... () ...

Besonders in weiblichen Charakteren ist die Liebe am
schönsten, denn ihnen ist diese Hingebung, diese Aufge-
bung der höchste Punkt, indem sie das ganze geistige und
wirkliche Leben zu dieser Empfindung zusammenziehen
und ausbreiten, in ihr allein einen Halt des Daseins finden
und, streift ein Unglück darüber hin, wie ein Licht
schwinden, das durch den ersten rauhen Hauch auslöscht.

BRIEF

(), insofern Glück in der Bestimmung meines Lebens liegt. Ich meine nicht, daß Dir dies hätte weh tun sollen! – Ich erinnere Dich noch daran, liebe Marie, daß auch Dich Dein tieferer Sinn, die Bildung Deines Höheren in Dir, es gelehrt hat, daß in nicht oberflächlichen Gemütern an alle Empfindung des Glücks sich auch eine Empfindung der Wehmut anknüpft! Ich erinnere Dich ferner daran, daß Du mir versprochen, für das, was in meinem Gemüt von Unglauben an Zufriedenheit zurück wäre, meine Heilerin zu sein, d. h. die Versöhnerin meines wahren Innern mit der Art und Weise, wie ich gegen das Wirkliche und für das Wirkliche – zu häufig – bin; daß dieser Gesichtspunkt Deiner Bestimmung eine höhere Seite gibt; daß ich Dir die Stärke dazu zutraue; daß diese Stärke in *unserer* Liebe liegen muß.

CHARLES FOURIER

(1772–1837)

Französischer Philosoph und kaufmännischer Angestellter; er entwickelte eine neue Gesellschaftslehre, die ihm den Namen »Frühsozialist« einbrachte. Mit viel Phantasie beschreibt er eine zukünftige Gesellschaft, in der Menschen in großen Gruppen (Phalangen) leben und ihre Fähigkeiten und Triebe nicht mehr zu unterdrücken brauchen. Durch Steuerung des Einkommens und kollektive Verteilung des Arbeitsertrages würde größere Ungleichheit verhindert werden. Sein erstrebtes Ziel sei ihm die Befriedung aller menschlichen Triebe als Zustand vollkommener Harmonie. In der »Theorie« der vier Bewegungen glaubte er die Gesetzlichkeit des gesamten Kosmos erkannt zu haben.

ÜBER LIEBE UND EHE

II. Die Erniedrigung der Frauen in der Zivilisation

Kann man auch nur eine Spur Gerechtigkeit in dem Los erblicken, das die Frauen getroffen hat? Ist nicht vielmehr das junge Mädchen eine Ware, für jeden zum Verkauf angeboten, der über ihren Erwerb und das ausschließliche Eigentum an ihr verhandeln will? Ist nicht ihre Zustimmung zur Ehe Spott und Hohn? Wird diese nicht durch die tyrannische Macht der Vorurteile erzwungen, die seit Kindheit auf ihr lasten? Man will sie überreden, sie trüge Ketten aus Blumen. Kann sie sich aber über ihre Erniedrigung täuschen, selbst in von der Philosophie aufgeplusterten Ländern wie England, wo die Männer das Recht haben, ihre Frau mit dem Strick um den Hals auf den Markt zu führen und sie wie ein Stück Vieh dem zu verkaufen, der den Preis dafür zahlt?[1] Ist in dieser Beziehung unsere öffentliche Meinung vorgeschrittener als die jener rohen Jahrhunderte, in denen ein gewisses Konzil von Burgund, ein wirkliches Konzil von Vandalen, darüber beriet, ob die Frauen eine Seele hätten? Und dies wurde nur mit einer Mehrheit von drei Stimmen bejaht! Die von den Morallehrern so hoch gepriesene englische Gesetzgebung gibt den Männern verschiedene Rechte, die ihr Geschlecht nicht weniger entwürdigen. Hierzu gehört das Recht des Ehemanns, vom anerkannten Liebhaber seiner Frau eine Entschädigung in Geld zu bekommen. In Frankreich sind die Formen weniger plump, aber die Sklaverei ist im Grunde auch hier dieselbe. Man sieht, wie überall junge Mädchen dahinsiechen, krank werden und sterben, weil ihnen eine Verbindung fehlt, die die Natur gebieterisch verlangt und die ihnen, bevor sie gesetzlich verkauft worden sind, das Vorurteil verbietet und sie lieber verwelken läßt. Solche Fälle kommen zwar selten, aber doch oft genug vor, um die Sklaverei des schwachen Geschlechts, die Verachtung des Willens der Natur und das Fehlen jeder Gerechtigkeit für die Frau zu bezeugen.

Die Erfahrung in allen Ländern deutet darauf hin, daß

---

1 Dieser Zustand existierte noch zu Lebzeiten Fouriers in England

die Ausdehnung der Vorrechte der Frau glückliche
Ergebnisse verspricht. Ganz offensichtlich waren stets die
Nationen die besten, die ihren Frauen die meiste Freiheit
gewährten, man hat das bei den Barbaren und Wilden
ebenso wie bei den Zivilisierten beobachtet. Die Japaner,
die unter den Barbaren am fleißigsten, tapfersten und
ehrenwertesten sind, sind hinsichtlich ihrer Frauen am
wenigsten eifersüchtig und am nachsichtigsten. Daher
reisen die chinesischen Bonzen nach Japan, um der Liebe
nachzugehen, die ihnen ihre scheinheiligen Sitten verbieten. () Ebenso kann man beobachten, daß die lasterhaftesten Nationen die Frauen immer am stärksten unterjo-
chen. Dafür dienen die Chinesen als Beispiel, die Hefe der
Erdbewohner, das schurkenhafteste, feigste und gierigste
aller industriellen Völker. Sie sind deshalb auch am
eifersüchtigsten und unduldsamsten in Liebesangelegen-
heiten. Unter den modernen Zivilisierten sind die Spanier
am wenigsten nachsichtig in sexueller Beziehung; sie sind
auch hinter den anderen Völkern zurückgeblieben und
haben keine glänzenden Wissenschaftler oder Künstler.
Was die wilden Horden angeht, so würde ihre Überprü-
fung beweisen, daß die am lasterhaftesten sind, die die
geringste Nachsicht gegenüber dem schwachen Geschlecht zeigen und bei denen die Lage der Frauen am
elendesten ist.

Allgemein ausgedrückt: *Der soziale Fortschritt und der*
Anbruch neuer Epochen vollzieht sich entsprechend dem
Fortschritt der Frau zur Freiheit, und der Verfall der
Gesellschaftsordnung vollzieht sich entsprechend der Ver-
minderung der Freiheit der Frau. Andere Ereignisse haben
die politischen Umwälzungen zwar ebenfalls beeinflußt,
aber keine andere Ursache bestimmt so rasch sozialen
Fortschritt oder Niedergang wie die Änderung des Loses
der Frauen. () Zusammenfassend gesagt, *die Ausdehnung*
der Vorrechte der Frau ist das allgemeine Prinzip jeden
sozialen Fortschrittes.

III. Die Fehler des Systems der Unterdrückung der Liebe

() Muß man nicht bei kaltblütiger Beobachtung so vieler
Wunderlichkeiten die ganze Zivilisation für eine Gesell-

schaft von Verrückten halten, die um so verrückter sind, als sie das Prinzip der sozialen Verbesserung kennen und sich weigern, es anzuwenden? Sie wissen, daß man nur durch die Erleichterung der Sklaverei der Frauen von der Barbarei zur Zivilisation gelangt ist. Dieser Erfahrungsgrundsatz müßte sie dazu führen, die Rechte der Frauen weiter auszudehnen. Von dort aus ergäbe sich der Beginn der sechsten und dann durch völlige Freiheit der Frauen derjenige der siebten Epoche. Die Bahn des sozialen Fortschritts ist also leicht zugänglich und bekannt, und man könnte sie sofort betreten, wenn man sich von dem Unterdrückungssystem der Philosophen gegenüber den Frauen entfernte. Wissen diese nicht selbst, daß die beständige Treue in der Liebe der menschlichen Natur widerspricht und daß man zwar bei einigen Dummköpfen aus dem einen oder anderen Geschlecht, aber niemals bei der Masse von Männern oder Frauen solche Sitten einführen kann; daß daher charakterliche Anforderungen eine jede Gesetzgebung, soweit sie mit den Leidenschaften unvereinbar sind, die spekulative Wissenschaft lächerlich machen und Unordnung in der Praxis hervorrufen? ()

Daß die alten Philosophen Griechenlands und Roms für die Interessen der Frauen nichts übrig hatten, erstaunt gar nicht, da alle diese Redner völlig der Homosexualität verfallen waren, die sie in der schönen Antike zu hohen Ehren gebracht hatten. Sie machten den Umgang mit Frauen lächerlich, eine solche Leidenschaft wurde als unehrenhaft angesehen. Das Gesetz Lykurgs forderte die jungen Leute zur sodomitischen Liebe auf, die man in Sparta den »Weg zur Tugend« nannte. () Und diese Sitten erhielten den einmütigen Beifall der Philosophen, die vom tugendhaften Sokrates bis zum delikaten Anakreon nur die sodomitische Liebe und die Verachtung der Frauen priesen. Sie verwies man auf die zweite Stufe, sperrte sie gleichsam in einem Harem ein und verbannte sie aus der Gesellschaft der Männer. Da dieser merkwürdige Geschmack bei den Modernen keinen Anklang gefunden hat, muß man erstaunen, daß unsere Philosophen den Haß der alten Gelehrten auf die Frauen geerbt haben und diese wegen einiger Listen weiter unterdrücken, zu denen sie

die Last der Unterdrückungen gezwungen hat, denn man
sieht in jedem ihrer Worte und Gedanken, die mit dem
Willen der Natur übereinstimmen, ein Verbrechen. Von
diesem tyrannischen Geist ganz durchdrungen, rühmen
uns die Philosophen einige Megären[1] der Antike, die auf
höfliche Worte rauh antworten. Sie rühmen die Sitten der
Germanen, die ihre Frauen wegen einer Untreue mit dem
Tode bestraften, und schließlich erniedrigten sie das
Geschlecht sogar durch den Weihrauch, den sie ihm
streuen, denn was ist widerspruchsvoller als die Meinung
Diderots, um Frauen zu beschreiben, »müsse man seine
Feder in den Regenbogen tauchen und die Schrift mit dem
Staub von Schmetterlingsflügeln bestreuen«. Die Frauen
könnten dem Philosophen antworten: Eure Zivilisation
verfolgt uns, sobald wir der Natur gehorchen; man
zwingt uns, einen künstlichen Charakter anzunehmen
und nur Antriebe zu befolgen, die unseren Wünschen
entgegengesetzt sind. Um uns an diesem Leben Gefallen
finden zu lassen, mußtet ihr wohl die Illusionen und die
Lügensprache ins Spiel bringen, so wie ihr es beim
Soldaten macht, den ihr mit Lorbeeren und der Aussicht
auf Unsterblichkeit über seine elende Lage hinweg-
täuscht. Wäre er wirklich glücklich, dann könnte er eine
einfache und wahre Sprache vertragen, die man aber
wohlweislich nicht an ihn richtet. Mit den Frauen ist es das
gleiche. Wenn sie frei und glücklich wären, so begehrten
sie keine Illusionen und Schmeicheleien, und man
brauchte zu ihrer Beschreibung nicht den »Regenbogen«
und die »Schmetterlinge« zu bemühen. Wenn aber das
Militär und das weibliche Geschlecht und selbst das ganze
Volk ständig mißbraucht werden müssen, dann liegt darin
eine Anklage gegen die Philosophie, die in dieser Welt nur
das Böse und die Knechtschaft einzurichten gewußt hat.
Und wenn die Philosophie über die Fehler der Frauen
spottet, dann kritisiert sie sich selbst. Sie ist es, die diese
Fehler durch ein Gesellschaftssystem hervorgebracht hat,
das deren Fähigkeiten von Kindheit an und während des
ganzen Lebens einschnürt und sie dazu zwingt, zum
Betrug zu greifen, um der Natur zu folgen.

1 böse Weiber

Ein Urteil über die Frauen nach ihrem verdorbenen Charakter in der Zivilisation entspräche einem solchen über die Natur des Menschen nach dem Charakter des russischen Bauern, der weder von der Ehre noch von der Freiheit eine Vorstellung hat. Dasselbe wäre, wenn man die Biber nach dem Stumpfsinn beurteilte, den sie im Haushaltszustand zeigen, während sie im Zustand der Freiheit und der Gemeinschaftsarbeit (travail combiné) die klügsten aller Vierfüßler werden. Ein gleicher Unterschied wird zwischen den Frauen-Sklavinnen der Zivilisation und den freien Frauen der Gemeinschaftsordnung (ordre combiné) bestehen. Sie werden die Männer an Ergebenheit gegenüber der Arbeit, an Anständigkeit und Edelmut übertreffen. Außerhalb dieses Zustandes der Freiheit und Gemeinschaft aber wird die Frau wie der Biber in der Haushaltswirtschaft oder der russische Bauer zu einem Wesen, das so viel niedriger ist als seine Fähigkeiten und seine Bestimmung, daß man bei oberflächlichem und nur auf den äußeren Schein gestützten Urteil dazu neigt, es zu verachten. So darf man sich also nicht wundern, wenn Mohammed, das Konzil von Burgund und die Philosophen über die Seele der Frau stritten und nur daran dachten, ihre Ketten fester zu schmieden, statt sie zu brechen. () Es ist eine erstaunliche Tatsache, daß sich Frauen stets den Männern überlegen zeigten, wenn sie auf dem Thron ihre natürlichen Gaben frei entfalten und entwickeln konnten. Ist nicht allgemein bekannt, daß auf acht freie und unvermählte Herrscherinnen sieben kamen, die ruhmvoll regiert haben, während auf acht Könige in der Regel sieben schwache Herrscher entfallen! ()

Und ihr, Geschlecht von Unterdrückern, würdet ihr nicht die Fehler, die man den Frauen vorwirft, überbieten, wenn ihr euch durch eine sklavische Erziehung für Automaten hieltet, die zum Gehorsam gegenüber einem Herrn bestimmt wären, den euch der Zufall gäbe? () . . ., so kann man mit Recht sagen, daß die Frau im Zustand der Freiheit den Mann in allen geistigen und körperlichen Tätigkeiten übertreffen wird, soweit die letzteren nicht Ausfluß physischer Stärke sind. Schon scheint das der

Mann zu ahnen; er ist entrüstet und beunruhigt, wenn die Frauen das Vorurteil leugnen, das sie der Minderwertigkeit zeiht. Die männliche Eifersucht hat sich immer gegen die weiblichen Schriftsteller gewandt, die Philosophie hat sie von den akademischen Ehren ferngehalten und sie schimpflich in die Küche zurückgeschickt.

Gebührte aber nicht den gelehrten Frauen diese Schmach? Der Sklave, der seinen Herrn nachäffen will, verdient nur einen Blick der Verachtung von ihm. Was brauchten sie den eitlen Ruhm, ein Buch zu schreiben, ein paar Bände den Millionen unnützer Bücher hinzuzufügen? Die Frauen hätten keine Schriftsteller, sondern Befreier hervorzubringen, politische Spartakusse, Genies, die die Mittel verabredeten, ihr Geschlecht aus der Erniedrigung hervorzuheben. ()

Das Studium dieser Befreiungsmöglichkeiten war den gelehrten Frauen als Aufgabe gestellt. Als sie sich um sie nicht kümmerten, befleckten und verdunkelten sie ihren literarischen Ruhm, und die Nachwelt wird nur ihren Egoismus und ihre Erniedrigung sehen. Denn diese Schriftstellerinnen wissen nur sich von den Vorurteilen zu lösen und sich zu amüsieren; sie sind in dieser Hinsicht genugsam bekannt und verschrieen. ()

Wenn so einfache Vorgänge lange Zeit unbekannt geblieben sind, so erklärt sich das aus der verhängnisvollen Gewohnheit des Menschengeschlechts, sich bei jeder sozialen Verbesserung auf die Philosophen zu stützen, die alle seine Kräfte auf den Umsturz der Verwaltung richten, damit sie sich selbst in diese setzen können. Sie befassen sich mit der häuslichen Ordnung nur, um die Fesseln des schwachen Geschlechts zu verstärken. Die meisten sind in dem Alter, in dem man bei den Frauen nicht mehr in Gunst steht. Ihr einziges Ziel ist, eine unterwürfige Hausfrau zu bekommen und auszunützen; alle sind damit beschäftigt, das junge Mädchen durch gleisnerische Schmeicheleien zu beeinflussen, vereint streben sie in allen ihren Schriften auf dieses Ziel zu, sie predigen die Unterdrückung der Frauen und reden ihnen vor, welch ein Vergnügen es sei, sich lebendig begraben zu lassen, um die Einsamkeit eines Wüstlings zu verschönen, der sich von der Welt zurückgezogen hat. Sie schließen sich zusammen, um den jungen Leuten eine Freiheit zu rauben, die sie selbst so sehr genossen haben; sie bilden jene Klasse von Eifersüchtigen, die uns Horaz schildert, jenes Alter, das

»unfähig zu den Vergnügen der Jugend,
in dieser ein Glück schilt, das ihr
das Alter verwehrt«.

Zeuge hierfür ist J. J. Rousseau, der sich so sehr dafür einsetzt, die Frauen in die Küche zu verbannen, obwohl er bekennt, ein glühender Verehrer von Kurtisanen und zugänglichen Schönen gewesen zu sein, und der die geheimsten körperlichen Einzelheiten der Frauen offenbart, die zu ihm gütig gewesen sind. Wie hätte er sich diese Zerstreuungen verschaffen können, wenn alle Damen seinen Lehren gefolgt und nur für ihren Gemahl dagewesen wären? So sind die Philosophen! Sie predigen gegen Reichtum, Ehre und Vergnügen und stürzen sich gänzlich in diese hinein unter dem Vorwand, die Welt neu zu gestalten und zu verbessern. Können sie, die von solchem Egoismus ganz durchdrungen sind, eine Idee oder einen Plan aufnehmen oder ausarbeiten, der den Frauen günstig ist? Können sie sich irgendwie der göttlichen Vorsehung unterwerfen, die zur Gerechtigkeit führt, das heißt zum Wohl des schwachen wie des starken Geschlechts?

FRIEDRICH SCHLEGEL
(1772–1829)

Deutscher Philosoph, Sprachforscher, Schriftsteller und Literaturkritiker, verh.; Dichtung, Mythos und Philosophie gingen ineinander über und würden »die progressive Universalpoesie« bilden. So schreibt er gegen die Orientierung an der »Kritik der reinen Vernunft«: »Die Vernunft ist nur eine und in allen dieselbe; wie aber jeder Mensch seine eigne Natur hat und seine eigne Liebe, so trägt auch jeder seine eigne Poesie in sich. Die muß ihm bleiben ... und keine Kritik ... darf ihm sein eigenstes Wesen, seine innerste Kraft rauben ... so blüht ... Poesie von selbst aus der unsichtbaren Urkraft der Menschheit hervor ...« (Gespräch über die Poesie)

LUCINDE

()

Wie die weibliche Kleidung vor der männlichen, so hat auch der weibliche Geist vor dem männlichen den Vorzug, daß man sich da durch eine einzige kühne Kombination über alle Vorurteile der Kultur und bürgerlichen Konventionen wegsetzen und mit einemmale mitten im Stande der Unschuld und im Schoß der Natur befinden kann.

An wen sollte also wohl die Rhetorik der Liebe ihre Apologie der Natur und der Unschuld richten als an alle Frauen, in deren zarten Herzen das heilige Feuer der göttlichen Wollust tief verschlossen ruht, und nie ganz verlöschen kann, wenn es auch noch so sehr verwahrlost und verunreinigt wird? () Der dritte und höchste Grad ist das bleibende Gefühl von harmonischer Wärme. Welcher Jüngling das hat, der liebt nicht mehr bloß wie ein Mann, sondern zugleich auch wie ein Weib. In ihm ist die Menschheit vollendet, und er hat den Gipfel des Lebens erstiegen. Denn gewiß ist es, daß Männer von Natur bloß heiß oder kalt sind: zur Wärme müssen sie erst gebildet werden. Aber die Frauen sind von Natur sinnlich und geistig warm und haben Sinn für Wärme jeder Art.

Wenn dieses tolle kleine Buch einmal gefunden, vielleicht gedruckt, und gar gelesen wird, so muß es auf alle glücklichen Jünglinge ungefähr den gleichen Eindruck machen. Nur verschieden nach den verschiedenen Stufen ihrer Ausbildung. Denen vom ersten Grad wird es die Empfindung des Fleisches erregen; die vom zweiten kann es ganz befriedigen; und denen vom dritten soll bloß warm dabei werden.

Ganz anders würde es mit den Frauen sein. Unter ihnen gibt es keine Ungeweihten; denn jede hat die Liebe schon ganz in sich, von deren unerschöpflichem Wesen wir Jünglinge nur immer ein wenig mehr lernen und begreifen. Schon entfaltet, oder noch im Keime, das ist gleichviel. Auch das Mädchen weiß in ihrer naiven Unwissenheit doch schon alles, noch ehe der Blitz der Liebe in ihrem zarten Schoß gezündet, und die verschloßne Knospe zum vollen Blumenkelch der Lust entfaltet hat.

Und wenn eine Knospe Gefühl hätte, würde nicht das Vorgefühl der Blume deutlicher in ihr sein, als das Bewußtsein ihrer selbst? –

Darum gibt es in der weiblichen Liebe keine Grade und Stufen der Bildung, überhaupt nichts allgemeines; ()

Da wo der Anfang der Welt oder doch der Anfang der Menschen ist, da ist auch der eigentliche Mittelpunkt der Originalität, und kein Weiser hat die Weiblichkeit ergründet.

Eines zwar scheint die Frauen in zwei große Klassen zu teilen. Das nämlich, ob sie die Sinne achten und ehren, die Natur, sich selbst und die Männlichkeit: oder ob sie diese wahre innere Unschuld verloren haben, und jeden Genuß mit Reue erkaufen, bis zur bittern Gefühllosigkeit gegen innere Mißbilligung. Das ist ja die Geschichte so vieler. Erst scheuen sie die Männer, dann werden sie Unwürdigen hingegeben, welche sie bald hassen oder betrügen, bis sie sich selbst und die weibliche Bestimmung verachten. Ihre kleine Erfahrung halten sie für allgemein und alles andre für lächerlich; der enge Kreis von Rohheit und Gemeinheit, in dem sie sich beständig drehen, ist für sie die ganze Welt, und es fällt ihnen gar nicht ein, daß es auch noch andre Welten geben könne. Für diese sind die Männer nicht Menschen, sondern bloß Männer, eine eigne Gattung, die fatal aber doch gegen die Langeweile unentbehrlich ist. Sie selbst sind denn auch eine bloße Sorte, eine wie die andre, ohne Originalität und ohne Liebe.

Aber sind sie unheilbar weil sie ungeheilt sind? Mir ist es so einleuchtend und klar, daß nichts unnatürlicher für eine Frau sei, als Prüderie (ein Laster an das ich nie ohne eine gewisse innerliche Wut denken kann) und nichts beschwerlicher als Unnatürlichkeit, daß ich keine Grenze bestimmen, und keine für unheilbar halten möchte. Ich glaube ihre Unnatur kann nie zuverlässig werden, wenn sie auch noch so viel Leichtigkeit und Unbefangenheit darin erlangt haben, bis zu einem Schein von Konsequenz und Charakter. Es bleibt doch nur Schein; das Feuer der Liebe ist durchaus unverlöschlich, und noch unter der tiefsten Asche glühen Funken.

Diese heiligen Funken zu wecken, von der Asche der
Vorurteile zu reinigen, und wo die Flamme schon lauter
brennt, sie mit bescheidenem Opfer zu nähren; das wäre
das höchste Ziel meines männlichen Ehrgeizes. Laß
mich's bekennen, ich liebe nicht dich allein, ich liebe die
Weiblichkeit selbst. Ich liebe sie nicht bloß, ich bete sie an,
weil ich die Menschheit anbete, ()

PROSAISCHE JUGENDSCHRIFTEN

() Die Weiblichkeit soll wie die Männlichkeit zur höhern
Menschlichkeit gereinigt werden. () Was ist häßlicher als
die überladne Weiblichkeit, was ist ekelhafter als die
übertriebne Männlichkeit, die in unsern Sitten, in unsern
Meinungen, ja auch in unsrer bessern Kunst herrscht? ()
Der herrschsüchtige Ungestüm des Mannes und die
selbstlose Hingegebenheit der Weiber ist () übertrieben
und häßlich. Nur selbständige Weiblichkeit, nur sanfte
Männlichkeit ist gut und schön. ()

ARTHUR SCHOPENHAUER
(1788–1860)

Deutscher Philosoph und Privatgelehrter; led.; am bekanntesten durch
sein Hauptwerk »Die Welt als Wille und Vorstellung«. Der Wille zum
Leben sei der innerste Daseinstrieb von allem was existiert, sei es Pflanze,
Stein, Tier oder Mensch. Das Sinnlose an diesem Willen sei die Tatsache,
daß er immer wieder leben will, trotz Qual, Tod, Not und Sinnlosigkeit.
Der Mensch würde hineingeworfen sein in die Welt und der Wille zum
Leben erfaßte ihn, ohne von seiner Vernunft eine Erlaubnis zu verlangen,
eben als Lebenstrieb. Dieser Gedanke wird als »Pessimismus« des
Schopenhauer gekennzeichnet. Ähnlich wie Voltaire bekämpft Schopenhauer die »optimistischen« Auffassungen eines Leibniz oder Hegel, die
davon ausgehen, daß die Welt immer gut und vernünftig sei, grad so wie sie
ist. Für Schopenhauer ist aber das Leben des Menschen tragisch und
komisch zugleich, eine Tragikomödie.

ERBLICHKEIT UND EIGENSCHAFTEN

() Schwieriger aber ist das Problem, ob sich hiebei sondern lasse, was dem Vater und was der Mutter angehört, welches als das geistige Erbtheil sei, das wir von jedem der Eltern überkommen. Beleuchten wir nun dieses Problem mit unserer Grunderkenntnis, daß der *Wille* das Wesen an sich, der Kern, das Radikale im Menschen; der *Intellekt* hingegen das Sekundäre, das Adventitium, das Accidenz jener Substanz sei; so werden wir, vor Befragung der Erfahrung, es wenigstens als wahrscheinlich annehmen, daß, bei der Zeugung, der Vater, als *sexus potior* (höherwertiges Geschlecht) und zeugendes Prinzip, die Basis, das Radikale des neuen Lebens, also den *Willen* verleihe, die Mutter aber, als *sexus sequior* (minderwertiges Geschlecht) und bloß empfangendes Princip, das Sekundäre, den *Intellekt;* daß also der Mensch sein Moralisches, seinen Charakter, seine Neigungen, sein Herz, vom Vater erbe, hingegen den Grad, die Beschaffenheit und Richtung seiner Intelligenz von der Mutter. Diese Annahme nun findet wirklich ihre Bestätigung in der Erfahrung; ()

Für die wirkliche Erblichceit des Intellekts von der Mutter würde die Zahl der Belege viel größer seyn, als sie vorliegt, wenn nicht der Charakter und die Bestimmung des weiblichen Geschlechts es mit sich brächte, daß die Frauen von ihren Geistesfähigkeiten selten öffentliche Proben ablegen, daher solche nicht geschichtlich werden und zu Kunde der Nachwelt gelangen. Überdies können, wegen der durchweg schwächeren Beschaffenheit des weiblichen Geschlechts, diese Fähigkeiten selbst nie bei ihnen den Grad erreichen, bis zu welchem sie, unter günstigen Umständen, nachmals im Sohne gehn: ()

METAPHYSIK DER GESCHLECHTSLIEBE

() Daß nun aller Geschlechtsliebe ein durchaus auf das zu Erzeugende gerichteter Instinkt zum Grunde liegt, wird seine volle Gewißheit durch genauere Zergliederung desselben erhalten, der wir uns deshalb nicht entziehn

können. – Zuvörderst gehört hierher, daß der Mann von
Natur zur Unbeständigkeit in der Liebe, das Weib zur
Beständigkeit geneigt ist. Die Liebe des Mannes sinkt
merklich, von dem Augenblick an, wo sie Befriedigung
erhalten hat: fast jedes andere Weib reizt ihn mehr als das,
welches er schon besitzt: er sehnt sich nach Abwechslung.
Die Liebe des Weibes hingegen steigt von eben jenem
Augenblick an. Dies ist eine Folge des Zwecks der Natur,
welche auf Erhaltung und daher auf möglichst starke
Vermehrung der Gattung gerichtet ist. Der Mann nämlich
kann, bequem, über hundert Kinder im Jahre zeugen,
wenn ihm eben so viele Weiber zu Gebote stehn; das Weib
hingegen könnte, mit noch so vielen Männern, doch nur
ein Kind im Jahr () zur Welt bringen. Daher sieht *er* sich
stets nach andern Weibern um; *sie* hingegen hängt fest
dem Einen an: denn die Natur treibt sie, instinktmäßig
und ohne Reflektion, sich den Ernährer und Beschützer
der künftigen Brut zu erhalten. Demzufolge ist die
eheliche Treue dem Manne künstlich, dem Weibe natürlich, und also Ehebruch des Weibes, wie objektiv, wegen
der Folgen, so auch subjektiv, wegen der Naturwidrig-
keit, viel unverzeihlicher als der des Mannes.

Aber um gründlich zu seyn und die volle Überzeugung
zu gewinnen, daß das Wohlgefallen am andern Geschlecht, so objektiv es uns dünken mag, doch bloß
verlarvter Instinkt, d. i. Sinn der Gattung, welche ihren
Typus zu erhalten strebt, ist, müssen wir sogar die bei
diesem Wohlgefallen uns leitenden Rücksichten näher
untersuchen und auf das Specielle derselben eingehn., ()

Die oberste, unsere Wahl und Neigung leitende Rücksicht ist das *Alter*. Im Ganzen lassen wir es gelten von den
Jahren der eintretenden bis zu denen der aufhörenden
Menstruation, geben jedoch der Periode vom achtzehnten
bis achtundzwanzigsten Jahre entschieden den Vorzug.
Außerhalb jener Jahre hingegen kann kein Weib uns
reizen: ein altes, d. h. nicht mehr menstruirtes Weib erregt
unsern Abscheu. Jugend ohne Schönheit hat immer noch
Reiz; Schönheit ohne Jugend keinen. – Offenbar ist die
hiebei uns unbewußt leitende Absicht die Möglichkeit der
Zeugung überhaupt: daher verliert jedes Individuum an

Reiz für das andere Geschlecht in dem Maaße, als es sich von der zur Zeugung oder zur Empfängnis tauglichsten Periode entfernt. – () Die vierte Rücksicht ist eine gewisse *Fülle des Fleisches,* also ein Vorherrschen der vegetativen Funktion, der Plasticität (Körperlichkeit); weil diese dem Fötus reichliche Nahrung verspricht: daher stößt große Magerkeit uns auffallend ab. Ein voller weiblicher Busen übt einen ungemeinen Reiz auf das männliche Geschlecht aus: weil er, mit den Propagations-(Fortpflanzungs-) funktionen des Weibes in direktem Zusammenhange stehend, dem Neugeborenen reichliche Nahrung verspricht. Hingegen erregen *übermäßig* fette Weiber unsern Widerwillen: die Ursache ist, daß diese Beschaffenheit auf Atrophie des Uterus, also auf Unfruchtbarkeit deutet; welches nicht der Kopf, aber der Instinkt weiß. – Erst die letzte Rücksicht ist die auf die *Schönheit des Gesichts.* ()

Die unbewußten Rücksichten, welche andererseits die Neigung der Weiber befolgt, können wir natürlich nicht so genau angeben. Im Ganzen läßt sich folgendes behaupten. Sie geben dem Alter von 30 bis 35 Jahren den Vorzug, namentlich auch vor dem der Jünglinge, die doch eigentlich die höchste menschliche Schönheit darbieten. Der Grund ist, daß sie nicht vom Geschmack, sondern vom Instinkt geleitet werden, welcher im besagten Alter die Akzme (Spitze) der Zeugungskraft erkennt. Überhaupt sehn sie wenig auf Schönheit, namentlich des Gesichts: es ist als ob sie diese dem Kinde zu geben allein auf sich nähmen. Hauptsächlich gewinnt sie die Kraft und der damit zusammenhängende Muth des Mannes: () ... die physischen Eigenschaften. Hier werden wir finden, daß das Weib durchgängig von den Eigenschaften des Herzens oder Charakters im Manne angezogen wird, – als welche vom Vater erben. Vorzüglich ist es Festigkeit des Willens, Entschlossenheit und Muth, vielleicht auch Redlichkeit und Herzensgüte, wodurch das Weib gewonnen wird. Hingegen üben intellektuelle Vorzüge keine direkte und instinktmäßige Gewalt über sie aus; eben weil sie *nicht* vom Vater erben. Unverstand schadet bei Weibern nicht: eher noch könnte überwiegende Geisteskraft, oder gar Genie, als eine Abnormität, ungünstig wirken. Daher sieht man oft einen häßlichen, dummen und rohen Menschen einen wohlgebildeten, geistreichen und liebenswürdigen Mann bei Weibern ausstechen. ()

Der tiefe Ernst, mit welchem wir jeden Körperteil des Weibes prüfend betrachten, und sie ihrerseits das Selbe thut, () – Alles dieses ist der Wichtigkeit des Zweckes ganz angemessen. () Das Individuum handelt hier, ohne es zu wissen, im Auftrage eines Höheren, der Gattung: () Es liegt etwas ganz Eigenes in dem tiefen, unbewußten Ernst, mit welchem zwei junge Leute verschiedenen Geschlechts, die sich zum ersten Male sehn, einander betrachten; () Dieses Forschen und Prüfen nämlich ist die *Meditation des Genius der Gattung* über das durch sie Beide mögliche Individuum und die Kombination seiner Eigenschaften. () Dergestalt also meditiert in Allen, die zeugungsfähig sind, der Genius der Gattung das kommende Geschlecht. ()

ÜBER DIE WEIBER

§ 363

Schon der Anblick der weiblichen Gestalt lehrt, daß das Weib weder zu großen geistigen, noch körperlichen Arbeiten bestimmt ist. Es trägt die Schuld des Lebens nicht durch Thun, sondern durch Leiden ab, durch die Wehen der Geburt, die Sorgfalt für das Kind, die Unterwürfigkeit unter den Mann, dem es eine geduldige und aufheiternde Gefährtin seyn soll. Die heftigsten Leiden, Freuden und Kraftäußerungen sind ihm nicht beschieden; sondern sein Leben soll stiller, unbedeutsamer und gelinder dahinfließen, als das des Mannes, ohne wesentlich glücklicher oder unglücklicher zu seyn.

§ 364

Zu Pflegerinnen und Erzieherinnen unserer ersten Kindheit eignen die Weiber sich gerade dadurch, daß sie selbst kindisch, läppisch und kurzsichtig, mit Einem Worte, Zeit Lebens große Kinder sind; eine Art Mittelstufe, zwischen dem Kinde und dem Manne, als welcher der eigentliche Mensch ist. ()

§ 366

() Die Weiber denken in ihrem Herzen, die Bestimmung der Männer sei, Geld zu verdienen, die ihrige hingegen, es durchzubringen; wo möglich schon bei Lebzeiten des Mannes, wenigstens aber nach seinem Tode. () So viel Nachtheile dies alles zwar mit sich führt, so hat es doch das Gute, daß das Weib mehr in der Gegenwart aufgeht, als wir, und daher diese, wenn sie nur erträglich ist, besser genießt, woraus die dem Weibe eigenthümliche Heiterkeit hervorgeht, welche sie zu Erholung, erforderlichen Falles zum Troste des sorgenbelasteten Mannes eignet.

In schwierigen Angelegenheiten, nach Weise der alten Germanen, auch Weiber zu Rathe zu ziehen, ist keineswegs verwerflich: () Hiezu kommt, daß die Weiber entschieden nüchterner sind, als wir; wodurch sie in den Dingen nicht mehr sehn, als wirklich da ist; während wir, wenn unsere Leidenschaften erregt sind, leicht das Vorhandene vergrößern, oder Imaginäres hinzufügen.

Aus der selben Quelle ist es abzuleiten, daß die Weiber mehr Mitleid und mehr Menschenliebe und Theilnahme an Unglücklichen zeigen, als die Männer; hingegen im Punkte der Gerechtigkeit, Redlichkeit und Gewissenhaftigkeit, diesen nachstehn. Denn in Folge ihrer schwachen Vernunft übt das Gegenwärtige, Anschauliche, unmittelbar Reale eine Gewalt über sie aus, () ... Grundfehler des weiblichen Charakters *Ungerechtigkeit* () Er entsteht zunächst aus dem dargelegten Mangel an Vernünftigkeit und Ueberlegung, wird zudem aber noch dadurch unterstützt, daß sie, als die Schwächeren, von der Natur nicht auf die Kraft, sondern auf die List angewiesen sind: daher ihre instinktartige Verschlagenheit und ihr unvertilgbarer Hang zum Lügen. () Die Verstellung ist ihm daher angeboren, deshalb auch fast so sehr dem dummen, wie dem klugen Weibe eigen. () Darum ist ein ganz wahrhaf-

tes, unverstelltes Weib vielleicht unmöglich. Eben deshalb
durchschauen sie fremde Verstellung so leicht, daß es nicht
rathsam ist, ihnen gegenüber, es damit zu versuchen.
– Aus dem aufgestellten Grundfehler und seinen Beigaben
entspringt aber Falschheit, Treulosigkeit, Verrath, Un-
dank u.s.w. Des gerichtlichen Meineides machen Weiber
sich viel öfter schuldig, als Männer. Es ließe sich
überhaupt in Frage stellen, ob sie zum Eide zuzulassen
sind. – Von Zeit zu Zeit wiederholt sich überall der Fall,
daß Damen, denen nichts abgeht, in Kaufmannsläden
etwas heimlich einstecken und entwenden.

§ 367

() Weil im Grunde die Weiber ganz allein zur Propagation[1]
des Geschlechts dasind und ihre Bestimmung hierin
aufgeht; so leben sie durchweg mehr in der Gattung, als in
den Individuen: nehmen es in ihrem Herzen ernstlicher
mit den Angelegenheiten der Gattung, als mit den
individuellen. Dies giebt ihrem ganzen Wesen und Treiben
einen gewissen Leichtsinn und überhaupt eine von der des
Mannes von Grund aus verschiedene Richtung, aus
welcher die so häufige und fast normale Uneinigkeit in der
Ehe erwächst.

§ 368

Zwischen Männern ist von Natur bloß Gleichgültigkeit;
aber zwischen Weibern ist schon von Natur Feindschaft.
()

§ 369

Das niedrig gewachsene, schmalschultrige, breithüftige
und kurzbeinige Geschlecht das schöne nennen, konnte
nur der vom Geschlechtstrieb umnebelte männliche
Intellekt: in diesem Triebe nämlich steckt seine ganze

---

1 Fortpflanzung

Schönheit. Mit mehr Fug könnte man das weibliche Geschlecht das *unästhetische* nennen. Weder für Musik, noch Poesie, noch bildende Künste haben sie wirklich und wahrhaftig Sinn und Empfänglichkeit: sondern bloße Aefferei, zum Behuf ihrer Gefallsucht, ist es, wenn sie solche affektiren und vorgeben. () ... sie sind keines *rein objektiven Antheils* an irgend etwas fähig, und der Grund hiervon ist, denke ich, folgender. () Darum liegt es in der Weiber Natur, Alles nur als Mittel, den Mann zu gewinnen, anzusehn, und ihr Antheil an irgend etwas Anderm ist immer nur ein simulirter, ein bloßer Umweg, d. .h. läuft auf Koketterie und Aefferei hinaus. () Man darf nur die Richtung und Art ihrer Aufmerksamkeit im Koncert, Oper und Schauspiel beobachten, z. B. die kindliche Unbefangenheit sehn, mit der sie, unter den schönsten Stellen der größten Meisterwerke, ihr Geplapper fortsetzen. Wenn wirklich die Griechen die Weiber nicht ins Schauspiel gelassen haben; so thaten sie demnach recht daran; wenigstens wird man in ihren Theatern doch etwas haben hören können. () Die eigentliche Europäische Dame ist ein Wesen, welches gar nicht existiren sollte; sondern Hausfrauen sollte es geben und Mädchen, die es zu werden hoffen, und daher nicht zur Arroganz, sondern zur Häuslichkeit und Unterwürfigkeit erzogen werden. Gerade weil es *Damen* giebt in Europa, sind die Weiber niedern Standes, also die große Mehrzahl des Geschlechts, viel unglücklicher, als im Orient. ()

§ 370

In unserm monogamischen Welttheile heißt heirathen seine Rechte halbiren und seine Pflichten verdoppeln. Jedoch als die Gesetze den Weibern gleiche Rechte mit den Männern einräumten, hätten sie ihnen auch eine männliche Vernunft verleihen sollen. () Während daher bei den polygamischen Völkern jedes Weib Versorgung findet, ist bei den monogamischen die Zahl der verehelichten Frauen beschränkt und bleibt eine Unzahl stützeloser Weiber übrig, die in den höheren Klassen als unnütze, alte Jungfern vegetiren, in den untern aber unangemessen

schwerer Arbeit obliegen, oder auch Freudenmädchen
werden, die ein so freuden-, wie ehrloses Leben führen,
unter solchen Umständen aber zur Befriedigung des
männlichen Geschlechts nothwendig werden, daher als
ein öffentlich anerkannter Stand auftreten, mit dem
speciellen Zweck, jene vom Schicksal begünstigten Weiber, welche Männer gefunden haben, oder solche hoffen
dürfen, vor Verführung zu bewahren. In London allein
giebt es deren 80 000. Was sind denn diese Anderes, als bei
der monogamischen Einrichtung auf das Fürchterlichste
zu kurz gekommene Weiber, wirkliche Menschenopfer
auf dem Altare der Monogamie? () Für das weibliche
Geschlecht als *ein Ganzes* betrachtet, ist demnach die
Polygamie eine wirkliche Wohlthat. ()

Über *Polygamie* ist gar nicht *zu streiten,* sondern sie ist
als eine überall vorhandene Thatsache zu nehmen, deren
bloße *Regulirung* die Aufgabe ist. Wo giebt es denn
wirkliche Monogamisten? Wir alle leben, *wenigstens* eine
Zeit lang, meistens aber immer, in Polygamie. Da folglich
jeder Mann viele Weiber braucht, ist nichts gerechter, als
daß ihm frei stehe, ja obliege, für viele Weiber zu sorgen.
Dadurch wird auch das Weib auf ihren richtigen und
natürlichen Standpunkt, als subordinirtes Wesen, zurück-
geführt, und die *Dame,* dies Monstrum Europäischer
Civilisation und christlich-germanischer Dummheit, mit
ihren lächerlichen Ansprüchen auf Respekt und Verehrung, kommt aus der Welt, und es giebt nur noch *Weiber,*
aber keine *unglücklichen* Weiber mehr, von welchen jetzt
Europa voll ist. – Die Mormonen haben Recht.

§ 371

() Die usprüngliche Mutterliebe ist, wie bei den Thieren,
so auch im Menschen, rein *instinktiv,* hört daher mit der
physischen Hülflosigkeit der Kinder auf. () Die Liebe des
Vaters zu seinen Kindern () beruht auf einem Wiederer-
kennen seines eigenen innersten Selbst in ihnen, ist also
metaphysischen Ursprungs. –

Bei fast allen alten und neuen Völkern der Erde, sogar
bei den Hottentotten, vererbt Eigenthum sich bloß auf die

männliche Descendenz[1]: nur in Europa ist man davon abgegangen; der Adel jedoch nicht. – Daß das von Männern, durch große und lange fortgesetzte Arbeit und Mühe schwer erworbene Eigenthum nachher in die Hände der Weiber geräth, welche, in ihrer Unvernunft, es binnen kurzer Zeit durchbringen, oder sonst vergeuden, ist ein eben so großes, wie häufiges Unbill, dem man durch Beschränkung des weiblichen Erbrechts vorbeugen sollte. () Die Erwerber des Vermögens sind die Männer, nicht die Weiber: () Sie bedürfen stets eines Vormundes; daher sie in keinem möglichen Fall die Vormundschaft ihrer Kinder erhalten sollten. Die Eitelkeit der Weiber, selbst wenn sie nicht größer, als die der Männer seyn sollte, hat das Schlimme, daß sie sich ganz auf materielle Dinge wirft, nämlich auf ihre persönliche Schönheit und nächstdem auf Flitter, Staat, Pracht. ()

Daß das Weib, seiner Natur nach, zum Gehorchen bestimmt sei, giebt sich daran zu erkennen, daß eine Jede, welche in die ihr naturwidrige Lage gänzlicher Unabhängigkeit versetzt wird, alsbald sich irgend einem Manne anschließt, von dem sie sich lenken und beherrschen läßt; weil sie eines Herrn bedarf. Ist sie jung, so ist es ein Liebhaber; ist sie alt, ein Beichtvater.

1 Nachkommenschaft

Die Weisheit und der Mehrheitswille

AUGUSTE COMTE
(1798–1857)

Französischer Philosoph und Soziologe, verh.; Atheist, dessen Liebe zur Menschheit den eigentlichen Mittelpunkt seiner Philosophie bildet. Anstatt Spekulationen wollte er das erforschen, was dem Menschen positiv zu wissen möglich sei. Er prägte die Wissenschaft und den Begriff »Soziologie« und »positive Philosophie« und versuchte Gesetze aus den Naturwissenschaften in den menschlich-gesellschaftlichen Beziehungen nachzuweisen. »Der Positivismus beginnt sehr streng und ernst mit Wissenschaft, Erfahrung, Gesetz und Allgemeinheit und endet mit Gefühl, Sympathie, Hingabe, Demut, Unterordnung und Disziplin. Man könnte kurz sagen, er beginnt mit dem Kopf und endet mit dem Herzen oder noch kürzer, er beginnt männlich und endet weiblich« (Karl Joel, Tüb. 1934), denn außer den strengen wissenschaftlichen Arbeiten schrieb er auch Gespräche, in denen ihn die »Positivistische Jungfrau« – die Göttin der Vernunft – zu euphorisch-heroischen Ausbrüchen über die Herrlichkeit der Menschheit anregte.

7. KAPITEL: SOZIALE STATIK ODER THEORIE VON DER NATÜRLICHEN ORDNUNG DER GEMEINSCHAFTEN

() Wenn die positive Philosophie die Abhängigkeit der Geschlechter wird befestigen können, die das Prinzip der Ehe und der Familie ist, so muß sie von einer genauen Kenntnis der menschlichen Natur in Verbindung mit einer verständigen Beurteilung der gesamten sozialen Entwicklung und deren heutiger Gestalt ausgehen. Das Institut der Ehe wird unzweifelhaft durch den Gang der menschlichen Entwicklung verändert. () Alles was man hier verbürgen kann, ist, daß diese Veränderungen, so tiefgreifend man sie auch annimmt, dem Geist der Institution entsprechend bleiben werden. Dieser Geist liegt aber in der Unterordnung der Frau unter den Mann, einem Merkmal, das alle Zeitalter bestätigen; die neue positive Philosophie wird dies Merkmal vor jedem anarchischen Versuche bewahren, indem sie ihm den religiösen Charakter nimmt, der sie nur bloßstellen kann; dagegen wird sie an der Grundlage festhalten, die sich aus der Kenntnis des Organismus des einzelnen und der Gesellschaft ergibt.

Die biologische Philosophie beginnt den Deklamationen über die vermeintliche Gleichheit der Geschlechter ihr Recht angedeihen zu lassen, indem sie durch anatomische Untersuchung und physiologische Beobachtung die physikalischen und moralischen Unterschiede darlegt, die bei allen Arten der Tiere und besonders bei dem Menschengeschlecht vorhanden sind. Die positive Biologie sucht das weibliche Geschlecht, namentlich bei unserer Gattung, im Vergleich zum anderen als in einer Art von Kindheit befindlich darzustellen, die sich von der vollkommenen Grundform der Gattung entfernt. Die Soziologie ergänzt dieses wissenschaftliche Urteil, indem sie zeigt, daß jeder soziale Bestand unverträglich ist mit einer utopischen Gleichheit beider Geschlechter, da sie die verschiedenen Aufgaben kennzeichnet, die jedes dieser beiden Geschlechter in der Familie zu erfüllen hat. () Das Übergewicht der Affekte ist bei dem Menschen weniger stark als bei den Tieren, und ein gewisses Maß von unmittelbarer spekulativer Tätigkeit bildet die mächtigste, vom Gehirn ausgehende Eigenschaft der Menschheit und ebenso die Quelle, aus der der Charakter der sozialen Organisation hervorgeht. Nun ist in dieser Hinsicht die Unterlegenheit der Frau unbezweifelbar. Sie ist weniger als der Mann für die Stetigkeit und Wirksamkeit der geistigen Arbeit geeignet, da ihre geistigen Fähigkeiten eine geringere innere Kraft haben; es folgt dies aus ihrer lebhafteren moralischen und physischen Empfänglichkeit.

Die Erfahrung hat diese Unterordnung des weiblichen Geschlechts immer und selbst bei den schönen Künsten bestätigt, trotz der Eigenschaften, die meist die geistigen und anmutigen Schöpfungen der Frauen auszeichnen. Was die Tätigkeit des Regierens anbetrifft, so dürfte sich wohl, selbst bei den elementarsten Zuständen, und wären sie nur auf die Leitung der Familie beschränkt, zeigen, daß das weibliche Geschlecht dazu noch weniger geeignet ist; denn die Natur der Arbeit verlangt hier ein Aufmerken auf eine Gesamtheit sehr verwickelter Verhältnisse, bei denen keines vernachlässigt werden darf, und daneben eine größere Unabhängigkeit des Geistes von den Leidenschaften; mit einem Wort, mehr Vernunft. Also kann in dieser ersten Hinsicht die Ökonomie der Familie nicht umgekehrt werden, wenn man nicht eine utopische Umgestaltung des Organismus des Gehirns voraussetzt. In zweiter Linie haben wir erkannt, daß die selbstischen Instinkte die mitfühlenden oder sozialen beherrschen. Die Prüfung dieses Verhältnisses, das, obwohl sekundär, doch so wichtig ist, läßt die glückliche Bestimmung des weiblichen Geschlechts erkennen. Die Frauen sind in der Tat im allgemeinen den Männern durch eine größere Entwicklung des Mitgefühls und der Geselligkeit ebenso überlegen wie sie ihnen an Einsicht und Vernunft unterlegen sind. So hat ihre Tätigkeit in der Familie und mittelbar in der Gesellschaft durch eine stärkere natürliche Entfaltung der Sympathie und des Geselligkeitstriebes die zu kalte und harte männliche Führung durch die Vernunft zu mäßigen. ()

LUDWIG FEUERBACH

(1804–1872)

Deutscher Philosoph, verh.; Atheist; versuchte nachzuweisen, daß der Mensch in der Religion eigentlich nur sich selbst verehrt, indem er seine eigenen Eigenschaften gereinigt von den Schranken des individuellen endlichen Menschen in einen Gottesbegriff projiziert und so sich selbst anbetet. Indem die Menschen von ihrem erfundenen Gotte unendliche Liebe erwarten, drücken sie ihr eigenes Bedürfnis nach unendlicher Menschenliebe aus. So ist die Menschenliebe, das Gattungsgefühl, ein wesentlicher Begriff seiner Philosophie und Religionskritik. Gottfried Keller schrieb über ihn: »Wie trivial erscheint mir gegenwärtig die Meinung, daß mit dem Aufgeben der sogenannten religiösen Ideen alle Poesie und erhöhte Stimmung aus der Welt verschwinde! Im Gegenteil: die Welt ist mir unendlich schöner und tiefer geworden, das Leben wertvoller ... der Tod ernster ...: ich bin fest überzeugt, daß kein Künstler mehr eine Zukunft hat, der nicht ganz ausschließlich sterblicher Mensch sein will. Daher ist mir Feuerbach ... weit wichtiger geworden als ... alle übrigen Beziehungen.«

DAS AUGENFÄLLIGE MYSTERIUM

Einheit von Geist und Natur nennt, ihr Philister! Geheimnis:
Schauet doch an nur das Weib; offen vor Euch es hier liegt.

DAS GESICHERTE, GLÜCKLICHE WEIB

Dich, o Weib! trägt Deine Natur, die Eins ist mit Deiner Bestimmung,
Und nur erstrebt und begehrt, was Dir die Pflicht selbst gebeut.
Eins ist in Dir von Natur, was der Mann durch die Tat erst verbindet:
Glückliches Weib! Du bedarfst darum des Glaubens auch nicht.

EXEMPEL VON DEN GLORREICHSTEN UND EDELSTEN TATEN DER WEIBER

1. Sündenfall

»Eva verführte den Adam;« ich nehm's ihr wahrlich nicht übel,
Daß sie die Schlafkapp' zog endlich dem Frömmler vom Kopf.
() Ja! wir sollten den Tag, wo Eva verführte den Adam
Feiern mit Dank; denn sie tat's ja nur aus Liebe zu uns.

2. Weltschöpfung und Naturphilosophie

Maja vertrieb auch einst dem alten Brahma die Grillen,
Daß aus dem Kopfhänger ward selbst noch ein Schöpfer der Welt.

3. Trojanischer Krieg und Poesie

Helena zog auch hervor aus den mystischen Winkeln die
Griechen,
daß sich die Herren darob wacker zerschlugen die Köpf.

AUFRUF AN DAS SCHÖNE GESCHLECHT

O Jungfraun und Weiber! o nehmt Euch die Edlen zum
Beispiel!
Und vertreibt uns doch wieder die Theologie.

BRIEFE AN BERTHA LÖW IN BRUCKBERG

() Eine Materie kommt darin vor, die Dich besonders
interessieren wird, denn es ist eine Materie, die uns
miteinander – ich hoffe und wünsche: für immer – verknüpft, und so viele schmerzliche, aber auch erfreuliche
Augenblicke schon bereitet hat – die *Liebe*. Denn ich setze
ihr die Vernunft nicht als ein fremdes, feindseliges Wesen
entgegen, wie so viele Menschen tun, die weder was von
der Liebe, noch von der Vernunft wissen, (). Ich betrachte
nämlich die *Liebe* als eine wesentliche Art der Erkenntnis
selber, als die Art, wie allein der Mensch den Menschen
wahrhaft erkennt. »Man muß den Menschen *lieben*,« sage
ich, »um ihn zu *erkennen*. Nicht die Liebe ist blind,
sondern nur die selbstsüchtige, bloß sinnliche Begierde;
nur der Liebende hat der Geliebten wahres Wesen, hat sie,
wie sie wirklich ist, in Händen, Herzen und Augen.« ()
. . ., da ich doch eigentlich erst an und mit Dir die Liebe
wahrhaft erkannt habe, oder wenigstens empfunden
erlebt. ()
() Wie sieht es in Deinem Herzen aus? Ist es mein? ich
frage nämlich: mein mit Zuversicht, mit dem Glauben an
meine Liebe, mit Freudigkeit, mit dem Willen, mir
wirklich anzugehören? Ist es beherrscht und beseelt von
meinen Lehren, Gedanken, Versicherungen, oder von
Deinen eigenen trüben Vorstellungen niedergedrückt? ()

Plage Dich ja nicht zu sehr mit der Lektüre meiner ersten
Schrift, () Viele Gedanken beziehen sich auf Erscheinungen in der Geschichte der Philosophie; um sie also zu
verstehen, muß man diese kennen. Ich will Dir indess
einmal meine Gedanken und den Gang, den ich in meiner
Schrift nahm, auf die möglichst einfache und klare Weise
darstellen. Dieser Dein Eifer, Dich in meine Gedanken
einzuarbeiten, kann jedoch nur meine Liebe vermehren.
O gute Bertha! Du weißt nicht, was Du mir auch in dieser
Beziehung bist! Ich verlange nicht mehr von einem Weibe,
als Du besitzest, ja mehr verlangen wäre eine Torheit,
denn jedes Wesen hat eine bestimmte Grenze, so das Weib
– wird diese überschritten, so verliert es seinen Kern. ()

Mein Leben ist auf die auffallendste Weise dem Deinigen
ähnlich, der Geschlechtsunterschied ist der einzige Unterschied zwischen uns; ()

Während die Liebe bei den alten Philosophen ein außer-
eheliches Kind war, gezeugt mit dem Kebsweib der Natur,
ist sie dagegen bei den neuern die rechtmäßige Tochter
ihrer Philosophie. Das Weib ist aufgenommen in die
Gemeinschaft des Geistes; es ist das lebendige Kompen-
dium der Moralphilosophie.

Was ist Liebe? Die Einheit von Denken und Sein. Sein ist
das Weib, Denken der Mann.

BRIEF AN WILHELM BOLIN

Eine solche Aufgabe ist, außer der großen Arbeiter- und
Kapitalistenfrage, die Frauenemanzipation oder Gleichberechtigung der Weiber mit den Männern, die mir eine in
New York in Amerika erscheinende und auch Ihnen zu
empfehlende Zeitung, »die neue Zeit«, nahe gelegt, mir
diesen Winter über und jetzt noch zu einer Geist und
Gemüth bewegenden Angelegenheit gemacht hat. Ob ich
gleich stets die Geschlechtsdifferenz für eine wesentliche,
aber nicht nur leibliche, sondern auch geistige gehalten

und anerkannt habe, so habe ich doch nie auf eine Inferiorität des weiblichen Geistes geschlossen. Mann und Weib sind nicht nur leiblich, sondern auch geistig unterschieden; aber folgt aus diesem Unterschied Unterordnung, Ausschließung des Weibes von geistigen und allgemeinen, nicht nur häuslichen Beschäftigungen? – Lassen wir die Frauen doch nur politisieren! Sie werden gewiß ebensogut wie wir Männer Politiker sein, nur Politiker anderer Art, vielleicht selbst besserer Art als wir. Mad. *de Staël*, die von mir wegen ihrer »Considérations sur la Révolution française« hochgeschätzte, übrigens von mir auch nur aus diesem Werke gekannte Frau, sagt: »Genie kennt kein Geschlecht«. – Warum nicht? Aber auch das weibliche Genie ist Genie, ebenso wie die weibliche Heldentat Heldentat ist. Bei jeder glänzenden, sei es im Guten sei es im Bösen hervorragenden Eigenschaft abstrahieren wir von dem Unterschied des Geschlechts. Die Weiber werden ebensogut wie die Männer geköpft; warum sollen sie nicht auch Bürgerkronen verdienen können, warum sollen ihnen nicht die Mittel gegeben, die Bahnen geöffnet werden, solche zu verdienen? Kurz, die Emanzipation des Weibes ist eine Sache und Frage der *allgemeinen* Gerechtigkeit und Gleichheit, die jetzt die Menschheit anstrebt, eine Bestrebung, deren sie sich rühmt, aber vergeblich, wenn sie davon das Weib ausschließt.

Doch wohin bin ich geraten? Ein Beweis, was die Weiber vermögen und vollends vermögen werden, wenn sie Gelegenheit haben, ihr Vermögen zu üben und zu äußern. – ()

JOHN STUART MILL

(1806–1873)

Englischer Philosoph und Professor, verh.; entwickelte ein System der Logik aus der Erfahrung (induktiv) nicht aus der reinen Vernunft; vertritt in der Ethik, daß die Menschen das Glück als Ziel ihrer Handlungen anstreben sollten und alle Handlungen zum Nutzen ihres Glückes beurteilen sollten (Utilitarismus). Das persönliche Glück solle aber für alle Menschen erreichbar sein (Sozialutilitarismus) und die Aufgabe des Staates sei, die Möglichkeit dieses Glückes zu fördern. Während z. B. Kant dagegen die Pflicht als höchstes moralisches Ziel vertritt und das Ziel nur glücklich sein zu wollen als Egoismus verwarf. Mill reichte in einer Bill den Vorschlag der Änderung des Ehegesetzes im Unterhaus ein.

DIE HÖRIGKEIT DER FRAU

I. Kapitel

() Diese Ansicht, welche ich begründen will, ist die, daß das Prinzip, nach welchem die jetzt existierenden sozialen Beziehungen zwischen den beiden Geschlechtern geregelt werden – die gesetzliche Unterordnung des einen Geschlechts unter das andere – an und für sich ein Unrecht und gegenwärtig eines der wesentlichsten Hindernisse für eine höhere Vervollkommnung der Menschheit sei, und daß es deshalb geboten erscheine, an Stelle dieses Prinzips das der vollkommenen Gleichheit zu setzen, welches von der einen Seite keine Macht und kein Vorrecht zuläßt und von der andern keine Unfähigkeit voraussetzt. ()

Zuvörderst beruht die günstige Meinung für das gegenwärtige System, welches das schwächere Geschlecht dem stärkeren gänzlich unterordnet, nur auf Theorie, denn man hat niemals mit einem andern nur einen Versuch gemacht, so daß also die Erfahrung in diesem Falle durchaus kein Urtheil abzugeben vermag. Zweitens war die Einführung dieses Systems der Ungleichheit niemals das Resultat der Überlegung oder des Vordenkens oder irgend welcher sozialen Ideen oder sonst einer Erwägung dessen, was zum Besten der Menschheit und zu einer guten gesellschaftlichen Ordnung am ersprießlichsten sei. Es verdankt seine Entstehung einfach dem Umstande, daß, vom frühesten Kindesalter der Menschheit an, jede Frau sich zu einem Zustande der Knechtschaft bei irgend einem Manne befunden hat. Gesetze und politische Systeme beginnen mit Anerkennung derjenigen Beziehungen, welche sie bereits bei den einzelnen Individuen als bestehend vorfinden. Sie verwandeln das, was eine bloße physische Thatsache war, in ein legales Recht, geben ihm die Sanction der Gesellschaft und sind grundsätzlich bestrebt, diese Rechte durch öffentliche und organisierte Einrichtungen zu sichern und zu schützen und dadurch die unregelmäßigen und ungesetzlichen Konflikte der physischen Kraft unmöglich zu machen. Diejenigen, welche bereits zum Gehorsam gezwungen worden waren, sahen sich auf diese Weise nun auch gesetzlich dazu verurteilt. () In früheren Zeiten war die Mehrzahl des männlichen Geschlechts ebenso gut Sklaven, wie das gesamte weibliche Geschlecht. Und es verflossen viele Jahrhunderte, und unter diesen manches Jahrhundert hoher Kultur, ehe ein Denker kühn genug war, das Recht und die absolute Notwendigkeit der einen oder der anderen Sklaverei in Frage zu ziehen. Allmählich standen solche Denker auf, welche den allgemeinen Fortschritt der Gesellschaft unterstützten, und so ist denn in allen Ländern des christlichen Europas (in einem derselben allerdings erst in den letzten Jahren) die Sklaverei des männlichen Geschlechts gänzlich aufgehoben, die des weiblichen Geschlechts nach und nach in eine mildere Form der Abhängigkeit umgewandelt worden. Diese Abhängigkeit, wie sie gegenwärtig existiert, ist jedoch keine Original-Institution, welche durch Erwägungen der Gerechtigkeit und der sozialen Wohlanständigkeit einen frischen Impuls erhalten hätte – sie ist der immer noch andauernde primitive Zustand der Sklaverei, nur gelindert und gemäßigt durch dieselben Ursachen, welche im Allgemeinen die Sitten gemildert und alle Beziehungen zwischen den Menschen einem größeren Einflusse der Gerechtigkeit und Humanität unterworfen haben. Den Flecken ihrer brutalen Abstammung hat die Abhängigkeit der Frauen dadurch aber immer nicht verloren und es kann deshalb aus dem Umstande, daß sie vorhanden ist, durchaus keine günstige Meinung für ihr Dasein hergeleitet werden. Das Einzige, was man vielleicht zu ihren Gunsten anführen könnte, müßte darauf begründet werden, daß sie sich bis auf den heutigen Tag erhalten hat, während andere Mißbräuche, deren Ursprung auf dieselbe Quelle zurückzuführen ist, längst abgeschafft sind; und in der Tat ist es dieser Umstand, welcher dazu dient, oberflächlicheren Zuhörern die Versicherung so unglaublich klingen zu lassen, daß die Ungleichheit der Rechte zwischen Mann und Frau keine andere Quelle habe, als das Faustrecht – das Recht des Stärkeren. ()

Man bedenkt nicht, daß diejenigen, welche gesetzliche Macht erlangten, weil sie zuerst physische besaßen, jener sich selten eher entäußert haben, als bis diese physische Macht auf die bis dahin Unterdrückten übergegangen war. Da nun ein solcher Wechsel der physischen Kraft in der Sache der Frauen niemals zu erwarten steht, ... () ..., so ist es wohl als gewiß anzunehmen, daß dieser Zweig des Systems, des auf Macht begründeten Rechts, ... () ...doch derjenige sein wird, den wir am allerletzten verschwinden sehen werden. ()

() Die jetzige Generation und die zwei oder drei ihr zuletzt vorangegangenen haben in Wahrheit jedes praktische Verständnis für die primitiven Bestimmungen der Menschheit verloren, ... (). Die Leute begreifen es gar nicht, wie absolut in früheren Jahrhunderten das Gesetz der überlegenen Kraft zugleich Gesetz des Lebens war, und wie offen und unumwunden man sich dazu bekannte; (). Die Geschichte gibt uns einen recht traurigen Einblick in die menschliche Natur, indem sie uns schildert, wie genau die Rücksicht, welche man dem Leben, dem Eigentum, der ganzen irdischen Glückseligkeit einer Klasse von Personen schuldig zu sein glaubte, abgemessen ward nach ihrer Macht, etwas zu verteidigen oder zu erobern; () ..., so gibt man sich eben so wenig Mühe, sich zu erinnern, oder darüber nachzudenken, daß Einrichtungen und Gebräuche, welche nie einen anderen Grund und Ursprung hatten, als das Recht der Gewalt, jetzt noch inmitten eines Jahrhunderts fortbestehen, dessen Ansichten und Denkweise ihre Einführung nimmermehr gestattet hätten. ()

Die Genugtuung, welche die Ausübung der Macht dem Stolze gewährt, das persönliche Interesse, welches damit verbunden ist, beschränkt sich hier nicht auf einen Einzelnen oder auf eine begrenzte Anzahl, sondern ist dem gesamten männlichen Geschlecht gemeinsam. () Der niedrigste Tagelöhner übt sein Teil daran ebenso gut oder gedenkt es auszuüben, wie der Abkömmling des höchsten Adelsgeschlechtes. ()

Eine Menge gesellschaftlicher, wie natürlicher Ursachen wirken zusammen, um es ganz unwahrscheinlich zu machen, daß die Frauen sich in der Gesamtheit gegen die Herrschaft der Männer empören sollten. Sie sind insofern in einer von allen andern unterdrückten Klassen ganz verschiedenen Lage, als ihre Herren von ihnen noch etwas anderes verlangen als bloße Dienstbarkeit. Die Männer beanspruchen von den Frauen nicht nur Gehorsam, sondern auch Zuneigung. Alle Männer, nur mit Ausnahme der tierisch rohesten, wollen in der mit ihnen auf das innigste verbundenen Frau keine gezwungene, sondern eine freiwillige Sklavin, oder besser nicht eine Sklavin, sondern eine Favoritin haben. Zu diesem Zwecke ist alles angewendet worden, um den weiblichen Geist niederzuhalten. Die Herren aller übrigen Sklaven verlassen sich, um ihre Sklaven zum Gehorsam zu zwingen, auf die Wirkungen der Furcht, entweder der Furcht an und für sich oder der religiösen Furcht. Die Herren der Frauen verlangen mehr als einfachen Gehorsam, und wandten die ganze Macht der Erziehung an, um ihren Zweck zu erreichen. Jede Frau wird von frühester Jugend an erzogen in dem Glauben, das Ideal eines weiblichen Charakters sei ein solcher, welcher sich im geraden Gegensatz zu dem des Mannes befinde; kein eigener Wille, keine Herrschaft über sich durch Selbstbestimmung, sondern Unterwerfung, Fügsamkeit in die Bestimmung Anderer. Jede Sittenlehre predigt ihnen, die Pflicht der Frau sei, für Andere zu leben, sich selbst vollständig aufzugeben und keine andere Existenz als in und durch die

Liebe zu haben, und die hergebrachte Sentimentalität behauptet sogar, daß dies der Zustand sei, welcher der eigentlichen Natur der Frau gemäß ist. ()

Würden nicht alle, mit Ausnahme eines dann und wann auftauchenden Denkers, glauben, diese Verschiedenheit sei eine durch die Schöpfung bestimmte, unabänderliche Eigentümlichkeit der menschlichen Natur? ()

Weil die Griechen die Türken betrogen und die Türken die Griechen nur plünderten, hält man die Türken von Natur aufrichtiger, als die Griechen; und weil Frauen, wie oft gesagt wird, sich nicht um Politik kümmern, soweit ihre Persönlichkeit nicht dazu in Frage kommt, nimmt man frischweg an, sie hätten von Natur ein geringeres Interesse an dem Gemeinwohl als die Männer. ()

Es wird angenommen, die allgemeine Ansicht der Männer bezeichne es als den Beruf der Frauen, Gattinnen und Mütter zu sein. Ich sage, es wird angenommen, denn nach Tatsachen – nach der ganzen gegenwärtigen Gesellschaftsverfassung zu urteilen – müßte man zu dem Schlusse kommen, daß gerade der entgegengesetzten Ansicht gehuldigt werde. Man müßte glauben, der angebliche natürliche Beruf der Frauen sei ihrer Natur von allen Dingen am meisten zuwider, und daß, sofern sich ihnen nur irgend ein anderes Existenzmittel biete, sofern man ihnen nur irgend eine andere, einigermaßen ihren Wünschen entsprechende Verwendung für ihre Zeit und ihre Fähigkeiten freigäbe – sich nicht mehr Frauen genug finden würden, welche den Beruf auf sich nehmen, den man ihren natürlichsten nennt. Ist dies wirklich die allgemeine Ansicht der Männer, so dürfte es gut sein, wenn sie ausgesprochen würde. Ich wünschte wohl, daß Jemand den Satz aufstellte – verblümt ist er in vielen Schriften über die Frage schon oft ausgesprochen –: »Es ist notwendig für die Gesellschaft, daß die Frauen heiraten und Kinder gebären; sie werden das aber mit ihrem freien Willen nicht tun, also ist es notwendig, daß man sie dazu zwinge.« Der Fall wäre damit doch in das rechte Licht gesetzt. () Eine vielleicht noch zutreffendere Illustration der Sache ist die Matrosenpresse: »Wir brauchen absolut Seeleute, um unser Land zu verteidigen. Es kommt aber oft vor, daß sie sich nicht freiwillig anwerben lassen, folglich müssen wir die Macht haben, sie mit Gewalt dazu zu pressen.« Wie oft ist diese Logik angewendet worden! Wie oft würde sie noch angewendet werden, befände sich nicht eine schwache Stelle darin! Es läßt sich nämlich darauf erwidern: »Bezahlt die Matrosen nach dem redlichen Werte ihrer Arbeit. ()«

III. Kapitel

Aus dem Umstande, daß bis jetzt noch keine Frau Werke hervorgebracht, die mit denen eines Homer, eines Aristoteles, eines Michel Angelo oder eines Beethoven auf gleicher Höhe stehen, läßt sich nicht folgern, daß die Frauen überhaupt nicht imstande sind, in den Künsten und Wissenschaften, in denen diese Meister Unsterbliches geleistet haben, das Höchste zu erreichen. () Es gibt kein Gesetz, das eine Frau verhindert hätte, alle Dramen Shakespeares zu schreiben, oder sämtliche Opern Mozart's zu komponieren. Hätten aber Königin Elisabeth oder Königin Victoria nicht den Thron geerbt, so würde man ihnen auch nicht das kleinste Teilchen einer politischen Wirksamkeit anvertraut haben, in welcher sich doch die erstere den bedeutendsten Staatslenkern ebenbürtig gezeigt hat. ()

Mit sehr geringen Ausnahmen haben Frauen erst seit drei Generationen angefangen, ihre Fähigkeit für Philosophie, Wissenschaft und Kunst zu prüfen. Erst in dieser Generation sind diese Versuche zahlreicher geworden und auch jetzt sind sie, außer in England und Frankreich, noch sehr vereinzelt. () Wenn die Frau erst alle die Vorbereitungen gehabt hat, deren jetzt alle Männer bedürfen, um Arbeiten von wirklich bedeutender Originalität zu liefern, dann wird es, gestützt auf die Erfahrung, Zeit sein, über ihre Fähigkeit zur Originalität zu urteilen. () Was Jahre für begabte Individuen sind, das sind Generationen für die große Menge. () ..., und es wird noch mancher Generation bedürfen, ehe die weibliche Individualität genug entwickelt sein wird, um diesem Einfluß die Spitze zu bieten. ()

Die einzigen Länder, welche Komponisten ersten

Ranges selbst unter dem männlichen Geschlechte hervorgebracht haben, sind Deutschland und Italien, Länder, in
welchen die Frauen sowohl hinsichtlich der allgemeinen,
wie der speziellen Bildung weit hinter Frankreich und
England zurückgeblieben sind, indem sie im Allgemeinen
– es mag dies ohne alle Übertreibung gesagt werden
– wenig Erziehung genießen, und kaum eine der höheren
geistigen Fähigkeiten ausbilden. ()

Eine Frau, die sich irgend einer Bewegung anschließt,
die von ihrem Gatten gemißbilligt wird, macht sich zur
Märtyrerin, ohne dabei die Möglichkeit zu haben, ein
Apostel zu werden, denn ihr Mann kann ihrem Apostel-
tum einen gesetzlichen Riegel vorschieben. Man kann
daher nicht erwarten, daß die Frauen selbst sich der
Emanzipation ihres Geschlechts widmen sollen, ehe nicht
eine beträchtliche Anzahl von Männern vorbereitet ist,
sich mit ihnen zu dem Unternehmen zu verbinden.

IV. Kapitel

Ich will nicht versuchen, zu beschreiben, was die Ehe sein
kann zwischen zwei Personen von gebildetem Geiste,
übereinstimmend in ihren Ansichten und Zielen, zwischen denen die beste Gleichheit, die es geben kann,
besteht, Ähnlichkeit der Kräfte und Fähigkeiten mit
gegenseitiger Überlegenheit, so daß jeder abwechselnd
sich den Luxus zu verschaffen vermag, zu dem Andern
emporzusehen, und abwechselnd das Vergnügen haben
kann, auf dem Pfade der Entwicklung das Amt des
Führenden zu übernehmen oder geführt zu werden.
Denjenigen, welche es begreifen können, brauche ich es
nicht zu beschreiben. Denjenigen, die das nicht vermögen,
würde die Beschreibung doch als der Traum eines
Enthusiasten erscheinen. Aber ich behaupte aus vollster
Überzeugung, dies und dies allein ist das Ideal einer Ehe,
und alle Ansichten, Gebräuche und Institutionen, welche
eine andere Anschauung davon begünstigen oder die
Vorstellungen darüber und das darauf bezügliche Streben
nach irgend einer anderen Richtung lenken, mit welchen
Vorwänden sie auch herausstaffiert sein mögen, sind doch
nichts, als die Reliquien einer primitiven Barbarei. ()

SÖREN KIERKEGAARD
(1813–1855)

Dänischer Philosoph und Schriftsteller, led.; sein Leben lang bemühte er sich um einen christlichen Gottesglauben. »Was mir fehlt ... zu sehen, was Gott eigentlich will, daß ich tun soll ... die Idee zu finden, für die ich leben und sterben will.« (Tagebuch 1.8.1835) »Was mir fehlte, war: ein vollkommenes menschliches Leben zu führen, nicht bloß eines der Erkenntnis ... das zusammenhängt mit den tiefsten Wurzeln meiner Existenz, durch die ich sozusagen bin in das Göttliche, daran festhänge, wenn auch die ganze Welt zusammenstürzt.« Die Freiheit der menschlichen Entscheidung würde Angst und Verzweiflung erzeugen und in »Furcht und Zittern« würde der Mensch in das »Wagnis des Glaubens springen«, was er immer individuell tun würde, nicht kollektiv oder allgemein. So ist ihm im Gegensatz zu Hegel, dessen Schüler er war, das Einzelne wichtiger als das Allgemeine. Er wird oft der »Vater des Existentialismus« genannt.

BEGRIFF DER ANGST

1. Kapitel § 6

() Adam war geschaffen, hatte den Tieren Namen gegeben (), hatte aber keine Gesellschaft für sich gefunden. Eva war erschaffen, aus seiner Rippe gebildet. Sie stand in einem so innerlichen Verhältnis zu ihm wie nur möglich, und doch war es noch ein äußerliches Verhältnis. ()

Nun erfolgt das Verbot und die Strafandrohung. Die Schlange war aber listiger als alle Tiere auf dem Felde, sie verlockte das Weib. Mag man dies nun auch einen Mythos nennen, so darf man doch nicht vergessen, daß er durchaus nicht den Gedanken stört und verwirrt, () Der Mythos läßt äußerlich vor sich gehen, was innerlich ist. Es ist hier zunächst zu beachten, daß zuerst das Weib verführt wird und daß sie darauf den Mann verführt. Ich werde später in einem andern Kapitel zu entwickeln suchen, in welchem Sinne das Weib, wie man sagt, das schwächere Geschlecht ist und ebenso, daß die Angst dem Weib mehr zu eigen ist als dem Manne.[1]

---

1 [Anmerkung von Kierkegaard] Hiermit ist nichts entschieden über die Unvollkommenheit des Weibes gegenüber dem Manne. Wenn die

Nun folgt der Sündenfall. () Die Folge war eine doppelte: daß die Sünde in die Welt kam und daß das Sexuelle gesetzt wurde – und das eine soll vom anderen unabtrennbar sein. ()

2. Kapitel § 3

() Es wurde () daran erinnert, daß die Erschaffung Evas die Abfolge des Generationsverhältnisses schon im voraus bildlich darstellte. Sie bezeichnet gewissermaßen das Derivierte.[1] Das Derivierte ist nie so vollkommen wie das Ursprüngliche. () Diese Derivation des Weibes enthält zugleich die Erklärung, in welchem Sinne es schwächer ist als der Mann, etwas das zu allen Zeiten angenommen worden ist, mag es nun ein Pascha sein, der es ausspricht oder ein romantischer Ritter. Der Unterschied ist mittlerweile doch auch wieder nicht anders, als daß Mann und Weib wesentlich gleich sind, trotz der zwischen ihnen bestehenden Verschiedenheit. Der Ausdruck für den Unterschied ist, daß die Angst in Eva reflektierter ist als in Adam. Dies hat seinen Grund darin, daß das Weib sinnlicher ist als der Mann. ()

Daß das Weib sinnlicher ist als der Mann, zeigt schon die Bildung ihres Leibes. Dies näher auszuführen, ist nicht meine Sache, sondern die Aufgabe der Physiologie. Dagegen werde ich meinen Satz unter einem anderen Winkel zeigen, nämlich indem ich sie ästhetisch unter ihren idealen Gesichtspunkt, den der Schönheit, stelle und daran erinnere, daß der Umstand, daß dies ihr idealer Gesichtspunkt ist, eben zeigt, daß sie sinnlicher ist als der Mann. Darauf werde ich sie ethisch unter ihren idealen Gesichtspunkt, die Prokreation,[2] stellen, indem ich daran

Angst auch dem Weibe mehr zu eigen ist als dem Manne, so ist die Angst doch keineswegs ein Zeichen der Unvollkommenheit. Will man von Unvollkommenheit reden, so liegt diese in etwas anderem, darin nämlich, daß das Weib in Angst über sich hinaus nach einem anderen Menschen verlangt, zum Manne hin sucht. ()

1 Derivation: Ableitung; bloß Abkömmling, nicht das Ursprüngliche, eben nur die Rippe Adams

2 Prokreation: das Hervorgebrachte; aus dem Manne Hervorgebrachte

erinnere, daß der Umstand, daß dies ihr idealer Gesichtspunkt ist, eben zeigt, daß sie sinnlicher ist als der Mann.

Wenn die Schönheit herrschen darf, dann bringt sie eine
Synthese zuwege, bei der der Geist ausgeschlossen ist.
Darin beruht das Geheimnis des gesamten Griechentums.
Insofern liegt eine Ruhe, eine stille Feierlichkeit über der
griechischen Schönheit; eben darum aber ist da auch eine
Angst, die der Grieche wohl nicht spürte, obgleich die
Schönheit seiner Plastik von ihr durchbebt ist. Darum gibt
es eine Sorglosigkeit in der griechischen Schönheit, weil
der Geist ausgeschlossen ist, aber darum auch liegt eine
tiefe, unerklärliche Trauer darin. Darum ist die Sinnlichkeit nicht Sündhaftigkeit, sondern ein unerklärliches
Rätsel, das ängstigt; darum ist die Naivität begleitet von
einem unerklärlichen Nichts, dem der Angst.

Zwar faßt nun die griechische Schönheit Mann und
Weib wesentlich gleichartig auf, also nicht geistig, aber sie
macht doch einen Unterschied innerhalb dieser Gleichheit. Das Geistige hat seinen Ausdruck im Angesicht. Bei
der männlichen Schönheit ist doch das Angesicht und sein
Ausdruck wesentlicher als bei der weiblichen Schönheit,
wenn auch die ewige Jugend des Plastischen das tiefere
Geistige beständig daran hindert, hervorzutreten. () Venus
bleibt wesentlich gleich schön, ob sie auch schlafend
dargestellt wird, ja, dann ist sie vielleicht sogar am
schönsten, und doch ist das Schlafen eben Ausdruck für
die Abwesenheit des Geistes. () Soll hingegen ein Apollo
dargestellt werden, so ginge das nicht an, ihn schlafen zu
lassen, ebensowenig wie einen Jupiter. Apollo würde
dadurch unschön, Jupiter lächerlich. ()

Während die Geschichte des Geistes (und das ist das
Geheimnis des Geistes, daß er immer Geschichte hat) sich
im Antlitz des Mannes ausprägen darf, so daß man alles
vergißt, wenn nur die Schrift darin deutlich und edel ist, so
wird das Weib auf eine andere Weise als eine Totalität
wirken, wenn auch das Antlitz eine größere Bedeutung
erhalten hat als im klassischen Altertum. Der Ausdruck
muß nämlich eine Totalität sein, die keine Geschichte hat.
Darum ist Schweigen nicht allein des Weibes höchste
Weisheit, sondern auch ihre höchste Schönheit.

Ethisch betrachtet, kulminiert das Weib in der Prokreation. Daher sagt die Schrift, daß ihr Verlangen nach dem
Manne stehen soll. Wohl steht auch das Verlangen des
Mannes nach ihr, aber sein Leben kulminiert nicht in
diesem Verlangen, es sei denn, sein Leben sei schlecht oder
verloren. Dies aber, daß das Weib hierin kulminiert, zeigt
eben, daß sie sinnlicher ist.

Das Weib hat mehr Angst als der Mann. Dies liegt nun
nicht daran, daß sie eine geringere physische Kraft und so
weiter hat, denn von dieser Art von Angst ist hier gar nicht
die Rede; es liegt vielmehr daran, daß sie sinnlicher ist,
und doch wesentlich geistig bestimmt ist, so wie der
Mann. Was man daher oft behauptet, daß sie das
schwächere Geschlecht sei, ist mir ganz einerlei; denn
deswegen könnte ihr doch gut weniger angst sein als dem
Manne. Angst ist hier ständig in Richtung auf Freiheit zu
nehmen. Wenn also die Geschichte der Genesis ganz
gegen alle Analogie das Weib den Mann verführen läßt, so
ist dies doch bei näherer Überlegung völlig in der
Ordnung; denn jene Verführung ist eben eine weibliche
Verführung, da Adam doch eigentlich nur durch Eva von
der Schlange verführt wurde. Wenn sonst von Verführung
die Rede ist, so ist im Sprachgebrauch (beschwatzen,
betören und so weiter) immer dem Manne die Superiorität
zuerkannt.

Was so als von aller Erfahrung anerkannt betrachtet
werden darf, möchte ich nur an einer experimentierenden
Beobachtung aufzeigen. Wenn ich mir ein junges unschul-
diges Mädchen denke und nun einen Mann einen begehrlichen Blick auf sie heften lasse, so wird ihr angst. Im
übrigen mag sie indigniert werden und so weiter, aber
zuerst wird ihr angst. Denke ich mir dagegen, daß ein
Weib einen begehrlichen Blick auf einen unschuldigen
jungen Mann hefte, so wird seine Stimmung nicht Angst
sein, sondern höchstens eine mit Abscheu gemischte
Beschämung, eben weil er mehr als Geist bestimmt ist.

Durch Adams Sünde kam die Sündhaftigkeit in die Welt
und die Sexualität, und diese erhielt für ihn die Bedeutung
der Sündhaftigkeit. Das Sexuelle wurde gesetzt. () Das
Sexuelle ist der Ausdruck für jenen ungeheuren Wider-

spruch, daß der unsterbliche Geist als Genus bestimmt ist.
() Warum aber diese Angst? Weil in der Kulmination des
Erotischen der Geist nicht mit sein kann. Ich will wie ein
Grieche sprechen. Wohl ist der Geist zugegen, denn er ist
es, der die Synthese konstruiert, aber er kann sich im
Erotischen nicht ausdrücken, er fühlt sich fremd. Er sagt
gleichsam zum Erotischen: Lieber! hier kann ich nicht der
Dritte sein, deshalb will ich mich solange verbergen. Dies
aber ist eben zugleich Scham; denn es ist eine große
Dummheit anzunehmen, es sei getan mit der kirchlichen
Trauung oder mit der Treue des Mannes, der sich
ausschließlich an seine Ehefrau hält. () Es versteht sich
indessen von selbst, daß die Angst beim Weibe größer ist
als beim Manne. ()

Im Augenblick der Konzeption[1] ist der Geist am
weitesten fort, und darum ist die Angst am größten. In
dieser Angst entsteht das neue Individuum. Im Augenblick der Geburt kulminiert die Angst zum zweitenmal im
Weib, und in diesem Augenblick kommt das neue
Individuum zur Welt. Daß einer Gebärenden angst ist, ist
zur Genüge bekannt. Die Physiologie hat ihre Erklärung
dafür, auch die Psychologie muß die ihrige haben. Als
Gebärende ist das Weib wieder auf dem äußersten Punkt
des einen Extrems der Sythese, daher erzittert der Geist;
denn er hat in diesem Augenblick keine Aufgabe, er ist
gleichsam suspendiert. Die Angst ist indessen ein Ausdruck für die Vollkommenheit der menschlichen Natur,
und so findet man nur bei niederen Volksstämmen eine
Analogie zur leichten Geburt des Tieres. Je mehr Angst
aber, desto mehr Sinnlichkeit. Das prokreierte Individuum ist sinnlicher als das ursprüngliche, und dieses Mehr ist
das allgemeine Mehr der Generation für jedes spätere
Individuum im Verhältnis zu Adam. () Eben weil die
Sinnlichkeit hier als ein Mehr bestimmt ist, wird die Angst
des Geistes, indem er sie übernehmen soll, größer. Als
Maximum steht hier das Entsetzliche, daß *Angst vor der
Sünde die Sünde hervorbringt.*

---

1 Konzeption: Empfängnis

DAS FRAUENIDEAL

() Komme du der Mahnung des Apostels geziemend nach:
das Weib schweige in der Gemeinde; so ziemt es sich.
Auch befasse sie sich nicht damit, nach Hause zu gehen
und daheim zu predigen; es kleidet nicht gut. Nein, sie sei
schweigsam; schweigend bewahre sie das Wort; ihr
Schweigen drücke es aus, daß sie es tief innen bewahrt.
Glaubst du nicht an das Schweigen? Ich tue es. Als Kain
Abel erschlagen hatte, schwieg Abel. Jedoch Abels Blut
schreit gen Himmel; es schreit (nicht: es hat einmal
geschrien), es schreit gen Himmel; fürchterliche Beredsamkeit, die nie verstummt; o, Macht des Schweigens! ()
schaffe Schweigen, erwirke Schweigen, man kann Gottes
Wort nicht vernehmen, () schaffe Schweigen! O, alles
macht Lärm; ()

Und dies vermag das Weib. Es ist eine ganz außerordentliche Überlegenheit erforderlich, falls ein Mann
durch seine Anwesenheit Männern Schweigen gebieten
soll: dahingegen hat jedes Weib innerhalb ihrer Grenzen,
in ihrem Kreise dazu das Vermögen, falls sie, nicht
selbstsüchtig sondern in demütigem Dienst eines Höheren, es will.

Wahrlich, die Natur hat das Weib nicht benachteiligt,
und das Christentum wahrlich auch nicht. Nun, es ist
menschlich, so denn auch weiblich () eine Macht sein zu
wollen. So kann denn ein Weib auf unterschiedliche Weise
Macht üben, mit ihrer Schönheit, mit ihrer Anmut, mit
ihren Gaben, mit ihrer kühnen Einbildungskraft, mit
ihrem glücklichen Sinn – sie kann es auch versuchen, auf
lärmende Art Macht zu werden: Letzteres ist unschön
und unwahr, Ersteres ist immerhin zerbrechlich und
unsicher. Möchtest du aber Macht sein, o Weib, laß mich
dir anvertrauen auf welche Art. Lerne das Schweigen; und
lehre das Schweigen! ()

Indes, o Weib, sollst du dies Schweigen anbringen, () so
mußt du selber in die Schule gehen. () die Muße schaffen,
() und wenn man haushälterisch mit der Zeit umgeht, so
findet man schon Zeit. () Der Mann hat so viel zu
erledigen, so viel mit dem Lärmenden zu tun, nur allzu

viel: gibst du nicht acht, daß alles in der Ordnung ist, daß das Schweigen da ist, so kommt dir wohl nie Schweigen ins Haus. ()

Es gibt ein Beiwort, welches des Weibes entschiedene Eigenschaft bezeichnet; wie groß in mannigfacher Rücksicht auch der Unterschied sein möge zwischen Weib und Weib, dies eine fordert man von jedem Weibe; () Jene Eigenschaft nun ist: Häuslichkeit, des Weibes charakteristische Würde, so wie es des Mannes charakteristische Würde sein soll, Charakter zu sein; () Ehre sei ihr; ich neige mich tief vor ihr wie vor einer Königin. () wo die Königin nicht Häuslichkeit besitzt, ist sie doch bloß eine mäßige Madam. ()

KARL MARX
(1818–1883)

Deutscher Philosoph und Wirtschaftstheoretiker, verh.; die menschliche Gesellschaft steht im Mittelpunkt seines Denkens. Eine befreiende Möglichkeit des Menschen sieht er nicht in der Vervollkommnung des ideellen Lebens. Er richtet sein Denken auf die Ding-welt und findet dort Gründe für das menschliche Elend. Er fordert Veränderung im materiellen Lebensbereich und kritisiert die ideellen Ausrichtungen des Denkens, die das materielle Elend vieler Menschen nicht zu ändern imstande seien. Damit entsteht seine umfangreiche Untersuchung der ökonomischen Verhältnisse. Sein politisches Engagement begründete eine sich bis heute auswirkende »marxistische Bewegung«.

ÖKONOMISCH-PHILOSOPHISCHE
MANUSKRIPTE

...; das Verhältnis des Privateigentums bleibt das Verhältnis der Gemeinschaft zur Sachenwelt; endlich spricht sich diese Bewegung, dem Privateigentum das allgemeine Privateigentum entgegenzustellen, in der tierischen Form aus, daß der *Ehe* (welche allerdings eine *Form* des *exklusiven Privateigentums* ist) die *Weibergemeinschaft,* wo also das Weib zu einem *gemeinschaftlichen* und *gemeinen* Eigentum wird, entgegengestellt wird. Man darf sagen, daß dieser Gedanke der *Weibergemeinschaft* das *ausgesprochne Geheimnis* dieses noch ganz rohen und gedankenlosen Kommunismus ist. () Dieser Kommunismus – indem er die *Persönlichkeit* des Menschen überall negiert – ist eben nur der konsequente Ausdruck des Privateigentums, welches diese Negation ist. ()

In dem Verhältnis zum *Weib,* als dem *Raub* und der Magd der gemeinschaftlichen Wollust, ist die unendliche Degradation ausgesprochen, in welcher der Mensch für sich selbst existiert, denn das Geheimnis dieses Verhältnisses hat seinen *unzweideutigen,* entschiednen, *offenbaren,* enthüllten Ausdruck in dem Verhältnisse des *Mannes* zum *Weibe* und in der Weise, wie das *unmittelbare, natürliche* Gattungsverhältnis gefaßt wird. Das unmittelbare, natürliche, notwendige Verhältnis des Menschen zum Menschen ist das *Verhältnis* des *Mannes* zum *Weibe.* In diesem *natürlichen* Gattungsverhältnis ist das Verhältnis des Menschen zur Natur unmittelbar sein Verhältnis zum Menschen, wie das Verhältnis zum Menschen unmittelbar sein Verhältnis zur Natur, seine eigene *natürliche* Bestimmung ist. In diesem Verhältnis *erscheint* also *sinnlich,* auf ein anschaubares *Faktum* reduziert, inwieweit dem Menschen das menschliche Wesen zur Natur oder die Natur zum menschlichen Wesen des Menschen geworden ist. Aus diesem Verhältnis kann man also die ganze Bildungsstufe des Menschen beurteilen. Aus dem Charakter dieses Verhältnisses folgt, inwieweit der *Mensch* als *Gattungswesen,* als *Mensch* sich geworden ist und erfaßt hat; das Verhältnis des Mannes zum Weib ist das *natürlichste* Verhältnis des Menschen zum Menschen. In ihm zeigt sich also, in(wie)weit das *natürliche* Verhalten des Menschen *menschlich* oder inwieweit das *menschliche* Wesen ihm zum *natürlichen* Wesen, inwieweit seine *menschliche Natur* ihm auch zur *Natur* geworden ist. In diesem Verhältnis zeigt sich auch, in(wie)weit das *Bedürfnis* des Menschen zum *menschlichen* Bedürfnis, inwieweit ihm also der *andre* Mensch als Mensch zum Bedürfnis

geworden ist, inwieweit er in seinem individuellsten
Dasein zugleich Gemeinwesen ist.

KRITIK AN EUGEN SUE

6. () Noch weniger geht Rudolph[1] dazu fort, die allgemeine Stellung des Weibes in der heutigen Gesellschaft als
unmenschlich zu begreifen.

() ... drollige Vergleichung Rudolphs mit den Männern
(), welche die Emanzipation des Weibes gelehrt haben, ().

Dem Gedanken Rudolphs gegenüber ist es überflüssig
auf Fouriers meisterhafte Charakteristik der Ehe wie auf
die Schriften der materialistischen Fraktion des französischen Kommunismus hinzuweisen.

HERBERT SPENCER
(1820–1903)

Englischer Philosoph, Journalist, Ingenieur und Privatgelehrter; er
repräsentiert die Parolen »Entwicklung und Fortschritt«. Noch vor
Darwin entwarf er ein Entwicklungsgesetz der Umweltanpassung. Die
Werte und Wahrheiten des Menschen seien vererbte Gattungserfahrungen,
die sich stetig verbessern im Sinne eines »Fortschritts« menschlichen
Lebens. Darum sei Entwicklung als fortschrittliche Bewegung immer ein
positives Lebensprinzip. Die Industrialisierung interpretierte er in diesem
Sinne als fortschrittliche Entwicklung in Gegensatz zu den Zivilisations-
und Kulturkritikern. Er gilt als Hauptvertreter des »Evolutionismus«.

DIE RECHTE DER FRAU

() Warum, könnte man fragen, sollen die Rechte der
Menschen nicht proportional ihren Fähigkeiten bemessen
werden? Sollte denn nicht eigentlich das Tätigkeitsgebiet

---

1 Rudolph – eine Romangestalt von Eugen Sue in »Mystère de Paris«

eines höher stehenden Individuums grösser sein als dasjenige eines niedrig stehenden oder wenig begabten? ()
Sollten aber die Freiheiten entsprechend den Fähigkeiten bemessen werden, so hätte dies zur Voraussetzung, daß der relative Betrag jeder einzelnen körperlichen und geistigen Fähigkeit erst festgestellt werden müßte. Wir können aber weder das eine noch das andere ausführen . . .
()

Wir brauchen nur die Ausdrücke etwas zu verändern, so können wir diese Betrachtungen auch auf das Verhältnis zwischen den Rechten der Männer und denen der Frauen anwenden. () Für den vorliegenden Zweck genügt es, die unzweifelbare Tatsache anzuerkennen, daß viele Frauen körperlich kräftiger sind als manche Männer und daß auch bei vielen Frauen eine höhere geistige Begabung zu finden ist als bei vielen Männern, ja sogar oft eine höhere als bei der großen Mehrzahl der Männer. Daraus folgt ebenso wie oben, daß, wenn die Freiheiten den Fähigkeiten entsprechend bemessen werden sollten, diese Zuteilung, selbst wenn sie möglich wäre, ohne Rücksicht auf das Geschlecht zu erfolgen haben würde. () Selbst abgesehen von aller Großmut verlangt schon die einfache Gerechtigkeit, daß die Frau, wenn man ihr nicht künstliche Vorteile zuwenden will, doch auf jeden Fall nicht künstlich benachteiligt werde. Wenn man also Männer und Frauen zunächst nur als selbständige Glieder einer Gesellschaft betrachtet, die beiderseitig so gut als möglich für sich selbst zu sorgen haben, so ergibt sich, daß den Frauen billigerweise keinerlei Einschränkungen hinsichtlich ihrer Beschäftigung, ihres Berufs oder irgend einer andern Laufbahn, die sie einzuschlagen wünschen könnten, auferlegt werden dürfen. Die Frau muß auch die gleiche Freiheit haben wie der Mann, sich darauf vorzubereiten und den gebührenden Vorteil aus den Kenntnissen und Geschicklichkeiten, welche sie erwirbt, zu ziehen. ()

Die Erfüllung der häuslichen und mütterlichen Pflichten von seiten der Frau darf in der Regel wohl als ein ausreichendes Äquivalent für die Erwerbung des nötigen Einkommens durch den Gatten angesehen werden. ()
Wenn sich ein Widerstreit der Wünsche erhebt, () so ist

wiederum kaum möglich, daß in jedem einzelnen Falle
dem Gesetz gleicher Freiheit entsprochen werde; () Wir
dürfen immerhin sagen, daß im allgemeinen der Mann
doch mehr ruhige Überlegung und Gerechtigkeitsgefühl
hat als die Frau und demgemäß die Autorität auf der Seite
des Mannes liegen sollte, ganz besonders da er doch in der
Regel die Mittel erwirbt, welche überhaupt die Erfüllung
der Wünsche des einen oder beider Gatten möglich
machen. ()

Sind die politischen Rechte der Frau dieselben wie die
des Mannes? Heutzutage herrscht in weiten Kreisen die
Annahme, daß sie wirklich gleich seien. Mit der Gleichheit jener allgemeinen Rechte, von denen wir oben gezeigt
haben, daß sie aus der gemeinsamen Menschennatur
beider Geschlechter entspringen, müsse, so meint man
vielfach, auch eine Gleichheit ihrer Rechte in Hinsicht auf
die Leitung der öffentlichen Angelegenheiten Hand in
Hand gehen. Auf den ersten Blick scheint es auch, als ob
die beiden Behauptungen tatsächlich in notwendigem
Zusammenhange stünden; allein bei näherer Betrachtung
kommen wir doch zu einem anderen Resultat. Die
Stellung des Staatsbürgers schließt nicht bloß die Abgabe
der Stimme in sich, hie und da verbunden mit der
Erfüllung der Funktionen eines Volksvertreters: sie um-
faßt auch noch gewisse andere sehr ernste Verantwortlich-
keiten. () Es wäre offensichtlich ganz verkehrt, von
Gleichheit der bürgerlichen Stellung zu sprechen, wenn
dabei die einen ihre Befugnisse ohne jedes Entgelt
empfangen würden, während die andern dafür zu bezah-
len hätten, indem sie gewisse Gefahren auf sich nehmen. ()
Solange also die Frauen nicht in gleicher Zahl und
Bedeutung im Heere und in der Kriegsflotte tätig sind wie
die Männer, kann offenbar vom ethischen Standpunkte
aus die Frage von den gleichen sogenannten »politischen
Rechten« der Frauen erst dann aufgeworfen werden,
wenn wir einmal den Zustand eines ewigen Friedens
erreicht haben. Dann erst wird es möglich sein gleichgültig, ob dies wünschenswert erscheint oder nicht, der Frau
die gleiche staatliche Stellung zu verleihen wie dem
Manne. ()

Sowohl in England als in Amerika, wo der industrielle Typus im gesellschaftlichen Aufbau am höchsten entwikkelt ist, hat die gesetzliche Stellung der Frau eine höhere Ausbildung erreicht als auf dem Kontinente, wo das kriegerische Wesen sich schärfer ausprägt. () Soweit es sich () um die Rechte der Frau in bezug auf ihre Stellung als Genossin des Mannes im häuslichen Leben handelt, kann ich hinzufügen, daß hier in England und noch mehr in Amerika kein dringendes Bedürfnis vorliegt, dieselben überhaupt zu betonen. Vielfach dürfte sogar das Gegenteil eher nötig sein. Es gibt aber andere civilisierte Gesellschaften, in denen ihre Rechte nur erst sehr ungenügend anerkannt sind, so z. B. in Deutschland.

NICOLAI G. TSCHERNYSCHEVSKI
(1828–1889)

Russischer Philosoph, Schriftsteller und Wirtschaftstheoretiker, verh.; Engels nannte ihn den »sozialistischen Lessing«. Ausgehend von Helvetius und Feuerbach vertrat er einen philosophischen Materialismus, in dem er das Vorteil-Denken der Menschen als positives Überlebensprinzip begründete. Im philosophischen Roman »Was tun« wird eine Frau die Heldin seiner Gesellschaftsutopie. Marx nannte dieses Werk »die Seele der russischen Jugend« und Lenin schrieb: »Nach der Hinrichtung meines Bruders ... begann ich den Roman gründlich zu lesen und saß daran nicht nur einige Tage, sondern Wochen. Da erst verstand ich, wie tief er ist. Dieses Werk gibt Kraft fürs ganze Leben.«

WAS TUN

Die Ideen, welche Wera Pawlowna jetzt zum Beginn einer neuen Tätigkeit anspornten, waren folgender Art:

Uns Frauen sind formell alle Bahnen des staatlichen Lebens und praktisch sehr viele, nahezu alle Gebiete der gesellschaftlichen Tätigkeit verschlossen. Von allen Lebensgebieten gibt es für uns nur eins: die Familie.

Familienmitglied dürfen wir sein, mehr nicht. Welche
Berufe stehen uns sonst noch offen? Fast nur ein einziger
Beruf: Wir können Gouvernante werden, höchstens noch
Privatunterricht geben, solange die Männer nicht Lust
bekommen, uns auch das nicht mehr zu gestatten. Dieser
einzige Weg ist natürlich viel zu eng, man drängt sich, man
hindert sich gegenseitig am Vorwärtskommen; er kann
uns daher nicht zur Selbständigkeit verhelfen, weil zu
viele ihre Dienste anbieten. Wird irgendwo eine Gouvernante gesucht, so melden sich gleich Dutzende, ja
Hunderte, eine macht der andern den Platz streitig. Nein,
solange sich die Frauen nicht darum bemühen, auch
andere Wege einzuschlagen, werden sie unselbständig
bleiben. Es ist allerdings schwer, einen neuen Weg zu
finden; die Verhältnisse, in denen ich lebe, sind aber einem
Versuch besonders günstig, und ich müßte mich schämen,
wenn ich sie nicht benutzte. Wir sind für ernsthafte
Tätigkeit nicht vorbereitet, und ich weiß nicht, inwieweit
ich eines Führers bedarf, um mich darauf vorzubereiten;
aber ich weiß, daß ein solcher mir täglich helfend und
belehrend zur Seite stehen würde und daß ihm dies nicht
als eine Last, sondern als eine angenehme Pflicht erschie-
ne. Diejenigen Wege zu selbständiger Tätigkeit, welche
uns nicht durch das Gesetz verschlossen sind, verbietet
uns die Sitte. Diese Wege können wir jedoch betreten,
wenn wir den Mut haben, dem ersten Sturm des konven-
tionellen Vorurteils standzuhalten.

TRAUM

In mir vereinigt sich das Wesen der ›Unbefleckten‹ mit
dem Wesen der Astarte und dem der Aphrodite, und
durch die Vereinigung wird jedes einzelne vollkommener
und besser. Jede dieser drei Kräfte aber gewinnt noch an
Reiz und Macht durch etwas Neues in mir, das keine
meiner Vorgängerinnen besaß. Dies Neue, welches mich
von ihnen unterscheidet, ist die Gleichberechtigung der
Liebenden, Gleichheit zwischen ihnen als Menschen, und
dank diesem Neuen ist vieles in mir schöner, als es in ihnen
war.

Sobald der Mann die Gleichberechtigung der Frau anerkennt, betrachtet er sie nicht mehr als sein Eigentum. Dann liebt sie ihn, wie er sie liebt, aus freier Neigung; ist die freie Neigung nicht vorhanden, so hat er kein Recht auf sie, sowenig wie sie auf ihn. Darum bin ich frei.

Durch die Gleichberechtigung und die Freiheit gewinnt das Wesen der früheren Herrscherinnen in mir einen neuen Charakter, einen stärkeren Reiz, als man ihn bisher kannte. Man kannte die höchste Sinnenlust nicht, weil die freie Neigung der beiden Liebenden fehlte. Man empfand nicht den vollen Genuß an der Schönheit, weil sich die Schönheit nicht aus freier Neigung enthüllte. Ohne freie Neigung sind Sinnenlust und Entzücken nur Trübsal gegen das, was sie mir bedeuten.

Meine Keuschheit hat höhern Wert als die der ›Unbefleckten‹: Jene pries nur die Keuschheit des Leibes, in mir ist die Keuschheit des Herzens. Ich bin frei, weil ich weder Heuchelei noch Betrug kenne: Ich sage nichts, was ich nicht empfinde, ich gebe keinen Kuß, wo ich nicht liebe.

Aber dieses Neue entfaltet nicht nur die Reize meiner Vorgängerinnen in mir zur Vollkommenheit, sondern verschafft schon für sich allein mir das höchste Entzükken. Darum genoß der Mann nicht das volle Glück der Liebe; was er fühlte, verdient nicht Glück genannt zu werden, es war nur ein augenblicklicher Rausch. Beklagenswert aber war das Los der Frau. Sie war ein sklavisches, untertäniges Geschöpf und schwebte in beständiger Furcht. Der Herr schämt sich vor seiner Dienerin, die Dienerin schämt sich vor ihrem Herrn; nur unter Gleichgestellten fühlt man sich frei: Wie konnte sie wissen, was Liebe ist! Wo Furcht herrscht, da ist keine Liebe.

Willst du mein Wesen in ein einziges Wort fassen, so nenne es Gleichberechtigung. Ohne Gleichberechtigung ist der Sinnengenuß, ist die Freude an der Schönheit dumpf und schal; ohne sie gibt es nur eine Keuschheit des Leibes, keine Keuschheit des Herzens. Aus der Gleichheit folgt auch die Freiheit, die in mir ist und ohne die ich nicht wäre.

Ich habe dir nun alles gesagt, was du deinen Schwestern

mitteilen magst, alles, was ich jetzt bin. Noch ist mein Reich klein, ()

Nicht so bald aber wird das, was du gesehen hast, Wirklichkeit werden, noch viele Geschlechter werden darüber hinsterben. Doch nein, nicht so lange Zeit braucht es, meine Arbeit schreitet jetzt rasch voran, und mit jedem Jahre wächst der Erfolg. Du freilich wirst das Reich meiner Schwester nicht mehr erleben. Aber du hast nun die Zukunft geschaut: Sie ist freudvoll und schön, liebt sie, arbeitet für sie, erkämpft sie, ergreift von ihr für die Gegenwart, soviel ihr ergreifen könnt, euer Leben wird so schön und so gut sein, so reich an Freude und Genuß, soviel Zukünftiges ihr hineintragen könnt.

EINIGES ÜBER BLAUSTRÜMPFE

»Ein Blaustrumpf! Der richtige Blaustrumpf![1] Oh, die kann ich nicht ausstehen, diese dummen und langweiligen Blaustrümpfe!« So ruft voller Abscheu, aber doch nicht ohne Würde der scharfsinnige Leser.

Wie der scharfsinnige Leser und ich doch eng miteinander verbunden sind! Er hat mich einmal beschimpft, ich habe ihn zweimal mit Schimpf und Schande davongejagt, und doch müssen wir immer wieder einander unsere innersten Überzeugungen mitteilen; insgeheim verwandte Seelen, was soll man da machen!

»O du scharfsinniger Leser«, sage ich zu ihm, »du hast recht, ein Blaustrumpf ist in der Tat dumm, langweilig und unausstehlich. Das hast du richtig erraten, aber weißt du denn auch, *wer* ein Blaustrumpf ist? Ich will es dir sogleich wie im Spiegel zeigen. Ein Blaustrumpf ist, wer dünkelhaft, geistlos, affektiert über literarische und wis-

---

1 »Blaustrumpf – So wurden im England des 18. Jahrhunderts Frauen bezeichnet, die sich – entgegen der gesellschaftlichen Konvention – der Schriftstellerei oder Wissenschaft widmeten. Die Bezeichnung kommt daher, daß der Geistliche Benjamin Stillingfleet, Förderer dieser Emanzipationsbestrebungen, in den Frauenzirkeln blaue Strümpfe zu tragen pflegte.«

senschaftliche Dinge spricht, von denen er sowenig versteht wie der Blinde von der Farbe; wer nicht an der Sache selbst interessiert ist, sondern nur, um mit seinem Verstand (den ihm die Natur versagt hat), mit seinem idealen Streben (wovon er nicht mehr hat als der Stuhl, auf dem er sitzt) und mit seiner Bildung (die etwa der eines Papageien gleicht) vor sich und andern zu prunken. Erkennst du nun, wen diese plumpe, aufgeblähte, innerlich hohle Figur im Spiegel darstellt? – Dich, mein Freund. Ja, ob du einen Vollbart trägst oder ob dein Gesicht glatt rasiert ist, du bist und bleibst unwiderruflich der echteste Blaustrumpf. Deshalb mußte ich dich schon zweimal davonjagen, nur deshalb, weil Blaustrümpfe, die man unter Männern zehnmal so oft findet wie unter Frauen, auch mir unausstehlich sind.

Aber wer mit ernsthaftem Ziel an einem Werke schafft, welcher Art das Werk sein mag und welche Kleidung, weibliche oder männliche, er immer trägt, der ist einfach ein Mensch, der sich mit seinem Werke beschäftigt, und weiter nichts.«

FRANZ BRENTANO
(1838–1917)

Deutscher Philosoph und Professor; verh.; untersuchte vor allem innere psychologische Phänomene (Vorstellungen, Urteile und Gemütsbewegungen) – Intensionalität –. Er versuchte die inneren Bewußtseinsvorgänge für die Philosophie »wissenschaftlich« verwertbar zu machen. Das wichtigste Erlebnis der Wahrheit sei »das Erlebnis der Evidenz«. »Die Evidenz« sei nicht weiter definierbar, aber in einem »Wahren Urteil« unmittelbar gewiß. Aber der Satz: »Das ist doch evident!« hat schon so manchen Philosophiestudenten an seinen unmittelbar gewissen Bewußtseinsvorgängen zweifeln lassen.

§ 122 VON DER EHE

1. Eine besondere Art der freundschaftlichen Verbindung, auf Tugend gegründet und Mittel zur Tugend, ist die Ehe.

Bentham sieht in ihr die Basis der Zivilisation, er preist sie um der Befreiung willen, die sie der Frau gebracht hat. ()

3. Über die Stellung der beiden Gatten zueinander möchte ich dem Urteile *Benthams* im wesentlichen beistimmen. Er verlangt:

a) Unterordnung der Frau. Der Mann soll Vormund sein, nicht umgekehrt. Schlimm steht es, wenn Legislative und Exekutive einander entgegenarbeiten. Im allgemeinen wird man sagen dürfen, daß die geistige Kraft des Mannes stärker ist, nicht als wären die Frauen weniger gescheit, wohl aber sind die meisten von geringerer Ausdauer in geistiger Arbeit. Und sollte es sich im einzelnen Falle anders verhalten, so ist von dieser Bestimmung kein Unheil zu fürchten, denn die Erfahrung zeigt, wieviel die Frauen durch ihre Liebenswürdigkeit auszurichten vermögen. Verbindet sich einmal mit den weiblichen Vorzügen eine Überlegenheit auch darin, worin sonst der Mann voransteht, so wird die Frau schon via facti die Herrschaft erringen. Übrigens soll die Bestimmung, daß die Frau dem Manne untergeordnet ist, sie nicht etwa dem Manne auf Gnade und Ungnade unterwerfen; auch das häusliche Regime soll ein konstitutionelles sein, kein despotisches.

b) Hingegen ist es eine Konsequenz des Gesagten, wenn ich hinzufüge, daß die Verwaltung im häuslichen Staate dem Manne allein zufallen solle.

c) Nicht ebenso der Genuß der Lebensgüter, worin vielmehr volle Gleichberechtigung zu herrschen hat. Nur bei ihrem Erwerbe hat er die Führung, nicht aber größeren Anspruch auf ihren Genuß.

d) Die eheliche Treue ist für beide Pflicht. Der Mann, der sie bricht, verletzt die Gerechtigkeit ebenso wie die Frau, und nicht minder verletzt er zarte Liebespflichten gegen die Gefühle der Frau. Schon *Aristoteles* hat das Unrecht, das in der Treulosigkeit liegt, erkannt. Wie eine Schutzflehende, sagt er, kommt das Weib an den Herd des Mannes. Es steht unter dem Schutze der Götter. Ihr ein Unrecht zuzufügen ist am wenigsten erlaubt. Ein Unrecht gegen sie aber begeht, wer die Ehe bricht. () Ohne Frage hat der Stifter des Christentums der Frau in der Ehe eine bessere Stellung zugewiesen als das mosaische Gesetz.

Das Verbot des Ehebruchs schützt im Gesetze des Mosis
einseitig die Rechte des Mannes, während die Frau gegen
keinerlei fremde Liebe des Mannes, ja auch nicht vor
Nebenfrauen, geschützt ist. Jesus aber spricht beiden das
Recht auf Treue zu, nicht nur das Weib begeht ein
Unrecht, wenn es die Ehe bricht, auch der Mann. ()

7. Wieviel Kontrahenten? Zwei. Die Polyandrie ist
lächerlich und vielfach verderblich. Und schon weil *sie*
unstatthaft ist, ist die Polygamie ein Unrecht gegen die
Frau. Dem Manne mag sie unter Umständen passen, der
Frau – von kulturell sehr tief stehenden Zuständen
abgesehen – nie. Es würden also für jeden begünstigten
Mann die Interessen mehrerer Frauen geopfert. Die
Polygamie drückt das Weib zur Sklavin und Buhlerin
herab.

FRIEDRICH NIETZSCHE
(1844–1900)

Deutscher Philosoph und Schriftsteller, led.; änderte den Schopenhauer-
schen Satz vom »Willen zum Leben« in »Alles ist Willen zur Macht« um.
Das »nur leben wollen« sei Inhalt der »Sklavenmoral«, während die
»Herrenmoral« sich den Willen zur Macht zum Inhalt machen müsse, um
den »Übermenschen« zu erzeugen, den, der den Menschen überwinden
würde; dazu sei die Umwertung aller bisherigen Werte nötig. Die
christliche Moral entlarvt er als Moral der Schwachen ebenso die
sozialistischen Bestrebungen. Mit lebendiger sprachlicher Kraft kann er
den Leser fesseln, worauf er sehr stolz war. (»Warum ich so ein guter
Schriftsteller bin«.)

DIE FRÖHLICHE WISSENSCHAFT

Wille und Willigkeit. – Man brachte einen Jüngling zu
einem weisen Mann und sagte: »Siehe, das ist einer, der
durch die Weiber verdorben wird!« Der weise Mann

schüttelte den Kopf und lächelte. »Die Männer sind es«, rief er, »welche die Weiber verderben: und alles, was die Weiber fehlen, soll an den Männern gebüßt und gebessert werden, – denn der Mann macht sich das Bild des Weibes, und das Weib bildet sich nach diesem Bilde.« – »Du bist zu mildherzig gegen die Weiber«, sagte einer der Umstehenden, »du kennst sie nicht!« Der weise Mann antwortete: »Des Mannes Art ist Wille, des Weibes Art Willigkeit – so ist es das Gesetz der Geschlechter, wahrlich! ein hartes Gesetz für das Weib! Alle Menschen sind unschuldig für ihr Dasein, die Weiber aber sind unschuldig im zweiten Grade: wer könnte für sie des Öls und der Milde genug haben.« – »Was Öl! Was Milde!« rief ein anderer aus der Menge: »man muß die Weiber besser erziehen!« – »Man muß die Männer besser erziehen«, sagte der weise Mann und winkte dem Jünglinge, daß er ihm folge. – Der Jüngling aber folgte ihm nicht.

MENSCHLICHES ALLZU MENSCHLICHES

Zur Emanzipation der Frauen. – Können die Frauen überhaupt gerecht sein, wenn sie so gewohnt sind zu lieben, gleich für oder wider zu empfinden? Daher sind sie auch seltener für Sachen, mehr für Personen eingenommen: sind sie es aber für Sachen, so werden sie sofort deren Parteigänger und verderben damit die reine unschuldige Wirkung derselben. So entsteht eine nicht geringe Gefahr, wenn ihnen die Politik und einzelne Teile der Wissenschaft anvertraut werden (zum Beispiel Geschichte). Denn was wäre seltener als eine Frau, welche wirklich wüßte, was Wissenschaft ist? Die besten nähren sogar im Busen gegen sie eine heimliche Geringschätzung, als ob sie irgendwodurch ihr überlegen wären. Vielleicht kann dies alles anders werden, einstweilen ist es so.

Macht und Freiheit. – So hoch Frauen ihre Männer ehren, so ehren sie doch die von der Gesellschaft anerkannten Gewalten und Vorstellungen noch mehr: sie sind seit Jahrtausenden gewohnt, vor allen Herrschenden gebückt,

die Hände auf die Brust gefaltet, einherzugehen und
mißbilligen alle Auflehnung gegen die öffentliche Macht.
()

ZARATHUSTRA

() Das Glück des Mannes heißt: ich will. Das Glück des
Weibes heißt: er will.

»Siehe, jetzt eben ward die Welt vollkommen!« – also
denkt ein jedes Weib, wenn es aus ganzer Liebe gehorcht.
Und gehorchen muß das Weib und eine Tiefe finden zu
seiner Oberfläche. Oberfläche ist des Weibes Gemüt, eine
bewegliche stürmische Haut auf einem seichten Gewässer.

Des Mannes Gemüt aber ist tief, sein Strom rauscht in
unterirdischen Höhlen: das Weib ahnt seine Kraft, aber
begreift sie nicht. –

Da entgegnete mir das alte Weiblein: »Vieles Artige
sagte Zarathustra und sonderlich für die, welche jung
genug dazu sind. Seltsam ist's, Zarathustra kennt wenig
Weiber, und doch hat er über sie recht! Geschieht dies
deshalb, weil beim Weibe kein Ding unmöglich ist?
Und nun nimm zum Danke eine kleine Wahrheit!
Bin ich doch alt genug für sie!
Wickle sie ein und halte ihr den Mund: sonst schreit sie
überlaut, diese kleine Wahrheit.«
»Gib mir, Weib, deine kleine Wahrheit!« sagte ich, und
also sprach das alte Weiblein:
»Du gehst zu den Frauen? Vergiß die Peitsche nicht!« –
Also sprach Zarathustra.

JENSEITS VON GUT UND BÖSE

Wenn ein Weib gelehrte Neigungen hat, so ist gewöhnlich
etwas an ihrer Geschlechtlichkeit nicht in Ordnung. ()

Bisher war glücklicherweise das Aufklären Männersa-
che, Männer-Gabe – man blieb damit »unter sich«; und
man darf sich zuletzt, bei allem, was Weiber über »das
Weib« schreiben, ein gutes Mißtrauen vorbehalten, ob das

Weib über sich selbst eigentlich Aufklärung *will* – und wollen *kann* ... Wenn ein Weib damit nicht einen neuen *Putz* für sich sucht – ich denke doch, das Sich/Putzen gehört zum Ewig/Weiblichen? – nun, so will es vor sich Furcht erregen – es will damit vielleicht Herrschaft. Aber es *will* nicht Wahrheit: was liegt dem Weibe an Wahrheit! Nichts ist von Anbeginn an dem Weibe fremder, widriger, feindlicher als Wahrheit – seine große Kunst ist die Lüge, seine höchste Angelegenheit ist der Schein und die Schönheit.

Sich in Grundprobleme »Mann und Weib« zu vergreifen, hier den abgründlichsten Antagonismus und die Notwendigkeit einer ewig/feindlichen Spannung zu leugnen, hier vielleicht von gleichen Rechten, gleicher Erziehung, gleichen Ansprüchen und Verpflichtungen zu träumen: dies ist ein *typisches* Zeichen von Flachköpfigkeit, und ein Denker, der an dieser gefährlichen Stelle sich flach erwiesen hat – flach im Instinkte! –, darf überhaupt als verdächtig, mehr noch, als verraten, als aufgedeckt gelten: wahrscheinlich wird er für alle Grundfragen des Lebens, auch des zukünftigen Lebens, zu »kurz« sein und in *keine* Tiefe hinunterkönnen. Ein Mann hingegen, der Tiefe hat, in seinem Geiste wie in seinen Begierden, auch jene Tiefe des Wohlwollens, welche der Strenge und Härte fähig ist und leicht mit ihnen verwechselt wird, kann über das Weib immer nur orientalisch denken – er muß das Weib als Besitz, als verschließbares Eigentum, als etwas zur Dienstbarkeit Vorbestimmtes und in ihr sich Vollendendes fassen – er muß sich hierin auf die ungeheure Vernunft Asiens, auf Asiens Instinkt/Überlegenheit stellen, wie dies ehemals die Griechen getan haben, diese besten Erben und Schüler Asiens, welche, wie bekannt, von Homer bis zu den Zeiten des Perikles, mit *zunehmender* Kultur und Umfänglichkeit an Kraft, Schritt für Schritt auch *strenger* gegen das Weib, kurz, orientalischer geworden sind. *Wie* notwendig, *wie* logisch, *wie* selbst menschlich/wünschbar dies war: möge man darüber bei sich nachdenken!

() Freilich, es gibt genug blödsinnige Frauen/Freunde und

Weibs/Verdreher unter den gelehrten Eseln männlichen
Geschlechts, die dem Weibe anraten, sich dergestalt zu
entweiblichen und alle Dummheiten nachzuahmen, an
denen der »Mann« in Europa, die europäische »Mannhaftigkeit« krankt – welche das Weib bis zur »allgemeinen
Bildung«, wohl gar zum Zeitung lesen und Politisieren
herunterbringen möchten. ()

Das was am Weibe Respekt und oft genug Furcht
einflößt, ist seine *Natur,* die »natürlicher« ist als die des
Mannes, seine echte raubtierhafte listige Geschmeidigkeit,
seine Tigerkralle unter dem Handschuh, seine Naivität im
Egoismus, () ... Furcht und Mitleiden: mit diesen Gefühlen stand bisher der Mann vor dem Weibe, immer mit
einem Fuße schon in der Tragödie, welche zerreißt, indem
sie entwickelt. – Wie? Und damit soll es nun zu Ende sein?
Und die *Entzauberung* des Weibes ist am Werke? Die
Verlangweiligung des Weibes kommt langsam herauf?
O Europa! Europa!

WLADIMIR SOLOVJEV

(1853–1900)

Russischer Philosoph und Schriftsteller, led.; in tief religiöser, fast
mittelalterlicher Weise ist Sophia – die himmlische Weisheit – sein innerstes
Leitmotiv der Philo-sophie geworden. Er sah sie dreimal während seines
Lebens in Visionen voll von mystischer Verzückung in Licht und
strahlender Weiblichkeit. Sie war sein »Sinn«-bild der All-Einheit von
Gott und Mensch, und er sah seine Aufgabe darin, die »Fleischwerdung«
der Sophia zu bewirken (ähnlich wie Baader). Er schrieb u. a. eine
umfangreiche Moralphilosophie und korrespondierte auch mit Tolstoi
über Christentum und Gottmensch.

DIE RECHTFERTIGUNG DES GUTEN – EINE MORALPHILOSOPHIE

7. Kap.

() Zur Zeit des Aufblühens aller Kräfte des Menschen eröffnet sich in ihm eine neue geistig-physische Kraft, die ihn mit Begeisterung und heroischen Bestrebungen erfüllt, und eine höhere Stimme sagt ihm, daß diese Kraft ihm nicht umsonst gegeben ist, daß er sie für etwas Großes gebrauchen kann, daß jene wahrhafte und ewige Vereinigung mit einer anderen Person, die vom Pathos seiner Liebe gefordert wird, in ihnen das Bild des vollkommenen Menschen wiederherstellen und den Beginn für eine solche Wiederherstellung in der ganzen Menschheit bedeuten kann. ()

Der Mensch ist der *Ganzheit* seines Wesens und seines Lebens beraubt, und in der wahrhaften, *keuschen* Liebe zum anderen Geschlecht ist er bestrebt, hofft er, träumt er davon, diese Ganzheit wiederherzustellen. Diese Bestrebungen () werden durch jenen Akt einer vorübergehenden, äußerlichen und scheinbaren Vereinigung zerstört () Anstelle einer gegenseitigen geist-körperlichen Durchdringung und einer Vereinigung zweier menschlicher Wesen tritt hier nur eine Berührung organischer Schleimhäute und eine Vermischung organischer Sekrete (Absonderungen) ein. ()

19. Kap.

() Die geschlechtliche Gegensätzlichkeit, die in der Welt der vormenschlichen Organismen nur die allgemeine Wechselwirkung des formenden und des geformten Lebens, des aktiven und des passiven Prinzips ausdrückt, erhält für den Menschen eine bestimmtere und tiefere Bedeutung. Die Frau ist nicht wie die Weibchen der Tiere nur die Verkörperung der einen, der passiv empfangenden, Seite des natürlichen Seins, sie ist die konzentrierte Wesenheit der ganzen Natur, der endgültige Ausdruck der materiellen Welt in ihrer *inneren* Passivität, die bereit ist, überzugehen in ein neues, höheres Reich, bereit ist zur sittlichen Vergeistigung. Auch der Mann ist hier nicht nur das aktive Prinzip überhaupt, sondern er ist der Träger der eigentlich menschlichen Tätigkeit, die bestimmt wird durch den unbedingten Sinn des Lebens, dessen durch ihn auch die Frau teilhaftig wird. Und er seinerseits verdankt ihr die Möglichkeit der unmittelbaren nächsten *Realisierung* dieses Sinnes oder des absoluten Guten. ()

Es ist klar, daß, solange die Vereinigung von Mann und Frau noch nicht völlig vergeistigt ist, solange ihre Fülle nur in der Idee und im subjektiven Gefühl bleibt, in der objektiven Realität aber nach wie vor äußerlich und oberflächlich ist nach der Weise der Tiere – auch das Resultat dieser Vereinigung einen anderen Charakter *nicht* haben *kann*. () das, was die Eltern nicht vollbracht haben, wird von den Kindern getan werden. ()

Die sittliche Bedeutung der Ehe besteht darin, daß die Frau aufhört, Werkzeug natürlicher Triebe zu sein, und daß sie als ein an sich absolut wertvolles Wesen anerkannt wird, als die notwendige Ergänzung des individuellen Menschen, bevor er seine wahre Ganzheit erlangt hat. ()

BRIEFE

An Ekaterina März 1872

() Ich freue mich von Herzen für Dich, meine Liebe, daß Du endlich frei über Dich verfügen kannst. () Es erstaunt mich nicht, daß Dich jetzt vor allem die Realwissenschaften anziehen; damit muß man ja anfangen. Danach wirst Du zu etwas anderem übergehen, weil die Wissenschaft nicht das letzte Lebensziel sein kann. Das höchste, wahre Lebensziel ist von anderer Art – moralisch (oder religiös) –, () darüber sprechen, wenn wir uns wiedersehen; auch über die »Unterordnung« der Frauen, worüber man diskutieren müßte; und in Briefen ist das schwierig. ()

Juli 1873

Es ist traurig, meine liebe Katja, daß wir trotz gleicher gegenseitiger Liebe einander nicht verstehen. () Ich liebe Dich – so sehr wie ich ein menschliches Wesen nur lieben kann, und vielleicht mehr als ich darf. Für die meisten Menschen ist damit die Sache abgetan: Liebe und das, was auf sie folgen muß – Familienglück –, bildet das Hauptinteresse ihres Lebens. Ich aber habe eine ganz andere Aufgabe, die mit jedem Tag klarer und bestimmter wird und mich immer strenger fordert. Sie nach besten Kräften zu erfüllen: dieser Absicht will ich mein Leben weihen. Darum werden persönliche und familiäre Beziehungen immer einen *zweitrangigen* Platz in meiner Existenz einnehmen. Eben das wollte ich nur sagen, als ich schrieb, daß ich mich Dir nicht *ganz* geben kann. () Meinerseits ist zwar die Aufgabe, von der ich spreche, derart, daß ich sie mit niemand teilen kann, aber natürlich kann die Anteilnahme einer liebenden Frau bei so schweren Mühen und solchem Lebenskampf, mit denen die Lösung jeder ernsthaften Aufgabe unumgänglich verbunden ist, meine Kräfte unterstützen und stärken. Diese Hilfe ist unersetzbar, und natürlich kann ich sie nur von Dir bekommen. ()

September 1873

() das wirkliche Werk liegt noch vor mir. Ohne dieses Werk, ohne diese große Aufgabe wäre es zwecklos für mich zu leben; ohne sie würde ich gar nicht wagen, Dich zu lieben. Ich hätte kein Recht auf Dich, wenn ich nicht fest überzeugt wäre, Dir das geben zu können, was andere nicht geben können. ()

An die Mutter 1880

() Ich habe mit den Vorlesungen in den Frauenkursen von Bestužev angefangen. Die Hörerinnen zeichnen sich durch große Anzahl und geringe Schönheit aus. ()

An Sof'ja Michajlovna[1] 1892

() Ich bin traurig, aber nicht verzweifelt () Solange diese
Veränderung – Verlust des Regenbogenleuchtens oder der
Merkmale der göttlichen Sophia – nur Gespräche und das
Gesicht betrifft, ist es noch ein halbes Unglück. Aber
wenn sie sich über den ganzen Körper ausbreitet, dann ist
das das Ende von allem. Dann wird Ihnen nur noch ein
Vorzug bleiben: die klügste und originellste der Frauen
(Weiber, Mütter) zu sein. Das kann man Ihnen nicht
nehmen, aber es ist sehr, sehr wenig und für jene Welt
überhaupt nichts. () Ich schreibe Ihnen nicht, um die
entflohene Madonna zu beweinen, sondern um die
dagebliebene Matrone zu bitten, mir offen zu sagen: Kann
ich statt am Montag, auch morgen, am Freitag, für einige
Stunden kommen – ()

DREI BEGEGNUNGEN

I.

Zum ersten Mal vor sechsunddreißig Jahren
– so weit zurück trägt die Erinnerung kaum! –
Bekam des Kindes Seele zu erfahren
Der Liebessehnsucht unruhvollen Traum.

()

Azurumstrahlt auch Du! Und eine Blüte
Von überird'scher Schönheit hielt die Hand.
Du lächeltest mir zu in holder Güte
Du nicktest – und das Himmelbild entschwand.

()

II.

Die Jahre fliehn. Die erste Auslandsreise.
Ich bin Privatdozent. In raschem Flug
Durcheil' ich Deutschland auf dem Bahngeleise,
Berlin-Hannover-Köln: so rollt der Zug.

---

[1] Er hatte sich in Moskau in die verheiratete Sof'ja M. M. verliebt, die
nun schwanger wurde

Der Prado, Notre Dame, das Kolosseum,
Agia Sofia – all dies lockte kaum.
Es zog mich hin zum Britischen Museum,
Und dort erfüllte sich denn auch mein Traum.
()
Doch meist war ich allein im Lesesaale,
Las, was ich über *Sie* geschrieben fand,
Geheime Mächte spielten viele Male
Die besten Bücher schlau mir in die Hand.
()
Da eines Tags – das Jahr ging schon zur Neige –
Sprach ich zu Ihr: »Ich fühle, Du bist hier:
Du bist mir nah, wie einst dem Kinde. Zeige,
O Blüte Du der Gottheit, – zeig' Dich mir!«

Kaum war's gesagt, da fühlt' ich mich umflossen
Von gold'nem Glanz und strahlendem Azur
Und wieder sah ich *Sie,* von Licht umgossen,
Doch nur Ihr Antlitz, ach! – das Antlitz nur.
()

III.

()
So lag ich lang' in halbem Schlaf darnieder.
Da wehte es: »Mein armer Freund, schlaf ein!«
Und ich schlief ein; – – und ich erwachte wieder
Und sah die Welt in ros'gen Frührots Schein.
()
Ich sah das All, und alles war nur Eines,
War meiner ew'gen Freundin holdes Bild,
Und von dem Glanze dieses Himmelsscheines
War alles um mich her und war mein Herz erfüllt.
()
Die Welt ist eitel. Doch des Stoffes Hülle
Verbirgt mir nun nicht mehr das ew'ge Urgestein;
Noch untertan der Zeit sah ich die Fülle
Der Gottheit, sah das ewig – eine Sein.

GEORG SIMMEL
(1858–1918)

Deutscher Philosoph und Soziologe; verh.; zunächst von Spencer beeinflußter Evolutionist. Dann, nach einer intensiven Beschäftigung mit Kant und mit Goethe, entwickelte er eine Art dynamische »Lebens-philosophie«, in der die Intuition des Menschen vor dem ›spaltenden‹ Vernunftanspruch (Kant) den Vorrang erhielt. Das drückt sich auch in seiner Ethik aus, in der das »individuelle Gesetz« Vorrang vor dem »Gattungsgesetz« eines Kant erhält. Glück anstatt Pflicht solle des Menschen moralisches Ziel sein. Er läßt Goethe für sich sprechen: »Denn wozu dient all der Aufstand von Sonnen und Planeten, von gewordenen und werdenden Welten, wenn sich nicht zuletzt ein glücklicher Mensch unbewußt seines Daseins erfreut?«

DAS RELATIVE UND DAS ABSOLUTE IM GESCHLECHTER-PROBLEM

() Die Grundrelativität im Leben unserer Gattung besteht zwischen der Männlichkeit und der Weiblichkeit; und auch in ihr tritt dieses typische Absolutwerden der einen Seite eines Paares relativer Elemente in die Erscheinung. ()
Die künstlerischen Forderungen und der Patriotismus, ebenso wie der Kosmopolitismus, die allgemeine Sittlichkeit und die besonderen sozialen Ideen, die Gerechtigkeit des praktischen Urteils und die Objektivität des theoretischen Erkennens, die Kraft und die Vertiefung des Lebens – all diese Kategorien sind zwar gleichsam ihrer Form und ihrem Anspruch nach allgemein menschlich, aber in ihrer tatsächlichen historischen Gestaltung durchaus männlich. Nennen wir solche als absolut auftretende Ideen einmal das Objektive schlechthin, so gilt im geschichtlichen Leben unserer Gattung die Gleichung: objektiv = männlich. () Drückt man das geschichtliche Verhältnis der Geschlechter einmal kraß als das des Herrn und des Sklaven aus, so gehört es zu den Privilegien des Herrn, daß er nicht immer daran zu denken braucht, daß er Herr ist, während die Position des Sklaven dafür sorgt, daß er seine

Position nie vergißt. Es ist gar nicht zu verkennen, daß die Frau außerordentlich viel seltner ihr Frau-Sein aus dem Bewußtsein verliert als der Mann sein Mann-Sein. Unzählige Male scheint der Mann rein Sachliches zu denken, ohne daß seine Männlichkeit gleichzeitig irgendeinen Platz in seiner Empfindung einnähme; dagegen scheint es, als würde die Frau niemals von einem deutlicheren oder dunkleren Gefühle, daß sie Frau ist, verlassen; dieses bildet den niemals ganz verschwindenden Untergrund, auf dem alle Inhalte ihres Lebens sich abspielen. Da das Differentielle, das Männlichkeits-Moment in den Vorstellungsbildern und Normsetzungen, in den Werken und Gefühlskombinationen, dem Bewußtsein seiner Träger leichter entschwindet, als das entsprechende an dem Weiblichkeitsmoment geschieht, – denn für den Mann als den Herrn knüpft sich innerhalb seiner Lebensbetätigungen kein so vitales Interesse an seine Relation zum Weiblichen, wie die Frau es an ihrer Relation zum Männlichen haben muß – so heben sich die männlichen Wesensäußerungen für uns leicht in die Sphäre einer überspezifischen, neutralen Sachlichkeit und Gültigkeit (). Dies offenbart sich in der unendlich häufigen Erscheinung, daß Frauen gewisse Urteile, Institutionen, Bestrebungen, Interessen als durchaus und charakteristisch männlich empfinden, die die Männer sozusagen naiv für einfach sachlich halten. Auf der gleichen Grundlage der männlichen Herrschaft drängt eine andere Tendenz auf das gleiche Resultat. Von jeher hat jede auf subjektiver Übergewalt beruhende Herrschaft es sich angelegen sein lassen, sich eine objektive Begründung zu geben, das heißt: Macht in Recht zu transformieren. Die Geschichte der Politik, des Priestertums, der Wirtschaftsverfassungen, des Familienrechts ist voll von Beispielen. Insofern der Wille des pater familias, der dem Hause auferlegt ist, als »Autorität« erscheint, ist er nicht mehr willkürlicher Ausnutzer der Macht, sondern der Träger einer objektiven Gesetzlichkeit, die auf das Überpersönlich–Allgemeine der Familieninteressen geht. Nach dieser Analogie und oft in eben diesem Zusammenhang entwickelt sich die psychologische Superiorität, die das Herrschaftsverhält-

nis zwischen Männern und Frauen den männlichen
Wesensäußerungen verschafft, sozusagen in eine logische;
diese verlangen normative Bedeutung daraufhin, daß sie
die sachliche, für alle, ob männliche, ob weibliche
Individuen gleichmäßig gültige Wahrheit und Richtigkeit
offenbaren.

Daß so das Männliche zu dem schlechthin Objektiven
und sachlich Maßgebenden verabsolutiert wird – und
zwar nicht nur dessen empirische Gegebenheit, sondern
so, daß auch die aus dem Männlichen und für das
Männliche erwachsenden Ideen und idealen Forderungen
zu übergeschlechtlich-absoluten werden – das hat für die
Beurteilung der Frauen verhängnisvolle Folgen. Hier
entsteht auf der einen Seite die mystisierende Überschät-
zung der Frau. () Von hier aus *kann* die Selbständigkeit des
weiblichen Prinzips gar nicht anerkannt werden. So lange
es sich einfach um eine Brutalisierung der weiblichen
Wesensäußerungen () durch die in derselben Ebene
liegenden männlichen handelt, so lange war von einem
Appell an eine über beiden gelegene Instanz des Geistes
Gerechtigkeit zu hoffen. Sobald aber diese höhere Instanz
selbst wieder männlich ist, ist nicht abzusehen, wie die
weibliche Wesensart zu einer Beurteilung nach Normen
kommen soll, die auf sie anwendbar wären. () Denn der
Mann fordert von der Frau doch auch, was ihm, nun
gleichsam als einseitiger Partei, in seiner polaren Beziehung zu ihr wünschenswert ist, das im traditionellen Sinne
Weibliche, das aber nicht selbstgenugsame, in sich zentrie-
rende Eigenart bedeutet, sondern das auf den Mann
Orientierte, das ihm gefallen, ihm dienen, ihn ergänzen
soll. Indem die Prärogative der Männer den Frauen diese
Doppelheit der Maßstäbe auferlegt, den männlichen, als
übergeschlechtlich Objektives auftretenden, und den zu
dem gerade korrelativen, oft ihm genau entgegengesetzten, spezifisch weiblichen – können sie eigentlich von
keinem Standpunkt aus vorbehaltlos gewertet werden.
Die spöttisch kritische Attitüde gegenüber den Frauen ist
deshalb so durchgehend, aber auch so banal und billig ()

Für den Mann ist die Geschlechtlichkeit sozusagen ein
Tun, für die Frau ein Sein. Aber dennoch oder vielmehr

gerade damit ist jene Bedeutsamkeit des Geschlechts*un-terschiedes* für sie, genau angesehen nur eine sekundäre Tatsache; sie ruht in ihrem Weibtum als in einer absoluten Wesenssubstanz und – etwas paradox ausgedrückt – gleichgültig dagegen, ob es Männer gibt oder nicht. Für den Mann gibt es diese zentripetale, für sich seiende Geschlechtlichkeit gar nicht. Seine Männlichkeit (im sexuellen Sinne) ist viel durchgehender mit der Beziehung zu der Frau verbunden, als die Weiblichkeit der Frau mit der zum Manne. () Es ist deshalb sicher in vielen Fällen keine Selbsttäuschung (), wenn Mädchen sich einer leidenschaftlichen Sehnsucht nach einem Kinde, aber keiner nach einem Manne bewußt sind. Am extensivsten aber zeigt sich die Selbständigkeit des Geschlechtlichen an der Frau in dem von aller weiteren Beziehung zum Manne unabhängigen Verlaufe der Schwangerschaft und daran, daß es in den Urzeiten der Menschheit offenbar sehr lange gedauert hat, ehe man überhaupt die Verursachung der Schwangerschaft durch den Geschlechtsakt erkannte. Daß die Frau in der tiefsten Identität von Sein und Weibsein lebt, in der Absolutheit des *in sich* bestimmten Geschlechtlichen, das für seine Charakterwesentlichkeit der Relation zum anderen Geschlecht nicht bedarf, das macht ihr freilich () gleichsam den soziologischen Ort ihres metaphysischen Wesens besonders wichtig; während für den Mann () sie eben deshalb nur ein Lebensele-ment unter anderen ist, kein charakter-indelebilis wie dort – so daß die Beziehung zur Frau trotz ihrer, für seine Geschlechtlichkeit entscheidenden Bedeutung doch im ganzen nicht jene vitale Wichtigkeit für ihn besitzt. Offenbar ist das typische Verhalten dieses: die Erfüllung des sexuellen Begehrens hat die Intention, den Mann aus der Beziehung zu lösen, die Frau an die Beziehung zu binden. Es ist allgemeine Erfahrung, daß die Frau den Mann umso mehr liebt, wenn sie sich ihm hingegeben hat, ja daß ihre wirkliche, tiefgründige Liebe oft erst damit entsteht – oft dadurch noch unterstützt, daß die Schwan-gerschaft schützende Anlehnung fordert. Ebenso allge-mein aber ist die Erfahrung, daß der Mann von der Frau, die sich ihm hingegeben hat, sehr bald nichts mehr wissen

will – was dann zu einer der ethisch widerwärtigsten
Erscheinungen führt: daß er die Frau um ihrer Hingabe
willen *verachtet* () Das allgemeine Schema aber ist auch
hier, daß für den Mann die sexuelle Frage eine Relations-
frage ist, also überhaupt verschwindet, sobald er, weil der
motivierende Trieb gestillt ist, an der Relation kein
Interesse mehr hat, sein Absolutes ist mit seinem Ge-
schlechtlichsein nicht verbunden. Für die Frau ist dieses
eine Wesensfrage ()

Das Absolute, das die Sexualität oder die Erotik als
kosmisches Prinzip darstellt, wird für den Mann zur
bloßen Relation zur Frau; () für die *Frau* zum Absoluten,
für sich Seienden ihres Wesens. Das schließende Ergebnis
dieser Konstellation ist auf der einen Seite das häufig
festgestellte Gefühl, als ob auch die vollkommenste
Hingabe einer Frau einen letzten Vorbehalt ihrer Seele
nicht löste – weil sie eben *in sich* geschlechtlich ist, nicht
nur in der Beziehung zum Mann –, als wäre ein heimliches
Sichselbstgehören und Insichgeschlossensein in ihr ()

Aus dieser fundamentalen Struktur wird es verständlich, daß einerseits der psychologische Instinkt von jeher
die Frau als das Geschlechtswesen bezeichnet hat und daß
andrerseits die Frauen selbst sich so oft dagegen auflehnen
und diese Bezeichnung als irgendwie unzutreffend empfinden. Dies liegt daran, daß man unter Geschlechtswesen
() ein solches zu verstehen pflegt, das primär und in seiner
Basis auf das andere Geschlecht gerichtet ist. Dies aber gilt
typischerweise für die Frau nicht. Ihre Geschlechtlichkeit
ist gerade viel zu sehr ihre immanente Beschaffenheit ()
Darum erscheint es mir auch keineswegs erschöpfend,
wenn man eben dieses Wesen, statt in die Relation zum
Manne, nun in die zum Kinde auflösen wollte. ()

Obgleich es der populären Ansicht widerstreitet: dem
tiefsten Wesen des Mannes liegt dieses Sich-zum-Mittel-
machen, dieses Verlassen des eigenen Zentrums viel näher
als dem der Frau. Er schafft das Objektive oder wirkt in
das Objektive hinein (). Sein theoretisches wie sein
praktisches Ideal enthält ein Element der Entselbstung. Er
legt sich immer in eine irgendwie extensive Welt auseinander () – ganz anders als die Frau, deren Sein sich sozusagen

auf rein intensiven Voraussetzungen aufbaut, die vielleicht in ihrer Peripherie störbarer und zerstörbarer ist als der Mann, aber () in diesem Mittelpunkt expansionsloser und allen außerhalb gelegenen Ordnungen entzogener ruht. Mag man das Leben als subjektiv-innerliche Gerichtetheit, mag man seinen Ausdruck an den Dingen erfassen, immer erscheint das männliche Individuum nach zwei Seiten bewegt, in deren Polarität die Frau nicht hineingezogen ist. () Demgegenüber verbleibt die Frau in sich, ihre Welt graviert nach dem dieser Welt eigenen Zentrum. Indem die Frau jenseits jener beiden eigentlich exzentrischen Bewegungen, der begehrlich sinnlichen und der transzendent formalen steht, könnte man gerade sie als den eigentlichen »Menschen«, als die im umgrenztest Menschlichen Wohnhafte bezeichnen, während der Mann »halb Tier, halb Engel« ist. ()

Der Idealismus der reinen Theorie, die eine Beziehung zu dem bedeutet, wozu man eben keine Beziehung hat, ist nicht ihre Sache. () Das Verhältnis zu den Dingen, das in irgendeiner Weise zu haben allgemeine Notwendigkeit ist, gewinnt die Frau, sozusagen ohne das Sein, in dem sie ruht, zu verlassen – durch eine unmittelbare, instinktivere, gewissermaßen naivere Berührung, ja Identität. Ihre Existenzform geht nicht auf jene besondere Trennung von Subjekt und Objekt, die erst in den besonderen Formen von Erkennen und Schaffen wieder ihre Synthese erfährt. () So liegt allerdings in dem männlichen Wesen ein formales Moment, das seine Aufgipfelung über sich selbst zu einer unpersönlichen, ja überrealen Idee und Norm vorbereitet. () Indem das weibliche Wesen diesen ganzen Gegensätzlichkeiten und Überbauten, diesen Distanzen zwischen Subjektivem und Objektivem seine fundamentale Einheitlichkeit gegenüberstellt, offenbart sich die typische Tragik jedes der beiden Geschlechter. ()

Vielleicht eine Nuance, vielleicht aber auch die tiefere Fundierung dieser schwierigkeitsbeladenen Funktion der Frauen als »Mittel« ist der *passivistische* Charakter, mit dem sie sich, nach allgemeiner Überzeugung, von dem aktiveren Wesen der Männer abscheiden. () Eine Existenz, die tief in sich ruht, von Natur her ihren Sinn in reiner

Gesammeltheit auf die eigen-innerliche, relationsfreie Subjektivität findet, wird in dem Augenblick, in dem sie in die Beziehung zu außerhalb stehenden Wesen, zu aggressiveren, auf zentrifugale Tendenz gestimmten, eintritt, unvermeidlich die duldende, hinnehmende, passive Rolle spielen. ()

Der Mann mag noch so sehr für eine Idee leben und sterben, er hat sie doch immer gegenüber, sie ist ihm die unendliche Aufgabe, er bleibt im ideellen Sinne immer der Einsame. Da dies Darüber und Gegenüber die einzige Form ist, in der der Mann die Idee denken kann und erlebt, so scheint es ihm, als ob die Frauen »keiner Ideen fähig« wären (Goethe). Allein für die Frau ist ihr Sein und die Idee unmittelbar eines, sie ist, trotzdem eine schicksalshafte Vereinsamung gelegentlich über sie Herr werden mag, typischerweise nie so einsam wie der Mann, sie ist immer bei sich selbst zu Hause, während der Mann sein »Haus« außerhalb seiner hat. () Leben und Idee haben hier das Verhältnis der Unmittelbarkeit, aus dem sich nun der Wert einer innern Welt, oder auch eine Welt innerer Werte genau so aufbaut, wie es für die Männer in der Form der Getrenntheit beider möglich ist. Der den Frauen allgemein insinuierte »Mangel an Logik« muß damit zusammenhängen, und soviel Oberflächliches und Schiefes in diesem Vorwurf liegen mag, so gibt seine Allgemeinheit doch Anweisung auf irgendein Tatsächliches, aus dem er entwickelt ist. () Darum ist der Frau die männliche Bemühung auf mannigfaltigsten Sachgebieten, Sein und Idee zusammenzubringen, so oft unverständlich. Sie besitzt vielfach unmittelbar, was für den Mann ein Resultat der Abstraktion ist, das heißt des Wiederzusammenfügens des zuvor dualistisch Gespaltenen. () Es ist sehr merkwürdig, daß, so wenig eigentliche Genies sich unter den Frauen finden, doch gerade öfters bemerkt worden ist, daß das Genie etwas von weiblicher Art in sich habe. Dies bezieht sich sicher nicht nur auf das Schaffen des Werkes, dessen unbewußtes, aus dem Gesamtsein der Persönlichkeit gespeistes Reifen dem Wachsen des Kindes in der Mutter analog sei. Sondern es ist die apriorische Einheit von Leben und Idee, auf der das weibliche Wesen ruht und die das Genie auf der höchsten, am Objekt produktiven Stufe wiederholt. Daß im übrigen bei der Dunkelheit jenes metaphysischen Zusammenhanges und bei der Primitivität des Instinktes, den das bewußte logische Verfahren zu ersetzen, zu korrigieren, zu sichern strebt, – daß dabei das Vorbeigreifen des weiblichen Instinktes, des weiblich unmittelbaren Wissens, ebenso häufig sein kann, wie die Richtigkeit, ist begreiflich.

So ist also der sogenannte Mangel an Logik keineswegs eine einfache Ausfallerscheinung, sondern nur der negative Ausdruck der durchaus positiv bestimmten weiblichen Wesensart. () Der spezifisch männliche Dualismus – »zwischen Sinnenglück und Seelenfrieden« – wird von der weiblichen Natur () doch ihrem eigensten Wesen nach durch eine einheitliche innere Führung ersetzt. ()

Mit alledem aber soll hier nur das tiefe, alles Außer-Sich ablehnende Eingesenktsein der Frau in das eigne Sein, das ein absolutes Weibsein ist, dargestellt werden und hiermit wiederum die Selbständigkeit dieses letzteren gegenüber der bloßen Relation zum Manne, aus der es angeblich sein Wesen empfängt. Aber dies begründet doch zugleich, wieso das Frauentum, trotz seiner inneren Absolutheit, dem männlichen Prinzip die übergeschlechtlich objektive Welt, die theoretische und die normative, die dem Ich gegenübersteht, zu stiften überlassen muß. Um allen Verdacht, den Frauen hiermit eine Deklassiertheit zu insinuieren, abzuwehren, sei betont, daß es prinzipiell durchaus die gleichen *Inhalte* von Geist und Leben sein können, die sich in der männlichen und in der weiblichen *Form* realisieren () Wenn der Mann insoweit über der geschlechtlichen Gegensätzlichkeit steht, als die objektiven Normen selbst männlich sind () so steht die Frau jenseits ihrer, weil sie ihrem Sein nach unmittelbar an und von der Quelle lebt, aus der beide Seiten des Gegensatzes fließen. Wie der Mann aus jenem Zusammenhang heraus mehr ist als männlich, so ist die Frau mehr als weiblich, weil sie die allgemeine, die Geschlechter substantiell oder genetisch zusammenfassende Grundlage darstellt, weil sie die Mutter ist. Wie das Absolute dort sich als übergeschlechtlich Objektives erhebt, das männlich ist, so hier

als übergeschlechtlich Fundamentales, das weiblich ist. ()
so stellt die Frau eine Einheit dem Manne gegenüber dar,
der in die Vielheit des zersplitterten Lebens verflochten
ist. () auf der einen Seite steht das Männliche als Absolutes,
das mehr als Männliches ist, das die Objektivität, die um
den Preis des Dualismus gewonnene normative Höhe
über aller Subjektivität und aller Gegensätzlichkeit bedeutet – auf der andern das Weibliche als Absolutes, das die
Einheit des menschlichen Wesens, gleichsam noch vor der
Trennung in Subjekt und Objekt, in substantieller,
ruhender Geschlossenheit trägt.

RABINDRANATH TAGORE
(1861–1941)

Indischer Philosoph, Schriftsteller und Erzieher, verh.; erhielt 1913 den
Nobelpreis; reiste viel in Europa und versuchte westlich-europäische
Kultur und Religiosität mit indischer Mystik zu vereinen. In seinem Buch
»Nationalismus« zeigt er die Gefahren nationalen Denkens auf und warnt
vor kriegerischen Auseinandersetzungen. Er versuchte indische Innerlich-
keit in westlich-technisierte Äußerlichkeit zu bringen und wurde in den
ersten 20 Jahren dieses Jahrhunderts viel gelesen. Z. B. las Wittgenstein
Gedichte von ihm vor, und zwar im Kreise von strengen Positivisten (z. B.
Carnap), um ihnen eine Art von Innerlichkeit und Mystik zu zeigen, die
man nicht einfach als nichtigen Ausdruck bezeichnen könne, wie es z. B.
Carnap tat. So grenzte sich Wittgenstein mit Tagore von den Positivisten
ab.

ÜBER DIE FRAU

Wenn die männlichen Geschöpfe ihrer natürlichen Neigung zum Kämpfen nachgeben und einander töten, so läßt
die Natur dies zu, weil die weiblichen Wesen ihrem Zweck
unmittelbar, die männlichen ihm dagegen nur mittelbar
dienen. ()
Weil nun aber den männlichen Wesen in der Menschen-

Bernhardus de breidenbach de
cannonicus et Camerarius ecclesie magun...

Johannes Cmnitis I Sol
ms et dns Mimssberg

Philippus de   bicken miles

welt so wenig Pflichten und Verantwortung der Natur gegenüber bleiben, so waren sie frei, anderen Beschäftigungen und Abenteuern nachzugehen. () So ist es gekommen, daß, wenn auch auf den Gebieten des natürlichen Lebens das Weib noch den Thron behauptet, den die Natur ihr zuerkannt, auf geistigem Gebiet der Mann seine eigene Herrschaft errichtet und ausgedehnt hat. ()

Der Mann machte sich diese verhältnismäßige Freiheit von physischer und seelischer Gebundenheit zunutze und ging unbelastet an die Erweiterung seines Lebensgebiets. Hierbei beschritt er den gefahrvollen Weg gewaltsamer Umwälzungen und Zerstörungen. () Aus diesen wiederholten Katastrophen hat der Mensch die Wahrheit gelernt, wenn er sie sich auch noch nicht völlig zunutze gemacht hat, daß er bei allem, was er schafft, das sittliche Gleichmaß wahren muß, wenn sein Werk nicht untergehen soll; daß ein bloßes unbegrenztes Anhäufen von Macht nicht zu wahrem Fortschritt führt; daß Ebenmaß des Baues und Harmonie mit seiner Basis zu wirklichem Gedeihen nötig sind. ()

Dies Ideal der Festigkeit und Dauerhaftigkeit ist in der Natur der Frau tief gegründet. Es macht ihr niemals Freude, nur immer weiterzueilen und dabei Pfeile eitler Neugierde mitten ins Dunkle hinein zu schießen. Sie wirkt instinktiv mit allen ihren Kräften dahin, die Dinge zu einer gewissen Vollendung zu bringen, – denn das ist das Gesetz des Lebens. ()

Die männlichen Schöpfungen intellektueller Kultur sind babylonische Türme, sie wagen es, ihrer Basis zu trotzen, und stürzen daher immer wieder ein. So wächst die Menschheitsgeschichte auf Trümmerschichten empor, es ist kein ruhig fortschreitendes Wachsen unmittelbar aus der mütterlichen Erde. Der gegenwärtige Krieg gibt ein Bild davon. Die wirtschaftlichen und politischen Organisationen, die nur mechanische Kraft darstellen, die aus dem Intellekt geboren ist, sind geneigt zu vergessen, daß ihr Schwerpunkt in dem Mutterboden des Lebens liegen muß. ()

Im gegenwärtigen Stadium der Geschichte ist die

Kultur fast ausschließlich männlich; es ist eine Kultur der Macht, welche die Frau abseits in den Schatten gedrängt hat. Daher hat diese Kultur ihr Gleichgewicht verloren und taumelt nur von einem Krieg zum anderen. ()

Und endlich ist die Zeit gekommen, wo die Frau eingreifen und diesem rücksichtslosen Lauf der Macht ihren Lebensrhythmus mitteilen muß.

Denn die Aufgabe der Frau ist die passive Aufgabe, die der Erdboden hat, der nicht nur dem Baum hilft, daß er wachsen kann, sondern auch sein Wachstum in Schranken hält. ()

Unsere Kultur muß auch ihr passives Element haben, auf dem sie tief und fest gegründet steht. () Sie muß nicht nur ihre Melodie, sondern auch ihren Takt haben. Dieser Takt ist keine Schranke, er ist das, was die Ufer dem Fluß sind; sie geben seinen Wassern, die sich sonst im Morast verlieren würden, dauernden Lauf. ()

Die Frau ist im weit höheren Maße mit den passiven Eigenschaften der Keuschheit, Bescheidenheit, Hingebung und Opferfähigkeit begabt als der Mann. Die passiven Eigenschaften der Natur sind es, die ihre ungeheuren Riesenkräfte zu vollendeten Schöpfungen der Schönheit umwandeln, – die die wilden Elemente zähmen, daß sie mit zarter Fürsorge dem Leben dienen. ()

Ich habe an einer anderen Stelle gesagt, daß man bei der Frau des Westens eine gewisse Ruhelosigkeit beobachtet, die nicht ihrer wahren Natur entsprechen kann. Denn Frauen, die besonderer und gewaltsamer Anregung in ihrer Umgebung bedürfen, um ihre Interessen wachzuhalten, beweisen nur, daß sie die Berührung mit ihrer eigenen wahren Welt verloren haben. ()

Sie sind die Mütter des Menschengeschlechts, und sie haben ein lebendiges Interesse an den Dingen, die sie umgeben, eben an den Dingen des alltäglichen Lebens; wenn sie dies Interesse nicht hätten, müßte die Menschheit untergehen. ()

Des Mannes Interesse für seine Mitmenschen wird erst wirklich ernst, wenn er sieht, daß sie besondere Fähigkeiten besitzen oder von besonderem Nutzen sein können, aber eine Frau fühlt Interesse für ihre Mitmenschen, weil

sie lebendige Geschöpfe, weil sie Menschen sind, nicht
weil sie einem besonderen Zweck dienen können oder
weil sie eine Fähigkeit haben, die sie besonders bewundert. Und weil die Frau diese Gabe hat, übt sie solchen
Zauber auf unsere Seele aus; die überschwängliche Fülle
ihres Lebensinteresses ist so anziehend, daß sie allem an
ihr, ihrer Rede, ihrem Lachen, ihrer Bewegung, Anmut
verleiht; denn Anmut fließt aus dieser Harmonie mit dem
Leben, das uns umgibt. ()

Wenn die Frauen die Teilnahme am Alltäglichen
verloren haben, dann schreckt die Muße sie mit ihrer
Leerheit, weil, nachdem ihr natürliches Empfinden abge-
stumpft ist, sie nichts mehr in ihrer Umgebung finden, das
ihre Aufmerksamkeit beschäftigt. Daher schwirren sie
von einer Tätigkeit zur anderen, nur um die Zeit
auszufüllen, nicht um sie zu nützen. ()

Ich will damit nicht sagen, daß das häusliche Leben das
einzige Leben für eine Frau sei. Ich meine, daß die Welt
des Menschlichen die Welt der Frau ist, sei es die häusliche
Welt oder sei es draußen im Leben, solange nur ihre
Betätigung dort dem Menschen gewidmet ist, und nicht
abstraktes Streben nach Organisation. ()

Die Frau sollte ihre Gabe gebrauchen, durch die
Oberfläche hindurch ans Herz der Dinge zu gelangen, wo
in dem Geheimnis des Lebens ein unendlicher Reiz
verborgen liegt. Der Mann hat diese Gabe nicht in dem
Maße. ()

In dem gegenwärtigen Stadium der Kultur, wo die
Verstümmelung von Individuen nicht nur geübt, sondern
verherrlicht wird, schämen sich die Frauen ihres Gefühls.
() Aber weil die Männer in ihrem Stolz auf Macht
angefangen haben, lebendige Dinge und menschliche
Beziehungen zu verspotten, so schreien eine große Anzahl
von Frauen sich heiser, um zu beweisen, daß sie nicht
Frauen sind, wenn sie Macht und Organisation vertreten.
() Aber der Mann kann durch seinen Machtwillen die Frau
nicht ein für allemal zum bloßen Zierstück herabwürdi-
gen. Denn sie ist der Kultur nicht weniger notwendig als
er, vielleicht mehr. ()

Obgleich daher in dem gegenwärtigen Stadium der

Geschichte der Mann seine männliche Überlegenheit behauptet und seine Kultur mit Steinblöcken aufbaut, ohne sich um das Prinzip des wachsenden Lebens zu kümmern, so kann er doch die Natur der Frau nicht ganz in Staub zermalmen oder in totes Baumaterial umwandeln. ()

Der Riesenwagen der Organisation fährt kreischend und krachend auf der Heerstraße des Lebens dahin, Elend und Verstümmelung auf seinen Spuren zurücklassend, denn was kümmert's ihn, wenn er nur eilig weiterkommt. Daher muß die Frau in die zerquetschte und zertrümmerte Welt der Einzelwesen eintreten ... ()

Die Zeit ist gekommen, wo die Verantwortung der Frau größer ist als je zuvor, wo ihr Arbeitsfeld weit über die Sphäre häuslichen Lebens hinausreicht. Die Welt ruft durch ihre geschmähten Individuen ihre Hilfe an. Diese Individuen müssen wieder in ihrem wahren Wert erkannt werden, sie müssen wieder ihr Haupt zur Sonne heben dürfen und durch die erbarmende Liebe der Frau den Glauben an die Liebe Gottes wiedergewinnen. ()

Und gerade weil die Frau von dem Mann beiseite gedrängt war und gewissermaßen im Dunkel lebte, wird ihr jetzt in der kommenden Kultur volle Entschädigung werden. ()

BÔ YIN RÂ

Mir sind keine persönlichen Angaben bekannt, ich fand nur das Buch. Seine Gedanken scheinen mir interessant und typisch für indisches Denken zu sein, das tief in abstrakteren kosmischen Einsichten mündet. Er war wahrscheinlich ein indischer Denker und Religionsstifter im Anfang dieses Jahrhunderts, der in Deutschland Anhänger besaß, wie aus dem kurzen Vorwort im Nebensatz aus dem Buch hervorgeht.

BREVIER

Reiner Geist ist: »Mann und Weib«.

()

»Mann« und »Weib« spricht das Urwort aus...
»Mann« und »Weib« ist der ewige Mensch...

()

Kein Gebilde, kein Wesen ist im geistigen wie im
physisch-sinnlichen Kosmos, auch nichts ausgesprochen
Männliches oder Weibliches, in dem nicht – »Mann« und
»Weib« – zugleich vereinigt wären. –

()

Was heute auf Erden »Mann« ist, war immer, auch vor
Ewigkeiten, männlich-polarer Art von ursprünglicher
Geistnatur,
und was heute auf Erden als »Weib« lebt, war ewig
weiblich-geistiger Richtung.
In gegenseitiger Durchdringung ist im Geiste alles in
Ver-Einigung, was sich nur jemals auf der Erde hier in
wahrer Liebe fand! –

()

»Ehe«, im höchsten Sinne, ist nur die Vorbereitung des
ent-zweiten Einzelpoles für das zwiepolare Leben des
vereinigten Menschengeistes, – »Mann und Weib«, – in
der Ewigkeit. –

()

»In Nichts zerfallen« müßte jedes Atom, in dem »Mann
und Weib« nicht ewig zeugend und gebärend wirkten. –

()

Alles Leben im Kosmos ist die Wirkung polarer Gegensätze, ist Austausch zwischen polar entgegengesetzten
Kräften.

RUDOLF STEINER
(1861–1925)

Deutscher Philosoph und Gründer der »Anthroposophischen Gesellschaft«, die auch durch ihre »Waldorf-Schulen« bekannt ist; versuchte
gegen die reine Intellektualität das Emotional-kreative im Menschen zu
wecken, was bis in mystisch-visionäre »Wesensschauen« hineinreichte. Er
vertrat die Lehre der Wiedergeburt der Seele (Reinkarnation) und nahm an,
daß der Mensch sich mit einigen Mühen an seine Seelenzustände sogar vor
der Geburt erinnern könne und auch in die Zukunft hellseherische
Seelenkräfte durch seine »Geisteswissenschaft« entfalten könnte.

DAS DEKADENTE GENIE

() Otto Weininger ist es, den ich meine, der als ein richtiges
Genie der Gegenwart von vielen Menschen angesehen
worden ist. »Geschlecht und Charakter«, ein dickes Buch,
das er geschrieben hat, hat viel, viel Aufsehen gemacht,
und die Urteile, die über dieses Buch gefällt worden sind,
die sind sehr, sehr voneinander verschieden. ()

Weininger () meinte, er habe, weil er noch Tieferes
erkannt habe, die moderne Menschheit von allem Weiblichen, von allem W zu erlösen; erst dann könne die
Menschengeschichte sich fortentwickeln, wenn sie von
allem W, nicht nur von aller Sünde erlöst sei; denn gibt es
nicht mehr W, so gibt es selbstverständlich die Schuld des
M nicht mehr, denn das W ist nur die Schuld des M. Und
das sah Weininger als eine Art Erfüllung des Christentums
an, daß er als Jude die Menschheit von dem W erlösen
könne; das sah er gewissermaßen als seine Sendung an. ()
... was da bei Weininger heute als Intuition und Imagination zum Ausdruck gekommen ist, das sind wirkliche
Ideen der Zukunft! Bitte lassen Sie sich dadurch nicht
stören, daß Sie etwa glauben könnten, alles das, was hier
über das Männliche und Weibliche entwickelt worden ist,
sei Idee der Zukunft. Das sind nicht Ideen der Zukunft,
das sind schon die ins Gehirn hereingepreßten karikierten
Ideen. Aber die sind wirklich nicht bloß dieses M + W.
Wenn sie da drinnen abgesondert beobachtet werden, da

sehen Sie etwas, was ganz grandios ist, was die heutige Menschheit noch nicht versteht, sondern erst in der Zukunft verstehen wird, wenn wirklich ausgegossen werden wird über die Menschheit etwas, wodurch sich die Menschen nicht nur so gegenüberstehen werden wie heute, durch das Geschlecht, sondern wodurch sie sich mehr als Menschen gegenüberstehen werden. Es ist wirklich () in diesen Ideen Zukünftiges vorhanden. ()

Für den unverständigen Literaten mag Weininger das Genie der Gegenwart sein, für den Irrenarzt ist er ein Wahnsinniger, für denjenigen, der verstehen will die Zeiten, der sich mit liebevoller Erkenntnis in die Ereignisse hineinversetzen will, ist er der Typus für das Übergangsleben unserer Zeit, einer der interessantesten Typen. Wichtig ist es, das Leben an solch interessanten Beispielen anzufassen. ()

CARL JOËL
(1864–1934)

Deutsch-israelischer Philosoph und Professor; led.; hauptsächlich bekannt durch seine Gesamtdarstellung der Philosophiegeschichte, in der er die These vertritt, daß sich immer Epochen der »Bindung« und »Lösung« abwechseln. Er gilt als Vorbereiter der Seele-Lebensphilosophie gegen den »Tatsachenglauben« seiner Zeit und führte Nietzsches Werke in die philosophischen Seminare der deutschen Universitäten ein.

DIE FRAUEN IN DER PHILOSOPHIE

Hochgeehrte Anwesende!

Die Frage nach der geschichtlichen Rolle der Frauen in der Philosophie kann unwürdig erscheinen, an dieser Stätte behandelt zu werden, der die bloße müßige Neugier ebenso fernbleibt wie der Lärm des Parteistreites. Und in der Tat, es wäre nur eine parteipolitische Tagesfrage für die Frauen und eine Kuriositätsfrage für die Philosophie, wenn die Philosophie wäre wie jede andere Wissenschaft. () und da mag nun der eine, der nur wägt und nicht zählt, den Frauen eine wissenschaftliche Fähigkeit abstreiten, die der andere, der nur zählt und nicht wägt, ihnen zuspricht, weil er eine Handvoll Schriften mit wissenschaftlich klingendem Titel von weiblichen Autoren aus einem Bücherlexikon zusammengelesen hat. Und der Verfechter der Frauenrechte wird nun die Hand legen auf dieses Häuflein Schriften und sprechen: es sind zwar wenige, aber sie genügen zum Fähigkeitsausweis, und es werden mehr sein, sobald nur der Fortschritt der Kultur all die Schranken niedergerissen, die den Frauen das fachmäßige Studium der Wissenschaften erschweren oder verbieten. Das mag für jede Wissenschaft seine Geltung haben, die Philosophie aber lacht solcher Reden als leerer Worte, weil sie nichts weiß von der unbedingten Notwendigkeit fachmäßigen Betriebs und nichts von festen Schranken, die den Gelehrten vom Laien scheiden. Das Edelste und Beste allerdings erwächst auch in der Philosophie nicht ohne künstliche Zucht im Garten der Akademie. () Ich will nicht dabei verweilen, daß von allen großen Philosophen Englands kein einziger als Gelehrter von Profession auf einem Katheder gesessen hat; ich will nur an zwei große Namen von Autodidakten, von ungelehrten Philosophen erinnern, deren Wirkung in der Philosophie nach Jahrhunderten zählt, an den Steinmetz *Sokrates* und an den Schuster *Jakob Böhme*. Und es soll wirklich Schranken geben für die Philosophie? Wer darf von Verboten sprechen in der freiesten der Wissenschaften? Verbiete du dem Seidenwurm zu spinnen! Die Philosophie schafft eine Technik, aber sie bindet sich nicht daran; sie bindet sich an kein Objekt, sie braucht weder die Schätze der Museen noch den Apparat der Laboratorien, sie kann selbst auf Bücher verzichten, sie kann in der Wüstenhöhle des Einsiedlers leben, () sie braucht nur eins: die denkende Seele. Warum aber sollte die denkende Seele nicht im Körper des Weibes so gut wohnen wie in dem des Mannes? Und darum ist die Frage nach den philosophischen Leistungen der Frauen keine Tagesfrage, d. h. keine Emanzipationsfrage. () Die Schule stärkt den starken,

lähmt den zarten Geist, und so konnte in der absterbenden
Antike, als die Philosophie mehr Schule als Philosophie
war, ein von der Tradition erdrückter Epigone alle
Bücherweisheit verwünschen.

Die Hand ferner, die den Frauen die Pforten der Berufe
öffnet, erschließt ihnen sicherlich nicht das Tor der
Philosophie. Denn der Beruf entfremdet der Philosophie
und gerade am meisten in seiner höchsten Ausbildung,
d. h. im Spezialistentum. Der Spezialist ist der Antipode
des Philosophen, der gerade das spezielle Interesse
aufhebt, um die allgemeine Betrachtung an seine Stelle zu
setzen. Wie mancher hat die philosophische Begeisterung
der Jünglingsjahre in seinem Beruf begraben! Wer wollte
ihn darob schelten? Seit Schiller den philosophischen
Kopf so hoch erhoben über den Brotstudenten, ist das
Leben dem Manne so viel feindlicher geworden, der Beruf
so viel anspruchsvoller an Zeit und geistiger Anspannung,
und die philosophische Stimmung droht dem heutigen
Manne völlig abzusterben! () Aber es liegt in der Situation
wie in der Natur des Weibes noch etwas, das der
Philosophie entgegenzukommen, das eine Wesensge-
meinschaft zu begründen scheint, die das Weib und die
Philosophie in gewissem Grade Hand in Hand gehen
heißt. Gegenüber dem heißen Manneskampf des praktischen Lebens bringt das Weib und die Philosophie den
Frieden, die milde Ruhe sinniger Anschauung, die Leben
weniger schafft als empfängt, spiegelnd aufnehmen, teil-
nehmend verstehen will. Wenn der Lebenskampf die
Interessen individualisiert, den Egoismus schärft und den
Geist herabstimmt auf das Nützliche und Nüchterne, so
streben das Weib und die Philosophie, selbstlos zu sein
und die Bedeutung des Seins und Lebens zu erhöhen; und
wenn der Beruf mit seiner technischen Differenzierung
die Männer auseinanderführt, so führt sie das Weib und
die Philosophie im allgemein Menschlichen zusammen.
Die Philosophie soll das Herz der Wissenschaft sein, die
Zentralwissenschaft, die alles Spezialwissen liebend vereinigt, und während die Einzelwissenschaften draußen den
Pflug rühren auf den getrennten Forschungsfeldern, hat
die Philosophie, ins Innere zurückgezogen, den häusli-

chen Herd zu bewahren, wo die getrennten sich doch
wieder zusammenfinden als Glieder einer Familie, wo sie
heimbringen, was sie geerntet und als Nahrung empfangen, was die Philosophie verarbeitet hat. So könnte man
den Beruf der Philosophie dem Beruf des Weibes ähnlich
finden. Hat nun das Weib dieser Ähnlichkeit entsprochen
durch philosophisches Interesse und philosophische Leistungen? () Haben die Frauen in philosophischen Leistungen ihr Wesen zum Ausdruck gebracht? Doch wie man
auch die Frage formulieren mag, kein Kenner der Philosophie kann über die Antwort zweifeln; sie lautet klar und
so grob, wie es die Tatsachen fordern: es gab nie eine
große Philosophin, und die Philosophie des Weibes als
Selbstausdruck weiblichen Wesens ist immer noch
ungeschrieben.

Aber gab es denn überhaupt Philosophinnen? Ja, doch
sie bilden einen winzigen Bruchteil der Philosophen,
einen erschreckend kleinen, wenn man hinschaut auf die
reichen Lorbeeren, die sich die Frauen in manchen
Künsten gepflückt haben, ja selbst, wenn man ihre
Betätigung in manchen anderen Wissenschaften ver-
gleicht. Die Schriften weiblicher Philosophen verschwinden wie Tropfen im Meer der Philosophie, und selbst
unsere gründlichsten, mehrbändigen Darstellungen der
Geschichte der Philosophie gedenken der Philosophinnen
insgesamt entweder gar nicht oder nur mit wenigen
Zeilen. Nun mögen ja in diesen Darstellungen die großen
Denker die kleinen verschlingen. () Das philosophiege-
schichtliche Lexikon von *Noack* zählt mehr als 1500
Philosophen in Spezialartikeln auf, darunter nur 13
Frauen. () Von jenen dreizehn Frauen sind es nur drei, die
in diesem Handbuch mehr als fünf Halbzeilen beanspruchen, und insgesamt sind es 81 Halbzeilen, d. h. etwas
über eine halbe Seite, was dieses Werk von 936 Seiten über
weibliche Philosophen mitzuteilen hat. Wollte man danach scherzweise die philosophische Gesamtleistung der
Frauen auf einen mathematischen Ausdruck bringen, so
gewänne man die Ziffer 0,0006. () Der Konkurrenztrieb
der Frauen erwacht eben heute auf allen Gebieten und
– merkwürdig genug! – in der so zugänglichen, dem

Dilettantismus sonst so lockend scheinenden Philosophie
eher weniger, als in anderen Wissenschaften. Wie dem
auch sei, eine philosophische Tat, die in anderen Köpfen
ein Echo gefunden, ist bisher nicht zu verzeichnen. Auch
dürften eine *Hedwig Bender* oder *Edith Simcox* kaum
Anspruch erheben, als neue geistige Figuren in der
Geschichte der Philosophie gezählt zu werden. Und doch
ist die männliche Konkurrenz heute am wenigsten furcht-
erweckend in der Philosophie. Die Zeiten sind dahin, da
die Wirkung eines Herbart, eines Schopenhauer und
Krause jahrzehntelang erdrückt ward durch den Ruhm
eines Hegel und Schelling. Die Bahn ist frei von großen
Geistern – für große Geister, und vielleicht ist zu dieser
Stunde schon eine weibliche Denkerstirn gebeugt über ein
Manuskript, das einen Sieg philosophischen Geistes
bedeutet. Vielleicht. Lassen wir dies Fragezeichen der
Zukunft, und halten wir uns an das, was in geistigen
Dingen fester Boden heißt, an die Geschichte.

Man wird nun von der Geschichte erwarten, daß sie bei
den Frauen ein allmähliches Erwachen des philosophischen Selbstbewußtseins zeigt, ein, wenn auch noch so
bescheidenes Wachstum der Philosophinnen an Zahl und
Bedeutung bis zur Gegenwart, die ja eine Reihe allerdings
meist uninteressanter philosophischer Schriftstellerinnen
aufweist. Man wird am wenigsten Philosophinnen suchen
bei den Griechen, diesen Frauenverächtern, deren hohe
Kultur so empfindlich das beliebte Argument der Eman-
zipationstheoretiker stört, daß die Stellung der Frau stets
ein Gradmesser der Kultur sei. Aber die Geschichte hat
ihre rätselhaften Launen; sie täuscht alle Erwartungen, sie
nennt uns unter den Philosophen des Mittelalters, der
Neuzeit keinen einzigen Frauennamen und verhältnismä-
ßig sehr viele gerade unter den Griechen; auch jene
dreizehn bei Noack gehören ausschließlich der Antike. Ja,
in der Antike zeigt sich eine solche Fülle von Namen, daß
der Stoiker *Apollonios* im ersten Jahrhundert v. Chr. sich
bemüßigt fand, ein eigenes Buch über das Thema zu
schreiben: wieviel Frauen schon als Philosophinnen
aufgetreten sind, und mehr noch: man hielt es für nötig,
hier zu spezialisieren, und *Philochoros* schrieb ein Buch

über die Anhängerinnen einer einzigen Philosophensekte, über die Pythagoreerinnen. Und die Neueren, da sie sich für eigene Philosophinnen nicht interessieren konnten, schrieben auch über die alten. Am ehesten bekannt ist wohl die 1690 erschienene Geschichte der Philosophinnen des Altertums von *Gilles Ménage*, die nicht weniger als 65 bei alten Schriftstellern zitierte Philosophinnen bespricht. In einer Spezialschrift über eine antike Philosophin, um welche die Neueren eine ganze wissenschaftliche und poetische Literatur gesponnen haben, hat *St. Wolf* 1879 sogar 74 in der Antike bezeugte Philosophinnen entdeckt, und 1882 erschien ein stattlicher Band von *Poestion*, betitelt »Griechische Philosophinnen«, der mehr als 100 Namen behandelt. Und während die tote Antike so merkwürdig wächst an Philosophinnen, während da ein ganzer herrlicher Blütenwald weiblicher Philosophie aufzusteigen scheint, steht das Weib der Neuzeit stumm da in der Philosophie. () Der Name der Philosophie umfaßte nach antiken Begriffen weit mehr als nach heutigen, ja er bedeutet sogar bei Aristoteles die gesamte Wissenschaft. Ein Blick in den älteren Bestand unserer großen Bibliotheken zeigt, daß man wahrlich nicht auf unser emanzipationslüsternes Zeitalter gewartet hat, um sich für die Beziehungen der Frau zur Wissenschaft zu interessieren, daß vielmehr die gelehrten Frauen ein auffallend beliebtes Dissertationsthema früherer Jahrhunderte abgaben. Und hier stellt auch die Neuzeit ihr reichliches Kontingent an Namen, und viele ihrer gelehrten Frauen hätten im Altertum Philosophinnen geheißen. Darum scheidet das Spezialwerk von *Poestion*, das alles Material reichlich zusammenträgt, mit Recht die griechischen Philosophinnen im weiteren Sinne ab, die sich eben gar nicht mit Philosophie in unserem Sinne, sondern mit Medizin, Mathematik, Philologie usw. beschäftigt haben. () Viele dieser Frauen haben nach modernen Begriffen höchstens Anspruch auf das Prädikat hochgebildet, und nur so viel mag – auch wieder zur Erklärung so vieler antiker Philosophinnen – zugestanden sein, daß die antike Bildung einen mehr abstrakten, minder realistischen Charakter trug als die moderne. () Und weiter ergibt sich

nun: Je mehr uns jene Frauen als Philosophinnen
gepriesen werden, um so weniger erfahren wir, worin ihre
Philosophie bestand. Und es sind gar viele Frauen, die so
ob ihrer Weisheit – und auffallend oft, als ob das
zusammengehen müßte, zugleich ob ihrer Schönheit
– höchstes Lob erfahren, namentlich oft byzantinische
Fürstinnen von byzantinischen Historikern; aber wir
hören eher, was eine *Eudokia* für Augen und Haare hatte,
als was sie für Gedanken hatte.

Außer diesem hohen Weisheitslob ohne Inhalt begegnet uns eine andere Merkwürdigkeit bei jenen von Ménage
als unabhängig aufgezählten Philosophinnen: sie sind so
oft die Töchter weiser Väter und die Gattinnen gelehrter
Männer – von der mythischen *Hippo,* der Tochter des
weisen Centauren, und *Kleobuline,* die nach ihrem Vater,
einem der sieben Weisen, benannt ist, bis in die Zeit jener
Juristin *Novella,* die für den Vater das Katheder besteigt,
mit verhülltem Antlitz, damit ihre Schönheit nicht die
Gedanken der Hörer verwirre. Da ist die Philosophen-
tochter *Eudokia,* die von ihrem Vater enterbt wird, weil
sie an Geist und Schönheit genug Mitgift habe, und
wirklich kraft dieser Mitgift zur Kaiserin emporsteigt. Da
ist jene *Pamphile,* die alles niederschreibt, was sie in ihrer
gelehrten Umgebung Bemerkenswertes hört und namentlich von ihrem Vater und Gatten, die nach einigen auch die
wahren Verfasser von Pamphiles Schriften sind. Und die
Väter und Gatten lehren sie Philosophie, wie sie Mathematik, Grammatik und andere Wissenschaften lehren,
und die Philosophie wird diesen Frauen später ein
beliebter Unterhaltungsgegenstand – wie anderes auch –,
das ist aber alles. Auf den Namen einer Philosophin hat
keine einzige dieser Frauen entfernten Anspruch, und die
unabhängige weibliche Philosophie ist ein Traum des
apologetischen Sammlers Ménage, der vor der Kritik in
nichts verfliegt.

Und so stehen wir wieder vor der auffallenden Tatsache, daß die weibliche Philosophie nichts Selbständiges
ist. ()

Wie aber ist es denkbar, daß die Frauen am meisten sich
betätigen, ja sich allein geistig heimisch fühlen in einer

Schule, deren Grundwesen die Pflege der abstraktesten, der anscheinend am meisten allem Gefühl, allem persönlichen Leben, d. h. allem weiblichen Wesen entrückten Wissenschaft ist: die Pflege der Mathematik? Die Frau als Mathematikerin – ist denn das eine mögliche Figur? Nicht nur möglich, sondern eine gar nicht seltene und, so erstaunlich es klingt, die beste Figur, welche die Frau auf dem Felde der Wissenschaft überhaupt gemacht hat. Ich nenne nur vier von der Pariser Akademie gekrönte Mathematikerinnen, *Mme. du Châtelet, Maria Gaetana Agnesi, Sophie Germain* und *Sonja Kowalewska,* den ersten weiblichen Professor in Europa (in diesem Jahrhundert!). Wie aber soll man diese Anlage zur Mathematik aus der Natur des Weibes verstehen?

Das Weib lebt weit ausschließlicher als der Mann in der Empfindung. Alle Empfindung ist persönlich, subjektiv. Das Weib kann daher kaum in ein Sachliches sich versenken, das ihm nicht durch die Person vermittelt ist, kann kaum ein Objektives als *Inhalt* heraussetzen, denn aller Seins- und Lebens*inhalt* ist dem Weibe eben Empfindung. So kann es sich objektiv nur in der *Form* betätigen und darum unter den Wissenschaften am liebsten in der allerformalsten, der Mathematik.

Das Weib will ferner seelisch gebunden, gehalten sein, und wenn nach Goethe der Mann nach Freiheit, das Weib nach Sitte strebt, so ist die Sitte eben die haltende Regel, die bindende Form. Die Mathematik hält den Geist fern von freier Willkür, führt ihn in strenger Gesetzmäßigkeit ganz in gebundenen Formen; darum ist sie den Frauen am meisten verständlich. Eine Form ist aber auch die Sprache, in Regeln gebunden durch Grammatik: so geht der Anlage für Mathematik das Sprachtalent der Frauen parallel, wie auch die meisten historisch bekannten gelehrten Frauen Sprachgelehrte waren, die sich weniger schöpferisch wie in dienender Hingabe an den Stoff, übersetzend, kommentierend, betätigten. ()

Aber nun glaube man nicht, daß etwa die Mathematikerin in der Armut des Gefühls ihr Geschlecht verleugnet. Die Marquise *du Châtelet,* Voltaires Urania, zeigt sich als eine heiße, skrupellos liebesfähige Natur, und Friedrich

der Große nennt sie nicht übel: Venus-Newton. Sie
schreibt einen Traktat über das Glück, in dem sie erklärt:
wir haben auf dieser Welt nichts anderes zu tun als uns
angenehme Sensationen zu verschaffen. Die schöne *Maria
Agnesi* war ganz Hingebung; blind unterwürfig ihrem
Vater und ergeben ihren 22 Geschwistern, sich aufopfernd
für die Armen und demütig gegen die Kirche, fast
furchtsam, zeitweilig nervös überreizt, preist sie »Algebra
und Geometrie als die einzigen Provinzen des Geistes, in
denen der Friede wohnt«. Mehr aber noch sucht ihr
Empfinden einen andern Halt. »Es ist besser viel zu
glauben als wenig«, schreibt sie, und die zum Professor
ernannte Mathematikerin zieht es vor als Nonne zu
enden. Jene *Kowalewska* war zugleich Dichterin und
erklärte nicht den Mut zu haben zwischen Mathematik
und Literatur zu wählen, da sie beide gleicherweise liebe
und sich von der einen in der andern erhole. Und diese
eindrucksvolle Persönlichkeit fühlt sich auf dem Höhepunkt ihres Ruhmes am unglücklichsten, klagt, daß ihr
das Leben alles gegeben habe, nur nicht, was ihr unentbehrlich war, das Leben des Herzens, und fragt immer
wieder: warum liebt mich niemand? »Ganz Phantasie«
flüchtet sie aus der kleinlichen Welt zu den »ewigen
Gesetzen« der Mathematik, die das Ich verschwinden
mache, und es ist, als ob sie ihren »Teufel«, ihr »Zigeuner-
blut«, ihre »Indisziplin«, ihr unstillbares Herz nur zur
Ruhe bringen wolle in den gebundenen Formen ihrer
Wissenschaft. () Von *Sophie Germain* heißt es geradezu,
daß sie seelischen Frieden suchte vor den ihr nahe
drohenden Stürmen der großen Revolution, und daß ihr
die Mathematik zuerst entgegentrat – echt weiblich
persönlich – in der Gestalt des Archimedes, der im Lärm
der Eroberung von Syrakus den Mörder nur bittet, ihm
seine Linien nicht zu stören. Sie behauptet, die Mathematik durch das *Gefühl* erlernt zu haben, und schreibt auf
dem Sterbebette, ihre Schmerzen zu betäuben, in einer
halbwegs philosophischen Studie von dem feinen Takt
und der ästhetischen Freude in der Anwendung mathema-
tischer Formeln, und wie doch namentlich Mathematik
und Poesie aus *einem* Bewußtsein kommen, von *einem*

Gefühl durchdrungen, von dem Gefühl für Ordnung. *Ordnung* – das ist das Ideal der gebundenen Form, und Ordnung ist das einzige unpersönliche Ideal des Weibes, und vielleicht erklärt es der nicht bloß im Haushalt betätigte Ordnungssinn der Frauen, daß sie als Herrscher sich nicht so übel bewährt und nach St. Mill die bestgeordneten Staaten Indiens zumeist von Frauen regiert werden. ()

Der Pythagoreismus kam dem weiblichen Sinne für bindende Form aber noch in stärkerer Weise entgegen: er enthielt eine ganze Lebensordnung, die das Tun und Lassen der pythagoreischen Bundesmitglieder bis ins kleinste regelte, ihre Nahrung, ihre Kleidung, ihren ganzen Tageslauf. Und das führt auf einen weiteren Erklärungsgrund für die relativ große Zahl antiker Philosophinnen. Die antike Philosophie ward *gelebt* – das gab ihr zehnmal soviel Bedeutung und Anhänger als der heutigen. Mochten die Schülerinnen Epikurs dem Meister nicht in die letzten, feinsten Winkelzüge seiner Weisheit folgen – den epikureischen Lebensstil begriffen sie doch, und so hießen sie Philosophinnen. () Der Prophet am Anfang war *Pythagoras,* den man neuestens sogar als Philosophen verleugnet, um ihn ganz als religiös-sittlichen Reformator anzuerkennen. Die seinem Bunde auferlegte Lebensordnung atmet priesterlichen Geist und hat den Zuschnitt klösterlicher Ordensregeln. Und hier zeigt es sich, daß, wo Religion ist, auch das Weib ist. () Nie wieder hat ein Grieche solche Macht geübt über die Frauenseele, nie wieder sie derart aus dem Dunkel ihrer häuslichen Existenz hervorgezogen zum geistigen Mitleben, nie wieder, weil nie wieder in Hellas ein Prophet aufstand gleich Pythagoras. () Und das Weib will Propheten, weil es auch im Denken sich hingeben, d. h. glauben will, weil es auch jene höchste *Bindung* der Seele will, die Religion heißt, und die echteste Philosophie des Weibes wird immer Religion bleiben. () Das Werk des Pythagoras war nichts Geringeres als eine Restauration der sonst verfallenen Aristokratie auf der neuen Grundlage der Bildung und religiösen Sittlichkeit. () Aber so sehr auch Griechenlands weibliche Kultur wohl ihre schönsten

Blüten zeitigte in diesen Pythagoreerinnen, das Beste, was die Geschichte der Philosophie von ihnen sagen kann, ist: sie waren des Meisters treue Schülerinnen. ()

Aber es kamen andere Zeiten: die griechische Kultur entwickelte sich nach der ihr eingeborenen Richtung zum Individualismus, zur Freiheit; doch es war eine Richtung, die der Idealität des Mannes zuträglicher war als der des Weibes. Ein *neuer* Frauentypus trat auf die geistige Bühne, das Weib in der *Emanzipation* und mehr noch, die Hetäre hielt ihren Einzug in die Philosophie. Denn auch nach Freiheit strebt das Weib, wenn nur der Meister da ist, der es führt. ()

Zuerst bei dem greisen *Plato,* in dem die alten pythagoreischen Tendenzen übergehen in neuen Geist, und der doch als mächtige Reaktion dasteht gegen den neuen Geist, von dem seine Seele voll ist. Und Plato gibt dem Weibe volle Gleichheit mit dem Manne, aber nur, um es gleich dem Manne in Gehorsam zu binden in seinem hierarchischen Sozialstaat. Doch es war Emanzipation, und die Begeisterung für Platos Staat treibt *Axiothea* aus Phlius nach Athen, und lange Zeit sitzt sie in Männerkleidung ungekannt zu des Meisters Füßen. Und bald war das Weib keine ungewohnte Erscheinung in der Akademie, in die ein leichter, fast epikureischer Geist einzieht mit der Hetäre *Lasthenia,* namentlich unter Platos Nachfolger Speusipp. Die Geschichte der Philosophie kennt Axiothea und Lasthenia nur als platonische Schülerinnen. ()

So stehen wir nun vor den antiken Philosophinnen. Von keiner einzigen ist uns eine Schrift erhalten. Vielleicht ist es Zufall; vielleicht ist aber auch hierin die Weltgeschichte das Weltgericht, daß sie uns Plato und Aristoteles erhalten und das Erbe minder großer Denker uns geraubt. Doch auch Denker kleinster Ordnung haben uns in dürftigen Fragmenten Spuren ihres Geistes hinterlassen. Von keiner einzigen Philosophin aber kennen wir sicher auch nur *einen* ernsten philosophischen Gedanken, und die weibliche Philosophie der Antike bleibt eine Fülle von Namen, bekränzt mit einer Fülle von Lob. () Es gibt Leistungen, die man nur lobt, und andere, die man charakterisiert. Was das Genie produziert, will charakterisiert sein; denn es ist neu und eigenartig, und man kann es loben, indem man über dem Werk den Meister vergißt. Das reproduzierende Talent aber, weil es keinen neuen Inhalt bringt, kann nur an sich, in seiner Form als Talent, als Person bewundert werden ob der Raschheit seiner Auffassung, der Richtigkeit seiner Wiedergabe. Und so erklärt sich die Rolle der antiken Philosophinnen. Sie waren *Talente,* begabte *Schülerinnen,* treffliche Interpretinnen. Nicht in neuen Gedanken spricht hier das Weib seine philosophische Eigenart aus, sondern in Sympathien und Antipathien, in der Wahl seiner Lehrer. () Als empfangende Natur, mehr hingebend in der Form als schöpferisch im Inhalt, zeigt sich hier wie auf anderen Gebieten das Weib, das so bewundernswert ist in der Krankenpflege, so wenig original in der (vielfach schon freigegebenen) Medizin, so groß als musikalische Virtuosin, so klein als Komponistin, den Mann fast übertreffend in der Schauspielkunst und in der originalsten, freiesten, mächtigsten Dichtungsgattung, der dramatischen, populär nur in zwei Namen unselbständiger Dichterinnen.

Sind wir zu Ende? Ist wirklich das philosophische Leben des Weibes beschlossen in der mehr passiven Rolle als Schülerin? Es ist, als könnte das nicht das letzte Wort sein über die Frauen in der Philosophie, und es ist auch nicht das letzte. () Das Weib und die Philosophie sind zunächst einander fremd, ja feindlich. Die Philosophie atmet ganz im Denken, das Weib lebt ganz in der Empfindung. Die Philosophie sucht nur das Allgemeine, das Weib stets das Persönliche. Aber wenn ihm die Philosophie entgegentritt in Gestalt einer Empfindung weckenden Person, dann wird das Weib auch philosophisch, daher die Frauen in der Philosophie so häufig die Schülerinnen ihrer Väter, Gatten oder durch andere Bande der Liebe und Verehrung ihnen nahe gerückter Personen. Getragen von persönlicher Empfindung zieht nun die spröde Philosophie in den Geist des Weibes; aufmerksam lauscht es den Worten des Meisters und entfaltet nun sein weibliches Talent in geistiger Empfänglichkeit, im Nachleben der Gedanken. () Staunend sieht er sein Denken wie von fremder Macht getrieben und sucht die Ursache in der anregenden Kraft des Weibes. Der Untergrund des Denkens ist Empfindung, und wenn das Weib auf des Mannes Empfinden wirkt, so kann es wohl auch – und nicht ohne Gefahr für manche Naturen – sein Denken treiben wie der Wind die Wogen des Meeres. Alle Empfindung aber übertreibt. ()

So kann der weibliche Geist vogelgleich von der Schulter des schreitenden Mannes auffliegen, um ihm als vom Himmel kommender Prophet wieder zu nahen. Staunend sieht der erwachende Adam vor sich das Weib, das doch aus seinem Wesen erst gebildet ist, Fleisch von seinem Fleisch, Geist von seinem Geist. Gerade weil das Weib Schülerin ist, kann es *Prophetin* sein, es kann kraft seiner Empfänglichkeit im Geiste des Mannes rascher weiter denken, dem männlichen Führer in der von ihm gewiesenen Bahn vorauseilen. Gerade weil es dem Denken keinen Inhalt zu geben hat, kann es das Denken weiter treiben in der Form. So hat sich das Denken des Weibes tausendfach fördernd oder auch trübend eingelebt in die Philosophie des Mannes. Wer kann hier scheiden und sagen, was dem Weibe gehört? () Die erwachende Neuzeit sieht das Weib in neuer Gestalt der Philosophie die Hand reichen, das Weib als Fürstin wird Schülerin und *Schützerin* der Philosophie. ()

Höher steigt das Jahrhundert des mystischen Ernstes, der Gegenreformation, des reifenden Absolutismus, und der Geistestypus des Weibes im 17. Säkulum ist dem in der ersten und dritten griechischen Epoche verwandt: hochgestimmt, vornehm, hingebend, religiös. An der Wende aber zum Jahrhundert der Aufklärung beginnt der Kampf um die Religion, und hier zeigt das Weib sein religiöses Interesse, zeigt sich die Fürstin als Patin der neueren Philosophie, indem sie den Kampf schürt und die Denker im religiösen Problem festhält und anregt. () Es besteht ein geheimer Herzensbund zwischen dem gallischen und dem weiblichen Geiste, und die Eigenheit der *französischen* Philosophie liegt im Stempel des Feminismus. () Es ist kaum zu viel gesagt: das Weib ist die treibende Seele, ist das Schicksal, das Licht und Schatten gebende Prinzip für diese französischen Philosophen. () Der philosophische

Einfluß des Weibes zielt wieder auf ein Ineinander von
Seelischem und Sinnlichem, er zieht den Geist ins
Sensuelle herab und adelt die Frivolität durch Geist. Es
war die Zeit, da das Weib und die Philosophie – wie nie
wieder – sich gegenseitig anpaßten, das Weib ward
philosophisch und die Philosophie weiblich. Alle Vorzüge
und Schwächen dieser französischen Philosophie sind
mehr oder minder Konzessionen an das Weib: die Eleganz
und die Phrase im Stil, die wunderbare, fast stechende
Klarheit der Gedanken und ihre Oberflächlichkeit, die
Feinheit der Psychologie und die bloße Lust am moralischen Räsonnieren, die gelenkige, reich anregende Argu-
mentation und die geradezu fabelhafte Inkonsequenz,
und in Summa: die Herrschaft des Weibes hat es getan,
daß Frankreich in seinem philosophischen Jahrhundert
keinen Philosophen, wohl aber die glänzendsten philosophischen Schriftsteller aller Zeiten hervorgebracht. () Ist
es nicht weiblich, wenn diese Philosophen oft ihre
Beschäftigungen und ihre Meinungen wechseln wie ihre
Kleider, wenn sie bald als Poeten und bald als Mathematiker produzieren, wenn sie heut himmelhochjauchzend die
Macht der Vernunft preisen und morgen zu Tode betrübt
ob der Ohnmacht der Wissenschaft in Skepsis versinken,
wenn sie heute Worte des Hasses gegen den Himmel
senden, wie sie nie auf Erden vernommen worden, und
morgen sich in herrlichen Gebeten Gott zu Füßen legen?
Das Weib hat diese Männer nach seiner Eigenheit so
persönlich und geschmeidig geformt, daß ihnen Wissenschaften und Künste, Anschauungen und Prinzipien zu
wechselnden Formen, zu Rollen wurden, daß ihr Denken
gleichsam tanzte auf ihrer Empfindung, ja auf ihrer Laune,
kurz daß es esprit ward. Brunetière hat recht, Frankreich
hat keinen Hamlet und keinen Faust, aber dafür die Briefe
der Mme. de Sévigné. Der Vergleich ist nicht so lächerlich,
als er uns scheint. Die weibliche Geisteskultur hat
Frankreich vor zerrissenen Seelen bewahrt, daß selbst
seine Skeptiker nicht Melancholiker sind, sondern Sangui-
niker mit satirischem Lächeln. Der französische Geist hat
sich in das Weib eingelebt, in sein seelisch durchaus
einheitliches, erzpersönliches Empfinden, in all seine

Vorzüge und all seine Fehler. () Muß es nicht auch im Manne die Eitelkeit hervordrängen, wenn die große Pompadour Montesquieu schreibt: »Sie verdienen den Titel eines Gesetzgebers von Europa, und ich zweifle nicht, daß man Ihnen denselben bald geben wird«? Oder wenn Mme. du Deffand von Helvetius sagt: »Das ist der Mann, der das Geheimnis der ganzen Welt ausgesprochen hat«? Das Geheimnis der Welt hieß das Geheimnis Frankreichs, und das war das Geheimnis des Weibes.

Die Dame saß auf dem Thron – das scheidet das philosophische Frankreich des 18. Jahrhunderts von der ihm sonst so ähnlichen griechischen Emanzipationsära, in der sich der Denker zum Weib als Hetäre herabließ, das unterscheidet es auch teilweise von dem Frankreich des 17. und des 19. Jahrhunderts. Und doch bleibt stets in Frankreich das Weib im Bunde mit der Philosophie, und wenn es nicht herrscht über die Philosophen, schwärmt es mit ihnen gleich der Pythagoreerin und der Neuplatonikerin. ()

Die Dame saß auf dem Thron des 18. Jahrhunderts; sie gab der Aufklärung Flügel und gab dem französischen Geist seine klassisch feine Politur, sie erweckte das ästhetische Genie Frankreichs, vergoldete seine ganze Kultur und dabei unterhöhlte sie deren Grundlagen und verschwendete die Volkskraft, die ihr König und Adel zu Füßen legten. Als die Rache der Männer gegen die regierende Dame kam die große Revolution, und dann kam Napoléon, der Mme. de Staël verachtete. Ein Manneszeitalter brach an, und es erwachte der *deutsche* Geist. Aus dem zerstörten Salon wandert jetzt die Französin als ein Mannweib zu den Romantikern. Es ist an dem Werke der Mme. *de Staël* die philosophische Hauptleistung, daß sie die deutschen Metaphysiker als Mystiker mißverstanden und dadurch für Frankreich entdeckt hat. Sie schlägt die Brücke zwischen dem 18. und 19. Jahrhundert, zwischen Aufklärung und Romantik, zwischen Frankreich und Deutschland, das, im ergänzenden Kontrast zum weiblichen gallischen Geist, der Neuzeit stets die männlichsten Typen geliefert von den Tagen Luthers bis zu den Tagen Bismarcks. Im Jahrhundert der Dame siegt der Frauenverächter *Friedrich der Große* als der einzige Mann in Europa, und er öffnet den französischen Aufklärern seinen Hof als einen Salon ohne Frau, den jene in Paris nur bei dem deutschen Baron *Holbach* gesehen hatten. () Und dann erscheint *Kant,* der das Herz durch das Gewissen ersetzt, als der Mann zu dem Weibe Rousseau. Seit sich ihm, wie so vielen anderen großen Denkern, der erziehliche Einfluß der frommen Mutter unverlöschlich und bestimmend eingeprägt, hat das Weib den Geist des ehelosen Philosophen nur wenig berührt. () Die deutsche Philosophie war männlich stark erwachsen im strengen Denken Kants, sie war dann im Sturmgeist Fichtes zur Freiheitstat ausgeschritten, es fehlte ihr der Engel des Friedens und der Glanz der Grazien – da kam das Weib der *Romantik,* und es kam die Zeit, da halbphilosophische Dichter, wie *Novalis* und *Hölderlin,* der als Hauslehrer seine Diotima gefunden, sterben konnten an der Liebe. Die deutsche Philosophie hatte damals ein heiß erstrebtes, alles durchdringendes Programm; um es mit *einem* Wort zu nennen: sie suchte das *Band,* d. h. sie suchte gleichsam die weibliche Seele, sie suchte, was in ihr lebendig und wirklich, sie suchte das Band, in dem sich das Individuelle dem Totalen hingibt, die Einheit des Idealen und Realen, die Einheit, wie sie bewußt wird im Gefühl, das sich am liebsten ausspricht in Kunst und Religion. Und darum, weil sie auf den Nerv der weiblichen Natur zielt, die stets das Band sucht im Gefühl, darum naht jetzt die Philosophie dem Weibe, und das Weib erwärmt und steigert den Einheitstrieb und Gefühlszug, der die Philosophie tief ästhetisch-religiös färbt. Am schönsten zeigt sich's bei *Schleiermacher.* () Wie weiblich stehen sie da in ihren Talenten und Leistungen: als Kritiker und Sprachtalente, poetisch empfindsam und nachfühlend, persönlich akzentuiert im Denken und Fühlen, wechselnd in der Richtung und schwankend vom einen Seelenpol des Weibes zum anderen, von der frivolen Lust Lucindens bis zur schwärmenden Mystik, anregende, vergängliche Begleiter des Genies, unvergänglich nur – als Übersetzer! Sie hören bald auf, die Genossen Schleiermachers und Schellings zu sein. Der ältere Schle-

gel wandert als der Schatten der Staël, der jüngere kniet
zuletzt mit der aus der ersten Ehe entführten Tochter
Mendelssohns in der römischen Kirche. – Den Zusammenhang zwischen Mystik und Erotik bekundet auch der
sich mit Schelling und St. Martin berührende *Baader* in
seinem Leben: er steht seit 1796 in »lebenzuckenden,
empfindlichen Bezügen« zu einer verwitweten Gräfin. ()

Zwei Gefahren scheint das zur Rüste gehende Jahrhundert dem kommenden zu vererben: den *Feminismus,* die
Verweiblichung der Kultur, und den *Barbarismus,* die
unweibliche Abkehr von allem Gefühl. Und beides sind
Todeswege für die Kultur. Mit einer schweren Schicksals-
frage steht das Weib an der Pforte der neuen Zeit. Wird es
geistig das Weib bleiben oder wird es geistig zum Manne
kommen oder der Mann zum Weibe? Unsere Emanzipatoren fühlen sich als die starken Vorkämpfer des Kultur-
fortschritts: sie fragen nicht, ob nicht feminin gewordene
Barbaren auch emanzipieren würden, und ob es denn eine
gar so große kulturelle Leistung sei, Gartenblumen
nunmehr frei als Feldblumen wachsen zu lassen; sie fragen
nicht, ob nicht die wirkungsmächtigsten Frauen der
Geschichte gerade die weiblichsten waren, ob nicht der
Ausgleich der Geschlechter ein Atavismus und der Wille
der Entwicklung vielmehr auf ihre fortschreitende Differenzierung geht; sie fragen nicht, ob nicht ein stärkster
Anreiz der weiblichen Emanzipationsbestrebungen die
Schwäche der Männer ist, der niedrige Geisteswuchs der
letzten Generation, die unfähig war, in einer tiefen und
starken Philosophie sich einen Hort zu schaffen gegen
Barbarismus wie gegen Feminismus. Doch eine Emanzipation wird kommen, mehr oder minder weit; denn sie ist
notwendig und gerecht; aber nur wenige fragen die größte
Frage: was dann? Die Emanzipatoren denken zu klein
vom Weibe; sie messen es nur am Manne und nicht an sich
selbst, an seiner eigenen Zukunft. Und ich sehe in
deutlichen Zeichen das neue Weib heraufkommen, das
höhergestiegene, das auf die Emanzipatoren herabsieht
und lächelnd den Vorspann entläßt, das Weib, das sich mit
Beruf und Bildung gesättigt, bereichert hat und doch das
Weib geblieben ist und nur in höherem Kreis sein eigenes

Problem gelöst hat, die Heimat zu sein für den Mann, wie
der Mann die Fremde ist für das Weib, er, der in der
fremden Welt der Sachlichkeit seine Kraft erprobt. Die
Heimat der Seele aber ist das Gefühl, () empfangend,
erfahrend ist das Gefühl, die Philosophie aber ist bauend
und schöpferisch. Und darum hatte das fühlende Weib
keine Philosophie und wird nie eine haben, solange es der
spezifische Gefühlsträger ist im Leben der Kultur, wohl
aber eine philosophische Mission, und eine Mission höher
als in andern Wissenschaften: als stete Mahnerin, daß der
Gedanke nicht allmächtig, daß das Gemüt der wärmende
und belebende Untergrund alles Geisteslebens ist. Das
philosophische Denken stehe zum Gefühl nach dem Bilde
des griechischen Weisen wie zum Feuer: nicht zu nahe,
damit es nicht verbrennt, aber auch nicht zu fern, damit es
nicht erfriert.

PHILOSOPHENEHEN

Wie sich der Philosoph als Mensch zum Weibe stellt, ist
meist nur ein eklatantes Beispiel, ein Symptom dafür, wie
er sich als Denker zur Welt stellt. Es gibt auch im Reiche
des Denkens eine Liebe, eine Anziehung, einen Herd, ein
Band. Der weltfreundlich, praktisch, kombinatorisch,
synthetisch gestimmte Denker ist ebenso für die Ehe
vorausbestimmt, wie der weltflüchtige, rein theoretische,
verachtende, Freiheit, Distanz suchende Denker, der
differenzierende, kritisch auflösende, analytische, indivi-
dualistische Geist für die Ehelosigkeit. Unser Jahrhundert
war seinem geistigen Grundcharakter nach ehefreundlich.
Vielleicht wird gerade darum das kommende wieder
zölibatär sein in Geist und Leben, und vielleicht ist es ein
Zeichen dafür, daß der letzte Philosoph des 19. Jahrhunderts, ein Wegweiser ins 20., ein großer verachtender,
Distanz suchender war, ein Fanatiker des Individualismus, ein ehelos lebender: Friedrich Nietzsche.

WANDLUNGEN

Der Muttergeist. Natürlich setze ich hier Bachofen voraus
und alles, was er über die Ursprünglichkeit und Urbedeu-
tung des Mutterbewußtseins im Menschheitsleben gelehrt
hat. Mag noch so viel Phantastik dabei sein, die Ursprünglichkeit, Echtheit und Urwüchsigkeit des Muttergeistes
im Menschenleben ist so organisch begründet und historisch erwiesen, daß es keinem Zweifel unterliegt, daß in
diesem ursprünglichsten, primärsten Lebenszusammen-
hang zwischen Menschen (dem zwischen Mutter und
Kind) ein gewaltiges Stück Lebensmacht überhaupt waltet, über das man eigentlich kaum zu reden braucht: Es sei
mir erlaubt, hier eine persönliche Erinnerung einzufügen.
Als blutjunger Student, sozusagen als krasser Fux, war ich
in eine übliche Entwicklungskrankheit geistiger Menschen, einen ethischen Radikalismus geraten, in dem ich
zum Entsetzen meines Seminarprofessors statt, wie ich
sollte, Kants Ethik zu verteidigen, den evolutionistischen
Utilitarismus und egoistischen Individualismus eines Rée
u. a. so steigerte, daß ich in naivem jugendlichem Übereif-
er versuchte, alle menschlichen Regungen in reinen
Egoismus aufzulösen. Bei allen wollte schließlich mit
einer anspruchslosen und sehr naiven Plausibilität der
Versuch gelingen, nur bei der Mutterliebe versagte trotz
aller kindlichen Mühe und Anstrengung jeder Versuch
einer egoistischen Anknüpfung und Deutungsmöglich-
keit. Schließlich blieb mir eine merkwürdige Gefühlsmi-
schung, einerseits Reue, daß ich es wagte, etwas so Hohes
wie den Muttersinn anzutasten, andererseits Freude, ja
Erlösung, daß dieser Versuch nicht gelungen war und
Möglichkeit und Notwendigkeit dahin schwanden, das
Leben durch Egoisierung selbst des Muttersinns gänzlich
zu verhäßlichen, der doch selbst bei Tieren als das Beispiel
des eingeborenen, organischen Altruismus belegbar und
gegeben war: Der gläubige Christ mag es auf seine Weise
historisch erklären mit Heranziehung der Mutter Maria:
Jedenfalls ging durch Jahrtausende ein unendlich wirksamer Lebensstrom durch Geschichte und Dasein der
Menschheit als Geist und Trieb der mütterlichen Fürsorg-

lichkeit, der Unendliches im großen und kleinen gewirkt hat. Dieser Helfergeist, der noch heute so viele edle Frauen in den Heildienst treibt als ihren naturgeborenen Beruf, ist urtief organisch im Menschen angelegt. Keine menschliche Analyse kann jenen rätselhaften Geheimsinn erklären, mit dem die Mütterlichkeit jede Not des Kindes und jede Heilkraft errät, das auch nicht einmal ein Kind, sondern ein hilfsbedürftiger Mensch sein kann. Ein wenig mehr Mütterlichkeit oder instinktiver Fürsorgesinn in den Regierungskabinetten, ja in den Häusern der Menschen und unendlich viel von den Zeitkrisen und Nöten würde verschwinden. Wer kann das Bild vergessen jener Hunderte deutscher Jungen, die noch halbe Kinder bei Weltkriegsanfang auf dem westlichen Kriegsschauplatz, unmittelbar von der Schulbank, zu früh vor die Maschinengewehre hingeworfen, aus dem Lebensinstinkt nichts anderes zuletzt hervorzubringen wußten als den Notschrei »Mama«. Man muß schon erbärmlich klein sein, wenn man seinen nationalen Sinn schwächen muß, um Pazifist zu sein: Von Natur wird es kein Volk geben, in dem die Kriegslust schreit, solange es eine Mutter gibt. Man wird es wohl mehr oder minder jedem Menschen anspüren an seinem Herzen, ob er eine Mutter hat oder hatte oder nicht und das bedeutet, ob er im Busen ein Herz hat oder einen Stein oder eine Rechenmaschine. Ein stärkerer Hauch von Mütterlichkeit könnte Sonne bringen über die ganze Menschheit, könnte selbst große Denker verbessern und ergänzen, sei es selbst ein Kant. Man spürt einen abgrundtiefen, rätselhaften Zusammenhang der Mutter mit der Natur und ihren geheimnisvollen Kräften. Da steigen im Menschen aus unerklärlichen Tiefen der Mütterlichkeit geheimnisvolle Kräfte auf und Triebe zur Hilfeleistung für jeden Menschen, wer er auch sei. Hier liegen verborgene Schätze, die keine Gesetzesreform, aber vielleicht einmal der wiedergeborene echte Lebensgeist heben wird. Goethe wußte wohl, warum er zu den Müttern steigen will als den letzten Tiefen des Menschenlebens, wie Platon, warum er in den Ideen gleichsam die Väter des Lebens verehrt und im Kriton in den altererbten Gesetzen gleichsam die höheren Eltern

sanktioniert. () Die Mütterlichkeit in ihrem naturhaft
verwurzelten Ethos kann so vielleicht am reinsten (ohne
sentimentales, pastorales Pathos) darstellen, was der
Mensch als Mensch in seiner Menschlichkeit sein soll:
edel, hilfreich und gut. Es braucht kaum gesagt zu werden,
daß wenn ein stärkerer Hauch von Mütterlichkeit, von
Helfersinn dies kalte, kahle Leben durchziehen würde, die
frierende Welt bald durchsonnt würde.

LUDWIG KLAGES

(1872–1956)

Deutscher Philosoph, Chemiker und Psychologe, led.; aber oft in
Beziehung zu Frauen; sein Hauptwerk heißt: »Der Geist als Widersacher
der Seele« und zeigt in einem Satz sein Thema an. Der Geist würde sich im
technischen Menschen am stärksten äußern und durch Wirtschaft, Politik
und Zivilisation die Seele des Menschen, die unbewußten sinnlichen
Kräfte, zerstören. Ihm ginge es darum, die Seele, als Inbegriff der
Persönlichkeit des Menschen und des Lebens überhaupt, vor dem Geist zu
retten und zu schützen. In der Psychologie hat er die Graphologie und
Ausdruckspsychologie wissenschaftlich zu gründen versucht.

GRUNDLAGEN DER CHARAKTERKUNDE

() Die von Männern ausgeheckte Ansicht, die typische
Frau habe weniger Verstand als der typische Mann, ist
gründlich verkehrt. Die typische Frau hat einen *andern*
Verstand als der typische Mann, wovon eine wichtigste
Ursache darin liegt, daß ihr Erfassen und Denken
vorwiegend lebensabhängig ist, das des Mannes vorwiegend geistesabhängig. Daraus wieder folgt zum Teil (aber
auch nur zum Teil), daß Allgemeingedanken, Begriffe,
Gesetze, Maximen, Programme den männlichen Auffassungstypus ungleich stärker bestimmen als den weiblichen Auffassungstypus. ()

Energieumwandlung – Minerva (U. Rosenbach)

Entgegen einem sehr verbreiteten Vorurteil ist in der
Einschätzung wenigstens von Personen die Frau durchweg objektiver als der Mann. Der typische Mann, wenn er
liebt, erhöht unfehlbar den Gegenstand seiner Liebe,
erniedrigt den Gegenstand seines Hasses und neigt daher
auf diesem Gebiete in hohem Grade zur Bildung von
»Illusionen«. Dagegen kann die typische Frau z. B. einen
Mann leidenschaftlich lieben und gleichwohl ein scharfes
Auge für seine Mängel haben: sie liebt ihn darum nicht
weniger. () Vielleicht entgegnet man: ist aber der Mann als
Richter nicht durchweg gerechter als die Frau, und hätten
wir nicht eine Unzahl subjektiver Urteile zu befürchten,
wenn Frauen den Richterberuf verwalten müßten?! Das
wäre wirklich der Fall; aber die Gründe liegen wo anders,
als wo man sie gewöhnlich zu suchen pflegte; ()

IV. Die persönliche und die sachliche Auffassungsrichtung

Persönlich nennen wir eine Auffassungsrichtung, derzufolge ihr Träger sich unwillkürlich bezogen findet auf
die persönliche Seite aller nur möglichen Sachverhalte;
unpersönlich oder sachlich eine Auffassungsrichtung,
derzufolge er sich bezogen findet auf die unpersönliche
oder sachliche Seite der Gegenstände. Der Gegensatz tritt
am deutlichsten hervor, wenn wir das Überwiegen des
Interesses für Personen mit dem Überwiegen des Interesses für bloße Sachverhalte vergleichen wie Staat, Kirche,
Gesetz, Beruf, Technik, Wissenschaften, Künste, Politik
usw. ()
Wie sehr oft ausgesprochen wurde und sogar entwick-
lungsgeschichtlich zu begründen wäre, ist das Überwiegen der persönlichen Auffassungsrichtung weiblich, der
sachlichen Auffassungsrichtung männlich. () Wenn der
junge Mann mehr in Gefahr ist, aus persönlichem
Neigungsgefühl die Gesangsleistung der Geliebten zu
überschätzen, als es im umgekehrt gleichen Falle das
liebende Mädchen wäre, so wird nun aber dieses, falls es
z. B. studiert, häufiger einem Dozenten vor dem andern
Dozenten deshalb den Vorzug geben, weil sie an ihm das
größere Interesse nimmt und nicht etwa in seinen

Leistungen! Dann aber müssen wir annehmen, daß sich ein weiblicher Richter weit eher als der männliche Richter veranlaßt fände, aus Sympathie für den Angeklagten oder aus Antipathie gegen ihn *nicht* »ohne Ansehen der Person« zu urteilen, indem die unpersönliche Tatsache des Gesetzes selbst bei zutreffender Würdigung ihres Gehalts als ungewichtig zurücktreten könnte gegenüber der persönlichen Tatsache »Angeklagter«. ()

Im Charakter von vorwaltend sachlicher Auffassungsrichtung sind es Allgemeingefühle (= generelle Gefühle), z. B. Gefühle für Wahrheit, für Recht, für staatliches Zusammenleben usw., was in erster Linie sein ganzes Denken, ja seine Wahrnehmungsweise bestimmt, im Charakter von vorwaltend persönlicher Auffassungsrichtung personelle Gefühle, d. i. Gefühle persönlicher Neigung, Bewunderung, Liebe, persönlichen Widerwillens und Ekels. Wenn also der Mann Überzeugungen, Gesinnungen, Maximen besitzt, so bedeutet das immer auch, daß er trachten müsse, zwischen ihnen und seinen personellen Gefühlen einen Ausgleich zu schaffen ()

Eignen demgegenüber Maximen und Überzeugungen der Frau *fast ohne Gefühlsbetonung,* so wird ihr Bedürfnis, sie mit personellen Gefühlen in Einklang zu bringen, weitaus schwächer als das des Mannes sein. Sie kann also jemanden lieben, ohne zu finden, er sei besonders schön oder interessant oder herzensgut: sein Wert besteht für sie darin, *daß sie ihn liebt.* Liegt somit die mögliche Ungerechtigkeit des Mannes vorzugsweise darin, daß er seine Werturteile zugunsten seiner persönlichen Gefühle fälscht, so liegt die mögliche Ungerechtigkeit der Frau vorzugsweise darin, daß sie den *Allgemein*werten die Bedeutung und Verbindlichkeit unwillkürlich aberkennt und ihr persönliches Gefühl zum Maßstab alles Wertens macht. Es ist unrichtig, wenn es heißt, bei der Frau herrsche das Gefühl, bei den Männern der Verstand; sondern so vielmehr verhält es sich: für die typische Frau ist ausschlaggebend das personelle Gefühl, für den typischen Mann das generelle Gefühl. Das aber hindert nicht, daß seine Werturteile von seinen persönlichen Gefühlen bestochen werden! () Daß die Frau mehr persönlichen, der Mann mehr sachlichen Interessen huldigt, liefert den entscheidenden Grund für das Übergewicht der konkreten Intelligenz auf weiblicher Seite, der abstrakten auf männlicher Seite; und wenn es auch grundsätzlich möglich bleibt, daß mit überwiegend persönlichen Interessen eine mehr abstrakte Auffassungsrichtung einhergehe, mit überwiegend sachlichen Interessen eine mehr konkrete Auffassungsrichtung, so läßt doch das Dasein einer Gefühlsgrundlage, der die konkrete, und einer andern Gefühlsgrundlage, der die abstrakte Auffassungsrichtung zu dienen hätte, am Dasein dieser Auffassungsrichtungen selbst keinen Zweifel mehr.

DER GEIST ALS WIDERSACHER DER SEELE

Wir müssen an dieser Stelle unsrer Betrachtungen über die Mater einer Seite des Urgedankens näthertreten, die wie keine andre den heutigen Geist befremdet. Wenn die Mater Sinnbild des Ausgleichs der Pole und herrschende Mitte des ewigen Kreisens ist, so muß sie auch sein die Trägerin der kosmischen *Ordnung* und unerbittliche Sühnerin jedes Verstoßes dagegen. So gewiß in der Vorzeit nicht anders als heute Wille und Tat Sache des Mannes war, so gewiß war Sache des Weibes Weisheit und Richtertum! Die große Weberin, die das Gewand der Welt und aller Geschicke webt, führt den Namen »Harmonia«. Justitia und aequitas gelten als eingeborene Eigenschaften des weiblichen Naturprinzips. Die Gesetze wurden zu Athen im Tempel der Demeter *Thesmophoros,* dem sog. Μητρωον[1], zu Rom in dem der Ceres *Legifera* aufbewahrt, Testamente und Rechtsurkunden auch im Tempel der Vesta. ()

Die syrische Aphrodite, die »in ihrer Schale sowohl das Leben als auch das Recht abwägt«, wird justi inventrix genannt. Dike, Eunomia, Eirene sind die heiligen Urheberinnen jeder gesetzlichen Ordnung. Die linke Isishand, deren Abformung im Festzug zur Schau getragen wird,

---

1 gesprochen: metroon

heißt »Justitiae manus« oder »Aequitatis manus«. () In feierlicher Prozession tragen Frauen und Jungfrauen am Einweihungstage die heiligen Gesetzesbücher nach Eleusis.

Wer heute die Charaktere der Geschlechter gegeneinander hielte, und wäre er der größte Frauenfreund, fände sich aufgrund tausendfältiger Erfahrungen zweifellos veranlaßt, dem Manne den Vorzug größerer Gerechtigkeit zuzubilligen, das Weib aber als behaftet zu erachten mit einem Hange zu persönlicher Parteilichkeit, und dürfte angesichts dessen denn doch wohl fragen, ob es irgend wahrscheinlich sei, daß die Geschlechter seither ihre Naturen dermaßen tief verändert hätten, wo doch mindestens die Frau, wie ein vergleichender Blick auf die Primitiven verrate, so manche Züge aus dem Zeitalter der Ursprünglichkeit und nicht immer zu ihrem Vorteil zu bewahren vermochte? Die Antwort lautet: nicht die Frau hat sich ungeachtet aller Wandlungen, denen auch sie erlag, dermaßen abgeändert; aber dasjenige »Recht«, das im Namen der Gerechtigkeit weit besser als sie allerdings der Mann verwaltet, ist ein völlig andres als das der Vorzeit. Wir müssen uns zuvörderst aller *sittlichen* Denkgewohnheiten von grundaus entschlagen lernen, um *den* Rechtsgedanken wiederzufinden, der auf dem Boden eines durch und durch *naturhaften* Denkens gedeihen konnte. In der Auffassung und Betätigung des sittlichen Rechtes steht die Frau nach wie vor hinter dem Manne zurück und wird sie ihn niemals erreichen, solange sie noch nicht völlig vermännlicht ist; dafür indes ist für die Auffassung eines »natürlichen Rechtes« der Geist des Mannes so hoffnungslos blind geworden, daß er garnicht mehr begreift, wie es nur überhaupt dergleichen geben könne, und das »Jenseits von Gut und Böse« ahnungslos verwechselt mit der Zulassung einer Art von Verbrechertum!

() Der typische Mann ist mehr »Denker« als das typische Weib; so denken denn Frauen öfter *an* etwas als *über* etwas, Männer meist umgekehrt; so geht das Denken über etwas im Geiste der Frau häufig von wirklich stattgehabten Gesprächen aus oder gestaltet

Mitteilbares im Hinblick auf eine bestimmte Person; und
so sind unter sonst vergleichbaren Umständen die Frauen
noch heute den Männern meist überlegen im Schreiben
von Tagebüchern und Briefen, meist *unter*legen im
Schreiben von Abhandlungen.

BERTRAND RUSSELL
(1872–1970)

Englischer Philosoph, Mathematik-Logiker und Soziologe; verh.; erhielt
1950 den Nobelpreis für Literatur; vor dem ersten Weltkrieg und auch zeit
seines Lebens ist er als überzeugter Pazifist hervorgetreten und saß
während des 1. Weltkrieges wegen Anstiftung zur Kriegsdienstverweige-
rung im Gefängnis. Bekannt wurde er zunächst durch seine Grundlagen-
forschungen in der Mathematik und Logik. Später wandte er sich den
Gesellschaftswissenschaften und der Erkenntnistheorie zu. Er sagte über
»Denken« und »Gedanken«: »... vertrete ich auch eine Ansicht, die alle
übrigen Philosophen schockierend finden, nämlich daß die Gedanken, die
jemand hat, sich tatsächlich *in* seinem Kopf befinden... – daß unser
Gehirn tatsächlich aus nichts anderem als aus Gedanken besteht.... Eine
solche Kollektion von Ereignissen – nämlich die, aus der wir selbst
bestehen – kennen wir intimer und unmittelbarer als alles, was es auf der
Welt sonst noch gibt.« (Entwicklung meines Denkens)

EHE UND MORAL

()
In einer mutterrechtlichen Gesellschaft würde sich der
Familienehrgeiz auf die Frauen beschränken müssen und,
da der Kampf nicht Frauensache ist, hat der den Frauen
vielleicht eigene Familienehrgeiz weniger Wirkung als der
der Männer. Man muß daher annehmen, daß die Entdek-
kung der Vaterschaft die menschliche Gesellschaft ehrgei-
ziger, energischer, dynamischer und emsiger gemacht hat,
als dies auf der mutterrechtlichen Stufe der Fall gewesen
war. () ... so hat die Entdeckung der Vaterschaft zur

Unterjochung der Frau als dem einzigen Mittel geführt, sich ihrer Tugend zu vergewissern – eine anfangs körperliche, später geistige Unterjochung, die ihren Höhepunkt im 19. Jahrhundert erreichte. Infolge dieser Unterjochung der Frau hat es in den meisten zivilisierten Gemeinschaften keine echte Kameradschaft zwischen Mann und Frau in der Ehe gegeben; ihre Beziehung bestand aus Herablassung auf der einen und Pflicht auf der anderen Seite. Der Mann behielt seine wichtigen Gedanken und Absichten für sich, weil ernstliche Gedankentätigkeit seine Frau vielleicht hätte zur Untreue verführen können. In den meisten zivilisierten Gemeinschaften ist den Frauen jede Berührung mit der Welt und dem Geschäftsleben versagt geblieben. Sie wurden künstlich dumm und uninteressant gehalten. Aus Platos Dialogen gewinnt man den Eindruck, daß er und seine Freunde den Mann als das einzig geeignete Objekt für ernsthafte Liebe ansah. Das ist nicht verwunderlich, wenn man bedenkt, daß alle Dinge, für die sie sich interessierten, ehrbaren Athenerinnen vollständig verschlossen waren. () Liebe als Beziehung zwischen Mann und Frau wurde durch den Wunsch, sich der Legitimität der Kinder zu versichern, zunichte gemacht. Und nicht allein Liebe, sondern alles, was Frauen zur Zivilisation beitragen können, wurde aus dem gleichen Grunde im Keim erstickt. () In der modernen Welt hat die Liebe jedoch noch einen anderen Widersacher () und zwar das Evangelium der Arbeit und des wirtschaftlichen Erfolges. Besonders in Amerika besteht die allgemeine Auffassung, daß ein Mann die Liebe nicht in Konflikt mit seiner Karriere kommen lassen darf, und daß er, wenn er es doch tut, verrückt ist. () In seiner Jugend befriedigt er seine körperlichen Bedürfnisse von Zeit zu Zeit mit Prostituierten; dann heiratet er ziemlich bald, seine Interessen sind aber von denen seiner Frau gänzlich verschieden, und es bildet sich nie ein wirklich inniges Verhältnis zwischen den beiden Menschen heraus. Er kommt spät und abgespannt vom Büro nach Hause. Morgens steht er auf, bevor seine Frau erwacht. Den Sonntag verbringt er mit Golfspielen, weil Körpertraining notwendig ist, um ihn für den Kampf ums Geld in Form zu halten. Die Interessen seiner Frau erscheinen ihm typisch weiblich; er billigt sie wohl, macht aber nicht den Versuch, sie zu teilen. Er hat ebensowenig Zeit für unerlaubte wie für eheliche Liebe, obgleich er natürlich gelegentlich eine Prostituierte aufsuchen mag, wenn er sich fern von daheim auf Geschäftsreisen befindet. Seine Frau bleibt ihm gegenüber wahrscheinlich geschlechts-kalt, was garnicht verwunderlich ist, da er nie Zeit hat, sie zu umwerben. () Seine Frau () macht sich Luft in zweitrangiger Kultur und im Hochhalten der Tugend, indem sie auf alle diejenigen hetzt, deren Leben großzügig und frei ist. Auf diese Weise verkehrt sich der Mangel an sexueller Befriedigung beim Mann wie bei der Frau in Haß gegenüber der Menschheit, allerdings in der Maske des Gemeinschaftsgeistes und des hohen moralischen Niveaus.

() Ich glaube, man kann nicht abstreiten, daß Frauen im Durchschnitt dümmer sind als Männer. Ich glaube, dies ist hauptsächlich auf die Tatsache zurückzuführen, daß ihre sexuelle Wißbegier mit mehr Erfolg abgedrosselt wurde. ()

In den verschiedensten Teilen der Erde, ganz abge-schnitten von jeglichem christlichen oder buddhistischen Einfluß, hat es Orden von Priestern und Priesterinnen gegeben, die das Zölibat gelobten. () Viele Stellen in den Apokryphen lassen eine fast mönchische Einstellung zur Frau erkennen, die sich sehr stark von der robusten Männlichkeit der älteren Bücher des Alten Testaments unterscheidet. Die Neuplatoniker waren fast so asketisch wie die Christen. Von Persien aus verbreitete sich die Ansicht nach dem Westen, daß alle Materie vom Übel und jeglicher Geschlechtsverkehr unrein sei. Dies ist, wenn auch nicht in ganz so extremer Form, die Auffassung der Kirche; () Durch die Betonung der sexuellen Tugendhaf-tigkeit trug die christliche Ethik zweifellos wesentlich dazu bei, die Stellung der Frau zu erniedrigen. Da die Moralprediger Männer waren, erschien die Frau in der Rolle der Versucherin. Wären sie Frauen gewesen, würde diese Rolle den Männern zugefallen sein. Da die Frau die Versucherin war, erschien es wünschenswert, ihre Möglichkeiten, Männer in Versuchung zu führen, zu beschneiden. Infolgedessen wurden ehrbare Frauen durch weitere Beschränkung eingeengt, während ehrlose Frauen mit äußerster Verachtung behandelt wurden, da man sie als sündig ansah. Erst in einer ziemlich modernen Zeit haben die Frauen das Ausmaß von Freiheit wiedergewonnen, dessen sie sich im römischen Imperium erfreuten. Wie wir gesehen haben, hat das patriarchalische System viel dazu beigetragen, die Frauen zu versklaven, aber kurz vor dem Aufstieg des Christentums hatte sich das weitgehend gebessert. () Erst mit dem Verfall der Vorstellung von der Sünde in neuester Zeit haben die Frauen begonnen, ihre Freiheit wiederzugewinnen. ()

Der heutige Übergangszustand der Geschlechtsmoral ist hauptsächlich auf zwei Ursachen zurückzuführen, und zwar erstens auf die Erfindung empfängnisverhütender Mittel, und zweitens auf die Emanzipation der Frau. () Die Emanzipation der Frau ist ein Bestandteil der demokratischen Bewegung. Sie beginnt mit der französischen Revolution, die () das Erbrecht zugunsten der Töchter änderte. () John Stuart Mills »The Subjection of Women« (Die Versklavung der Frau, 1869) ist ein sehr überzeugendes und wohldurchdachtes Buch, das großen Einfluß auf die denkenden Menschen der nachfolgenden Generation hatte. Meine Eltern waren seine Schüler und meine Mutter hat schon in den sechziger Jahren verschiedentlich Vorträge gehalten, in denen sie für das Frauenstimmrecht eintrat. Sie war eine so begeisterte Frauenrechtlerin, daß sie mich von der ersten Ärztin, Dr. Garret Anderson, zur Welt bringen ließ – sie konnte damals nicht als praktische Ärztin approbiert werden, sondern war nur als geprüfte Hebamme zugelassen. Die Frauenbewegung beschränkte sich in damaliger Zeit auf die Ober- und Mittelklassen und hatte daher keine große politische Macht. () Die Gründe für diesen plötzlichen Wandel sind meiner Ansicht nach zweierlei: Einerseits war der unmittelbare Einfluß der demokratischen Idee zu spüren, die es unmöglich machte, eine logische Entgegnung auf die Ansprüche der Frauen zu finden. Andererseits konnte die Tatsache nicht übersehen werden, daß eine ständig wach-

sende Zahl von Frauen sich selbst ihren Lebensunterhalt
außerhalb des Hauses verdiente und für die Gestaltung
des täglichen Lebens nicht mehr von der Gnade des Vaters
oder Ehemanns abhängig war. Dieser Zustand erreichte
natürlich seinen Höhepunkt während des ersten Weltkrieges, als ein sehr großer Teil der sonst von Männern
geleisteten Arbeit von Frauen übernommen werden
mußte. Vorher war einer der am häufigsten vorgebrachten
Einwände gegen das Frauenstimmrecht gewesen, Frauen
neigten zum Pazifismus. Während des Krieges widerleg-
ten sie diesen Vorwurf in ganz großem Stil und erhielten
das Stimmrecht für ihren Anteil an dem blutigen Gemet-
zel. Für die idealistischen Vorkämpfer, die sich eingebildet
hatten, die Frauen würden das Niveau der politischen
Moral heben, ist dieses Resultat sicher eine große Enttäuschung gewesen. () Unter den Frauen war die Ansicht weit
verbreitet, sie seien den Männern moralisch überlegen,
und zwar mit der Begründung, daß sie als Frauen weniger
Vergnügen am Geschlechtsgenuß hätten. Diese Einstellung machte eine offenherzige Gemeinschaft zwischen
Mann und Frau unmöglich. Das war natürlich an sich
schon gänzlich ungerechtfertigt, da fehlendes Vergnügen
am Geschlechtsgenuß, ganz abgesehen davon, daß es
keine Tugend ist, einen bloßen physiologischen oder
psychologischen Mangel bedeutet ebenso wie fehlendes
Vergnügen am Genuß von Speisen, wie es vor hundert
Jahren ebenfalls von feinen Damen erwartet wurde.

() Eine Zeitlang konnte sich die herkömmliche Moral-
anschauung noch durch die Macht der Gewohnheit und
infolge geistiger Trägheit halten, aber die Erschütterung
des Krieges warf auch diese Schranken über den Haufen.
Moderne Frauenrechtlerinnen sind nicht mehr wie ihre
Kolleginnen vor dreißig Jahren darauf aus, den »Lastern«
der Männer zuleibe zu gehen, sondern fordern viel eher,
daß man auch ihnen erlaubt, was den Männern erlaubt ist.
Ihre Vorgängerinnen wollten Gleichheit in moralischer
Sklaverei, während sie Gleichheit in moralischer Gleichheit wollen. Diese ganze Bewegung steht vorläufig noch
im Anfangsstadium und man kann unmöglich voraussa-
gen, wie sie sich entwickeln wird. Ihre Anhänger in

Theorie und Praxis sind meist noch ziemlich jung, und unter Persönlichkeiten von Einfluß und Gewicht hat kaum jemand etwas dafür übrig. () Die Auflehnung der Frau gegen die beherrschende Stellung des Mannes ist eine Bewegung, die im rein politischen Sinne praktisch abgeschlossen ist, im weiteren Sinne aber noch in den Anfängen steckt. Allmählich werden sich ihre sekundären Wirkungen herausstellen. Die Gefühle, die Frauen angeblich haben, sind, wenigstens vorläufig noch, Spiegelbilder männlicher Interessen und Empfindungen. Man findet in den Büchern männlicher Romanschriftsteller, daß Frauen ein körperliches Lustgefühl beim Stillen ihres Säuglings verspüren. Durch Befragung jeder beliebigen Mutter im Bekanntenkreis kann man aber erfahren, daß das nicht der Fall ist. Bis zu dem Zeitpunkt, als die Frauen stimmberechtigt wurden, dachte jedoch kein Mann daran, sich danach zu erkundigen. Über die Muttergefühle im allgemeinen ist so lange von Männern, die darin unbewußt das Mittel zu ihrer eigenen Vormachtstellung sahen, gefühlsduselige Sabberei ergossen worden, daß beträchtliche Anstrengungen erforderlich sind, um zu ergründen, was die Frauen tatsächlich in dieser Hinsicht empfinden. Bis vor kurzer Zeit nahm man von allen anständigen Frauen an, daß sie sich Kinder wünschen, die Sexualität jedoch hassen. Selbst jetzt sind viele Männer noch entsetzt, wenn Frauen offen zugeben, daß sie keine Kinder haben wollen. Es ist sogar nicht einmal ungewöhnlich, daß Männer sich bemüßigt fühlen, solchen Frauen eine Moralpauke zu halten. Solange sich die Frauen im Zustand der Unterordnung befanden, wagten sie nicht, ehrlich ihre eigenen Gefühle zu offenbaren; sie bekannten sich vielmehr zu denen, die dem Manne gefielen. Wir können daher in unserer Erörterung nicht von dem ausgehen, was bisher als normale Einstellung der Frau zum Kind gegolten hat, da wir vielleicht feststellen werden, daß die Gefühle der Frau seit ihrer vollständigen Emanzipation größtenteils völlig anders sind, als bislang angenommen wurde. ()

Zu diesem Zweck brauchen wir eine wirklich neue Moral. Ich meine damit, daß Bindungen und Pflichten nach wie vor anerkannt werden sollen, obgleich diese sich

vielleicht von früher anerkannten Bindungen und Pflichten wesentlich unterscheiden. Solange alle Moralisten sich
damit begnügen, die Rückkehr zu einem System zu
predigen, das so tot ist wie eine Mumie, können sie nicht
das geringste dazu beisteuern, der neuen Freiheit einen
ethischen Rahmen zu geben oder den Menschen die neuen
Pflichten aufzuzeigen, die ihnen erwachsen. () Kurz, das
gesamte Problem der Geschlechtsmoral will neu durch-
dacht sein. ()

MAX SCHELER
(1874–1928)

Deutscher Philosoph und Professor, verh.; verteidigte die vitale Kraft als
Widerpart der idealen Kraft in seiner »Lebensphilosophie«. Mit ihm
verbindet sich am stärksten die sogenannte »Wertphilosophie«. Alle Dinge
würden Qualitäten, Werte eigener Art in sich tragen, die der Mensch durch
eine Art »Wesenschau« entdecken könne. Derjenige, der keine »Werte« in
der Welt entdecken könne, sei »anomal«. Werte würden aber weder
gedacht noch wahrgenommen – sie müßten gefühlt werden. In einem
technisch-materialistischen Denken würde allerdings »Wertblindheit«
herrschen. Der Sinn der Erde und der Welt zeige sich in einem Gott, der
sich in der Welt entfalten würde.

MENSCH UND GESCHLECHT

Bildungs-Damen – wenn sie unter sich sind – pflegen
heute von irgend einer Frau zu sagen: Ach ja, sie ist ein
»herrlicher Mensch«. Sie verleugnen ihr Geschlecht und
machen sich das pure Menschentum zum Ziel. Aber sie
vergessen: Nicht nur das Wort »Mensch« kommt von
»männisch« (in vielen anderen Sprachen bedeutet das
Wort für Mensch meist zugleich Mann, z..B. homo,
homme). Auch die Idee eines Menschen, der Mann und
Weib umfassen soll, ist nur eine männliche Idee. Ich
glaube nicht, daß diese Idee in einer von Weibern
beherrschten Kultur entstanden wäre. Nur der Mann ist

so »geistig«, so »dualistisch« und so – kindlich, die Tiefe
des Unterschiedes zuweilen zu übersehen, den man den
geschlechtlichen nennt. Gewiß, man braucht ein solches
Wort: Aber seine Bedeutung ist und kann nie völlig
neutral sein. Sie ist selbst immer die männliche *oder*
weibliche Idee von eben dem, was sie doch umfassen
sollte. Jene Damen, die sich »prachtvolle Menschen«
nennen, zeigen damit nur, daß sie keine echten Weiber
sind und – da es eben zum *Wesen* des Menschen selbst
gehört, immer entweder männlich oder weiblich zu sein
– daß sie nur verminderte »Menschen« sind. In Zeiten, da
man die Geschlechtsdifferenz als positiv wertvoll empfand, entstand der Ausdruck »das Mensch«, das eben
durch seinen sächlichen Artikel andeuten sollte, das
betreffende Weib sei eben kein echtes Weib und trage
»nur« die »menschlichen« Merkmale. Ein Weib, das ein
»prachtvoller Mensch« sein will, es wird faktisch immer
ein Affe des Mannes sein. Also lassen wir auch hier das
»Allzumenschliche«.

ZUM SINN DER FRAUENBEWEGUNG

Die Kreise, welche den durch die Reichsstatistik festge-
stellten erheblichen Rückgang der Fruchtbarkeitsziffer
mit ernster nationaler Besorgnis ansehen und ihn nicht,
wie die Sozialdemokratie, ausschließlich als ein erfreuli-
ches Zeichen für die Hebung der arbeitenden Klassen und
ihren steigenden Wohlstand aufzufassen vermögen, fallen
gemeinhin mit jenen Gruppen zusammen, die sich gegen
den in der Frauenbewegung werbenden *Geist* kehren, in
dem sie einen Abfall von dem »wahren Beruf der Frau als
Hausfrau und Mutter« erblicken. Dieses Verhalten scheint
eine innere Begründung auch darin zu besitzen, daß der
Frauen-Typus, den die bisherige Frauenbewegung in
immer steigendem Maße (bis zum äußersten Grenzfalle
der Suffragette) anstrebt, auf eine den großen nationalen
Volkszwecken angemessene Fruchtbarkeits- und Fort-
pflanzungschance keineswegs hindeutet. () Einmal drän-
gen die Anstrengungen, die die Frau, unter dem Druck des
weiblichen Angebots an Arbeitskräften und infolge der

Konkurrenz mit den Männern, um eine angemessene
Ausfüllung von Männerberufen zu machen hat, die
erotischen Motive meist in solchem Maße zurück, daß
wenig Garantie dafür besteht, daß die ökonomisch
selbständigere Frau auch mehr »ihrem Herzen folge« und
nicht vielmehr auch bei der Männerwahl eben *jenem*
Motive, das stark genug war, sie zu einer ökonomisch
selbständigen Frau werden zu lassen. Dieselbe gesteigerte
Rechenhaftigkeit der ganzen Lebensgesinnung, () der ihr
eine ökonomische Selbständigkeit gibt, äußert sich meist
schon in der Wahl der Männer, deren sie sich zu bedienen
pflegt, um in die erwünschten Stellungen hineinzukom-
men. () Die erwerbstätigen Frauen tragen nach der
Statistik, und zwar in dem Maße, als sie männliche
Berufstätigkeit haben, nur einen verschwindenden Bruchteil zu den ehelichen und außerehelichen Kindern bei. ()
   Jede endgültige Steigerung der Berechtigungen der
Frau in sozialer, politischer und ökonomischer Hinsicht
muß notwendig zu einer inneren *Begrenzung der Stoß-
kraft aller Werte und Kräfte* führen, auf denen unsere
gegenwärtige Zivilisation sich erhebt. Keine in den
Grenzen geschichtlicher Variabilität liegende Veränderung des weiblichen Typus kann es ja jemals aufheben,
daß die Frau, als das erdenmäßigere, pflanzlichere, in
allem Erleben einheitlichere und durch Instinkt, Gefühl
und Liebe weit stärker als der Mann geleitete Wesen, auch
das von Haus aus *konservative* Wesen ist – die Hüterin der
Tradition, der Sitte, aller älteren Denk- und Willenfor-
men, und die ewige Bremskraft eines nach den Zielen
bloßer Rationalität und bloßen »Fortschritts« dahinstür-
zenden Zivilisations- und Kulturwagens. Zu den männlichen Exzessen in der Geschichte, sowohl zu jenen der
Ideen als zu solchen der Sitten und Moden, hat die Frau,
trotz ihrer gesteigerten leiblich-seelischen Plastizität, stets
eine fast ans Wunderbare grenzende Ruhe und Konstanz
bewahrt. Mit der schönen geruhsamen Gelassenheit eines
Baumes, neben dem Tiere ihre verwinkelten Sprünge
machen, steht sie im Grunde ihres Seins vor der ruhelosen
Dramatik der Männergeschichte – immer bedacht, die
großen, einfachen Grundlagen festzuhalten, die unsere

gattungsmäßige Existenz zu eigen hat. () Die rohe
Vorstellung des 18. Jahrhunderts, z. B. J. J. Rousseaus,
daß die seelischen Differenzen von Mann und Weib
ausschließlich Folgen der leiblichen und biologischen
Funktionsunterschiede der Geschlechter seien, sonst aber
sie beide je dasselbe Exemplar »vernünftiger Seele«
besäßen, muß mit Stumpf und Stiel ausgerottet werden.
Die geschlechtliche Differenz ist *geistig* ebenso *ursprünglich,* wie sie es leiblich und biologisch ist. () Überall wird
die präzise Untersuchung hier zeigen, daß der Geschlechtsunterschied bis in die tiefsten Wurzeln des
Geistes selbst zurückreicht, daß z. B. der weibliche
Begriff, das weibliche Urteil, das weibliche Wertfühlen
grundverschieden gebaut ist. Die Art, wie dem seelischen
Ich von Mann und Weib der eigene Leib gegeben ist (z. B.
die Distanzierung in beiden Fällen), enthält sicher einen
unüberbrückbaren Wesensunterschied. In Verhältnis zu
der Art, wie die Frau konstitutiv ihren eigenen Leib erlebt
– *wie* sie sich in ihm fühlt und weiß –, führt der Mann den
seinen so distanziert mit sich, wie wenn es ein Hündchen
an der Leine wäre. () Ist faktisch dieser Gefühls-, Denk-
und Leistungsunterschied ein so tiefgehender, ja ein
jenseits aller historischen Variabilität gelegener Seins-un-
terschied, so ist eben auch die Angst, es könne ein
historischer Vorgang wie die Frauenbewegung ihn zu
einer wesentlichen Verminderung bringen, ein um so
unsinnigeres Verhalten. () Das ist ja die innere Tragik
dieses unseres Systems, daß in ihm nur die unweiblichen
Frauen – unter gleichen Besitz- und Standesvoraussetzun-
gen – ökonomisch zur Selbständigkeit aus eigenen Kräften
aufsteigen können, die weiblichen aber () in eine Lage
gelangen müssen, die sie auch nur einen Schritt – nach
unserem bisher herrschenden sozialen »Werturteil« – von
der »Prostitution« scheidet. () Während nun die von der
Frauenbewegung allein auf die Ziele der *ökonomisch
steigenden* Frau gerichtet war, scheint in diesen letztge-
nannten Bewegungen ein aus – im Grunde – durchaus
gesunden und *echt* weiblichen Instinkten geborenes und
erwachtes Interesse für jene eben genannte Schicht sich
kund zu tun; ()

Die Sünde (F. Stuck)

OTTO WEININGER
(1880–1903)

Österreichischer Philosoph und Psychologe, Jed.; ist durch Selbstmord nur 23 Jahre alt geworden. Sein Werk »Geschlecht und Charakter« erregte nach seinem Tod großes Aufsehen, da er darin jene Gedanken radikal formulierte, die unterschwellig doch annähernd oft so gedacht wurden. In seiner gründlichen Arbeit war er der erste deutschsprachige Philosoph, der sich das Thema der Geschlechtlichkeit des Menschen zu seinem Hauptmotiv wählte. Sein Bedürfnis aber, als genialer Philosoph sofort nach Erscheinen seines Buches öffentlich bejubelt zu werden, zerrüttete wohl sein Selbstvertrauen, als zunächst die Öffentlichkeit schwieg. In einer Tagebuchnotiz zweifelt er daran, daß er ein Philosoph sei, und beging Selbstmord, auch wissend, daß man diese Tat in den damaligen Wiener Kreisen, in denen er verkehrte, als Heldentat empfinden würde.

GESCHLECHT UND CHARAKTER

Die Sexuelle Mannigfaltigkeit

Es gibt zwei Begriffe, sie gehören zu den ältesten der Menschheit, mit denen diese ihr geistiges Leben seit Anbeginn zur Not gefristet hat. () den Begriffen Mann und Weib. ()

Alle Eigentümlichkeiten des männlichen Geschlechts sind () wenn auch noch so schwach () auch beim weiblichen Geschlechte nachzuweisen; und ebenso die Geschlechtscharaktere des Weibes auch beim Manne () Es gibt unzählige Abstufungen zwischen Mann und Weib, »sexuelle Zwischenformen«. Wie die Physik von idealen Gasen spricht, () so können wir einen idealen Mann M und ein ideales Weib W, die es in der Wirklichkeit nicht gibt, aufstellen als sexuelle Typen.[1] () Also Mann und Weib sind wie zwei Substanzen, die in verschiedenem Mischungsverhältnis () auf die lebenden Individuen verteilt sind. Es gibt in der Erfahrung nicht Mann noch Weib, könnte man sagen, sondern nur männlich und weiblich. ()

---

1 Im folgenden wird M und W im oben gemeinten Sinne gebraucht.

Gesetze der sexuellen Anziehung

() Das Gesetz lautet: Zur sexuellen Vereinigung trachten immer ein ganzer Mann (M) und ein ganzes Weib (W) zusammen zu kommen, wenn auch auf die zwei verschiedenen Individuen in jedem einzelnen Falle in verschiedene Verhältnisse verteilt. () Es habe z. B. ein Individuum M ¾ M, also ¼ W. Dann sind sein bestes sexuelles Komplement () folgendermaßen zu definieren (). W ¼ M, also ¾ W. () Die sexuelle Anziehung ist etwas genau so Naturgesetzliches wie das Wachstum der Wurzel gegen den Erdmittelpunkt, die Wanderung der Bakterien zum Sauerstoff am Rande des Objektträgers; ()

Charakterologie und Morphologie

() man wird auch von dem Charakter einer Person wissenschaftlich nicht mehr sagen, er sei männlich oder er sei weiblich schlechthin, sondern darauf achten und danach fragen: wieviel Mann, wieviel Weib ist in einem Menschen? () indem man sozusagen den Prozentgehalt an M und W, den ein Individuum besitzt, auch im Psychischen aufzusuchen sich nicht wird scheuen dürfen. () Weibliche Männer haben oft ein ungemein starkes Bedürfnis zu heiraten, mögen sie () materiell noch so glänzend gestellt sein. () Weibliche Männer sind ihrer Weiblichkeit gemäß auch körperlich eitler als die anderen unter den Männern. () männliche Weiber scheren sich die Haare kurz, bevorzugen frackartige Gewänder, studieren, trinken, rauchen, klettern auf die Berge () Es gibt unter denjenigen Individuen, die W näher stehen als M (den »Frauen«) zwar bei weitem nicht so viele Unterschiede und Möglichkeiten wie unter den übrigen – die größere Variabilität der »Männchen« ist nicht nur für den Menschen, sondern im Bereiche der ganzen Zoologie eine allgemeine Tatsache. ()

Die emanzipierten Frauen

() Ergebnisse des Prinzips der Zwischenformen (), welche
für die Frauenfrage von Bedeutung sind. () Sie gipfelt
darin, daß Emanzipationsbedürfnis und Emanzipations-
fähigkeit einer Frau nur in dem Anteile an M begründet
liegt, den sie hat. () Die Emanzipation, die ich im Sinne
habe, ist nicht der Wunsch nach der äußerlichen Gleichstellung mit dem Manne, sondern problematisch ist dem
hier vorliegenden Versuche, zur Klarheit in der Frauenfrage zu gelangen, der Wille eines Weibes, dem Manne
innerlich gleich zu werden, zu seiner geistigen und
moralischen Freiheit, zu seinen Interessen und seiner
Schaffenskraft zu gelangen. Und was nun behauptet wird
ist dies, daß W gar kein Bedürfnis und dementsprechend
auch keine Fähigkeit zu dieser Emanzipation hat. () Nur
der Mann in ihnen ist es, der sich emanzipieren will.
() Und weg mit der abgeschmackten Phrase von der
»völligen Gleichheit«! Selbst das männlichste Femininum
hat wohl kaum je mehr als 50 Prozent an M und diesem
Feingehalte dankt sie ja doch ihre ganze Bedeutung oder
besser all das, was sie eventuell bedeuten könnte. ()

Teil II

() Jetzt, da, noch viel ausschließlicher als bisher, der
Mensch das Objekt der Betrachtung werden soll und die
psychophysiologischen Zuordnungen der introspektiven
Analyse zu weichen sich anschicken, bedarf der universel-
le Anspruch des Prinzips der sexuellen Zwischenstufen
einer gewichtigen Restriktion. () Vom Menschen () läßt
sich psychologisch mit vollster Bestimmtheit behaup-
ten, daß er, zunächst wenigstens in einer und derselben
Zeit, notwendig *entweder* Mann *oder* Weib sein muß.
() Worin liegt der wesentliche psychologische Unter-
schied zwischen Mann und Weib? ()
Der Zustand der sexuellen Erregtheit bedeutet für die
Frau nur die höchste Steigerung ihres Gesamtdaseins.
Dieses ist immer und durchaus sexuell. W geht im
Geschlechtsleben, in der Sphäre der Begattung und

Fortpflanzung, d. i. im Verhältnisse zum Manne und zum
Kinde, vollständig auf, sie wird von diesen Dingen in ihrer
Existenz vollkommen ausgefüllt, () Das Bedürfnis, selbst
koitiert zu werden, ist zwar das heftigste Bedürfnis der
Frau, aber es ist ein Spezialfall ihres tiefsten, ihres einzigen
vitalen Interesses, das nach dem Koitus überhaupt geht;
des Wunsches, daß möglichst viel, von wem immer, wo
immer, wann immer, koitiert werde. Dieses allgemeinere
Bedürfnis richtet sich mehr auf den Akt selbst, oder mehr
auf das Kind; im ersten Falle ist die Frau Dirne und
Kupplerin um der bloßen Vorstellung vom Akte willen;
im zweiten ist sie Mutter, () Ich meine keineswegs, daß die
Frau den Geschlechtsteil des Mannes schön oder auch nur
hübsch findet. Sie empfindet ihn vielmehr wie () der Vogel
die Schlange, er übt auf sie eine hypnotisierende, bannen-
de, faszinierende Wirkung. () er ist ihr Schicksal, er ist
das, wovon es für sie kein Entrinnen gibt. () Der Phallus
ist das, was die Frau absolut und endgültig unfrei
macht. () während M nicht nur sexuell ist. Hier liegt in
Wirklichkeit jener Unterschied () Während also W von
der Geschlechtlichkeit gänzlich ausgefüllt und eingenommen ist, kennt M doch ein Dutzend anderer Dinge:
Kampf und Spiel, Geselligkeit und Gelage, Diskussion
und Wissenschaft, Geschäft und Politik, Religion und
Kunst. () *W ist nichts als Sexualität, M ist sexuell und noch
etwas darüber.*

() So kann sich der Mann seiner Sexualität gegenüber-
stellen und sie losgelöst von anderem in Betracht ziehen.
Beim Weibe kann sich die Sexualität nicht durch eine
zeitliche Begrenzung ihrer Ausbrüche noch durch ein
anatomisches Organ, in dem sie äußerlich sichtbar lokali-
siert ist, abheben von einer nicht sexuellen Sphäre.
Darum weiß der Mann um seine Sexualität, während die
Frau sich ihrer Sexualität () gar nicht bewußt werden ()
kann, weil sie nichts ist als Sexualität, weil sie die
Sexualität selber ist () Es fehlt den Frauen, weil sie nur
sexuell sind, die zum Bemerken() notwendige Zweiheit;
() Zweiheit ist die Ursache des wachen Bewußtseins. ()
Der Mann hat die gleichen psychischen Inhalte wie das
Weib in artikulierter Form; wo sie mehr oder minder in

Heniden¹ denkt, dort denkt er bereits in klaren, diskutier-
ten Vorstellungen, an die sich ausgesprochene und stets
die Absonderung von den Dingen gestattende Gefühle
knüpfen. Bei W sind »Denken« und »Fühlen« eins,
ungeschieden, für M sind sie auseinanderzuhalten. W hat
also viele Erlebnisse in Henidenform, wenn bei M längst
Klärung eingetreten ist. () Der Urteilsakt selbst setzt eine
gewisse Entfernung vom Henidenstadium voraus ()
M lebt bewußt, W lebt unbewußt. W empfängt ihr
Bewußtsein von M: die Funktion, das Unbewußte
bewußt zu machen, ist die sexuelle Funktion des typischen Mannes gegenüber dem typischen Weibe. () so viele
Mädchen sagen, sie wünschten nur einen solchen Mann zu
heiraten, () der gescheiter sei als sie.

Nur die Frau steht nie den Dingen gegenüber, sie
springt mit ihnen und in ihnen mit sich nach Belieben um.
Sie kann dem Objekte keine Freiheit schenken, da sie
selbst keine hat. () Das Weib hat keinen Eifer für die
Wahrheit – darum ist es nicht ernst –, darum nimmt es
auch keinen Anteil an Gedanken. () Kein Weib hat
wirkliches Interesse für die Wissenschaft, sie mag es sich
selbst und noch so vielen braven Männern, aber schlech-
ten Psychologen, vorlügen. Man kann sicher sein, daß wo
immer eine Frau irgend etwas nicht ganz Unerhebliches in
wissenschaftlichen Dingen selbständig geleistet hat ()
dahinter stets ein Mann sich verbirgt, dem sie auf diese
Weise näherzukommen trachtete; () In der intellektuellen
Gewissenlosigkeit der Frau liegt der Nachweis. Hat
einmal ein Weib einen theoretischen Einfall, so verfolgt es
ihn nicht weiter, es bringt ihn nicht in Beziehung zu
anderen, es denkt nicht nach. Deshalb kann es am
wenigsten einen weiblichen Philosophen geben: () Der
Mann fühlt sich zur Logik verpflichtet, die Frau nicht; ()
So ist das geniale Bewußtsein am weitesten entfernt vom
Henidenstadium; es hat vielmehr die größte, grellste
Klarheit und Helle. Genialität offenbart sich hier bereits
als eine Art höherer Männlichkeit; und darum kann

---

1 Heniden: Vorformen des Denkens, z. B. Ahnen, instinktive Erfahrung, wie etwa beim Kind.

W nicht genial sein. () Von jener Genialität () ist das Weib ausgeschlossen. ()

Die Selbstbeobachtung ergibt () daß () die einzelnen Erlebnisse in ganz rätselhafter Weise zusammengefaßt erscheinen () sie laufen alle in einen einheitlichen Fluß zusammen, in dem es keine Diskontinuität gibt. () Diese eigentliche Kontinuität, die den Menschen erst ganz dessen vergewissern kann, daß er lebt, daß er da, daß er auf der Welt ist, allumfassend beim Genius, auf wenige Momente beschränkt beim Mittelmäßigen, fehlt gänzlich beim Weibe. () Es ist klar: einem jeden Wesen, dessen Gedächtnis ein so minimales wäre, daß, was es gesagt, getan, erlitten hat, später nur im dürftigsten Grade von Bewußtheit ihm noch gegenwärtig bliebe, einem jeden solchen Wesen muß, wenn ihm die Gabe der Sprache verliehen ist, die Lüge leicht fallen () Und noch stärker muß sich diese Versuchung geltend machen, wenn das Gedächtnis dieses Wesens nicht von jener kontinuierlichen Art ist, die nur der Mann kennt, sondern wenn das Wesen, wie W sozusagen nur in Augenblicken, diskret, diskontinuierlich, zusammenhangslos lebt (), wenn es nicht, wie M, alle seine Erlebnisse auf einen einheitlichen Träger derselben bezieht, sie von diesem auf sich nehmen läßt, wenn ein »Zentrum« der Apperzeption[1] fehlt, () wenn das Wesen sich nicht als eines und selbes in allen seinen Lebenslagen fühlt und weiß. () Die verbreitete Rede: »das Weib hat keinen Charakter« meint im Grunde auch nichts anderes. Persönlichkeit und Individualität, (intelligibles) Ich und Seele, Wille und (intelligibler) Charakter – () das im Bereiche des Menschen nur M zukommt und W fehlt. () Die unbegriffliche Natur des Weibes ist aber, nicht minder als seine geringe Bewußtheit, ein Beweis dafür, daß es kein Ich besitzt. () Seele, Persönlichkeit, Charakter ist aber () identisch mit dem freien Willen oder es deckt sich wenigstens der Wille mit dem Ich insofern, als dieses in Relation zum Absoluten gedacht ist. Und fehlt den Frauen das Ich, so können sie

---

1 Intellektuelle Aufnahme

auch keinen freien Willen besitzen. () Das Weib also ist
amoralisch.[2] ()

Da Logik und Ethik ausschließlich beim Manne sich
geltend machen, so war von vornherein wahrscheinlich,
daß die Frauen mit der Ästhetik nicht auf besserem Fuße
stehen würden () Auch die ästhetische Funktion, nicht nur
die ethische und logische, ist nach Kant eine solche, die
vom Subjekte in Freiheit ausgeübt wird. Das Weib aber
besitzt keinen freien Willen, und so kann ihm auch
nicht die Fähigkeit verliehen sein, Schönheit in den Raum
zu projezieren. ()

Nur eine Illusion kann im Begrenzten und Konkreten
die Unendlichkeit, nur eine Irrung im geliebten Weibe die
Vollkommenheit selbst erblicken. () Liebe ist stets hinaus-
wollend, transzendent () W ist höchstens verliebt,
M liebt; und dumm und unwahr ist jene Behauptung
lamentierender Frauen, das Weib sei wahrer Liebe fähiger
als der Mann: im Gegenteil, sie ist ihrer unfähig. ()

Selbst wenn eine Frau je ihre eigene Determiniertheit zu
ahnen beginnt, ein klares Bewußtsein derselben, eine
Auffassung und ein Verständnis ist dies nicht zu nennen;
denn dazu wäre der Wille zu einem Selbst erfordert, ()
Das Weib steht wie unter einem Fluche. () Darum lügt
die Frau stets, auch wenn sie objektiv die Wahrheit
spricht. () Das Fürchterliche und für die Leerheit und
Nullheit der Frauen Entscheidende ist vielmehr dies,
daß sie nicht einmal vor dem Tode zum Problem des
Lebens, ihres Lebens gelangen; weil in ihnen nicht ein
höheres Leben der Persönlichkeit realisiert werden
wollte. () Die Frau ist also nicht. () Die Frauen haben
nicht diese oder jene Eigenschaft, sondern ihre Eigenheit
beruht darauf, daß sie gar keine Eigenschaften haben:
das ist die ganze Kompliziertheit und das ganze Rätsel des
Weibes, darin besteht seine Überlegenheit und Unfaßbar-
keit für den Mann, der stets auch hier nach dem festen
Kerne sucht. () das Weib ist nichts, es ist *nur* Materie. ()
Der Wille des Mannes schafft erst die Frau, () Der reine
Mann ist das Ebenbild Gottes, das absolute Etwas, das

2 Weil (nach Kant) nur der zur Moral fähig ist, der einen freien Willen
hat – also Freiheit der Vernunft.

Weib, auch das Weib im Manne, ist das Symbol des
Nichts : das ist die Bedeutung des Weibes im Universum
() Man wird () sicherlich offen fragen () ob denn dieser
Anschauung nach die Frauen überhaupt noch Menschen
seien? Ob sie () nicht eigentlich unter die Tiere oder
Pflanzen gerechnet werden müßten? () Aber die Frauen
sind Menschen. Selbst W, die wir ohne jede Spur des
Intelligiblen Ich denken, ist doch immerhin das Kompli-
ment zu M. () Der Mann hat das Weib geschaffen und
schafft es immer neu, solange er noch sexuell ist. () Das
Weib ist die Schuld des Mannes. () Überwindung der
Weiblichkeit ist das, worauf es ankommt. () Und wenn alle
Weiblichkeit Unsittlichkeit ist, so muß das Weib aufhören, Weib zu sein, und Mann werden. () Die Frauen sind
Menschen und müssen als solche behandelt werden,
auch wenn sie selbst das nie wollen würden. Frau und
Mann haben gleiche Rechte. () Die Abneigung gegen
das männliche Weib hat der Mann in sich zu überwinden ;
denn sie ist nichts als gemeiner Egoismus. () Eine Frau, die
wirklich entsagt hätte, die in sich selbst die Ruhe suchen
würde, eine solche Frau wäre kein Weib mehr, sie hätte
aufgehört, Weib zu sein, sie hätte zur äußeren endlich die
innere Taufe empfangen. Kann das werden? () Allein auf
die Durchsetzung des Ideals, auf das Erblicken des
Leitsterns kommt es an. Bloß darauf : kann im Weibe der
kategorische Imperativ[1] lebendig werden? Wird sich das
Weib unter die sittliche Idee, unter die Idee der Menschheit stellen?

Denn einzig das wäre Frauen-Emanzipation.

---

1 Kategorischer Imperativ von Kant: »handle nur nach derjenigen
Maxime, durch die du zugleich wollen kannst, daß sie ein allgemeines
Gesetz werde.«

TASCHENBUCHNOTIZ

Wie will ich schließlich den Frauen vorwerfen, daß sie auf den Mann warten? Der Mann will auch nichts anderes als sie. Es gibt keinen Mann, welcher sich nicht freuen würde, wenn er auf eine Frau sexuelle Wirkung ausübt.

Der Haß gegen die Frau ist immer nur noch nicht überwundener Haß gegen die eigene Sexualität.

TEILHARD DE CHARDIN
(1881–1955)

Französischer Philosoph, kath. Theologe (Jesuitenorden), Paläontologe, Physiker und Schriftsteller; mit visionärer Kraft und modernem Wissen vertritt er die These, daß die gesamte Entwicklung des Lebens im Kosmos von Anfang an auf die Vervollkommnung des Menschen ausgerichtet sei. Dieser Evolutionsprozeß sei noch lange nicht abgeschlossen; der Mensch sei erst keimhaft das, was er nach dem Schöpfungsplan werden sollte. »Die Wissenschaftler in ihrem Aufstieg – ... treten jetzt auf der Stelle, weil die Geister zögern, zu erkennen, *daß es eine genaue Richtung* und bevorzugte Achse der Entwicklung gibt. Geschwächt durch diesen ... Zweifel, zerstreuen sich die Forschungen und der Wille wagt nicht, die Erde zu gestalten.« (Der Mensch im Kosmos)

Die Liebe baut physisch das Universum.

Verfolgen wir in uns selbst, um sie zu erkennen und zu lenken, die Bekundungen dieser grundlegenden Kraft, aus der unser Leben gewebt ist. In drei aufeinanderfolgenden Stufen, so glaube ich zu sehen, offenbart sie sich unserem Bewußtsein: in der Frau (für den Mann), in der Gesellschaft, im All; – durch den geschlechtlichen Sinn, durch den menschlichen Sinn, durch den kosmischen Sinn.

A. Der geschlechtliche Sinn.

Die wechselseitige Anziehung der Geschlechter ist eine so grundlegende Tatsache, daß jede Erklärung der Welt (sei sie biologisch, philosophisch oder religiös), der es nicht gelänge, ihr in ihrem Gebäude einen *aufgrund seiner Konstruktion wesentlichen* Platz zu finden, virtuell zum Scheitern verurteilt ist. Einen derartigen Platz für die Geschlechtlichkeit festzulegen, ist ganz besonders leicht in einem kosmischen System, das auf der Vereinigung aufbaut. () Daß die Geschlechtlichkeit zunächst die überwiegende Funktion hatte, die Erhaltung der Art zu gewährleisten, steht außer Zweifel – solange als sich im Menschen noch nicht der *Zustand* der Personalität[1] herausgebildet hatte. Doch mit dem kritischen Augenblick der Hominisation[2] fiel der Liebe eine andere, wesentlichere Rolle zu – eine Rolle, deren Bedeutung wir anscheinend erst zu fühlen beginnen: ich meine die notwendige Synthese des männlichen und weiblichen Prinzips im Aufbau der menschlichen Personalität. Kein Moralist oder Psychologe hat je daran gezweifelt, daß die beiden Gatten in dem Zusammenspiel ihrer Fortpflanzungsfunktion eine wechselseitige Ergänzung finden. Doch diese Vollendung wurde bisher immer nur als ein *Sekundär*effekt angesehen, der nebenbei mit dem Hauptphänomen der Zeugung verbunden ist. Um uns herum will, wenn ich mich nicht täusche, die Bedeutung der Faktoren entsprechend den Gesetzen des personalen Universums umschlagen. Der Mann und die Frau für das Kind – noch und noch lange, solange das irdische Leben nicht zur Reife gelangt ist. Der Mann und die Frau füreinander, immer mehr und für immer. ()

---

1 Personalisation: die Entwicklung, die zur Person führt und die eine innere Vertiefung des Bewußtseins in sich selbst ist. →Personalität: das Personsein → Person: das bewußte, mit reflektiertem Denken ausgestattete Menschsein.

2 Hominisation: die Entwicklung vom tierischen zum reflektierten, seiner selbst bewußten menschlichen Leben, also die Entwicklung des Menschen.

Wenn der Mann und die Frau, so möchte ich sagen, hauptsächlich für das Kind da wären, dann müßten die Rolle und die Kraft der Liebe in dem Maße abnehmen, wie die menschliche Individualität sich vollendet und wie im übrigen die Dichte der Bevölkerung auf der Erde sich ihrem Sättigungsgrad nähert. Wenn dagegen der Mann und die Frau hauptsächlich füreinander da sind, dann begreifen wir, daß sie, je mehr sie sich vermenschlichen, aufgrund dieser alleinigen Tatsache ein wachsendes Bedürfnis verspüren, sich einander zu nähern. Dieses aber und nicht jenes wird durch die Erfahrung bewahrheitet – () Nun, so werden wir sagen, die Frau ist gerade für den Mann der Zielpunkt, der in der Lage ist, diese Vorwärtsbewegung auszulösen. Durch die Frau, und durch die Frau allein, kann der Mann der Isolierung entgehen, in die gerade seine Vollkommenheit ihn einzuschließen droht. Es ist also nicht mehr im ganz strengen Sinne richtig, zu sagen, die Masche des Universums sei für unsere Erfahrung die denkende Monade. Das vollständige menschliche Molekül ist um uns herum bereits ein synthetischeres und von vornherein vergeistigteres Element als die Individual-Person – es ist eine Dualität, die zugleich das Maskuline und das Feminine umgreift. ()

Hier zeigt sich ein großer Unterschied zwischen den Ergebnissen, zu denen unsere Analyse eines personalen Universums führt, und den von den alten Morallehren anerkannten Regeln. Für diese war Reinheit im allgemeinen gleichbedeutend mit Trennung der Geschlechter. Um zu lieben, mußte man verlassen. Ein Glied schloß das andere aus. Das »Binom« Mann – Frau wurde durch das Binom Mann – Gott (oder Frau – Gott) ersetzt; das war das Gesetz der höchsten Tugend. Sehr viel allgemeiner und befriedigender scheint uns die Formulierung zu sein, die die Vereinigung dreier sich gegenüberstehender Glieder respektiert. Die Reinheit, so möchten wir sagen, ist einfach der Ausdruck für die mehr oder weniger deutliche Weise, in der sich über den sich liebenden Wesen das letzte Zentrum ihrer Koinzidenz expliziert. Hier ist nicht mehr die Rede davon, sich zu verlassen, sondern nur noch davon, sich in einem Größeren als man selbst zu verbinden. () So wird eine neue Askese – die, wie wir sehen werden, ebenso mühsam, aber sehr viel begreiflicher und wirksamer ist als die alte –, der Begriff der Geist-Materie umgesetzt. ()

Wenn es also stimmt, daß der Mann und die Frau sich um so mehr mit Gott vereinen, als sie einander lieben, ist es um nichts weniger gewiß, daß sie, je mehr sie Gott gehören, desto mehr dahin geführt werden, einander in schönerer Weise zu lieben. In welcher Richtung wird sich, soweit wir uns das vorstellen können, diese Weiterevolution der Liebe vollziehen?

Wahrscheinlich in Richtung einer schrittweisen Minderung dessen, was im Geschlechtlichen noch (und notwendig) die bewundernswerte, aber vorübergehende Seite der Fortpflanzung ausmacht. () Wenn also für die Erde die Reifung ihrer Personalität nahekommt, müssen die Menschen anerkennen, daß es für sie nicht einfach nur um die Frage geht, die Geburten zu kontrollieren; vielmehr kommt es vor allem darauf an, der Quantität der von der Pflicht der Fortpflanzung befreiten Liebe ihre volle Entfaltung zu geben. Unter dem Druck dieses neuen Bedürfnisses wird die wesentlich personalisierende Funktion der Liebe sich nicht mehr oder weniger vollständig von dem lösen, was zu seiner Zeit das Organ der Vermehrung war, vom »Fleisch«. Ohne aufzuhören, physisch zu sein, um physisch zu bleiben, wird die Liebe geistiger werden.

Das Geschlechtliche wird für den Mann durch das reine Weibliche überreich erfüllt.

Ist nicht das in seiner Wirklichkeit der eigentliche Traum von der Keuschheit?

B. Der menschliche Sinn.

Durch die Liebe des Mannes und der Frau wird eine Faser geflochten, die geradewegs ins Herz der Welt weitergeht. ()

C. Der kosmische Sinn.

() Nicht metaphorisch, sondern im wahrsten Sinne des Wortes ist der kosmische Sinn eine Liebe, und nur das kann er sein. Er ist eine Liebe; denn er bringt uns zu einem komplementären und einzigartigen Gegenstand personaler Natur. Und er muß eine Liebe sein, weil es seine Rolle ist, die Liebe des Mannes zur Frau und die Liebe des Menschen zu allen anderen Menschen zu übertragen, indem er sie vollendet. In dem Kosmos, wie ich ihn hier beschrieben habe, wird es möglich, so unwahrscheinlich dieser Ausdruck auch erscheinen mag, *das Universum zu lieben*. Und sogar allein in diesem Akt nur kann die Liebe sich mit unbegrenzter Klarheit und Macht entwickeln. ()

José Ortega y Gasset
(1883–1955)

Spanischer Philosoph, Schriftsteller und Soziologe; versuchte durch eine Art »vitaler Vernunft« die Spaltungen der Zeitströmungen in »Vernunft-Geist-Philosophie« und »Leben-Seele-Philosophie« zu überwinden. In seiner Abhandlung über den »Aufstand der Massen« und in der aufsteigenden Bedeutung der Vitalität der allgemeinen Bevölkerung durch den »Wohlstand« suchte er nach einem Standort für die Elite der Intellektuellen. Er entwickelte eine Krisentheorie der steigenden und fallenden »Glaubensgewißheiten« und sprach von der Gegenwart als einem Vakuum nach den beiden Weltkriegen, die der größte Teil der Menschheit als Krise der »Glaubensgewißheiten« empfinden würde.

DIE LIEBESWAHL

VI.

() Sagen wir es rundheraus: die Frau hat sich niemals für die genialen Männer begeistert, es sei denn, daß es per accidens geschah, das heißt, wenn sich mit der Genialität des einen Mannes Charakterzüge verbanden, die mit ihr wenig verträglich sind. Tatsache ist, daß die Eigenschaften, die aus Gründen des Fortschritts und der Größe der Menschheit an dem Mann am meisten geschätzt werden, die Frau erotisch keine Spur interessieren. Kann man mir

sagen, was einer Frau daran liegt, ob ein Mann ein großer
Mathematiker, ein großer Künstler, ein großer Politiker
ist? Und so fort; alle spezifisch männlichen Talente und
Taten, welche die Kultur geschaffen und fortgebildet
haben und die Begeisterung der Männer wecken, haben an
sich keine Macht, die Frau anzuziehen. Und suchen wir
die Eigenschaften, in die sich dagegen die Frau verliebt, so
finden wir, daß sie für die allgemeine Vollkommenheit der
Spezies völlig unfruchtbar sind und die Männer kalt
lassen. Das Genie ist kein »interessanter Mann« in den
Augen der Frau ... ()

Das bedeutet vom Standpunkt der menschlichen Selektion, daß die Frau mit ihrer Gefühlswahl nicht an der
Vervollkommnung der Spezies mitarbeitet; wenigstens
nicht in dem Sinn, in dem wir Männer davon sprechen. ()
Das ist die Tatsache, wie die Beobachtung sie uns liefert;
aber man glaube nicht, daß ihre Formulierung eine Kritik
an dem normalen Charakter der Frau einschließt. Ich
wiederhole, daß über die Absichten der Natur das
allertiefste Geheimnis liegt. Wer weiß, ob diese Abneigung der Frau gegen das Beste nicht letzten Endes heilsam
ist? Vielleicht ist ihre Rolle im Getriebe der Geschichte die
einer retardierenden Kraft gegenüber dem ruhelosen
Ungestüm, dem Drang nach Wechsel und Fortschritt, der
aus dem männlichen Herzen bricht. () ..., als ginge die
allgemeine Tendenz der weiblichen Liebeswahl darauf
aus, die Gattung innerhalb mittlerer Grenzen zu halten,
eine Selektion im Sinne des Besten zu vermeiden und
dafür zu sorgen, daß der Mensch niemals aufsteigt zum
Übermenschen oder zum Luzifer.

VOM EINFLUSS DER FRAU AUF DIE
GESCHICHTE

Gnädige Frau,

    (). Klar, daß unser Blick sich zuweilen von den
Gestalten Dantes löste, um Ihren Gesten zu folgen, wie es
im übrigen ja auch dem Dichter selbst widerfuhr bei dem
besten seiner Geleiter: Beatrice.

()

Sie sind, verehrte Frau, die Verkörperung beispielhaften Frauentums. In Ihrer Persönlichkeit laufen die anmutigen Strahlen der ungewöhnlichsten Vorzüge zusammen. Wie sollte es uns da nicht locken, Sie in der Phantasiewelt Dantes, in der sich sämtliche Formen menschlichen Daseins finden, hinabsteigen zu sehen? () Eine jede von Ihren Bewegungen hat für uns den Sinn eines Werturteils, einer Norm; denn sie entschleiert ja das Geheimnis Ihrer Billigung oder Ablehnung.

Die Frau als Norm – ist nicht gerade dies die große Entdeckung Dantes? Leider ist der spezifische Einfluß der Frau auf die Geschichte noch immer ein unbearbeitetes Kapitel, ein Thema, über das keiner Bescheid weiß. Andererseits aber hat auch noch niemand versucht, die Geschichte des Gefühls zu schreiben, das der Mann der Frau entgegenbringt. Man unterstellt eben, dies Gefühl sei immer ungefähr das gleiche gewesen; in Wirklichkeit jedoch hat es eine langsame und keineswegs ungestörte Entwicklung hinter sich, eine Entwicklung voller Errungenschaften und Rückschläge.

()

Das Weib war für den Mann ursprünglich eine Beute, ein Leib, den man sich rauben konnte. Diese weidmännische Seelenhaltung machte einer feineren Empfindungsweise entgegengesetzten Vorzeichens Platz, die den Griechen allerdings so gut wie unbekannt war. Was an den Frauen nur Beute und Raub zu sein vermag, befriedigt auf die Dauer nicht. Im Zuge der Verfeinerung entsteht beim Mann der Wunsch, die Beute möge sich ihm aus eigenem Antrieb ergeben. Denn in Besitz ihres Frauentums gelangt man nur, wenn man es für sich gewinnt. So wird die Beute zum Lohn. Und um ihn zu erlangen, muß man seiner erst würdig werden, muß man sich zu dem Mannestum erheben, dessen Ideal die Frau unbewußt in sich trägt. Durch diesen seltsamen Vorgang kommt es zu einer Vertauschung der Rollen: Der Ausbrecher wird zum Gefangenen. Während in der Epoche der reinen Triebhaftigkeit der Mann in der Art eines Räubers über die ihm begegnende Schöne herfällt, hält er sich in der Zeit zunehmender Vergeistigung in gebührendem Abstand und vergewissert sich zunächst von ferne, ob im Gesicht des Weibes Zustimmung oder Ablehnung geschrieben steht. Der Ursprung dieses neuen Verhältnisses zwischen den Geschlechtern, dank dessen die Frau zur Erzieherin des Mannes wird, liegt in der Kultur der *cortezia*. Dante bildet in dieser Entwicklung den Höhepunkt.

()

Gestatten Sie mir wenigstens, daß ich die Gelegenheit dazu benutze, um meine Gedanken über die hohe biologische Aufgabe, die dem Weib in der Geschichte zukommt, in großen Zügen darzulegen. Vor allem bitte ich, das grobe Wort »Weib« möge Ihren Ohren nicht unschicklich klingen. ()

Die wahre historische Aufgabe des Weibes tritt nicht klar genug hervor, weil man vergißt, daß weder die Gattin noch die Mutter, noch die Schwester noch die Tochter den Inbegriff des Frauentums darstellt. Diese gesamten Eigenschaften sind nichts anderes als Niederschläge der Weiblichkeit, Formen, die das Weib annimmt, wenn es keines mehr oder noch keines ist. ()

Was aber ist das Weib als Weib?

Diese Frage kann ich erst dann beantworten, wenn ich zuvor die landläufige Auffassung vom Wesen der Ideale berichtigt habe. () Man spricht sehr viel vom Ideal der Gerechtigkeit, der Wahrheit oder der Schönheit, aber niemand fragt, wie denn etwas beschaffen sein müsse, um überhaupt ein Ideal zu sein. () Das Ideal von gestern hat aufgehört, das Ideal von heute zu sein. Die Geschichte wird zum soundsovielten Male Zeugin des dramatischen Vorgangs, daß ein Ideal aufkeimt, Frucht trägt und abstirbt. Wie aber ist dies möglich, wenn sein Inhalt, seine objektive Bedeutung sich nicht gewandelt haben? Es ist augenscheinlich ein Irrtum, die Ideale nur als solche und nicht in Beziehung zu uns Menschen zu betrachten. ()

() ...; das Leben, alles Leben, zumindest alles menschliche, ist unmöglich ohne Ideal, oder, anders gesagt, das Ideal ist ein organischer Bestandteil des Lebens. () ... Stimulantien des Seelenlebens aber sind nichts anderes als die Ideale. Also Schluß mit dem unklaren, salbungsvol-

len, pseudomystischen Gerede! Die Ideale sind das, was
unsere vitalen Geisteskräfte anregt, biologische Sprungfe-
dern, Zündstoff für explosive Energieentladungen. Ohne
sie funktioniert das Leben nicht. () Von den beiden
Gesichtern des Ideals hat man bis heute nur immer das
eine gesehen, das auf das Absolute hinblickt, das andere
aber, das dem inneren Haushalt des Lebens zugewandt ist,
außer acht gelassen. Diese Funktion der Anregung, die das
Wesen des Ideals ausmacht, nennen wir gemeinhin mit
einem banaleren Worte »Illusion«.

Nun fällt es mir leichter, auf die vorhin gestellte Frage
zu antworten. Der Beruf des Weibes, wenn es nichts als
Weib ist, besteht darin, das konkrete Ideal (die Bezauberung, die Illusion) des Mannes zu sein. Nicht mehr, aber
auch nicht weniger. Ein Mann kann seine Mutter, Gattin,
Tochter oder Schwester mit größter Innigkeit lieben, ohne
daß seinem Gefühl auch nur ein Funke von Illusion
innewohnt. Und umgekehrt kann es geschehen, daß sich
ein Mann illusioniert, bezaubert, hingezogen fühlt, ohne
irgend etwas von dem zu verspüren, was wir recht
eigentlich als kindliche, väterliche, eheliche oder brüder-
liche Liebe bezeichnen. Die Frauen, mit ihrem treffsiche-
ren Instinkt, erkennen sehr genau, ob die Empfindungen,
die sie hervorrufen, das Gepräge der Illusion tragen, und
im geheimsten Grund ihres Herzens fühlen sie sich nur
dann geschmeichelt und zufriedengestellt, wenn dies der
Fall ist. ()

Das Weib ist also in dem Maße Weib, wie es Bezauberung oder Ideal ist. ()

Andererseits aber sehen wir, daß die elementare Aufgabe des Weibes das Bezaubern ist und daß die übrigen
Formen des Frauentums erst auf dieser Grundlage möglich sind. Wenn die Frau nicht bezaubert, so wählt der
Mann sie nicht zur Gattin, zur Mutter von Töchtern,
welche die Schwestern seiner Söhne sind. Alles wurzelt
also in jener magischen Gabe der Bezauberung.

()

Unglaublicherweise sind manche Leute blind genug,
um zu meinen, die Frau könnte durch Wahlrecht und
Doktorgrad auf die Weltgeschichte ebenso nachhaltig

einwirken, wie sie es vermöge jener magischen Kraft der
Bezauberung bereits tut. ()

() ..., um zu der modernen Frauenbewegung Stellung
zu nehmen. Mag sein, daß mir ihre konkreten Ziele
Achtung und Forderung zu verdienen scheinen. Dennoch
wage ich zu behaupten, daß sie im ganzen eine oberfläch-
liche Bewegung ist, welche die große Frage nach dem
spezifisch weiblichen Einfluß auf die Geschichte unbeant-
wortet läßt. ()

Jeder Mann von wohltemperierter Feinfühligkeit hat
schon einmal angesichts einer Frau den Eindruck gehabt,
etwas Fremdem und unbedingt Überlegenem gegenüber-
zustehen. Gewiß versteht diese Frau von der Wissenschaft
weniger als wir, gewiß hat sie nicht so viel künstlerische
Schöpferkraft, gewiß ist sie im allgemeinen nicht fähig, ein
Volk zu regieren oder eine Schlacht zu gewinnen, und
dennoch verspüren wir in ihrer Person eine Überlegenheit, die viel weiter reicht als diejenige, die etwa zwischen
zwei Männern des gleichen Berufes zutage treten könnte.
Das kommt daher, daß die Vorzüge des Mannes, das
wissenschaftliche und künstlerische Talent, das Geschick
in Dingen der Politik und der Finanz, der moralische
Heroismus, gewissermaßen an der Außenseite seiner
Person liegen und einen, man könnte fast sagen, instru-
mentellen Charakter haben. ()

Jedenfalls ist es nicht das Tun, sondern das Wesen,
womit die Frau den Mann zu sich hinzieht. Deshalb
braucht der grundlegende Anteil der Frau an der Weltgeschichte auch nicht in Taten, nicht in Unternehmungen zu
bestehen, es genügt die stille, reglose Anwesenheit ihrer
Person. Wie das Licht, einfach weil es Licht ist, ohne alle
Mühewaltung und Absicht die Dinge erhellt und aus
ihnen den Gesang der Farben hervorlockt, so bewirkt die
Frau das, was sie bewirkt, ganz von ungefähr und allein
dadurch, daß sie da ist, vorhanden ist, Strahlen aussendet.

Beatrice und Dante (Doré)

PETER WUST
(1884–1940)

Deutscher Philosoph und Professor, verh.; versuchte christliche Gedanken der »Unruhe menschlicher Ungeborgenheit« gegenüberzustellen und
forderte das »Wagnis der Weisheit«, trotz der Unsicherheiten der
Philosophie und Theologie als »Wissenschaft«. Angesichts der empiri-
schen Wissenschaft (Naturwissenschaft) rief er zur »Auferstehung der
Metaphysik« auf. Er gilt als einer der deutschen Vertreter der christlichen
Existenzphilosophie.

DIALEKTIK DES GEISTES

() Diese Seinsaufspaltung, die für die ganze lebende Natur
von Bedeutung ist, die sich aber für das historische Leben
noch in ganz besonderer Weise bedeutsam erweist, ist der
Dualismus der Geschlechtsprinzipien. Uns will es so
scheinen, als wiederhole sich in ihm namentlich für das
Reich der Geschichte, wenn freilich auch nur relativ, jene
Gegensätzlichkeit, die wir von Anfang an als die Zweiheit
von Natur und Geist bestimmt haben.

Wenn wir nämlich das Prinzip der Natur im allgemein-
sten Sinne als die Tendenz betrachten, die verschiedenen
Wirkenskräfte des Seienden in der Einheit und Dauer des
Seinsgrundes gebunden zu halten und sie immer wieder
nach dem Hervorbrechen aus diesem Grunde in ihn
zurückzunehmen, dann dürfte das weibliche Prinzip
dieser kosmisch konzentrischen Naturkraft entsprechen.
Die stärkere Naturverbundenheit und die größere Instinktsicherheit des Weibes deutet jedenfalls in die Richtung einer derartigen Interpretation, so gewagt sie fürs
erste auch erscheinen mag. Und wenn demgegenüber der
Geist als das spezifische Prinzip der Geschichte immer die
Tendenz aufweist, alle kosmisch gebundene Kraft aufzu-
lockern, um sie auf die noëtische Aktionsbasis des wachen
Kürwillens hinüberzukonzentrieren, auf die Basis der
Selbstbestimmung und Selbstbesitzergreifung, dann
dürfte das männliche Prinzip mehr dieser vom Zentrum

der Natur fortstrebenden, auf das Abenteuertum der Tat eingestellten Aktionskraft des Geistes entsprechen.

Nun sind das allerdings nur sehr relativ zu nehmende Charakterisierungen des Dualismus der Geschlechter, namentlich im Bereich des Geistes. Seinem tiefsten Sinne nach verlangt ja gerade das Prinzip des Geistes nach der Transzendierung dieses Dualismus oder, besser gesagt, nach der innigsten wechselseitigen Ergänzung dieser Seinsprinzipien in einer sowohl männlichen als auch weiblichen, und d. h. in einer übergeschlechtlichen Einheitsgestalt.[1] ()

Im Bereich des endlichen Geistes jedoch tritt diese Gegensätzlichkeit im Dualismus der Geschlechter, in relativer Gestalt wenigstens, deutlich hervor. Der kosmische Sinn der weiblichen Natur liegt also hier darin, daß auch noch im Bereich des Geistes das Naturprinzip in einer gewissen personalen Konkretion zur Erscheinung kommt und eine besondere Mission im Entwicklungsganzen der Geschichte übernimmt. *Bewahren* soll das Weib, das ist offenbar seine besondere Bestimmung; mit seiner stärkeren Naturgebundenheit *bewahren* soll es das, was den Geist des im wesentlichen zum Abenteurertum der Tat bestimmten Mannes noch vor der aller Tat naturhaft einwohnenden Hybris zu schützen vermag. Der Mann ist der eigentliche Vagant des Daseins, vorbestimmt für den Kampf mit allen Gewalten des Schicksals. Er ist immer der Fremdling, der ewig »Unbehauste«, der nach der Heimat zwar verlangt, aber sie nie von sich allein aus zu finden vermag. Das Wesen des Weibes aber ist gewissermaßen das naturhafte Daheim- und Amzielsein.

Damit soll nun freilich keineswegs soviel gesagt sein, als befinde sich das Weib auf Grund seiner größeren Naturnähe noch diesseits der personalen Sphäre, eine Ansicht, der man in manchen Epochen der Geschichte übrigens gar nicht allzufern gestanden hat. Sie ist sicherlich verfehlt. Aber es ist immerhin interessant, darauf hinzuweisen, daß der weiblichen Natur selten jene scharfkantige Individualität eigen ist, wie wir sie bei der Natur des spezifisch auf die Abenteuer der Tat hin prädestinierten Mannes beob-

1 er meint im »Absoluten« = »Gott«

achten können. Es kommt nicht von ungefähr, daß unter den Frauen stark akzentuierte Persönlichkeiten seltener gefunden werden und daß daher die Frau gesellschaftlich fast immer von Gnaden des Mannes lebt, an dessen Seite sie geht.

Genauer betrachtet, besagt jedoch dies alles, daß die weibliche Natur gewisse Seiten des Personalen und zwar gerade die *wertvolleren Momente der Persönlichkeitstiefe* schöner und reiner hervortreten läßt als die Psyche des Mannes. In der weiblichen Natur dominiert gewissermaßen die stetige Aktgrundlage der Persontiefe über das oszillatorische Moment der Aktivität. Wenn wir im Hinblick darauf von der stärkeren Passivität des Weibes reden, so mag das nicht unrichtig sein. Aber es darf uns über den Tiefenwert der weiblichen Natur nicht täuschen. Wenn man darauf achtet, daß gerade in der ethischen Sphäre alle tieferen Phänomene auf eine Gestalt der Freiheit abzielen, () dann muß man sagen, daß gerade die weibliche Natur der eigentlichen ethischen Sphäre viel näher steht als die immer mehr oder weniger abenteuerlich oszillierende Natur des Mannes. Und des weiteren muß man sagen, daß insofern die Psyche des Weibes schon von Natur aus auch der religiösen Sphäre um ein gutes Stück näher steht als die Psyche des Mannes. ()

Und so wäre es also nicht, wie man des öfteren in Zeiten wankender Gesinnungsordnung geglaubt hat, eine bloß äußerliche und historisch zufällige Tradition, die der weiblichen Natur die Rolle der Hüterin der Sitte, der Treue, der personalen Intimität, des Heimatlichen und Häuslichen im wörtlichen wie im übertragenen Sinne, die Rolle der Vestalin gewissermaßen im allerweitesten Verstande, zuerkannt hat; es läge vielmehr eine ganz tiefe metaphysische Gesetzlichkeit dieser Tradition zugrunde, eine Gesetzlichkeit, gegen die man wohl zeitweilig, wenn die ewigen Ordnungen des Seins im Bereich des Geistes ins Wanken geraten, Sturm laufen kann, die man aber niemals völlig wird durchbrechen können.

Selbstverständlich verlangt nun aber auch das weibliche Prinzip in der menschlichen Personalsphäre nach seiner Ergänzung. ()

Zum Ausdruck kommt aber diese Hingeordnetheit des Weibes auf dieses »Andere« im Manne in der Form einer stillen oder offenen Bewunderung alles männlich Abenteuerlichen oder Kämpferischen. Das Weib selbst ist zwar der Regel nach nicht imstande, es in dieser Region der wagenden Tat, des die Grenzen durchbrechenden Kampfwillens, dem Manne gleichzutun. Was damit gesagt sein soll, das versteht man sofort, wenn wir darauf hinweisen, daß *prinzipiell* der weiblichen Natur das *kämpferische Großformat* versagt ist, wie es etwa in der Gestalt eines Michelangelo oder Beethoven hervortritt. () Und damit erweist sich dann, daß gerade in dieser Richtung, in der geistigen Prometheustendenz des Männlichen, das Komplementärphänomen der Weiblichkeit zu suchen ist. Überaus bedeutsame Urverhältnisse liegen also, wie uns die Metaphysik der Geschlechter zeigt, in jener naturhaften Polarität, () Natur und Geschichte nehmen in gleicher Weise Anteil an dieser prinzipiellen Polarität. In der Natur überwiegt das weibliche Prinzip der zentripetalen Bewegung, () das besondere Bewegungsschema des ewigen Kreislaufs alles Geschehens, der stetigen Rückkehr aller Kräfte in die Einheit des Grundes.

In der Geschichte aber dominiert das männliche Prinzip der zentrifugalen Bewegung und erzeugt so das spezifische Bewegungsschema der immer einseitig vorstoßenden und dialektisch hin- und widergeschleuderten Tat, die stets von neuem das Gewesene negiert und insofern ihrer innersten Tendenz nach einen gefahrvoll *anarchistischen* Zug aufweist. Dieser anarchistische Charakter aller Geschichte wird jedoch durch das mehr naturhafte Prinzip der Weiblichkeit und der Mütterlichkeit gemildert, weil dieses Prinzip seinem Wesen nach mehr auf das Bleibende und Stetige, auf die ruhende Dauer, auf die Heiligkeit von Sitte und Satzung gerichtet ist. ()

ERNST BLOCH
(1885–1977)

Deutscher Philosoph und Professor, verh.; erhielt 1967 den Friedenspreis des deutschen Buchhandels. Von Marx und älteren Sozialutopien ausgehend gelangt er zu einem System der Hoffnung als Gegenbild zu Angst und Verzweiflung. Er kritisiert die »Herabsetzung der eigenen Zeit« durch die »Kulturpessimisten« und »Zivilisationskritiker« und nennt das »Die Müdigkeit einer untergehenden Klasse«. Die Verteidigung des Stalinismus hat ihm Feindschaft in der gesellschaftskritischen »Frankfurter Schule« (Adorno/Horkheimer) eingetragen.

KAMPF UMS NEUE WEIB

Das Weib liegt unten, es wird seit langem dazu abgerichtet. Ist immer greifbar, immer gebrauchsfähig, ist die Schwächere und ans Haus gefesselt. Dienen und der Zwang zu gefallen sind im weiblichen Leben verwandt, denn das Gefallen macht gleichfalls dienstbar. Das Mädchen mußte durch Ehe versorgt werden, so saß es auf der Stange, hatte auf den Mann zu warten. Oder fing mit List und sich selber als Köder Männer ein, blieb auch dann unmündig, ohne Jagdschein. Gelang der Fang nicht, oder war die Jungfrau zu wählerisch, dann kam zum Schaden ein dürrer Spott: das Weib rangierte als alte Jungfer. Sexuelles Leben, wenn vorhanden, wie meist, durfte nicht gezeigt werden, Beruf galt bis in untere kleinbürgerliche Schichten hinab als anstößig. Aber beherzte Mädchen und Frauen zogen einen anderen Schluß, Träume begannen vom neuen Weib. Um 1900, ein wenig vorher oder nachher, flackerte hier ein Licht auf, das seinen Reiz behält. Das freie Mädchen meldete sich an, ebenso aber auch die Männliche, beide nicht mehr geneigt, unterdrückt oder auch unverstanden zu sein. Der beginnende Zerfall des bürgerlichen Hauses, der wachsende Bedarf an Angestellten erleichterten oder begründeten diesen Weg ins Freie. Neue Liebe, neues Leben wurden verlangt, die Liebe durchaus als selbstgewählte, auch unabgestempelte.

Aber wichtiger, sicher stärker bestätigend schien der
Zugang zum öffentlichen Leben, zum Beruf. Die Sehnsucht war, sich auszuleben, glückliche Vergluckung war
nicht mehr das Ziel. () Das bürgerliche Mädchen, das
seinen Unterhalt noch nicht zu verdienen brauchte, war
hierbei von den ärmeren wie den kühneren Weibern
verschieden. Letztere hatten mit der Familie meist gänzlich gebrochen und trugen die Folge; sie bezogen die
männliche Linie, die des Berufsmenschen, ganz. Die
höheren Töchter, die es nicht mehr sein wollten, über-
spannten sich nur, doch anders ging die Männliche vor,
die Führende von damals, die beginnende Stimmrechtle-
rin. Absicht dieser Protestlerin war unbewußt und sehr
oft bewußt: aus der Art zu schlagen, männliche Überlegenheit zu erlangen. Ein unleugbarer Männerhaß setzte
sich hier sonderbar zusammen: aus Haß der Unterdrückten und widerwilliger Anerkennung zugleich; von daher
der Neid, die Nacheiferung, ja der groteske Wille, zu
überbieten. Leiden am eigenen Geschlecht machte dafür
anfällig, und das eigene Geschlecht wiederum sollte zum
Sieg geführt werden, gegen sich selbst. Dieser gebrochene
Wunsch hinderte nicht, daß die Protestlerin von damals
dem Ruf nach dem neuen Weib die Kühnheit gab und
erhielt. Auch das freie Mädchen loderte nun, wie sonst nur
Jünglinge, und die Männliche schärfte, in ihrem neuen
Schnitt, durchaus den Traum, auf andere Art Weib zu sein.

Es zeigte sich aber, das aufsässige Lieben blieb nicht
lange frisch. Je mehr Arbeitskräfte gebraucht wurden,
desto weniger hatte das sogenannte freie Mädchen Platz,
desto weniger hatte die Protestlerin Anlaß, es zu sein. Die
bürgerliche Jungfrau kam als erwerbstätige auf die eigenen Füße, doch sie wurde dadurch nur scheinbar unab-
hängiger. Statt Recht auf selbstgewählte Liebe, freies
Leben kam die Öde des Büros, meist mit untergeordneter
Stellung dazu. ()

Zu fragen bleibt bei alledem, was sich in dem weiblichen Aufbruch bewegt. Eben das Geschlecht bewegt sich
darin, jedoch als eines, das sozial vortritt und bestimmt
sein will. Falsch ist es selbstverständlich, daß nur die alte
Jungfer oder auch die Männliche aufbegehrt hätten. Es

war überwiegend weibliche Jugend, die in den neunziger Jahren von der merkwürdigen Bewegung ergriffen worden ist. Alte Jungfern und Männliche hat es jederzeit gegeben, aber viele Jahrhunderte lang schwieg das Weib in der Gemeinde. Und die Frauenrevolte, obwohl sie dazwischen immer wieder vorfiel, hatte bis zum Ende des vorigen Jahrhunderts keine Breite. Sie gewann erst Anhang, auch durchaus soziale Utopie, als eben der kapitalistische Bedarf an Produktionskräften ihr Freipaß gab; als das Interesse an Freizügigkeit auch diese Art Leibeigene löste. () Gemessen wurde nach Leistungen, vom Weib kam schließlich nur noch die Schmiegsamkeit in Betracht, die schon vor dieser sogenannten Emanzipation im Männerrecht vorhanden und geschätzt war. Sie taugte zu schlecht bezahlten Posten, zu freiwilliger Subalternität; die Frauenbewegung wurde auch von daher platt. Ja, eine unleugbare Nüchternheit des Weibs, die der Marienkult so gewaltig nicht wahrhaben wollte und die auch utopisch nicht vorbestimmt ist, wurde durch die kapitalistische Versachlichung prämiert. Und politisch hat sich durchs Frauenstimmrecht in der Tat nichts geändert, als daß die Stimmen aller bisherigen Parteien sich verdoppelt haben. Die Reaktion erhielt sogar etwas mehr als Verdoppelung; von explosiven oder auch nur sonderlich humanen Impulsen durchs politische Weib ist bürgerlich nichts verspürbar. ()

Die Sowjetunion kennt keine Frauenfrage mehr, weil sie die Arbeiterfrage gelöst hat; wo Herr und Knecht aufhören, verschwindet auch die Unterschicht: Weib. Zum dritten freilich besteht, als eigenes *Inhaltsproblem,* das Geschlecht fort, das die Frau weitläufiger, aber auch unentschiedener bestimmt als den Mann (Gottfried Keller sprach von der »unergründlichen Halbheit des Weibes«). Dies macht, daß die Frauenbewegung, auch wo sie durch die proletarische ersetzt ist, doch nur *vertagt* ist. Soll heißen: Das in den bisherigen Männergesellschaften so wenig erklärte, so wenig über die bloße Familie hinaus bestimmte Geschlechtswesen Weib tritt als Problem auch hinter der ökonomisch-sozialen Befreiung wieder hervor. Gerade der Untergang der weiblichen Unterdrückung schafft, per se ipsum, nicht den Untergang des weiblichen Inhalts. ()

Das weithin Vieldeutige bleibt übrig, das gärend halbentschiedene, falschentschiedene, unentschiedene Durcheinander und Ineinander am Weib, wie es die bisherige Gesellschaft in eine kommende einliefert. Es ist Sanftes und Wildes, Zerstörendes und Erbarmendes, ist die Blume, die Hexe, die hochmütige Bonze und die tüchtige Seele des Geschäfts. Ist die Mänade und die waltende Demeter, ist die reife Juno, die kühle Artemis und die musische Minerva und was noch alles. Ist das musikalische Capriccioso (Violinsolo in Straußens »Heldenleben«) und das Urbild des Lento, der Ruhe. Ist schließlich, mit einem Bogen, den kein Mann kennt, die Spannung Venus und Maria. Das alles ist unvereinbar, aber es läßt sich mit einem Federstrich durchs Inhaltsproblem Weib nicht berichtigen, gar abschaffen. Wie wenig erst das am Weib bisher noch nicht Lautgewordene, jenes Utopisch-Unbestimmte, das überhaupt erst die große Verschiedenheit der bisherigen Bestimmungen bewirkt hat. Als wären sie bloße Versuche und Namens-Experimente, in denen die Hauptsache noch keineswegs genannt und herausgebracht ist. Lange nicht so herausgebracht ist wie beim Mann und seinen Prädikaten; obwohl dieser doch ebenfalls, mit geschichtlichen Leittypen wie Krieger, Mönch, Citoyen und so fort, recht Differenzierendes, recht Unabgeschlossenes hinter sich hat. Die Frauenbewegung reicht also immer noch dazu aus, eine partiale Utopie zu bilden, so wie sie in den bisherigen Gesamtutopien eine gebildet hat. Dies spezifisch Angemeldete und Erhoffte wird auch in der klassenlosen Gesellschaft noch zu raten und zu taten aufgeben, als eigenes Problem-Erbe aus Geschichte und Vorzeit. ()

() ..., in einer klassenlos werdenden Gesellschaft... () Dann geht ein reelles Erbe an den bisherigen, so vielfach verstellten und abgelenkten Prädikaten der Weiblichkeit auf, kann daraus aufgehen. Das real Mögliche ist am Weib ungestalteter als am Mann, doch auch seit alters, in allen Traumbildern weiblicher Vollendung als verheißungsvoller intendiert; es greift stärker in fundierte Phantasie. ()

..., so bedeutet Utopisches am Weib, wo es wertvoll vorerscheint, ein Gesicht zentraler menschlicher Tiefe und einer trostreichen. Das Sanfte wie das Erbarmende wirken in der weiblichen Ausgabe des Menschen intensiver; das unter Artemis einmal Gedachte hat an reiner Kühle unter Jünglingsgestalten nicht seinesgleichen; die Heilige zeigt einen christlichen Zustand in vollem Karat. Von solchen Möglichkeiten oder dem, was ihnen unter neuen Zeichen entsprechen mag, machte die bürgerliche Frauenbewegung, als bürgerliche, allerdings wenig oder nichts kenntlich; sie kam über entgegengesetzte Trivialitäten wie freie Liebe und Suffragette kaum hinaus. ()

Und die Frau als Genossin wird derjenige Teil der Gesellschaft sein, der sie in jedem Bezug subjektvoll und unversachlicht erhält.

Sarvepalli Radhakrishnan
(1888–1975)

Indischer Philosoph, Schriftsteller, 1962–67 Staatspräsident der indischen Union, verh.; er wurde bekannt durch seine Beurteilungen europäischer Philosophen aus indischer Sicht. In seinen Schriften möchte er den religiösen Sinn wecken, den er von den »materiellen Interessen« verdrängt sieht. »Die Geistige Erfahrung« als Selbstentfaltung durch Meditation sieht er als höchstes Ziel des Menschenlebens an. Hier bezieht er sich auf europäische Mystiker, Jacob Böhme und Meister Eckehart. Er war mit B. Russell befreundet und erhielt in Oxford einen Lehrstuhl für Philosophie. 1961 nahm er den Friedenspreis des Deutschen Buchhandels entgegen.

In späteren Jahren wurde ich oft an Hegels Ausspruch erinnert, daß ein Mensch etwas Rechtes aus seinem Leben gemacht habe, wenn er eine Arbeit hat, die ihm gefällt, und eine Frau, die er liebt. Während die Männer ihre Tage fieberhaft mit Politik und Geschäften, Liebesaffären und der Jagd nach Erfolg ausfüllen und den Kelch des Lebens bis zur Neige leeren, erkennen die Frauen, die weniger von der Zivilisation beeinflußt und deshalb der Wirklichkeit näher sind, daß der wahre Sinn des Lebens sich nicht in Routine erschöpft. Sie halten sich an die tiefere und entscheidendere Realität, in deren Licht das Leben nicht mehr ungewiß und armselig erscheint. Im Kampf zwischen Naturalisten und Idealisten, zwischen jenen, die behaupten, daß nur die Dinge wirklich sind, die man berühren und anfassen kann, und denen, die darüber hinaus an die Existenz ewiger Werte glauben, stehen die Frauen Indiens eindeutig auf der Seite der letzteren. Durch ihr Leben und durch gutes Vorbild, nicht durch bloße Worte, verleihen sie den flüchtigen Ereignissen, die einen so großen Teil unseres täglichen Lebens ausmachen, einen Wert und einen tieferen Sinn. Obwohl viele Angehörige meiner Klasse und Generation früher verheiratet waren als es in der westlichen Welt üblich ist, waren diese früh geschlossenen Ehen nicht unglücklich.

Das strenge erhabene Hindu-Ideal der Frau beherrscht die echte Hindu-Frau noch immer. »Wenn er treulos ist, muß ich treu bleiben. Wenn er schwach ist, muß ich fest bleiben. Wenn er eine andere begehrt, muß ich auf seine Rückkehr warten.« Wenn auf dieser blinden Ergebenheit ein Makel ruht, dann ist auch ein Makel auf dem Ewigen, der uns mit der gleichen Liebe liebt, der uns geduldig und nie ermüdend erwartet, bis wir – müde von falschen Freuden – zu ihm zurückkehren. Eine reine, bedingungslose Liebe, die über die Schwächen des Geliebten siegt, ist vielleicht das größte Geschenk des Himmels. Der Wert der indischen Ehe, die von Zärtlichkeit und tiefer Zuneigung getragen wird, kann noch erheblich gesteigert werden durch entsprechende Veränderungen der gesellschaftlichen Einrichtungen, die sich durch die mangelnde Bereitschaft der gesetzgebenden Körperschaften, mit bestehenden Sitten und Gebräuchen in Konflikt zu geraten, stabilisiert haben. Der einzige Schutz, den die indischen Frauen dagegen haben, daß sie körperlich und seelisch zugrunde gerichtet werden, ist der gute Wille ihrer Männer, und der reicht unter den gegenwärtigen Bedingungen nicht immer aus.

() Zufriedenheit ist größer als Reichtum, und innerer Friede ist mehr wert als der Applaus der Menge. Mag die abergläubische indische Frau auch von mancherlei Furcht heimgesucht werden, dank einer jahrhundertelangen Entwicklung zeichnet sie sich dennoch aus durch edle Würde, zarte Feinheit, geistige Gelassenheit und Seelengröße – Tugenden, die vielen ihrer gebildeten Zeitgenossinnen fehlen.

Gabriel Marcel
(1889–1973)

Französischer Philosoph und Schriftsteller; Hauptvertreter der christlichen Existenzphilosophie in Frankreich. Die Aufgabe des Menschen sei,
Einsicht in das »Geheimnis des Seins« zu finden. Die täglichen Erfahrungen des Menschen würden alle in der »Forderung des Seins« gründen, sich
zu »engagieren«. Sein Anliegen sei, die vieldiskutierte Spaltung von
Subjekt und Objekt, – Mensch und Welt, Natur, – zu überwinden, indem
der Mensch die Verpflichtung anerkennen solle, ein ursprüngliches
lebendiges Ich-Du-Verhältnis mit der Welt, dem Sein, zu finden. Die
Wirklichkeit sei zwar ein »Geheimnis«, ein »Mysterium«, aber der Mensch
selbst sei ein Teil dieses »Mysteriums« und könne so durch sich selbst die
ursprüngliche »Totalität mit der Welt« herstellen.

() Der Zeugungsakt: () Was vom Manne verlangt wird, ist
letzten Endes wirklich kein Akt, sondern eine Gebärde,
die in einer fast völligen Bewußtlosigkeit vollzogen
werden kann und die, wenigstens in Grenzfällen, nichts
anderes ist als ein Gehen-lassen, nichts anderes als die
Entleerung eines Überflüssigen. Wenn wir sagen, daß bei
der Zeugung die aktive Rolle dem Mann gehört, so stimmt
das nur unter der Voraussetzung, daß wir mit dem Wort
aktiv einen gewissen Mißbrauch treiben, indem wir ihm
den abgeschwächten und unbestimmten Sinn geben, den
es gemeinhin in den Naturwissenschaften hat – im
Gegensatz zu dem Vollsinn, der ihm zukommt, wenn wir
vom menschlichen Handeln und seinem Vorrang sprechen. Es soll nicht bestritten werden, denn das wäre
absurd, daß hier auch ein natürlicher Dynamismus am
Werke ist, durch den außerordentlich starke Kräfte frei
werden; ich will nur sagen, daß es sehr wohl möglich ist,
daß dieser Dynamismus die Ebene der bewußten Bemühung oder Erfahrung kaum erreicht. (), daß der Mann
durchaus die Wohltat einer radikalen Verantwortungslo-
sigkeit erfahren kann: (). Alles das hat im übrigen nur
dann Sinn, wenn man sich im Gegensatz dazu die Rolle
vorstellt, die der Frau zufällt: eine menschlich gesprochen, viel aktivere Rolle, eine Trächtigkeit, die ein

unmittelbares Symbol ist für die Schöpfung – nicht so wie sie an sich ist, sondern nach dem Bilde, das wir uns davon machen können. Schließlich ist es die Frau, und sie allein, die in die Welt setzt. () Es versteht sich von selbst, daß die innere Reaktion der Frau auf die Schwangerschaft und ihr Empfinden für das Kind, das sie trägt, in manchen schmerzlichen Fällen durch die Tatsache, daß sie in Knechtschaft und Demütigung empfangen hat, in anderen Fällen aber durch die Begeisterung der Hingabe ihrer Selbst, welche die glücklichen Stunden der Vereinigung heiligte, bestimmt werden können. () Aber vielleicht haben wir das Recht zu sagen, daß, ganz allgemein gesprochen, bei der Frau zwischen den Modalitäten der eigentlich sexuellen Erfahrung und den besonderen Aspekten der durch die Existenz des Kindes ausgelösten Affekte ein sehr viel engerer, ein sehr viel feinnervigerer Zusammenhang besteht als beim Manne. In dieser Hinsicht könnte man versucht sein zu sagen, daß der Mann sich vielleicht viel natürlicher aus dem Zusammenhang lösen kann als die Frau; oder genauer, daß diese Lösung, die bei der Frau meistens einen krankhaften Charakter aufweist, beim Manne beinahe das Normale ist, denn sie läßt sich bei ihm auf die Existenz ursprünglich getrennter Erfahrungsweisen zurückführen, die miteinander harmonieren können und letzten Endes auch müssen, aber ohne einander zu beeinträchtigen.

MAO TSE-TUNG
(1893–1977)

Chinesischer Philosoph, Führer der Kommunistischen Partei Chinas und Präsident der Volksrepublik China, verh. In seiner philosophicheren Arbeit »Über den Widerspruch« entwickelt er das Prinzip der Bewegung als ewig andauernde Auflösung und Setzung von Widersprüchen. Er beruft sich darin auf die chinesische Tradition, die schon immer den Widerspruch philosophisch interessanter gefunden hätte als die statische Widerspruchslosigkeit (Identitätsphilosophie), die er an den europäischen

Denkern, aber auch an Konfuze, kritisierte. Die Einheit der Widersprüche nennt er »Dialektik« und beruft sich hierbei auf die marxistisch-leninistische Denkmethode.

WORTE DES VORSITZENDEN

31. Die Frau

Die Männer in China sind gewöhnlich drei zusammenhängenden Machtstrukturen (der staatlichen Macht, der Sippenmacht und der Macht der Religion) unterworfen ... Die Frau ist außer den drei genannten Mächten auch noch dem Mann unterworfen (Macht des Ehemannes). Diese vier Machtgruppen – staatliche Macht, die Sippenmacht, die Macht der Religion und die Macht des Ehemannes – repräsentieren Denken und System der feudal-patriarchalischen Ordnung. Sie sind die vier starken Fesseln, die das chinesische Volk, insbesondere die Bauernschaft, binden. () Die Macht der Grundbesitzer ist die Basis für alle Machtformen. Ist die Macht der Grundbesitzer einmal gebrochen, dann beginnen auch die Sippenmacht, die Macht der Religion und die Macht des Ehemannes zu wanken ... Die Macht des Ehemannes war unter den armen Bauern von selbst relativ schwächer, da die Frauen der armen Bauern aufgrund der wirtschaftlichen Lage, anders als die Frauen der wohlhabenden Klasse, häufig gezwungen waren mitzuarbeiten, und deshalb öfters als diese in Familienangelegenheiten ihre Stimme erheben und sogar die Entscheidung treffen konnten. In den letzten Jahren ist überdies im Zusammenhang mit der zunehmenden Zerrüttung der dörflichen Wirtschaft die Grundlage für die Unterordnung der Frau unter den Mann zerstört worden. Im Zusammenhang mit der Entstehung der Bauernbewegung in jüngster Zeit gründeten Frauen an vielen Orten Landfrauenverbände. Für die Frau ist nun die Gelegenheit gekommen, ihr Haupt zu erheben; die Macht des Mannes gerät von Tag zu Tag mehr ins Wanken. Kurzum, das ganze bestehende feudal-patriarchalische Gedankengut und System gerät

mit dem Anschwellen der bäuerlichen Macht ins Wanken.
(1927)

Nach der Kollektivierung haben viele Genossenschaf-
ten das Gefühl, daß die Arbeitskräfte nicht mehr ausreichen und daß die Notwendigkeit besteht, die riesigen
Frauenmassen, die früher nicht an der Feldarbeit teilge-
nommen haben, zu bewegen, nun an die Arbeitsfront zu
gehen ... Die Frauen Chinas bilden eine gewaltige
Reserve an Arbeitskräften. Man muß diese Reserve
erschließen und um den Aufbau eines großen sozialistischen Landes kämpfen. (1955)

Für die Errichtung einer großen sozialistischen Gesellschaft ist es äußerst wichtig, die riesigen Frauenmassen
zur Teilnahme an der produktiven Tätigkeit zu bewegen.
In der Produktion muß der Grundsatz: Gleicher-Lohn-
bei-gleicher-Arbeit für Männer und Frauen verwirklicht
werden. Echte Gleichberechtigung von Mann und Frau
kann nur innerhalb des Prozesses der sozialistischen
Umwandlung der ganzen Gesellschaft verwirklicht werden. (1955)

ALDOUS HUXLEY
(1894–1963)

Englischer Philosoph und Schriftsteller; hauptsächlich durch seine kultur-
kritischen Essays bekannt und seinem utopischen Roman »Schöne neue
Welt«, in der er seine europäische Gegenwart in ihren negativen Ansätzen
extrem darstellt. Anfang der dreißiger Jahre wendet er sich ganz von der
europäischen Kultur und Philosophie ab und versucht durch buddhisti-
sche Mystik zur »Einheit mit allem Sein« zu kommen. In dem Essay
»Suche nach den übereinstimmenden ewigen Wahrheiten in allen Religio-
nen« versucht er eine Synthese zwischen europäischen und asiatischen
Denkern zu schaffen.

ZIELE UND WEGE

() Auf diesen Seiten will ich einige der Mittel betrachten,
die angewendet werden müssen, und zwar gleichzeitig

angewendet werden müssen, wenn wir die Ziele erreichen wollen, auf die Propheten und Philosophen die Menschheit hingewiesen haben – eine freie und gerechte Gesellschaft, die sich für unabhängige Männer und Frauen eignet, eine Gesellschaft, die zugleich nur von unabhängigen Männern und Frauen geschaffen werden kann. ()

Bei den reicheren Klassen der mittelalterlichen Gesellschaft und der Gesellschaft der Frühzeit des modernen Europas bestand eine enge Verbindung zwischen Gedanken und Gewohnheiten, die mit den Frauen zusammenhingen, und Gedanken und Gewohnheiten, die sich auf Eigentum und soziale Stellung bezogen. Der Edelmann des Mittelalters heiratete ein Lehngut, der Bürger der frühen Moderne eine Mitgift. Könige heirateten ganze Länder und konnten sich durch geschickte Wahl ihrer Bettgenossinnen ein Reich aufbauen. Und die Frau verkörperte nicht nur Besitz, sie *war* auch Besitz. Die wilde Eifersucht, die zu empfinden traditionell, richtig und angemessen war, kam mindestens in gleichem Maße aus beleidigtem Besitzsinn wie aus verletzter sexueller Leidenschaft. Verwundeter Stolz und erbitterte Habsucht schufen im Verein mit gekränkter Liebe eine Eifersucht, die nur im Blut der ungetreuen Gattin Genugtuung finden konnte. Die treue Gattin wurde indessen geschmückt und mit Juwelen überhäuft, gelegentlich zweifellos aus ehrlicher Zuneigung, öfter jedoch und hauptsächlich, um das Verlangen des Gatten nach Selbstverherrlichung zu befriedigen. Die kostbar gekleidete Frau war sozusagen die wandelnde Reklame für den Reichtum und die soziale Stellung ihres Eigentümers. Die Neigung zu »augenfälligem Aufwand«, wie Veblen es nennt, gehörte in diesen Kulturperioden zum vorbildlichen sexuellen Leben. Ich habe im vorstehenden Absatz die Vergangenheitsform benützt. Tatsächlich ist jedoch diese Verbindung von augenfälligem Aufwand mit Ehe – und auch Ehebruch – noch charakteristisch für unsere Gesellschaftsformen. In den anderen Fällen haben sich hingegen die Begriffe beträchtlich voneinander entfernt. Gatten betrachten einander nicht mehr im gleichen Maße wie früher als Privateigentum; infolgedessen gilt es nicht länger als natürlich und gerecht, einen ungetreuen Partner zu ermorden. Der Gedanke an eine von Berechnung völlig freie sexuelle Verbindung, ohne Rücksicht auf Mitgift und Stellung, wird heute sogar bei den Reichen häufig erwogen. ()

Ein gewisses Maß an sexueller Enthaltsamkeit ist die Vorbedingung dieser Aufmerksamkeit oder dieses Wachseins und anderer Formen der geistigen Energie, der strebenden und gefühlsmäßigen wie der erkennenden Energie. ()

Die heutigen Herrscher der totalitären Gesellschaften verbinden ein System der verschärften sexuellen Enthaltsamkeit mit einem autoritären Erziehungssystem und versorgen dadurch sich und ihre Nachfolger mit einer neuen Generation höchst energischer Militaristen. Bezeichnender Weise hat in Deutschland und Italien die Verschärfung der sexuellen Beschränkung zugleich die Lage der Frauen verschlechtert. Wie Dr. Unwin dargelegt hat, war früher die unbedingte prä-noktale Keuschheit und unbedingte Monogamie stets mit Unterdrückung der Frauen verbunden. Hitler und Mussolini bedienen sich nur der alten Mittel, um den alten Zweck zu erreichen – wachsende Energie. Diese Energie hat, wie wir erkannten, die natürliche Tendenz, unerwünschte Formen anzunehmen; die Diktatoren begnügen sich aber nicht mit diesem aus eigenem Antrieb entstandenen Bösen, sondern wenden alle ihnen zur Verfügung stehenden Mittel an, um die Energie ihrer Untertanen in die Bahnen zu lenken, die zu angriffslustigem Imperialismus führen.

Schließlich gibt es aber noch eine () Möglichkeit. Sie ist noch niemals erprobt worden. Wir können die prä-noktale Keuschheit und unbedingte Monogamie beibehalten, jedenfalls für unsere herrschenden Gesellschaftsklassen; statt jedoch zugleich mit diesen Praktiken Frauen zu unterdrücken, können wir ihnen Gleichberechtigung geben. Auf diese Weise, so rät Dr. Unwin, und nur auf diese Weise wäre es möglich, die Revolte gegen die Keuschheit zu verhindern, die in der Vergangenheit zum Verfall einstiger tatkräftiger Gesellschaften geführt hat. () Die durch sexuelle Beschränkung gewonnene Energie ist

die Triebkraft, die es uns ermöglicht, diese wünschens-
werten Ziele zu erkennen und Mittel zu ihrer Verwirklichung zu erdenken. Wir sehen also, das spezielle Problem,
die durch Enthaltsamkeit gewonnene Energie sittlich zu
veredeln, deckt sich mit dem allgemeinen Problem, ideale
Ziele zu erreichen. () Die () einzig befriedigende Lösung
des sexuellen Problems besteht darin: Es gilt, zumindest
für die herrschenden Klassen, die prä-noktale Keuschheit
und unbedingte Monogamie anzuerkennen und mit einer
völligen Gleichberechtigung von Männern und Frauen
sowie auch mit einem politischen, wirtschaftlichen, erzie-
herischen, religiösen, philosophischen und ethischen System zu verbinden, wie es in diesem Buch beschrieben ist.

(F. Stuck)

MAX HORKHEIMER
(1895–1973)

Deutscher Philosoph und Soziologe; verh.; mit T. W. Adorno Hauptvertreter der »Frankfurter Schule«, die u. a. eine kritische Einstellung zur »kapitalistischen Konsumgesellschaft« und der »verwalteten Welt« vertreten. Diese Gesellschaftskritik ist in der deutschen Studentenbewegung der 60er Jahre dankbar aufgenommen worden. Trotz düsterer Prognosen über die Zukunft der Menschheit findet er Trost in einer »Sehnsucht nach dem ganz Anderen« (Gott). »Es wird schließlich zu einer Art von Menschengattung kommen, die den Tiergattungen recht ähnlich ist. Diese Ansicht begründet wahrlich die Sehnsucht nach einer anderen Welt. Es ist jedoch denkbar, daß durch die Entwicklung der menschlichen Dinge zum immer Rationaleren und Zweckmäßigeren selbst die Vorstellung der Möglichkeit dieses Anderen verschwindet. Diese pessimistische Furcht gehörte zum innersten Motiv unserer Schriftstellerei ... Theologie ist notwendig.« (Interview mit Grossner, Verfall der Philosophie)

Falsche Hosenrolle. Zwei Dinge habe ich auf der Überfahrt nach Frankreich begriffen. Beide betreffen die Frau. – Der Grund, warum ich die Mode der Slacks nicht liebe: die Frau schreitet jetzt wie ein Mann, Zigarette im Mund, die Mundwinkel nach unten, die Stirn gefaltet: wie der Herr dieser die Natur zertretenden Zivilisation. Die Gleichheit mit dem Mann wird betont, dessen zivilisatorische Rolle ihr so schlecht ansteht. Sie zeigt alle Übel des Assimilanten an den Unterdrücker. Das Erotische wird in dieser lizenzierten Freiheit gerade negiert – im Gegensatz zur alten Hosenrolle. – Das zweite ist, daß die Entsexualisierung durch die verweigernde Massenkultur, das Covergirl in der Welt ohne maisons de rendez-vous, die letzte Konsequenz der bürgerlichen Ersetzung des utopischen Gottesglaubens durch die Anbetung der Geliebten ist. Hat man erst einmal durch die literarische und sonstige Erhöhung der Liebe zu einer Art Kultus die Verfemung der Liebe ideologisch für ungültig erklärt, endet man notwendig bei »mother wore tights«. Die Liebe gedeiht nicht im Zeitalter, in dem Maupassants Novellen zu famous bedtime stories werden. Und ist nicht Maupassant in seiner schriftstellerischen Ambition, dem trotz allem

die Feier der Liebe noch als Mittel diente, selbst mit
schuldig? Wofür man erfolgreich mit der Feder eintritt,
wird schal – wie die Menschen, die man in den Erfolg
treibt, selbst.

Emanzipation als Anpassung. – Eine Folge der technisierten Massengesellschaft: die Konkurrenz der Frau um
die männlichen Arbeitsstellen. Die Frau hört auf zu
dienen und wird Angestellte. Der Prozeß ist notwendig,
aber er liquidiert die entscheidendste Sphäre, in der sie ein
nicht verdinglichtes Leben noch fristen konnte. Schon als
die Dessous durch die Slacks verdrängt wurden und es
nichts mehr auszuziehen gab als diese, war das Zwischen-
reich, von dem die Liebe lebte, dahingeschwunden, und
jetzt ist mit der Kuhmagd die Lady, mit dem Dienstmädchen das Freudenmädchen und mit dem Aschenbrödel die
Prinzessin auf den Film gekommen. Sie werden zu
Ideologien. In der Wirklichkeit geht es für beide Geschlechter nur noch um Stellungen; die Stellungen heute
haben nichts mit Sades menschlichen Pyramiden gemein,
wenn freilich Van de Veldes Praktikum die Vermittlung
herstellt zwischen der Philosophie dans le boudoir und
der Freizeitgestaltung in der Arbeitersiedlung. Dafür, daß
die Frau nicht mehr zur Dirne zu werden braucht, verliert
sie die Fähigkeit, Geliebte zu sein. Der Mann aber verlernt
die Sehnsucht nach der ewigen Seligkeit, da das stellvertre-
tende, ephemere Glück in den Armen der angebeteten
Sklavin die Seligkeit nicht mehr in Erinnerung bringt.
Und selbst dieses Glück zehrte von einer anderen
Erfahrung, die der Geschlechtsdemokratie zum Opfer
fiel: der Zartheit der Mutter, die ganz dem Kinde gehörte,
die man verlassen hat. Heute kann man nicht mehr an sie
denken, weil es sie nicht mehr gibt.

SEHNSUCHT

() Die Mutter, die einen Beruf ausübt, ist etwas völlig
anderes als die Mutter, deren Lebensaufgabe die Erziehung der Kinder war. Der Beruf verdinglicht ihre
Gedanken. Dazu kommt noch etwas anderes. Sie ist

gleichberechtigt. Sie strahlt, von Ausnahmen abgesehen, nicht mehr die Liebe aus wie vorher. Die Mutter bewahrte bisher ihre Natur als Ganzes und strahlte sie aus, durch ihre Sprache, ihre Gebärden. ()

HERBERT MARCUSE
(1898–1979)

Deutsch-amerikanischer Philosoph und Politologe; verh.; lehnte sich an die »Kritische Theorie« der »Frankfurter Schule« an; Theoretiker der amerikanischen und europäischen studentischen Protestbewegung (um 1968). Er schrieb in seiner »Kritik der reinen Toleranz«: »Ich glaube, daß es für unterdrückte und überwältigte Minderheiten ein ›Naturrecht‹ auf Widerstand gibt, außergesetzliche Mittel anzuwenden, sobald die gesetzlichen sich als unzulänglich herausgestellt haben.« In »Der Eindimensionale Mensch« schreibt er: »Unabhängigkeit des Denkens, Autonomie, das Recht auf politische Opposition werden gegenwärtig ihrer grundlegenden kritischen Funktion beraubt in einer Gesellschaft, die immer mehr imstande scheint, die Bedürfnisse der Individuen ... zu befriedigen ...« In seiner »Kritischen Theorie« der Gesellschaft will er sich aber nicht wie Adorno/Horkheimer auf die Kritik beschränken, was er als »Unfähigkeit, die befreienden Tendenzen *innerhalb* der bestehenden Gesellschaft aufzuweisen« begreift. Darum bestünde seine Alternative in der politischen Aktion.

EMANZIPATION DER FRAU

Gespräch mit Peter Furth

Furth: Die Gesellschaft tritt mit dem Anspruch auf, heutzutage, daß die Gleichberechtigung der Frauen, wie man ja sagt, die Emanzipation der Frauen durchgeführt sein soll; daß alte Verlangen und Wünsche von dieser Gesellschaft befriedigt würden, rechtlich wie auch faktisch; daß juristische Gleichberechtigung wie auch ökonomische erreicht und alte Privilegien aufgehoben seien.

Nun ist die Frage, kann man sagen, daß die Emanzipation, so wie sie die Frauenbewegungen vertreten haben, eingelöst sei in dieser Gesellschaft, ().

Marcuse: Das kommt darauf an, was man unter Emanzipation versteht. Wenn man unter Emanzipation versteht, daß die Frauen Berufsrechte und Berufsfreiheiten bekommen, die sie früher nicht hatten, kann man von einer Emanzipation sprechen. () Wenn das Emanzipation ist, in diesem Sinne hat die Gesellschaft sehr viel eingelöst, obgleich selbst in der Berufstätigkeit die Frau noch aus vielen Berufen ausgeschlossen ist. Also selbst das soll man nicht übertreiben.

Aber ich würde unter Emanzipation mehr verstehen. Negativ, falls die Emanzipation nur oder hauptsächlich darin besteht, daß die Frau an dem gesellschaftlich bestehenden Berufssystem, an der gesellschaftlich bestehenden Teilung der Arbeit ihren Anteil hat, größeren Anteil als zuvor, dann heißt das nur, daß die Frau im gleichen Maße auch an der Repression, die in dieser gesellschaftlichen Teilung der Arbeit sich ausdrückt, Anteil hat, das heißt, daß sie jetzt derselben Repression ausgesetzt ist, der früher der Mann als Berufstätiger ausgesetzt war. In diesem Sinne kann man in einer noch repressiven Gesellschaft von einer wirklichen Emanzipation der Frau nicht sprechen, weil hier die Emanzipation nie über die gesellschaftliche Repression hinausgeht. ()

Denn die Emanzipation der Frauen zum Berufsleben emanzipiert nicht die Frau als Frau, sondern verwandelt die Frau in ein Arbeitsinstrument. Das ist Emanzipation im Sinn der bestehenden Gesellschaft, aber keine Emanzipation darüber hinaus. ()

Die Qualitäten der Frau, die in diese Arbeitskraft nicht eingehen, werden in der Berufsemanzipation nicht emanzipiert. Ob sie anderswo emanzipiert werden – das ist eine ganz andere Frage, die ich anschneiden möchte, nämlich die Frage der Liberalisierung der Moral, Liberalisierung der Tabus, die ja in der modernen Industriegesellschaft auch aus gesellschaftlichen Gründen erfolgt.()

Furth: () Ich sagte vorhin, zwei Hoffnungen waren vielleicht am Anfang der Frauenemanzipation mächtig.

Einmal die Aufhebung dieser letzten Klasse, an die die Unterdrückung weitergegeben werden könnte, die Gesellschaft verändern würde, ohne daß man schon sagen konnte, wohin die Gesellschaft verändern würde, und zum zweiten ist doch vielleicht folgendes sehr mächtig gewesen und hat die Frauen viel Hoffnung in die Emanzipation investieren lassen: nämlich daß die Frau sich erfahren mußte durch sehr mächtiges Tabu als ein Naturwesen – Naturwesen in der Weise, daß sie gebunden war, anders als der Mann periodisch an die Natur, die immer wieder in periodischem Zyklus an ihr ausbrach, und die Fortsetzung, die Konsequenz davon, daß sie die Kinder gebar und an die Kinder gebunden wurde; beides ist ja doch sehr ambivalent in der gesellschaftlichen Bewertung –

Marcuse: aber beides kein Hindernis für die Berufsemanzipation, besonders nicht mit der Entwicklung der modernen Technik und der Entwicklung der modernen Hygiene...

Furth: Ja, so kann man, wenn man Zeitschriften und Illustrierte aufschlägt, im Reklameteil auf jeder dritten Seite doch finden: benutzen Sie XY-Tampon, und Sie haben diesen Makel nicht mehr an sich, niemand bemerkt ihn. Als ob da etwas ungeschehen gemacht werden könnte. Das heißt doch, daß hier anwesend ist ein Anspruch oder ein Interesse, und darauf antwortend vielleicht auch eine Hoffnung, diese natürliche Bindung könne eliminiert werden, die Geschlechterspannung gelöst –

Marcuse: Warum sollte man die lösen? die ist doch gut ()

Nehmen Sie das nicht zu ernst. Diese Publizität mit Binden usw., das ist ja schließlich Reklame. Ich würde darin nicht ein gesellschaftliches Problem sehen. Diese Gesellschaft will sicher nicht den natürlichen Unterschied zwischen Mann und Frau abschaffen. Vergessen Sie nicht, daß in der bürgerlichen Gesellschaft die besonderen Qualitäten der Frau immer noch bürgerliche Qualitäten bleiben. Als Natur – was sowieso ein abstrakter Begriff ist –, geht ja die Frau nicht über diese Gesellschaft hinaus.

Diese Natur ist ja auch zur gesellschaftlichen Natur geworden. ()

Nun, wie ich gesagt habe, ich halte das nicht für eins der wesentlichen Probleme, und wir wollen nicht zu sehr in die Details der Hygiene eingehen. Ich möchte lieber mit Ihnen ganz kurz noch erörtern, was mir äußerst wichtig scheint, anknüpfend an eine Bemerkung – eigentlich mehr als Bemerkung – von Jean-Paul Sartre in »L'être et le néant«, wo er sagt, daß die Glücksfähigkeit der Frau, der Frau nicht als Arbeitsinstrument, sondern als Lustspender, gerade darin liegt, daß die Frau nicht direkt am Produktionsprozeß teilnimmt. Er geht da in genaue Einzelheiten. Die Teile des Körpers, die am wenigsten mit der Arbeit zu tun haben, sind die lustbesetztesten, und je näher die Frau, organisch sowohl wie psychologisch, dem Arbeitsprozeß kommt, desto geringer wird die Lustfähigkeit. Wenn man dem weiter nachgeht, dann würde das heißen, daß die Berufsemanzipation der Frau in der bestehenden Gesellschaft – und ich unterstreiche: *in der bestehenden Gesellschaft* – auch negativ zurückwirkt auf die Lustfähigkeit. Aber das ist eine äußerst zwiespältige problematische Sache, weil es natürlich nie so formuliert werden darf, als ob man nun gegen die Berufsemanzipation der Frau sei. Hier ist auch wieder das Problem, auf das man überall stößt, daß in einer repressiven Gesellschaft selbst das Gute schlecht wird. Aber deswegen kann man das Gute nicht verurteilen. ()

Furth: () Z. B. läßt sich immer mehr beobachten, daß die berufliche Freizügigkeit, die zunächst einmal ganz abstrakt vorhanden ist, benutzt wird und auch empfohlen wird für ganz bestimmte Berufe, z. B. pädagogische Berufe, Pflegeberufe, alle die Berufe, die noch vermeintlich eine Nähe zur an der Familie abgelesenen traditionellen Frauenrolle haben –

Marcuse: – aber doch auch zum sehr großen Teil in der Industrie. Mit der Mechanisierung der Arbeit wird doch die Rolle der Frauen selbst in der Industrie technisch immer größer.

Furth: Ja, aber doch auch in der Weise, daß hier die traditionelle weibliche Unterordnung wiederkehrt. ()

Marcuse: Das ist ganz richtig, das hängt damit zusammen, daß die Berufsausbildung oder Vorbildung der Frau in den technischen und wissenschaftlichen Gebieten noch sehr eingeschränkt ist.

Furth: Nun, ist das nur zufällig so? Ist das nur ein historisches Moment des Übergangs?

Marcuse: Ich glaube, das ist ein historisches Moment. Ich sehe nicht ein, warum da eine prinzipielle Schranke sein sollte. Aber das hängt ja doch im wesentlichen wohl ab von den in der Gesellschaft zur Verfügung stehenden Arbeitskräften, Arbeitslosigkeit, Arbeitsangebot usw. Da spielen wieder ganz andere Gebiete herein. () Man wird primär Männer beschäftigen, weil ja doch schließlich und endlich jemand den Haushalt machen muß. Ganz irrational ist ja das nun auch nicht. Der Haushalt ist immerhin noch nicht so mechanisiert, daß ihn gar keiner zu machen brauchte.

Furth: Ja, wenn dieser Prozeß wirklich ein fortschreitender sein sollte, müßte man sich ihn so denken, daß die Gesellschaft immer mehr Institutionen und Hilfsmittel zur Verfügung stellt, um den Haushalt zu erleichtern, bzw. das, was am wichtigsten ist: die Kindererziehung.

Marcuse: Ob das ein Fortschritt ist oder nicht, jedenfalls, was die Frage der Kindererziehung anbetrifft, ist wieder eine andere Sache. Die Erleichterung, Mechanisierung des Haushaltes schreitet rapide fort. Die Frau wird auch da natürlich wieder mit Gadgets und allem möglichen Modischen belastet, von der sogenannten Freizeit (die ja nicht wirklich frei ist) brauchen wir nicht zu reden. ()

Furth: () Ausgehend davon, daß die Emanzipation, so wie sie zu beobachten ist, in der Nivellierung besteht, in dem Versuch, das, was an objektiver Spannung in den Geschlechterrollen, so wie sie institutionalisiert sind, steckt, zu verdecken –

Marcuse: Warum sollte eigentlich die Gesellschaft daran interessiert sein, diese Spannung zu verdecken? Die Gesellschaft ist ja immer noch an der Steigerung der Geburten interessiert usw., also sicher nicht interessiert an einer Abschwächung dieser Spannung.

()
Im Berufsleben. Weil da eine Stärkung dessen, was Sie Spannung nennen, ja einfach die Arbeit im Produktionsprozeß beeinträchtigen würde.

Furth: Auch in der Weise, daß die Hoffnungen, die einmal in der Emanzipation steckten, als eine Möglichkeit, Spontaneität in den Beziehungen zwischen den Geschlechtern, über die Institution hinweg, durch sie hindurch geltend zu machen: freie Wahl, Befreiung der Liebe vom herrschaftlichen Moment...

Marcuse: Soweit es in dieser Gesellschaft freie Wahl in diesem Felde gibt, ist sie zum großen Teil realisiert. Die Frau heiratet, wenn man das generalisieren darf, nicht mehr den, den die Eltern ihr vorsetzen.

Furth: ...läßt sich gleichwohl beobachten, daß die Hoffnung, die sich einmal an freie Wahl geknüpft hat, enttäuscht worden ist?

Marcuse: Gewiß, weil die »freie Wahl« als solche – denn in einer repressiven Gesellschaft besteht ja keine freie Wahl – nur heißt: wählen zwischen dem, was einem direkt oder indirekt vorgesetzt wird. Genau wie mit den Wahlen in der Politik.

ARNOLD GEHLEN
(1904–1976)

Deutscher Philosoph, Soziologe und Anthropologe; verh.; Kritiker der Industriegesellschaft und Technik, die den Untergang der Seele bewirken würde. Der Mensch würde eine Sonderstellung im Kosmos einnehmen und rechtfertige daher eine intensive anthropologische Forschung, in der der Mensch zu Selbstentdeckung und Selbstbegegnung käme. Da der Mensch keine Instinktsicherheit hätte, müsse ein Staat Institutionen schaffen, die dem einzelnen Menschen seinen Platz in der Gesellschaft anweisen könnten. Er kritisierte am Menschen der Industriegesellschaften, daß er sich nur an äußerliche Bequemlichkeiten anpassen würde, auf Kosten der Seele und der ursprünglichen Religion, die nur noch in

»künstlerischen Genies« als etwas Isoliertes bemerkbar sei. »Der Anpassungsvorgang an allzu bequeme Lebensbedingungen heißt Entartung.« (Anthropologische Forschung)

DIE STELLUNG DER FRAU IN DER GESELLSCHAFT VON HEUTE

In der modernen Industriegesellschaft, wie wir sie heute auch in Westdeutschland vorfinden, ist in der Regel die rechtliche Gleichstellung der Geschlechter voll verwirklicht. Der Artikel 3 des Grundgesetzes der Bundesrepublik, also unsere Verfassung, sagt im Absatz 2 lapidar: »Männer und Frauen sind gleichberechtigt«, er bestimmt im 3. Absatz: »Niemand darf wegen *seines Geschlechts,* seiner Abstammung, seiner Rasse, seiner Sprache, seiner Heimat und Herkunft, seines Glaubens, seiner religiösen oder politischen Anschauungen benachteiligt oder bevorzugt werden.« () Damit hat eine lange Entwicklung ihren Abschluß gefunden, die als »Emanzipationsbewegung« bezeichnet wird, nach einem lateinischen Wort, das ursprünglich die Entlassung eines Familienmitgliedes aus der väterlichen Gewalt bedeutete. () In Deutschland gewann die Emanzipationsbewegung nach der Revolution von 1848 Raum, sie ist hier besonders an den Namen von Luise Otto Peters geknüpft, die im Jahre 1865 den Allgemeinen Deutschen Frauenverein gründete. () Mittelpunkt des Kampfes war die Forderung um die Eröffnung der damals allein dem Manne vorbehaltenen Bildungsmöglichkeiten für die Frau. Man glaubte, in der höheren, das hieß damals schon wissenschaftlichen Bildung, den Schlüssel zur Entfaltung einer freien Persönlichkeit ebenso in die Hände zu bekommen wie den Schlüssel zu den leitenden Laufbahnen und damit zu jener Art höheren gesellschaftlichen und politischen Einflusses. () Wenn sie den Kampf um die Gleichberechtigung an *dieser* Stelle eröffneten, so führten sie ihn mit Waffen, die sie vom Manne geborgt hatten, denn es gehörte zur großbürgerlich liberalen Weltanschauung, in der Wissenschaft den

Weg zur persönlichen Freiheit zu sehen – eine Überzeugung, die uns heute nicht mehr so einleuchtet. () Man soll nicht glauben, daß dieses Problem bereits ganz aus der Diskussion verschwunden ist. Noch neueste Äußerungen aus einer Rundfrage zu Frauenproblemen behaupten klipp und klar, daß »die Frauenfrage heute im Kampf um die sogenannten höheren Berufe und in diesen wieder im Kampf um die leitenden Stellungen besteht«. Ich halte diese Zuspitzung nicht nur für einseitig, sondern im Grunde auch für veraltet. ()

Wenn nach jahrzehntelanger praktisch gleicher Ausbildungs-Chance sich immer noch so wenig Frauen in leitenden politischen und wirtschaftlichen Stellungen größeren Ranges befinden, so muß man allmählich doch die Gründe dafür in gewissen wesensmäßigen Unterschieden der Geschlechter suchen. Von der *geistigen* Gleichbegabung der Frau bin ich dabei völlig überzeugt, und nicht als Wissenschaftler, sondern sozusagen aus der privaten Lebensbeobachtung heraus redend möchte ich den Frauen sogar im Durchschnitt die größere charakterliche Anständigkeit zusprechen. Dagegen scheint ihnen doch eine gewisse Zugriffigkeit, Aktionsschärfe, ich möchte geradezu sagen Aggressivität den *Sachen,* den Realitäten der Außenwelt gegenüber zu mangeln, und damit zusammenhängend die Vorurteilslosigkeit und Rastlosigkeit des Umdenkens, so daß es ihnen wenig liegt, eine neuplanetarische und umorganisatorische Initiative gegenüber sachlich starken Widerständen durchzudrücken – das sind aber gerade die in der Industriegesellschaft und Politik anfallenden Aufgaben. Das Sichfügen in die Umstände, die Neigung und Fähigkeit, aus dem Gegebenen das Beste zu machen, ja ein tiefverwurzelter Respekt vor dem Überkommenen und dem konfliktlos Allgemeinen gehört zu den bei Frauen stark ausgeprägten Eigenschaften – was sie verhindert, in so fundamental neuerungssüchtigen und umwälzenden Zeiten wie heute die Initiative zu haben. Aus denselben Gründen halte ich auch nicht sehr viel von der manchmal zu hörenden Forderung, die gegenwärtige maschinell-herzlose Zivilisation müsse durch vermehrten Einsatz der weiblichen Wirkungsmöglichkeiten »ver-

menschlicht« werden, wie man gern sagt. () Wozu zu
sagen ist, daß alles technisch einwandfrei Funktionierende
und alles auf Rationalität hin Durchgeordnete, von einer
Lokomotive bis zu einem korrekten Zivilprozeß, durch
die Intervention des Herzens nur entsachlicht, leistungs-
beeinträchtigt würde. () Jetzt ist aber auch Zeit, gewisse
Vorstellungen zu verabschieden, die zur Zeit des Emanzi-
pationskampfes ihren guten Sinn hatten, die aber nicht
mehr einleuchten: dahin gehört die Forderung auf paritä-
tische Zulassung zu den politischen großwirtschaftlichen
und großorganisatorischen Führungsstellen, ()

Etwa ein Drittel der Erwerbstätigen stellen heute die
Frauen, () Die in der Industrie und in den Büroberufen
tätigen Frauen stehen vor einem typischen Problemkreis
() Sie können, wenn sie heiraten, gegenüber ihrer Familie
das Gelernte nicht verwenden, sie werden für etwas
ausgebildet, das sie später aufgeben, sie werden nicht für
das ausgebildet, was sie später brauchen. () Dieses
Dilemma wird von den meisten Frauen sehr deutlich
empfunden und es wirft ernstliche innere Schwierigkeiten
auf: es kommt häufig vor, daß die verheiratete Frau, die
den Beruf aufgegeben hat, die nicht mehr Industriearbei-
terin oder Bürokraft ist, sich nach dem Beruf zurücksehnt,
daß sie eine Einbuße an Freiheit und Selbstverantwortlichkeit empfindet, nicht zu vergessen auch eine Sehnsucht nach der Kollegialität, den Freundschaften um die
Arbeitsstelle herum. () Zuletzt liegen die Schwierigkeiten,
von denen ich hier rede, daran, daß in den eigentlichen
Industrieberufen nichts im spezifischen Sinne Weibliches
steckt, diese Art Arbeit ist geschlechtsmäßig neutral. Die
Welt der Technik, der Industrie ist zwar vom Manne
aufgebaut, erforscht, der Natur abgerungen worden, sie
ist aber deswegen ihrer Natur nach weder als männlich
noch als weiblich zu qualifizieren; sie ist ausschließlich
sachlich, neutral, die nichtorganische Natur hat kein
Geschlecht. () Ich gehe noch einen Schritt weiter. In dieser
modernen technischen Industriewelt liegt die Tendenz zu
einer Übermacht, die Verführung, den Menschen mit
Haut und Haaren der Produktionsgesetzlichkeit vollständig zu unterstellen. Wo es dazu kommt, da wird die Frau

in noch höherem Maße von ihrer Wesensart abgelenkt, als der Mann. Wenn die Steigerung der industriellen Produktion zu dem letzten und maßgebenden Gesetz der Gesellschaft wird, wie im Osten, dann kann die Gleichberechtigung der Geschlechter plötzlich eine für die Frau bedrohliche Seite annehmen, dann kann sich die Gleichberechtigung zur Gleichverpflichtung verwandeln. () Dann macht der Grundatz des Militärdienstes vor der Frau nicht halt, oder sie wird dem Mann arbeitsrechtlich nun aber wirklich gleichgestellt: sie bekommt zwar bei gleicher Arbeit gleichen Lohn, aber die Schutzbestimmungen, die spezifisch für Frauen gelten, werden dann auch aufgehoben: so das Verbot der Nachtarbeit oder das der Untertagearbeit in Bergwerken. () Zur Frage der Lohngleichheit möchte ich bei dieser Gelegenheit eine Bemerkung machen – ich sehe nicht ein, wie man es vermeiden will, die besser bezahlten Stellen in der Regel und im Durchschnitt dem Manne vorzubehalten, solange der Mann bei voller Zustimmung der Frauen jeden Arbeitsplatz als Ehegründungsstelle auffaßt und so lange er traditionell für die Kosten des Familienhaushalts allein oder doch zum Hauptanteil aufzukommen hat. Ich sage also: die Stellen in der Industrie, im Handel und in der Bürokratie, die von Frauen eingenommen werden, sind in der Mehrzahl doch keine *typischen* Frauenberufe – es ist Sache der wirtschaftlichen und technischen Verhältnisse, ob Frauen oder Männer hier oder dort vordringen. ()

Jetzt möchte ich aber fragen: gibt es nicht auch spezifisch weibliche Berufe, nämlich solche, in denen die Frau ihrem Wesen nach und zugleich dem Wesen der Sache nach nicht ersetzbar ist? Sie werden nun hoffentlich nicht verlangen, daß ich über das Wesen der Frau eingehende Aussagen machen soll () in Goethes Faust steht nicht etwa nur über Gretchen, sondern über die Frau überhaupt sehr viel mehr und Tieferes, als sich mit Mitteln und Methoden der Wissenschaft sagen ließe, und selbst die Frauen unter den Psychologen, die es ja auch gibt, haben unsere exakten Kenntnisse in dieser Frage nicht besonders erweitert. Aber ich werde mir doch für unsere Zwecke eine Formulierung zu eigen machen, die in dem

Sammelwerk »Frau im Beruf« erschien und sich folgendermaßen ausdrückt: »Die Eigenschaften des Behütens und Bewahrens, des Pflegens und Erhaltens sind der Frau in einer anderen Weise und in größerer Unmittelbarkeit gegeben als dem Mann. Die Frau ist unmittelbarer als der Mann auf den einzelnen Menschen ausgerichtet, ihr Interesse liegt weniger als das des Mannes im Grundsätzlichen und bei den abstrakten Fragen.«

Damit soll natürlich keineswegs geleugnet werden, daß es auch Frauen gibt, die an abstrakten Fragen Interesse haben und z. B. in der Mathematik Vorzügliches leisten – aber als geradezu typisch für weibliche Interessen werden wir so etwas nicht auffassen. Ich halte die eben zitierte Beschreibung für überwiegend richtig, und dann folgt, daß die besonders für die Frau qualifizierten, die spezifisch weiblichen Berufe diejenigen sind, in denen die genannten Eigenschaften zum Zuge kommen können, in denen sie zur Sache gehören und als sachdienlich einleuchten. Also solche, in welchen z. B. der menschenverbindenden Gesinnung, der Hilfsfähigkeit und Geduld, den bewahrenden Instinkten der Frau weiter Spielraum gelassen ist. Und dahin gehört der Beruf, den Sie gewählt haben (Krankenschwester), dahin die Lehrerin, die Ärztin und, nicht zu vergessen, auch die in der Landwirtschaft arbeitende Frau. In diesen Berufen ist die Frau unersetzlich, dort sind ihre Wesenseigenschaften zugleich Forderungen der Sache, und es gehört zu den unheimlichen Signalen in unserer Zeit, daß eben diese Berufe heute meist Mangelberufe sind, einschließlich natürlich der Hausbedienten, die in die Fabrik gehen. Es gibt nicht überall genug Schwestern, nicht genug Lehrerinnen, nicht genug weibliche Arbeitskräfte auf dem Lande ... die Bauerntochter strebt in die Stadt, das arbeitsüberladene Leben der Bauernfrau erscheint nicht mehr als erstrebenswert. ()

In der Industriekultur sitzt, im inneren Kern, eine Gefährlichkeit, eine lebensbedrohende Gewaltsamkeit, die die Menschheit vor Fragen von äußerstem Ernst stellt. Allzusehr ist aus Gründen aktueller Politik die Atombombe in den Mittelpunkt unserer Aufmerksamkeit gerückt. Ohne sie im geringsten zu bagatellisieren und ohne die Gefahr, in die sich die Menschheit mit ihr begeben hat, zu verringern, läßt sich doch sagen, daß das Glück eines unbesorgten Daseindürfens noch keineswegs erreicht wäre, wenn wir sicher sein könnten, es werde in Zukunft keine Kriege und keine Atombombe mehr geben. Wir sind kulturell noch an anderen Stellen in einen Engpaß geraten. Wenn man heute weiß, daß die Groß-städte sich bevölkerungsmäßig nicht mehr selbst erhalten, () dann ist eines klar: daß nämlich hier zum ersten Male in der Geschichte die Menschheit eine Lebensform gefunden hat, an die eine biologische Anpassung schlechterdings nicht gelingt. Die allermühsamsten Lebensbedingungen () sie haben stets wenigstens die Reproduktion der Bevölke-rungszahlen, das Weiterleben, die Erhaltung des Bestan-des gewährleistet, während die Großstadt zum ersten Male das nicht mehr leistet, diese Lebensform ist unter dem biologischen Aspekt bereits ein Totalversager. ()

...es gibt da doch zwei Werte, die sich auf dem Hintergrund der modernen Geschäftigkeit und Entsee-lung um so unschätzbarer abheben, zwei Werte, an denen die Krankenschwester und Lehrerin teilhaben: das ist der unmittelbare menschliche Kontakt und das ist der geistig und seelisch feste Ort, das Wissen um das Hingehören an einen Platz, wo feststeht, was man soll und darf und was wahr ist, und wo vor allem das auch so bleibt, wo nicht die Grundsätze und Ausgangspunkte dauernd umgestürzt und in Frage gestellt oder, wie man so gern sagt, »diskutiert« oder zerredet werden. () Ich habe diese innere Leere nie da gesehen, wo eine der notwendigen, der gar nicht wegzuleugnenden Aufgaben vorlag, eine von der Art, daß keinerlei Diskussion stattfinden kann. So blickt der Bauer über die Felder und sagt: »Die Arbeit muß getan werden« – oder so blickt die Mutter auf das Kind. Diese langfristigen und unübersehbaren Aufgaben sind es, die ich hier meine, und so stellt sie auch der Ausbruch einer Krankheit oder ein Unfall: jetzt muß gehandelt werden, und wirksam und schnell gehandelt. Derart sind auch viele Probleme, die an den Staat, an die Wirtschaft herantreten. Wir wollen doch nicht vergessen, wie Not und Elend der Jahre 1945 und 1946 die Versorgung, die

Ernährung, die Unterbringung von vielen Millionen Flüchtlingen aus dem Boden gestampft werden mußte. Da war nichts vorbereitet, da konnte man nur improvisieren und immer und immer wieder da helfen, wo es vor Augen lag und zum Himmel schrie. () Und die Hälfte unseres Volkes besteht aus Frauen. Sie hat dieses großartige und gnadenlose System zum großen Teil selbst in Dienst genommen, es prägt ihnen seine Züge auf – zum anderen Teil aber legt es ihnen alle die Menschen ans Herz, die es noch nicht in seinen Umschwung hineingerissen hat, die Kinder () die Kranken. ()

Eva im Schöpfergeiste Gottes (Michelangelo)

VIRGINIA WOOLF
(1882–1941)
Englische Schriftstellerin

EIN ZIMMER FÜR SICH ALLEIN

Haben sie eine ahnung, wieviele bücher im laufe eines jahres über frauen geschrieben werden? Haben sie eine vorstellung davon, wieviele darunter von männern geschrieben wurden? Sind sie sich dessen bewusst, dass sie vielleicht das am meisten diskutierte lebewesen des universums sind? Da war ich mit einem notizbuch und einem bleistift gekommen, in der absicht, einen morgen mit lesen zu verbringen und in der annahme, dass ich am ende dieses morgens die wahrheit in mein notizbuch übertragen haben würde. () Ich würde stahlklauen und einen messingschnabel nötig haben, wollte ich auch nur die schale durchdringen. Wie sollte ich jemals die körnchen wahrheit finden, die in diesen papiermassen vergraben lagen? fragte ich mich und liess mein auge voller verzweiflung die lange liste der titel auf- und abfliegen. Schon die namen der bücher gaben mir stoff zum nachdenken. Die frage des geschlechts und seiner natur mochte ärzte und biologen interessieren; aber was überraschend war und schwer zu erklären, war die tatsache, dass die frage des geschlechts – oder vielmehr der frauen – auch akzeptable essayisten anzieht, flinkfingerige romanciers, junge männer, die ihren M.A. gemacht haben; männer, die keinen akademischen grad haben; männer, die keinerlei sichtbare qualifikation haben ausser der, keine frau zu sein. Einige dieser bücher waren, oberflächlich betrachtet, frivol und scherzhaft; aber viele andere waren ernsthaft und prophetisch, moralisch und ermahnend. Schon wenn man nur die titel las, drängte sich einem das bild von zahllosen schulmeistern, zahllosen geistlichen auf, wie sie ihre katheder und kanzeln besteigen und sich mit einer geschwätzigkeit verbreiten, die bei weitem die zeit übersteigt, die man sonst einem diskurs, einer predigt über

dieses eine thema zubilligt. Es war ein höchst seltsames
phänomen; und offensichtlich – jetzt suchte ich unter dem
buchstaben M – beschränkte es sich auf das männliche
geschlecht. Frauen schreiben keine bücher über männer. ()
Was konnte wohl der grund sein für diese kuriose
ungleichheit, fragte ich mich, () Warum sind frauen, nach
diesem katalog zu urteilen, so viel interessanter für
männer als männer es für frauen sind? Dies schien eine
besonders seltsame tatsache zu sein, und meine gedanken
wanderten weiter, versuchten, sich das leben von männern
vorzustellen, die ihre zeit damit verbringen, bücher über
frauen zu schreiben; ob sie nun alt oder jung waren,
verheiratet oder unverheiratet, rotnasig oder bucklig. ()
Professoren, schulmeister, soziologen, geistliche, roman-
ciers, essayisten, journalisten, männer, die keinerlei quali-
fikation hatten ausser der, keine frau zu sein, jagten meine
einfache und einzige frage – Warum sind frauen arm? – bis
aus ihr fünfzig fragen wurden; () Hier holte ich atem und
fügte, wahrhaftig, am rande hinzu: » Warum sagt Samuel
Butler ›Weise Männer sagen niemals, was sie über die
Frauen denken‹?« Offensichtlich sagen weise männer nie
etwas anderes als eben das. Aber, so fuhr ich fort, indem ich
mich in meinem stuhl zurücklehnte und in die riesige
kuppel schaute, in der ich nur ein vereinzelter aber nun
auch schon etwas gequälter gedanke war, das unglück ist,
dass weise männer über frauen nie gleicher meinung sind.
Hier ist Pope:
  Die meisten frauen haben überhaupt keinen charakter.
  Und hier La Bruyère:
  Die frauen sind extreme: sie sind besser oder schlechter
als die männer.
  Ein direkter widerspruch zweier scharfer beobachter,
die zeitgenossen waren. Sind sie bildungsfähig oder nicht?
Napoleon hielt sie nicht für bildungsfähig. Dr. Johnson
dachte das gegenteil.
  Haben sie eine seele oder haben sie keine seele? Manche
wilden sagen, sie haben keine. Andere behaupten im
gegenteil, dass frauen halbgötter seien und verehren sie
deshalb. Manche weise behaupten, dass sie von seichterem
verstande seien; andere, dass sie ein tieferes bewusstsein

*haben. Goethe verehrte sie; Mussolini verachtete sie.
Wohin man auch sah, dachten männer über frauen nach
und dachten sehr unterschiedlich über sie. Es war unmöglich, daraus klug zu werden, entschied ich und blinzelte
voller neid auf den leser neben mir, der die schönsten
auszüge zustande brachte, oft mit einem A oder B oder
C überschrieben, während mein eigenes notizbuch in
wildestem gekritzel widersprüchlicher kurznotizen
schwelgte. Es war niederschmetternd, es war verwirrend,
es war demütigend. () Aber während ich so grübelte, hatte
ich unbewusst, in meiner achtlosigkeit, meiner verzweiflung dorthin, wo ich eigentlich wie mein nachbar eine
schlussfolgerung hätte niederschreiben sollen, ein bild
gezeichnet. Ich hatte ein gesicht, eine gestalt gezeichnet. Es
war das gesicht und die gestalt von Professor von X, wie er
gerade sein monumentalwerk mit dem titel ›Die geistige,
moralische und physische Unterlegenheit des weiblichen
Geschlechts‹ schreibt. Er war in meiner darstellung kein
mann, der auf frauen anziehend wirkt. Er war von
massivem körperbau; er hatte einen grossen wanst; um das
auszugleichen, hatte er sehr kleine augen; er war ganz rot
im gesicht. Sein gesichtsausdruck zeigte, dass er sich
abmühte, in einem gefühlszustand, der ihn die feder aufs
papier stossen liess, als tötete er beim schreiben irgendein
giftiges insekt, aber selbst wenn er es getötet hatte,
befriedigte ihn das nicht; er musste fortfahren, es zu töten;
und selbst dann blieb noch ein grund für zorn und
erbitterung. Konnte es seine frau sein, fragte ich mich,
während ich meine zeichnung betrachtete? War sie in
einen kavallerieoffizier verliebt? War der kavallerieoffizier schlank und elegant und in Astrachan gekleidet? War
er, um eine freudsche theorie anzuwenden, in der wiege
von einem hübschen mädchen ausgelacht worden? Denn
sogar in der wiege, fand ich, konnte der professor kein
besonders anziehendes kind gewesen sein. Aus welchem
grund auch immer, der professor war in meiner schnell
hingeworfenen zeichnung sehr zornig und sehr hässlich
geraten, wie er da an seinem dicken buch über die geistige,
moralische und physische unterlegenheit der frauen
schrieb. () Der zorn hatte meinen bleistift geführt,*

während ich träumte. Aber was hatte zorn hier zu suchen?
Interesse, verwirrung, amüsement, langeweile – all diese
gefühle hatte ich feststellen und benennen können, wie sie
sich im laufe des vormittags nacheinander eingestellt
hatten. Hatte die schwarze schlange zorn zwischen ihnen
gelauert? Ja, sagte die skizze, sie hatte. Das verwies mich
unmissverständlich auf das eine buch, den einen satz, der
den dämon heraufbeschworen hatte; es war die feststel-
lung des professors über die geistige, moralische und
physische unterlegenheit der frauen. Mein herz hatte
angefangen zu klopfen. Meine wangen hatten gebrannt.
Ich war rot geworden vor zorn. Daran war nichts
besonderes, so töricht es auch war. Man lässt sich nicht
gerne sagen, dass man einem kleinen mann – ich schaute
auf den studenten neben mir – der kurzatmig ist, einen
zementierten schlips trägt, und sich seit vierzehn tagen
nicht rasiert hat, naturgemäss unterlegen ist. () Mein
eigener zorn war rasch erklärt und überwunden; aber die
neugier blieb. Wie war der zorn des professors zu erklären?
Warum waren sie wütend? Denn wenn man den eindruck,
den alle diese bücher hinterliessen, analysierte, so blieb da
immer ein element von hitze. Diese hitze nahm viele
formen an: sie zeigte sich als satire, als sentiment, als
neugier, als verdammung. Aber da war noch ein anderes
element, das oft vorkam und nicht sofort identifiziert
werden konnte. Ich nannte es zorn. Doch es war ein
unterschwelliger zorn, der sich mit allen anderen emotio-
nen vermischt hatte. Nach seinen seltsamen wirkungen zu
urteilen, war es ein maskierter und komplexer zorn, kein
einfacher und offener.

Aus welchem grunde auch immer, alle diese bücher,
fand ich, indem ich den stoss auf meinem tisch durchsah,
sind für meine zwecke wertlos. Sie waren wissenschaftlich
wertlos, konnte man sagen, obwohl sie menschlich voller
information, interesse, langeweile und voller kurioser
fakten über die gebräuche der Fidji-insulaner waren. Sie
waren im roten licht der emotionen geschrieben worden
und nicht im weissen licht der wahrheit. () Die professoren
– so fasste ich alle zusammen – waren zornig. Aber warum,
fragte ich mich, nachdem ich die bücher zurückgegeben

hatte, warum, wiederholte ich, als ich unter der colonnade
zwischen den tauben und prähistorischen kanus stand,
warum sind sie zornig? () Was ist die wirkliche natur
dessen, was ich im augenblick ihren zorn nenne? fragte ich
mich. ()

Aber lassen sie mich das licht dieser beobachtung auf das
wirkliche leben richten, dachte ich. Trägt sie dazu bei,
einige der psychologischen rätsel, die man am rande des
täglichen lebens bemerkt, zu erklären? Erklärt sie mein
erstaunen neulich, als Z., einer der humansten und
bescheidensten männer, eines der bücher von Rebecca
West zur hand nahm und, nachdem er eine passage gelesen
hatte, ausrief: ›Diese ausgemachte feministin! Sie behauptet, männer seien snobs!‹ Dieser ausruf, der für mich sehr
überraschend war – denn warum war Miss West eine
ausgemachte feministin, wenn sie eine vielleicht wahre,
aber nicht gerade schmeichelhafte feststellung über das
andere geschlecht trifft? – war nicht nur der schrei
verletzter eitelkeit; er war ein protest gegen die verletzung
seiner kraft, an sich zu glauben. Frauen haben über
jahrhunderte hinweg als spiegel gedient mit der magischen
und köstlichen kraft, das bild des mannes in doppelter
grösse wiederzugeben. () Deshalb bestehen Napoleon und
Mussolini beide so nachdrücklich auf der unterlegenheit
der frauen, denn wenn sie nicht unterlegen wären, würden
sie aufhören, zu vergrössern. Das hilft teilweise zu
erklären, warum frauen für männer oft so notwendig sind.
Und es hilft zu erklären, wie sehr sie von ihrer kritik
beunruhigt werden; wie unmöglich es den frauen ist, zu
sagen, dieses buch ist schlecht, dieses bild ist schwach, oder
was immer es sein mag, ohne weitaus mehr weh zu tun und
viel mehr zorn zu erregen als ein mann, der dieselbe kritik
ausspricht. Denn wenn sie anfängt, die wahrheit zu sagen,
schrumpft das spiegelbild; seine lebenstüchtigkeit
schrumpft zusammen. () Das spiegelbild ist von äusserster
wichtigkeit, weil es die lebenskraft auflädt: es stimuliert
das nervensystem. Nimm es ihnen weg, und die männer
sterben wie der drogenabhängige, dem man sein kokain
entzieht. Unter dem zauber dieser illusion, so dachte ich,
während ich aus dem fenster sah, eilt die hälfte der leute

auf dem pflaster draussen zur arbeit. Unter ihren ange-
nehmen strahlen ziehen sie am morgen hut und mantel an.
Sie beginnen den tag mit zuversicht, gestärkt und in dem
glauben, auf Miss Smith's party begehrt zu sein; sie sagen
sich, während sie den raum betreten, ich bin der hälfte der
leute hier überlegen, und nur deshalb sprechen sie mit
selbstvertrauen, mit dieser selbstsicherheit, die so tiefgrei-
fende konsequenzen für das öffentliche leben gehabt und
in privaten überlegungen zu so kuriosen randbemerkun-
gen geführt hat.

Philosophen schreibt man im allgemeinen »tiefere Einsichten« zu als jenen Menschen, die weder den »Beruf des Denkens« ausüben noch Zeit und Übung haben, sich tiefschürfenden Gedanken in aller Ausführlichkeit hinzugeben, um dann die Welt mit ihrem Denken in Erstaunen zu versetzen.

Wer die Texte dieses Buches liest, wird vielleicht erstaunt sein über die Einfachheit, ja fast Einfalt der Denkprodukte berühmter und weniger berühmter Philosophen zu einem Thema, das jeden Menschen in irgendeiner Weise betrifft.

Beim Lesen der Philosophen stellte ich ihnen die Frage: »Und was denkst du über Frauen?«

Zwangsläufig verbergen sich in dieser einen Frage zwei Antworten. Die eine Antwort will eindeutige Bestimmungen für »das Wesen der Frau« erbringen, aber die andere Antwort beschreibt immer auch den philosophierenden Mann selbst. Beim Lesen dieser Texte erfährt man also nicht nur etwas über die Frau, sondern auch etwas über den Mann. Dieses Buch hortet sozusagen all jene Männerideale, durch die diese philosophierenden Männer sich selbst am liebsten erklärt wissen möchten.

Als ich die Texte suchte und zusammenstellte, hoffte ich, ein paar »tiefere« Anregungen zu erhalten, um das Problem der Geschlechtszugehörigkeit und der daraus entstandenen Konsequenzen besser zu verstehen. Tatsächlich verdanke ich dieser Arbeit einige »tiefere« Einsichten über Probleme, die heute in der alltäglichen Emanzipationsdiskussion auftauchen. Probleme, die eigentlich nicht zu sein brauchten, wenn es nicht jahrhundertelang Intellektuelle und berufsmäßige Denker gegeben hätte, die nur das zu verstehen versuchten, was sie unmittelbar erlebten und was sie *sahen,* wenn nicht jahrhundertelang die meisten Philosophen nur das theoretisch legitimiert hätten, was praktisch geschah. Der Jubel über die »Freiheit der Vernunft«, über die Möglichkeit, unabhängig von der Erfahrung, oder über die Erfahrung hinaus zu denken, hat die wenigsten Philosophen dazu geführt, ihre persönlichsten menschlichen Verhältnisse in dieser Freiheit zu reflektieren.

Der Schluß, daß alles richtig ist, so wie es ist

Im Text von Spinoza stellt sich am einfachsten und klarsten die Art des Denkens dar, nur auf Gegebenes zu reflektieren. Was in der »Wissenschaft von der Natur« ein »Fortschritt« bedeutete, nämlich seine Theorien aus der Erfahrung mit den Gegebenheiten der Naturereignisse zu begründen – und nicht aus freien Spekulationen –, erweist sich in der Wissenschaft von den menschlichen Verhältnissen als Beschränkung. Die Frage nach der Bedeutung der Geschlechtlichkeit im gesamten menschlichen Leben läßt sich nicht allein »naturwissenschaftlich« beantworten.

Spinoza schreibt: »Befragen wir die Erfahrung...«, oder Fichte: »Eine solche Übereinstimmung«, nämlich daß Frauen den Männern historisch *immer* untergeordnet waren, »muß einen tiefliegenden Grund haben«. Oder Wust argumentiert: *weil* die Frau nur selten individuelle Persönlichkeit entwickelt, lebt sie »von Gnaden des Mannes«. Das endet in dem Schluß: Was ist, muß auch als richtig und sinnvoll erwiesen werden, nach dem Motto von Hegel: »Was vernünftig ist, das ist wirklich; und was wirklich ist, das ist vernünftig«.

In Spinozas Text läßt sich leicht verfolgen, wie einfach es dann wird, aus dem Gegebenen (hier Erfahrung) auf ein ewiges Gesetz zu schließen, indem Spinoza gesellschaftliche Gegebenheit mit Natur identifiziert und das Recht so aus der ewigen Natur ganz »wissenschaftlich« abzuleiten meint. Die Frau kann nun »von Natur aus« nicht »das gleiche Recht« wie der Mann beanspruchen. Die »ewigen Gesetze und Werte« entpuppen sich als theoretische Anpassung an die jeweils gegebene historische Praxis.

Abgesehen von der theologischen Absicht, die Welt wie sie ist als gut zu »beweisen« – weil sie von einem allgütigen Gott geschaffen sei –, ist diese Denkhaltung auch bei jenen zu beobachten, die einen Gottesglauben ablehnen. Hier

wird *die Natur* als absolute Gegebenheit für die Ideal- und
Gesetzbildung angenommen. So macht Sigmund Freud
die »anatomische Objektivität« des Heraushängens eines
Gliedes (Penis) aus dem Körper zu dem Kriterium, die
anatomische Gegebenheit des Nicht-Heraushängens
beim Mädchen als Mangel-Zustand zu erklären, der sich
direkt auf das seelische Leben – auf die Charakterbildung
– auswirken würde. Natur-Körper-Gegebenheit wird
auch hier zum wesentlichen Kriterium für die Erforschung freierer menschlicher Bereiche. Charakterbildung
ist gleich Körperbildung.

Ähnlich verhält es sich mit den Sprach-Bildern, die von
einigen Philosophen (Humboldt) benutzt werden, »das
Wesen der Weiblichkeit« zu beschreiben. Biologische
Vorgänge, wie Gebären und Zeugen, dienen als Ausgang
idealer Verklärung. Diese ver-ding-lichende Art, Intellek-
tuelles zu erklären, schreckt auch nicht vor dem Mikro-
skop zurück. So könnte man aus der biologisch-geneti-
schen Chromosomengegebenheit »objektiv« beweisen,
warum der Mann *naturgemäß* unruhiger sei und darum
aktiver und geistiger als die passive Frau: Bis auf das 23.
Chromosomenpaar sind die Chromosomenpaare bei
weiblichen und männlichen Menschen völlig gleich. Nur
in dem einen 23. Chromosomenpaar besteht ein Unterschied. Die Frau hat zwei gleiche Bestandteile, nämlich
XX, und der Mann XY! Aus der Tatsache dieses
biologischen Unterschiedes kann die Frau *naturgemäß* als
stabiler, ruhiger und passiver angesehen werden, während
der Mann gleichsam labil zwischen X und Y hin und her
springt und so »von Natur« weniger äußerliche Stabilität
aufweist, und daher mehr zu Aktionen, Unruhe und
Forschung neigt. So »beweisen« biologische Beobachtungen scheinbar das, was sich im gesellschaftlichen Bereich
bestätigen läßt. Die momentane auf lange Sicht veränderliche gesellschaftliche Situation wird mit Natur identifiziert und auf seelische und geistige Prozesse übertragen.
Solche Argumentationen geben vor, »objektive« Aussagen über die Natur und das Wesen der Frau machen zu
können. Die Denker setzen hier einfach voraus, daß
notwendig Körperliches, Materielles einen *bestimmten*

Ausdruck im Unkörperlichen findet. Diese Bestimmung wird frei assoziierend hergeleitet und unauffällig in den Anfang von Wesensbegründungen über Frau und Mann gesetzt.

Dabei ist bis heute nicht erwiesen, ob und wie sich Materielles in Seelischem und Denkendem zeigt, welche inhaltlichen Abhängigkeiten genauer bestehen könnten – ja und ob überhaupt so direkte Abhängigkeiten zwischen körperlichen und geistigen Gegebenheiten bestehen, wie es viele Philosophen suggerieren, so idealistisch und wenig materialistisch sie sich sonst auch geben mögen.

Diese Versuche, das historisch gesellschaftlich Gegebene mit Natur, d. i. mit immerwährender kausaler Wahrheit, zu identifizieren, läßt denjenigen ein Unbehagen verspüren, der nicht alles gut finden kann, was ist, und der weiß, daß gesellschaftliche Gegebenheiten keine absoluten Zustände sind. Dieses Starren auf Naturnotwendigkeit und dieses Suchen nach dem absoluten Festen, sei es Gott oder Natur, kann jenen beweglichen Denker in Rage bringen, der sich auch noch erfreulichere gesellschaftliche Zustände vorstellen kann, die weniger leidvoll wären. Das wären Gedanken und Vorstellungen, die über die Gegebenheiten hinausweisen, weil diese Wirklichkeit noch nicht existiert. Dies sind Gedanken, die die unmittelbare Erfahrung überschreiten – apriorische kantische Freiheitsträume.

Aber immer wieder trifft man auf die Meinung: Was nicht ist, kann auch nicht werden! Dieses Denken bereitet Unbehagen und Ärger über diese Armut an Phantasie und Enge des Gehirns; das muß auch die Stimmung des Unmuts gewesen sein, in der Marx die Philosophen in der elften Feuerbachthese kritisierte: »Die Philosophen haben die Welt immer nur verschieden interpretiert, es kömmt darauf an, sie zu *verändern.*«

Ich habe dasselbe Unbehagen, auch im Hinblick auf die Geschlechterfrage, aber ich sehe die Alternative nicht darin, daß Philosophen nun die Welt verändern sollten; es würde völlig ausreichen, wenn Philosophen sich die Welt verändert *vorstellen* könnten! *Das* wäre wirkliche Kopfarbeit. Aber indem nur das als theoretisch richtig bewiesen wird, was praktisch sowieso schon besteht, wird keine freie Denkarbeit geleistet, obwohl zugegebenermaßen sehr schwere Denkakrobatik erforderlich ist, um alles als irgendwie richtig zu beweisen, was ist.

Ein Begründungszusammenhang für ein Frauenverhalten fand ich bemerkenswert und andersartig. Es ist die wiederholte Meinung von Kant, daß die Frauen ein gewisses *Recht* zur Koketterie auch während der Ehe hätten, weil sie dauernd in der Gefahr stünden, Witwe zu werden. Wenn dieses Argument auch zunächst zum Lächeln reizt, so hat es Kant doch sehr ernst gemeint und es dreimal betont, ohne allerdings das »Recht« und die entsprechende Wirklichkeit näher sichtbar zu machen. Es ist aber aus jener Zeit durch historisch-demographische Untersuchungen bekannt[1], daß Frauen tatsächlich eher verwitweten als Männer, und daß die Wiederverheiratungschancen denkbar schlecht für Frauen standen, denn um einen Witwer konkurrierten vier Witwen!

Kant hat hier also die »Neigung zur Koketterie« bei den Frauen weder aus ihrem »urweiblich-sinnlichen Naturwesen«, noch aus einem »natürlichen Hang zu Lüge und Betrug« hergeleitet, sondern aus einer veränderlichen gesellschaftlichen Gegebenheit; so daß ein menschliches Verhalten (Neigung zu Koketterie) abhängig von der gesellschaftlichen Lebensform in der Geschichte auftauchen und wieder verschwinden könnte. Diese Art der Verhaltens- und Mentalitätsbegründung hat Kant selbst aber nicht weiter durchreflektiert, denn seine anderen Meinungen über Frauen unterscheiden sich inhaltlich kaum von den »ewigen Wesensbestimmungen« fast aller Philosophen.

Diese unterschiedlichen Begründungen für menschliches Verhalten – einerseits gesellschaftsbedingt (Mill), andererseits naturdeterminiert – erfordern auch unterschiedliche Methoden der Untersuchung menschlichen Verhaltens. Hätte Kant seine Beobachtungen der mensch-

---

1 Ersichtlich aus den historisch-demographischen Studien von A. Imhof und Ø. Larsen. (Literaturverzeichnis)

lichen Umwelt genauer beachtet und erforscht, wäre die Nachwelt vielleicht noch in den Genuß einer hier einsetzenden besonderen Systematik gekommen.

Für das Problem der Geschlechtszugehörigkeit läßt sich also kaum an eine philosophische Tradition positiv anknüpfen. Man erfährt von den verblichenen Philosophen leider meistens nur das, was auch aus der Gesellschaftsgeschichte gewußt werden kann, eben daß die Frauen selten eine Chance hatten, sich selbst zu bestimmen. Man kann aber in den philosophischen Texten jene Argumente finden, die als Legitimation der Chancenungleichheit gedient haben, während man in der schriftstellerischen Literatur diese Argumente nur in Geschichten und Symbole verkleidet wiederfindet.

Gibt es eine Entwicklungstendenz im Hinblick auf das Nachdenken über die Frau?

Aufgrund dieser Frage habe ich die Texte historisch geordnet.

Oft ist an der Philosophie kritisiert worden, daß darin keine Entwicklung stattfände wie zum Beispiel in der Physik; daß man immer noch die Probleme eines Platon und Aristoteles diskutieren würde. Popper sagt sogar, daß die gesamte Philosophiegeschichte aus »Anmerkungen zu Platon« bestünde.

Für einige »genuin philosophische Probleme« (was immer das auch sein mag) könnte dies zutreffen, aber nicht für das Problem der Selbstbewußtwerdung der Geschlechtlichkeit im Menschen. Wenn noch heute jemand so über Frauen dächte wie Platon und Aristoteles, und wenn er es auch noch äußern würde, müßte er darauf gefaßt sein, nicht sehr ernst genommen zu werden. So selbstverständlich wie Platon und Aristoteles die Sklavenhalterschaft in ihren Theorien bejahten, so selbstverständlich schien ihnen auch die Unterdrückung der Frau. Die Frau wurde von ihnen nur als gesellschaftliche Funktion (Fortpflanzungsmedium) bedacht, nicht als persönlicher Mensch mit Selbstbestimmungsmöglichkeiten. In den zahlreichen Werken des Platon muß man lange lesen, ehe man ein paar Worte über die Frau findet, die dann aber oft nur als letzte Anmerkungen, der Vollständigkeit wegen, am Ende eines Dialoges auftauchen.

Bis etwa zum 17. Jahrhundert wird dieses Thema gar nicht einer philosophischen ausführlicheren Erörterung für würdig gehalten. So muß man oft irritiert feststellen, daß zwar vom »Menschen« gesprochen wurde, daß aber der männliche Mensch gemeint war. Im Buch von Hobbes »Vom Menschen – Vom Bürger« findet man nur einen einzigen wesentlichen Satz bezüglich der Frau: »Dagegen gehören im Staate ... die Kinder dem Vater; weil in allen Staaten, die ja von den Vätern, nicht von den Müttern begründet worden sind, das häusliche Regiment dem Manne gebührt.« (Vom Bürger, 9. Kap. 6.) Auch andere Philosophen, die noch heute bekannt sind, wie Marc Aurel oder Machiavelli, haben über dieses Thema nichts schriftlich hinterlassen.

Seit der französischen und englischen Aufklärung findet man ausführlichere Gedanken; Fourier und Mill sind zwei der wenigen Denker, die auch ihr persönliches gesellschaftliches Leben durch freieres Denken gestalteten, und damit, besonders im Falle von Mill, auch gesellschaftliche Wirklichkeit zugunsten der Selbstbestimmung des weiblichen Menschen veränderten.

Um die Jahrhundertwende 1900 scheint es regelrecht eine Mode geworden zu sein, als Philosoph zu diesem Thema seinen Beitrag abzuliefern. Fast könnte man sagen: »Die Frau wird als Mensch mit eigenem Willen entdeckt!«, den es zu bekämpfen, zu unterstützen oder zu beschwichtigen gelte. Das lag natürlich auch an den veränderten Arbeitsbedingungen, die durch Industrialisierung und Bürokratisierung öffentlicher geworden waren. Vorher hatte die Frau »im Haus oder Hof« zu arbeiten, während der Mann schon des öfteren »aus dem Haus« ging, und öffentlich, mit nicht-familiären Menschen, zusammenarbeitete. Dies bewirkte ein allgemeineres Interesse an größeren gesellschaftlichen Zusammenhängen, als nur das Interesse an der privaten Familie. Als die Frau nun auch »das Haus verließ«, wurde sie selbst öffentlich sichtbarer und mußte dem stets auf das Allgemeine hin Philosophierenden auffallen; sie war nicht mehr als lediglich privates Phänomen von den Philosophen zu verschweigen.

Im ganzen sehe ich die Tendenz, daß sich die Menschen selbst näher gekommen sind, wenn auch mit Ängsten, auch weil die Theologie ihren Einfluß mehr und mehr verlor. Vielleicht besteht die »Weiterentwicklung« der Philosophie so, wie es historisch ablief, auch darin, daß sie den Menschen sich selbst mehr und mehr interessanter machte; dadurch könnte es natürlich geschehen, daß einige traditionelle Probleme der Philosophie an Aktualität verlieren und damit überflüssig und langweilig werden. Teilhard de Chardin immerhin sagte, daß »jede Erklärung der Welt (sei sie biologisch, philosophisch oder religiös) ... zum Scheitern verurteilt ist«, wenn sie die grundlegende Tatsache der Geschlechtlichkeit der Menschen nicht wesentlich beachte. Weininger gar nimmt das Thema zum *Hauptmotiv* seiner philosophischen Arbeit. Hinsichtlich des Geschlechtsbewußtseins kann also von einer »fortschrittlichen philosophischen Entwicklung« gesprochen werden, wenn man es schon als einen Fortschritt auffaßt, daß dieses Problem überhaupt bedacht wird, unabhängig von der inhaltlichen Qualität.

Das Geistige sei das Männliche und das Sinnliche sei das Weibliche

Fast durchgängig herrscht bei den Philosophen das Motiv: das Geistige ist das Männliche und das Sinnliche ist das Weibliche. Dazu muß bedacht werden, daß die meisten Philosophen sowieso immer von zwei Prinzipien ausgehen, von Geist und Materie. Diese Prinzipien wenden sie auf alle ihnen bedenkenswerten Probleme an und wechseln dann nur noch die Worte aus. Sehr gut kann das bei Hegel und bei Wust beobachtet werden, wobei Hegels gesamtes philosophisch-formales System immer wieder darin besteht, zwei Prinzipien, zwei Gegenpole, aufeinander und zugleich zusammenstoßen zu lassen, um

aus diesem Widerspruchsverhältnis ein synthetisches
Drittes zu konstruieren. Man könnte annehmen, daß die
unterschiedliche Wesensbestimmung der Geschlechter
unerheblich sei, wenn der Mann und die Frau dann im
dritten Zustand zur Einigung kämen. Aber nein, jeder ist
sofort wieder als These Anlaß, im anderen den Feind, die
Antithese, zu bewirken und erhält so ewig den Widerspruch und den Unterschied in einem unendlichen
Regreß. Nie aber werden sich die Pole annähern oder im
Grunde verändern können, immer bleiben die geschlechts-
abgeleiteten Eigenschaften der Charaktere bestehen,
Aufhebung heißt bei Hegel nie Auslöschung; und so
bleibt nach Hegel immer die Frau das, was er als weiblich
bestimmt hat, und der Mann das, was er als männlich
bestimmt hat; es bliebe ihnen nur die Möglichkeit, sich als
zwei Selbstbewußtseine anzuerkennen, aber als das Andere, als das bestimmte Gegen-über, nie als dasselbe und als
das Gemeinsame. Die Frau stellt das sinnliche Natur-
Prinzip dar und der Mann das geistige Prinzip. Die Frau
wird zur Erde, der Mann (fast) Gott; obwohl viel von
Einheit geschwärmt wird, ist es doch immer die Einsheit
zugunsten des Mannes, des Geistes. So wie Meister
Eckehart die Frau (Holz) verfeuert, damit sie himmlischer
Feuergeist (Mann, Vater) werde, so sei selbst bei moderne-
ren Denkern wie Simmel und Scheler im »Wesen der
Frau« nur die Sinnlichkeit verwirklicht. Der simple
Dualismus – Frau als Sinnlichkeit, Mann als Geist – wird
auch vom Dialektiker Hegel nicht überwunden.

Immer wieder müssen als Gründe nur biologische
Gegebenheiten herhalten. So interpretiert zum Beispiel
Simmel die Schwangerschaft als inneres Prinzip der Ruhe,
was eine innere Identität bewirke, die sich nicht mehr an
der »Außenwelt« zu orientieren brauche. Die Frau fände
durch die Schwangerschaft ihre seelische und denkerische
Identität, der bedauernswerte Mann aber müsse durch
unsinnliche, abstraktere Versuche seine Identität er-
kämpfen.

Das alles kann einem sehr konstruiert erscheinen; und
tatsächlich findet man bei Weininger diesen Geist-Mate-
rie-Dualismus extrem auf die Geschlechtszugehörigkeit

der Menschen hin konstruiert. Bei ihm bewirkt die biologische Tatsache des Penis nicht Sinnlichkeit, nein, sie bewirkt Geistigkeit; weil durch das Anschauen des Penis sozusagen eine Ich-Du-Beziehung zwischen Geist und Materie hergestellt wird, zwischen dem »Ich« und dem »Anderen«, zwischen Vernunft und Natur. Die Frau kann diesbezüglich »objektiv« erfahrbar als Mangelwesen dargestellt werden. So ist Scheler sehr stolz darauf, seine Sinnlichkeit durch Geistigkeit im Griff halten zu können und glaubt, daß der Mann im Gegensatz zur Frau seinen »Leib« so distanziert mit sich führe, »als wenn es ein Hündchen an der Leine wäre«. Die Frau aber werde ganz von ihrem Leib getrieben als ein triebgesteuertes Körperwesen (was für Wunschbilder!).

Weininger führt dieses Thema weiter aus, indem er behauptet, die Frau sei nur Natur, ohne »Ich«, weil ohne Geist, ohne Freiheit, weil ohne Vernunft – ein Nichts!

Ich habe mich schon oft nach dem Grund gefragt, warum gerade Intellektuelle, und besonders Philosophen, die Frau mit Natur und Sinnlichkeit gleichsetzen, während sie sich selbst anders beschreiben. Bei weniger intellektuellen männlichen Menschen kommt dieses Argument seltener vor, eher hört man sogar umgekehrte Bestimmungen.

Ich vermute, daß eine Unsicherheit über die eigene intellektuelle Kraft die Ursache dafür sein könnte, daß der Möchte-gern-Intellektuelle die sinnliche Kraft seines Körpers als Störung empfindet.

»Geistigkeit« wird im dualistischen Geist-Natur-Denken meistens als Widerpart gegen das Leibliche aufgebaut, oder auch umgekehrt. Um seinem eigenen Ideal der Geistigkeit als Intellektueller zu genügen, muß also der entsprechende Mann den Körper unterbewerten und bekämpfen. Asketische Ideale haben hier ihren Ursprung, auch die Meinung des Sigmund Freud, daß Kultur durch Sublimierung der Sexualität stattfände.

Nietzsche gab in einem kurzen ehrlichen Moment zu, daß der Asket im Grunde ein sehr sinnlicher Mensch sein müsse, denn was bekämpfe er denn anderes als seine Sinnlichkeit, *die vorhanden ist*. Dieser Kampf zwischen

Geist und Natur in einem Mann, der unbedingt absoluter
Geist sein will, kann zu einem Kurzschluß führen.
Nämlich zu dem bekannten »Psycho-logischen« Schluß
der *Projektion*. Weininger hat diesen Denkakt sehr gut
beschrieben, ohne sich allerdings selbst dabei zu ertappen.
»So wie aller *Haß* nur üble Eigenschaften, die man selbst
besitzt, auf den Nebenmenschen projiziert, um sie dort in
einer desto abschreckenderen Vereinigung zu zeigen; wie
der Teufel nur erfunden wurde, um den bösen Trieb im
Menschen *außer* ihm darzustellen...«, so hat auch
Weininger (und mit ihm andere) sein Übel aus sich
herauskatapultiert und in die Frau verlängert, um es dort
als etwas Anderes zu negieren, d. h. vernichten zu können.
Während dieser Augen-zu-kneif-Logik kann sich der
Urheber der Projektion nicht selbst beobachten, da er mit
nichts anderem beschäftigt zu sein scheint, als mit der
Sicherstellung seiner von ihm heimlich gewußten *labilen* »Geistigkeit«. So ängstigte sich Weininger besonders
heftig darum, eventuell kein »geborener« Philosoph zu
sein. Was für grauenvolle Abgründe muß ihm diese Angst
gezeigt haben; er, der mit einer Supersehnsucht zu
Geistigem herumirrte und dualistisch dachte!

Die Angst vor dem möglichen Fehlen intellektueller
Kontrolle über die eigene Sinnlichkeit kann dazu führen,
den anderen Menschen dieser Sinnlichkeit zu »verdächti-
gen«, um dann selbst durch die Bloßlegung dieser
»Animalität« rein zu werden und sich selbst eine »Unschuld« zu suggerieren, die nun ohne »schlechtes Gewissen« die reine Denkkraft des genialischen Geistes beschwören kann.

So versteht sich der Mann als Geist-Vernunft-Wesen
und reduziert die Frau auf den nackten Körper.

Die Angst um seine intellektuelle Potenz läßt ihn
»naturgemäße« Spaltungen zwischen Mann und Frau
konstruieren, die vielleicht so gar nicht vorhanden sind.
So schimpft Nietzsche, ein besonders ängstlicher Vertreter seines Geschlechts, jeden Mann einen »Flachkopf«,
der diesen »abgründlichsten Antagonismus« und diese
»ewig/feindliche Spannung« zwischen Mann und Frau
leugnet.

Es ist auffällig, daß diese »Ängstlichkeit« besonders bei den deutschen Denkern erhalten geblieben ist. Sollte das »Volk der Dichter und Denker« abgrundtiefe sinnliche Orgasmen heimlich in sich befürchten? Was Kant als das »Tiefe« im deutschen Denken beschrieb, sollte es auch besonders dazu prädestiniert sein, verzweifelte Philosophen zu produzieren?

In der Tat, von wie wenig Denkkraft zeugt ein Denker, der seine Kämpfe nicht in sich selbst aushalten und austragen kann, der sich selbst nicht festhalten kann im Sinne eines sich-selbsthaltenden Selbstbewußtseins? Ich glaube immer noch mit Thomas von Aquin, daß ein wirklich kraftvoll denkender Mensch sich nicht durch seine sexuelle Sinnlichkeit beherrschen lassen wird, wenn er es nicht will. Dieses Problem der Weib-Sinnlichkeit und Mann-Geistigkeit entsteht also meiner Meinung nach in labilen Philosophenköpfen, womit ich auch darauf hindeute, daß die größten sicheren Philosophen noch nicht gelebt haben. Somit sollte dieser »ewige Antagonismus« zwischen den Geschlechtern nicht so ernst genommen werden.

Das Vorurteil, daß Denker einsam sein müßten

Bei jedem Denker habe ich herauszufinden versucht, ob er mit einer Frau zusammen lebte, um mir Klarheit darüber zu verschaffen, wie er gelebt hat, unabhängig von den asketischen Idealen. Es stellte sich heraus, daß etwa die Hälfte der Denker verheiratet waren, ein Teil der anderen Hälfte mußte zölibatär leben (katholische Theologen), und einige waren homosexuell. Nur die wenigsten Philosophen lebten wirklich so, wie viele Intellektuelle es heute noch für eigentlich richtiger halten, nämlich in großer Einsamkeit. Martin Walser beschreibt das etwas unbestimmte Schuldgefühl des verheirateten Dichters gegenüber dem ledigen Dichter in seiner »Gallistl'schen Krankheit«: »Zum Glück bin ich nicht verheiratet, sagte D. und lacht fast lautlos; es ist eine Art Jauchzen nach innen. Ein Dichter, der heiratet, meint es nicht ernst, sagt er dann und schaut uns an, stolz, verachtungsvoll, wer weiß«.

Und doch waren viele Dichter und Philosophen
verheiratet und sind deshalb nicht weniger kraftvoll im
Denken gewesen; so Konfuze, Aristoteles, Fichte, Hegel,
Mill, Russell, Comte und Marx. Man kann auch nicht
sagen, sie hätten sinnlichere Theorien ersonnen; gelten
nicht Hegel und Fichte als *die* Geistphilosophen? Woraus
mag also dieses Vorurteil entstanden sein, daß man erst tief
denken könne, wenn man ohne einen andersgeschlechtli-
chen Menschen lebt?

Sicherlich stammt dieses Denken auch aus dem Geist-
Natur-Dualismus, wie Thomas von Aquin andeutet; daß
die Sinnlichkeit den Geist herunterziehe. Es kann aber
auch so sein, wie Fourier andeutet, daß der alte »plato-
nisch-homosexuelle Geist« weiter als Ideal akzeptiert
wurde und so manche qualvoll asketische Bemühung bei
jenen Denkern hervorrief, die sich im Grunde nach einer
Frau sehnten; so daß sie ihre Sehnsüchte in abstrakte
Erscheinungen der Sophia, Maria oder Maja hüllten, wie
Solovjev und Boetius; oder daß sie ihre Schwestern
besonders liebten, wie es um die Jahrhundertwende 1900
des öfteren vorkam und wie es Musil im »Mann ohne
Eigenschaften« beschrieben hat.

Ich habe eine andere Erklärung über die Entstehung
dieses Vorurteils gefunden, eine einfache vielleicht, aber
auch wahrscheinliche: Unter den Philosophen und
Schriftstellern befinden sich relativ häufig Junggesellen
– im Vergleich zur allgemeinen gesellschaftlichen Üblich-
keit –. Man kann voraussetzen, daß diese Menschen eine
kompliziertere und differenziertere Persönlichkeit ausbilden, so daß es für sie schwer wird, Menschen zu finden,
von denen sie sich verstanden fühlen. Dadurch entstehen
zahlreiche zwischenmenschliche Enttäuschungen, die
dem Denker – als dauerndem Gesetzessucher – ein
gewisses »Schicksal« suggerieren, das er in philosophischer Manier auch als sein individuelles Gesetz interpretiert, dem er sich fatalistisch unterwirft. So kann er sich
trotz Enttäuschung, oder gerade deshalb, besonders
tragisch empfinden und sich in einem höheren Schicksal
aufgehoben glauben, das für die Masse der sich »begatten-
den« Menschen nicht gelte. Und der Trost von Goethe:

»Die Götter geben ihren Lieblingen immer alles ganz, die Freuden und die Leiden« legitimiert sie nun mehr und mehr, aus ihrem Mangel eine Tugend zu machen. »Einsamkeit« wird die Chiffre für »tiefe Verzweiflung«, »mystische Verzückung« und »tiefsten Ernst«, der uns aus tragisch hohlen schwarzen Augenhöhlen anblickt, die den Anschein erwecken, als würden sie nachtnächtlich vom Tod geküßt. Wenn man sich Photographien von Ludwig Wittgenstein ansieht, so hat man die Gestalt, um die es hier geht; um die herum andere bewundernd raunen: »Genial! Einsame Größe! Wahnsinnige Tiefe!« In so einem Zustand unterwerfen sich die meisten einsamen Denker ihrem eingebildeten »Schicksalsgesetz« und manifestieren die vorher mehr zufälligen Erfahrungen in eherne Gesetzlichkeit, so daß nun wirklich ein Abgrund zwischen ihnen und den anderen Menschen aufgerissen wird. Hätte der Denker weniger die Neigung, nur das theoretisch als gut zu legitimieren, was ihm praktisch geschieht, dann könnte es besser um ihn stehen. Hinter dieser ganzen Tragik verbirgt sich eine einfache Tatsache: je differenzierter und vielfältiger ein Mensch wird, desto weniger trifft er andere Menschen, mit denen er sich zutiefst verstehen kann. Auf einen weniger komplizierten Topf passen auch mehr Deckel. So ist also die Verachtung, die eine »Einsame Größe« einem verheirateten »Großen« entgegenbringt, oft nur versteckter, ihm selbst kaum klarer Neid. Ich bin wie Mill davon überzeugt, daß ein tiefes Verstehen auch zwischen Mann und Frau, selbst in den differenziertesten eigenartigsten Gedanken, möglich ist; es erfordert allerdings ein hohes Maß an intellektueller Anstrengung.

Gedankenvergleich

Schon der erste Text dieses Buches von Laotse zeigt, daß männlich und weiblich in der asiatischen Philosophie wie zwei sich gegenseitig bedingende Pole die Spannung dieser Welt bedeuten. Es sind Prinzipien des Denkens, die in der asiatischen Philosophie, der Weisheitslehre, als tiefe Wahrheiten anerkannt werden.

Im europäisch-griechischen Denken ist hiervon nichts zu spüren. Da herrscht der all-eine Geist in der Vielfalt der gesamten Natur. Erst sehr spät haben europäische Philosophen (Böhme, Baader, Wust) das Paar Männlich-Weiblich in ihre philosophische Terminologie aufgenommen, und natürlich dann nur das traditionelle Geist-Natur-Schema darauf angewendet. In China wurde aber trotz dieses seltsamen beweglicheren »Spannungsdenkens« die Frau in der Lebenspraxis genauso vom Mann unterdrückt wie in Europa. Hier zeigt sich, daß diese Unterdrückung wohl andere Gründe hatte als philosophische Einsicht, in der Männlich-Weiblich bereits als gleichwertige theoretische Prinzipien vorhanden waren. (Ich weise auf das umfangreiche Problem der Gewalt hin, bei Mill näher ausgeführt.)

Besonders auffällig ist der Unterschied zwischen deutschen und englischen Philosophen in der »Neuzeit«. In England ist es einem Philosophen seit Mill einfach unmöglich geworden, die Frau als »unter-dem-Mann-stehend« darzustellen. Das kann man besonders gut bei Spencer beobachten, der als deutscher Philosoph sicherlich wie Scheler und Gehlen in diesem Problem argumentiert hätte. Auch bei Russell und Huxley lassen sich immer wieder Beziehungen zu Mill finden, als ob es in dieser Frage eine feste englische Tradition für die Selbstbestimmung der Frau gäbe, die ein Philosoph heute nicht ignorieren könne, ohne sich lächerlich zu machen.

Ganz anders in Deutschland. In der gesamten deutschen Tradition der Philosophie habe ich keinen Denker gefunden, der wie der Franzose Fourier oder der Engländer Mill grundsätzlich und ernsthaft die historische Gegebenheit der Abhängigkeit der Frau vom Mann in Frage gestellt hätte. Das Wenige, was Marx dazu schrieb, waren wohl nur Beteuerungen, die er von Fourier übernommen hatte; aber die menschliche Tiefe dieses Konfliktes zwischen Mann und Frau hat er wohl nicht ganz persönlich und originär verstanden. Genauso befremdlich kann einem Feuerbach erscheinen, der von der »Gattung Menschheit« schrieb, von »Liebe« und von »Selbsterkenntnis« – und doch ist er erst kurz vor seinem

Tode auf die Frauenemanzipation aufmerksam geworden und hat, wie ein kurzes Aufleuchten, die mögliche Tiefe dieses Themas angesprochen, ohne sich aber ausführlicher Gedanken darüber gemacht zu haben.

Die Kantischen Äußerungen sind schon fast liebenswert in ihrer Naivität, und sein manchmal doch ehrlich erstauntes Wundern über die Frau, deren Wesen ihm so fremd und geheimnisvoll sei, mutet wie ein Kinderstaunen an. Hegel argumentiert ähnlich wie Rousseau für den Küchenherd, allerdings in philosophisch anmutigeren Worten. In Nietzsche bricht ein regelrechter Haß gegen die Frau hervor, der wohl biographisch erklärbar ist, aber doch durch das Einkleiden in wuchtige Sätze mit vehementer Wortradikalität (welch großer Geist!) wegweisend für die nachfolgenden Philosophen wurde, die sich häufig in ihrer Suche nach einer »elementaren Lebenskraft« in ihrer »Lebens-philosophie« an ihm als Vorbild orientierten. Selbst bei den »revolutionäreren« deutschen Philosophen, wie Bloch und H. Marcuse, findet man die einfache reaktionäre »deutsche Haltung in der Frauenfrage«.

Offen wird über »Mann und Frau« nicht gesprochen, ebensowenig, wie in der gegenwärtigen deutschen Philosophie offen über Gottesgläubigkeit gesprochen wird, weshalb die Texte in diesem Buch von diesen Leuten auch langweiliger sind. Bei Adorno fand ich nur vage Andeutungen über die beiden Themen: Religion und Frauen; nie fand ich bei ihm einen ausführlicheren expliziten Gedanken, seine Andeutungen verbergen sich oft hinter Zitaten anderer Philosophen oder hinter historischen Erörterungen. So, wie viele »emanzipierende Philosophen« nicht über ihre Dienstmädchen und Chauffeure sprachen, so spricht »man« auch nicht über Gott und die Frau; nach derselben Logik, die sich im Motto ausdrückt: »Über Geld spricht man nicht, man *hat* es.«.

Hinter historischen Herleitungen (Bloch) und Kritiken der Arbeit (Marcuse) verbirgt sich die Furcht um die Verfügbarkeit der Frau. Marcuse macht sich tatsächlich Sorgen um die Minderung der sexuellen Lustbedürfnisse der Frau, falls sie an der gesellschaftlichen Arbeit teilnähme; so könne sie ihrem »wahren Wesen« nicht entspre-

chen, die in der »wahren Emanzipation« freiwillig von der
Frau anerkannt werden würde, nämlich Lust, Körper,
Sinnlichkeit, Trieb, und in einem schöneren Wort: Seele.
Liest man Horkheimer, kann man wirklich an seiner
»philosophischen Tiefe« zweifeln. Es schimmert ein
Frauen-Ideal hindurch, das an die verspielten egozentri-
schen »höheren Töchter« erinnert, wie sie wohl um die
Jahrhundertwende dutzendweise herumliefen. Eine Frau,
wie die von Thomas Mann vielleicht, die, auf die Frage
ihres Schwagers (Offizier) über die Revolutionssituation
in München 1918 am Telefon antwortete: »Katja war am
Apparat und sagte munter, es sei bisher alles in bester
Ordnung bei den Unserigen. Die Stadt sei heute ziemlich
ruhig. Wie sich die Lage entwickeln werde, könne man
freilich noch nicht wissen... ›Wenn es schlimm wird,
kommst du mit deinen Kanönchen‹, sagte die Schwäge-
rin«.[1] Welcher »richtige Mann« fühlt sich da nicht
gekitzelt?

Vielleicht haben die gegenwärtig rückläufigen Gebur-
tenzahlen in der BRD etwas mit einer schweigenden
Weigerung der Frau zu tun, einer Frau, für die das Pathos
der Freiheit immer noch etwas Fremdes ist, einer Frau, die
neidisch nach England schielt, nach den USA.

Die frauenfreundlichen Philosophen

In all dem Denken über das weibliche Geschlecht findet
man doch ab und zu einen frauenfreundlichen Gedanken.
So betonen Seneca, Musonius, Agrippa, Giordano Bruno,
Voltaire, Mill, Fourier, Simmel, Tagore oder Tschernyschevski positive »Fraueneigenschaften«, aber außer Mill
argumentieren sie dabei so, als seien die »Fraueneigenschaften« gegenüber den »Männereigenschaften« natürlich und ewig wahr vorgegeben. Sie kritisieren nicht
grundsätzlich die von fast allen Philosophen gleich
angenommenen »Wesensunterschiede«, sondern *bewer-
ten* nur diese auch von ihnen anerkannten Unterschiede
anders. So wird für Giordano Bruno die Frau gerade

1 Victor Mann, Literaturverzeichnis

deshalb wertvoller, *weil* sie die Ewigkeit der Materie darstellt, da ihm Materie mehr *wert* ist als purer Geist; und Simmel, dem die Seele mehr wert ist als pure Vernunft, versucht eine Identitätstheorie des Weiblichen aufzustellen, die natürlich seelisch sein müsse, mit viel Innerlichkeit und Selbstgenügsamkeit. Tagore bejammert die Gewalttätigkeit des männlichen Geschlechts und beschwört die »natürliche Sanftmut und Liebesfähigkeit« der Frau. Enttäuschung über die Taten seiner Geschlechtsgenossen verführt ihn zu verklärenden Bildern der Frauenidentität, die natürlich-passiv bleibt, aber gerade das bewertet er als Vorteil gegenüber der aktiven männlichen Identität. Im Aufbruch der Frauenemanzipation verherrlicht auch Tschernyschevski die wunderbare Möglichkeit zur Selbständigkeit der Frau, aber natürlich durch die Hilfe des Mannes, der sie errettet, anleitet und belehrt. Fourier träumt davon, daß in seiner utopischen Gesellschaft die natürlichen Anlagen der Frauen endlich von ihnen ausgelebt werden könnten und meint die sinnlichere Natur der Frau.

Es scheint so, als gäbe es klare natürliche (und übernatürliche) Wesensunterschiede zwischen den Geschlechtern, aber niemand untersucht sie näher. Nur Mill zeigt auf, daß er über die Eigenschaften der Frau generell nichts sagen könne, denn die Frauen hätten als gesamtes Geschlecht nie die Macht und Möglichkeit gehabt, sich selbst zu bestimmen und entfalten zu lassen; wie solle da positiv von »Wesensmerkmalen« gesprochen werden, wenn das Wesen, das Selbst-bewußt-sein der Frau, nie ganz lebendig und frei sein konnte? Er schlug vor, den Frauen erst einmal die angelegten Ketten abzunehmen und ein paar Jahrhunderte zu warten, erst dann könne gesagt werden – wenn überhaupt –, ob der weibliche Mensch so frei laufen könne wie vom männlichen Menschen angenommen wird.

Statt dessen verlegen sich die anderen frauenfreundlichen Philosophen darauf, die Frau lediglich positiv zu interpretieren, während die alten Beurteilungskriterien als Voraussetzung bestehen bleiben. Selbst in der feministischen Bewegung sind viele Frauen bereit, diese »positiven« Identitätsinterpretationen anzunehmen und betonen stolz ihre Emotionalität, ihre Körperlichkeit, ihre seelische Kreativität. Die rostigen Ketten aus Eisen sind gegen goldene Ketten aus Edelmetall eingetauscht worden; vielleicht weil es schwer sein mag, mit erleichterten Füßen frei zu laufen, weil es schwer sein mag, das erste Straucheln an sich selbst zu akzeptieren, und weil es beängstigend seltsam für einige sein muß, ohne theoretisch vorgefertigte Identität und Tradition zu leben, aber diese taumelnden Schritte müssen durchgestanden werden, um jenes Jahrhundert zu erreichen, das John Stuart Mill vorgeschwebt hatte. Nach seiner Rechnung könnten einzelne junge Frauen heute – 1980 – soweit sein, einen neuen Hamlet zu schreiben oder neue Bachkompositionen zu schaffen; nach seiner Rechnung könnten jetzt Philosophinnen auftauchen, nach seiner Vermutung müßte heute die Frau mehr Sicherheit in ihren schöpferischen Talenten verspüren als je zuvor in der menschlichen Entwicklung. Statt dessen kursieren heute, nunmehr freiwillig, die alten Kriterien in den Köpfen der Frauen und Männer herum, und eine Frau, die sich zuinnerst als Intellektuelle und Denkende erfährt und weiß, steht immer noch wie ein fremder Mensch zwischen den sich wähnenden Erde-Materie-Frauen und den Himmel-Geist-Männern, als ob das freie Laufen noch immer nicht real möglich wäre. Es scheint so, als ob die frauenfreundlichen Denker – nun aber mit viel väterlicher Zuneigung – schützend ihre Hände über die Frauenköpfe halten, aber so, daß die Frau sich nur nicht zu sehr frei in die offene Welt aussetzt, um da womöglich auch ihre großartigen genialen Schlüsse zu ziehen.

Außer Mill scheint mir kein Philosoph menschlich glaubwürdig in bezug auf das weibliche Geschlecht zu denken; sie philosophieren zu sehr als Männer, zu wenig als *Mensch,* denn in einem menschlichen Identitätsbewußtsein wüßte man um einige Gemeinsamkeiten zwischen den menschlichen Geschlechtern, vor allem was die Vernunftbegabung betrifft; aber das hat außer Mill und vielleicht andeutungsweise Agrippa, niemand für möglich gehalten.

Eine mögliche geistige Überlegenheit der Frau gegenüber dem Manne wurde nur von wenigen Denkern
bedacht, und wenn, dann in Schwärmerei und blinder
Unterwerfung. So ersehnte sich Solovjev Sophia als
geistige Führerin und Erfüllerin seines Lebens; Giordano
Bruno erwählte sich die Weisheit als Lehrerin, so daß
die Frau veridealisiert als Göttin dem Manne überlegen
sein durfte, damit sie ihm die Aufgaben gäbe, die er nur
ruhmvoll zu vollbringen bräuchte. Die wirkliche lebendige Frau konnte sich nur abquälen, um den Idealen der
Muse, der Beatrice, Madonna und Göttin zu entsprechen.
So war sie meistens häßlicher, fragender, unsicherer
und sinnlicher als die großen Ideale der Denker. Selbst
Königinnen achteten streng darauf, das Ideal der Göttin
nicht zu verletzen, und spielten Gönnerinnen und Musen.
Aber ein ganz freies eigenständiges, ungewisses und
darum auch abenteuerlicheres Leben ist den realen Frauen
nicht gestattet, und dennoch weiß jeder denkende und
sich intellektuell beschäftigende Mann, daß sich Genialität
in den extremen Lebenssituationen am ehesten äußert,
nicht in den beschützten toleranten Gesprächsrunden
wohlgefällig Debattierender. Auch Herbert Marcuse
möchte die Frau vor der »äußeren Welt« beschützen, die
ihr natürliches »mütterliches Talent« zerstören würde, so
daß die »wahre Frau« immer seltener würde. Ähnliche
Töne lassen sich auch aus Bloch entnehmen.

Warum lassen Denker nicht einfach die Frau frei
herumlaufen, ohne ihr ein Identitätsschema mit auf den
Weg zu geben. Etwa deshalb, weil das männliche Denken,
d. h. das biologisch bezogene – weil auf Muskelstärke
gegründete – Denken, in Wirklichkeit die Abgrenzung
zum Weiblichen nur betreibt, um sich selbst zu stabilisie-
ren? Wenn das der Fall wäre, dann müßten noch mehr
Ketten fallen, als nur jene, die an weiblichen Füßen
rasseln.

Ausblick

Trotz aller Kritik läßt sich doch ein Motiv in den Gedanken der Philosophen über Frauen finden, das in einer zukünftigen philosophischen Arbeit noch weiterführend verwendbar ist. Es ist das Motiv der »Menschwerdung« oder »Menschlichkeit«.

Einige Philosophen (Baader, Schlegel, Chardin, Solovjev) deuten an, daß die beiden Pole Mann/Frau nicht das ganze Wesen des Menschen ausmachen können, weil dann das Wesen des Menschen nur auf seine körperliche Geschlechtlichkeit gegründet wäre, was ihm mit dem Tier gemeinsam macht. Baader begründet (ähnlich wie Platon) mythologisch damit, daß vor langen Zeiten der Mensch auch körperlich eine Einheit gewesen sei, ohne Trennung in Mann und Frau und auch im Fortpflanzungsbereich ein sich selbst aus sich heraus reproduzierendes Wesen. Nach der Trennung sei nur noch der Geist Einheit geblieben und sei so als »Drittes Medium« zu betrachten, durch das Mann und Frau gegenseitig und gleich zu einer Synthese »zusammenschmelzen« würden, zu dem eigentlichen Menschen. Diese etwas »wunderbare« Synthese der Körperverschiedenheit durch das denkerische Medium läßt doch einen möglichen Kern ahnen, auf den auch Teilhard de Chardin nur verschwommen hingewiesen hat. »Ohne aufzuhören, physisch zu sein, um physisch zu bleiben, wird die Liebe geistiger werden.«

In dieser Entwicklung würde es immer nebensächlicher werden, ob ein Mensch die weibliche oder männliche Geschlechtszugehörigkeit besitzt. Diese Tatsache deutet sich auch medizinisch an, durch die immer besseren Möglichkeiten der Geschlechtsumwandlung. Und wie lange wird es noch dauern, bis Mediziner Möglichkeiten gefunden haben, durch Operationen und Hormonveränderungen auch dem Mann die neun Monate Schwangerschafts-Innerlichkeit zu ermöglichen? Dann würde die Austragung eines neuen Menschen von den entsprechenden zwei Menschen frei entschieden werden können. Was für ein Leben würde es sein, wenn jeder Mensch über seine

Geschlechtszugehörigkeit selbst bestimmen könnte, wenn die denkerische und seelische Tätigkeit zwischen den Menschen freier und intensiver sein könnte?

In diesem Argument geht es nicht darum, die Geschlechter zu negieren, sondern aufzuzeigen, wie relativ, geistlos und un-menschlich es ist, sein Selbstbewußtsein lediglich über Penis und Vagina zu formulieren.

Vielleicht wird man in 2000 Jahren – wenn dann noch Menschen in technisierten Gesellschaften existieren, so daß überhaupt Zeit und Gelegenheit vorhanden wäre darüber nachzudenken – über jene Wesensbestimmungen von Mann und Frau laut lachen, um die sich noch ein Gehlen bemüht hat. Schon heute kommt es mir lachhaft vor, um wieviel lächerlicher erst würde es mir in 2000 Jahren vorkommen?

Über das Geschlechtsproblem läßt sich also ohne ein »wissenschaftlich schlechtes Gewissen« – weil man vielleicht einen wichtigen Gedanken nicht gelesen hat – neu denken. Mehr als verschwommene Andeutungen sind aus der Philosophiegeschichte für die Geschlechtsproblematik der Menschen nicht herauszuholen.

Es gibt natürlich – und gab – viele Philosophen (Scheler, Kant, Ortega), die der Frau vorwarfen, sie hätte kein Interesse an der Menschheit. Aber das sollte nicht jene Frauen entmutigen, die in sich ein Gattungsinteresse trotz all der Verschmähungen entdecken.

Also gilt nicht der Satz von Weininger »Es ist der Mann in ihr, der sich befreien will«, sondern:

Es ist der Mensch in mir, der sich befreien will!

Annegret Stopczyk
Studentin der Philosophie
geb. 28. August 1951

LITERATURVERZEICHNIS

Agrippa, Cornelii: »Gedanken von dem Vorzug des weiblichen vor dem männlichen Geschlecht«; in: »Ob ein Mann seine Frau zu schlagen berechtigt sei«, von Heinr. Freder, Ritter Verlag 1736

Thomas von Aquin: Summa Contra Gentiles Bd. IV S. 264, 270, 274, 334, übers. Helmut Fahsel, Zürich 1949

Aristoteles: Politik, übers.: Olof Gigon, München 1971

Augustinus: Bekenntnisse, 9. Buch, 9. Kapitel, S. 213, übers.: H. Hefele, Wiesbaden 1958

Avicenna: Das Buch der Genesung der Seele, I Metaphysik, S. 671–677, übers.: M. Horten, Ffm 1960

Baader, Franz: Sämtliche Werke, zitiert in der Seitenfolge: Bd. II 316 f., 256, Bd. IV 235, Bd. VII 229, 232, 236 f., Bd. II 271, 314 f., 272, Bd. IV 194 f. Über Sophia: Bd. IX 182 f., Bd. IV 311, 177 f. Aalen 1963

Bacon, Francis: Neu-Atlantis, in »Der Utopische Staat« S. 172–216 hrsg. Klaus J. Heinisch, Hamburg 1960; Über Ehe: Essays, S. 28–31 übers. Elisabeth Schücking, Wiesbaden 1946

Bloch, Ernst: Kampf ums neue Weib, aus: Das Prinzip Hoffnung, 2. Bd., S. 687–698, Ffm 1959, © Suhrkamp Verlag

Bô Yin Râ: Brevier des Gesamtwerkes Leipzig 1928, S. 35 f., 158, 214

Böhme, Jacob: Sämtl. Schriften Nachdruck von 1730 S. 180 f., Stuttgart 1942, einige Worte sind von mir in gebräuchlichere Grammatik übertragen

Brentano, Franz: Grundlegung und Aufbau der Ethik, S. 391 ff., 396 f., 394, Bern 1952

Bruno, Giordano: Abschiedsrede S. 79 ff., Werke Bd. VI, Eroici furori S. 7 f., 15 Bd. V 1907, Von der Ursache S. 38 ff., 96–118 Bd. IV 1906, Vertreibung S. 212 ff., Bd. II 1904, Jena; übers. Ludwig Kuhlenbeck

Campanella, Tommaso: Sonnenstaat, in »Der Utopische Staat, S. 111–169, übers.: Klaus J. Heinisch

Chardin, de Teilhard: Aufstieg zur Einheit, hrsg. Lorenz Häflinger, S. 291–304, Freiburg 1974

Comte, Auguste: Die Soziologie, Positive Philosophie, S. 123–125, Stuttgart 1974, hrsg. Blaschke (Kröner Verlag)

Demokrit: Fragmente der Vorsokratiker, Bd. II, S. 130–207, übers.: Hermann Diels, Zürich Berlin 1964

Descartes, René: Briefe S. 100, 356 f., 432 f., 436 ff., übers. F. Baumgart, Köln 1949

Diderot, Denis: Erzählungen und Gespräche, übers.: Katharina Scheinfuss, Leipzig 1953

Eckehart, Meister: Schriften, S. 217, 219, 271, 273, 272. Übertragen v. Hermann Büttner, Düsseldorf 1959

Ekiken, Kaibara: Beitrag zur japanischen Geistesgeschichte von Dr. Olaf Graf, S. 324–331, Leiden 1942

Erasmus von Rotterdam: Vertraute Gespräche, S. 175 ff., übers.: Hubert Schiel, Köln 1947

Feuerbach, Ludwig: Sämtl. Werke Bd. XI S. 305–307, Stuttgart 1962, Bd. XII/VIII Brief Nr. 41, 45, 347 Stuttgart 1964, hrsg. M. Sass Werke Bd. IV, S. 208, 210, Ffm 1975

Fichte, J. Gottlieb: Werke Bd. III, S. 343–353, Berlin 1971, hrsg. Fichte

Fourier, Charles: Der Frühsozialismus, Quellentexte, hrsg. Thilo Ramm, Stuttgart 1956

Galiani, Ferdinando: Die französischen Moralisten Bd. II, S. 118 ff., Bremen 1963

Gehlen, Arnold: Zeitschrift »Deutsches Rotes Kreuz«, 1957 Heft 7, S. 15–19

Hegel, G. W. Friedr.: Recht, Ffm 1972, hrsg. H Reichelt: Phänomenologie, Ffm 1973 hrsg. G. Lukács; Ästhetik, Stuttgart 1971, hrsg. R. Bubner; Briefe von und an Hegel Bd. I, S. 367 f., Hambg. 1952–60, hrsg. J. Hoffmeister: Enzyklopädie II, Werke Bd. 9, S. 516ff., Ffm 1970

Heine, Heinrich: Werke Bd. II S. 349, letzter Satz in »Religion und Philosophie in Deutschland«, Wiesbaden Sonderausgabe Löwit

Herder, J. Gottfried: Fragmente, Brief, Geschichte aus: Herder, ein Lesebuch für unsere Zeit, Weimar 1978; Ursprung der Sprache, Stuttgart 1975, S. 95 f.

Horkheimer, Max: Notizen 1950–1969, S. 3, 31, Ffm 1974 (S. Fischer); Sehnsucht nach dem ganz Anderen, S. 80, Hamburg 1970

Humboldt, Wilhelm: Über d. Geschlechtsunterschied, Werke Bd. I, S. 268–296, Stuttgart 1960; Gedichte, Gesammelte Schriften Bd. IX, Ausgabe der königlich Preußischen Akademie der Wiss. Berlin 1912; Briefe, B. Berglar zitiert W. Humboldt in W. Humboldt rowohlts Monographien, Hamburg 1970, S. 40

Huxley, Aldous: Ziele und Wege, S. 20, 26 f., 306, 308 f., übers.: Elisabeth Fischer, Berlin–Bielefeld 1949

Imhof, A., Larsen, Ø.: Sozialgeschichte und Medizin, Oslo Stuttgart 1975

Joël, Carl: Philosophenwege, S. 88–133, 199, Berlin 1901; Wandlungen der Weltanschauungen Bd. II, S. 59 f., Tübingen 1934

Kant, Immanuel: Metaphysik d. Sitten Werke Bd. VIII, Ffm 1977; Anthropologie, Werke Bd. VI, WBG Darmstadt 1975; Beobachtungen und Nachlaß aus »Kants Weltanschauung«, Hrsg. Karl Vorländer, Darmstadt 1927, S. 269–277

Keller, Gottfried: Brief in Werke Feuerbach, Bd. XII, S. 124, Stuttgart 1964, hrsg. M. Sass

Kepler, Johannes: Weltharmonik, S. 165, 166, 202, 203, 204, 207, 215, 269, übers.: Max Caspar, München 1973

Kierkegaard, Sören: Begriff der Angst, in Die Krankheit zum Tode und anderes, hrsg. Hermann Diem/W. Rest, München 1976; S. Kierkegaard (Auswahl) besorgt v. Emanuel Hirsch, Düsseldorf 1961

Klages, Ludwig: Die Grundlagen der Charakterkunde, S. 71–78, Bonn 1951; Der Geist als Widersacher der Seele, Bd. 3, 2 Tb. S. 1346 f., 1932 (Bouvier)

Kungfuze: Buch der Sitte, Diederichs Taschenausgabe Nr. 16, S. 272 ff., 314, 323, übers.: Richard Wilhelm; Gespräche Gia-Yü, S. 208, übers.: R. Wilhelm, Düsseldorf–Köln 1961; Gespräche Lun-Yü, übers.: R. Wilhelm, Jena 1914

Laotse: Tao te King, 6., 52., 61. Spruch, übers.: Richard Wilhelm, Jena 1919; 28., 61. Spruch, übers.: Jan Uhlenbrook, Bremen 1962

Lichtenberg, G. Christoph: Aphorismen, S. 71, 20, 139, 156, 99, 84, 147, Ffm 1977, hrsg. Kurt Batt; Werke, S. 227, 231, 235, 236, 237, Stuttgart 1974, hrsg. R. K. Goldschmit/Jentner

Lukrez, Carus: Über die Natur der Dinge, II 581–612, IV 1057–1072, 1148–1287, übers. H. Diels, Berlin 1957

Mann, Victor: in, Revolution und Räterepublik in München 1918/19 in Augenzeugenberichten, S. 119, München 1978

Marcel, Gabriel: Homo Viator, Philosophie der Hoffnung, S. 132–172, Düsseldorf 1949, übers.: W. Rüttenauer

Mao Tse-tung: Worte des Vorsitzenden Mao Tse-tung, S. 131 f., übers.: D. Eikemeier u. a., Ffm 1969

Marcuse, Herbert: Das Argument Nr. 23, 4. Jahrg. 1962, S. 2–11 – vgl. auch: Habermas, Bovenschen u. a., Gespräche mit Marcuse, edition suhrkamp, 938

Marx, Karl: Öko.-phil. Manuskripte, S. 534 f. Bd. I Ergänzung, Berlin 1977, Kritik/Sue in, Marx/Engels, Über Kunst und Literatur, S. 127, Bd. II, Berlin 1968

Mill, J. Stuart: Die Hörigkeit der Frau, übers.: Jenny Hirsch, Berlin 1869

Musonius, Rufus: in, Epiktet, Teles und Musonius, S. 241–248, übers.: Wilh. Capelle, Zürich 1948

Nietzsche, Friedrich: Werke, Bd. II, S. 82 § 68; Bd. I S. 654

§ 416, S. 662 § 435; Bd. II, S. 329f.; Bd. II S. 636 § 144, S. 698, S. 700 § 238, S. 702f., S. 892f., Hrsg. Karl Schlechta, München 1972

Ortega y Gasset: Über die Liebe, S. 174, 176, übers.: Helene Weyl, München 1978; Einfluß der Frau, in: Triumph des Augenblicks, Auswahl, S. 103 ff., Stuttgart 1960 (DVA)

Paracelsus: Lebendiges Erbe, Auslese seiner sämtl. Schriften, S. 15 ff., Zürich 1942

Paulus: Neues Testament, Epheser Brief 5, 22–31, Paderborn 1946

Platon: Sämtliche Werke, Rowohlts Klassiker, übers.: Fr. Schleiermacher, Symposion Bd. II, Timaios Bd. V, Menon Bd. II, Nomoii Bd. VI, Politeia Bd. III, Hamburg 1958

Radharkrishnan: Sarvepalli: Meine Suche nach Wahrheit, S. 10 f., übers.: H.-D. Lohnherr, Gütersloh 1961

Rousseau, Jean J.: Schriften Bd. I, S. 439, hrsg. H. Ritter, München 1978; Emil, S. 420 f., 447, 425, übers.: L. Schmidts, Paderborn 1978

Russell, Bertrand: Ehe und Moral, übers.: U. C. A. Krebs, Stuttgart 1951

Sade, Marquis de: Werke, ausgewählt, Bd. III, S. 625 ff., Hamburg 1965

Schlegel, Friedrich: Ges. Werke, Bd. V, S. 20 ff., hrsg. Hans Eicher, München 1962; Prosaische Jugendschriften, Bd. I, S. 59, hrsg. Minor, Wien 1906

Schleiermacher, Daniel E.: Predigten über den christlichen Hausstand, S. 14–22, Berlin 1860; Katechismus aus: Schleiermacher in Selbstzeugnissen dargestellt von Friedr. Kautzenbach, Hmbg. 1967, S. 72 ff.

Seneca: Vom glückseligen Leben, übers.: Forbinger, Stuttgart 1953

Scheler, Max: Vom Umsturz der Werte Bd. I, S. 308, Leipzig 1923; Bd. III, S. 199–211, Bern 1955

Schopenhauer, Arthur: Sämtl. Werke, Bd. IV, Die Welt als Wille und Vorstellung, Bd. II; Bd. X 2. Band, Philosophische Schriften, Zürich 1977

Simmel, Georg: Philosophische Kultur, ges. Essays, Leipzig 1919

Solovjev, Wladimir: Ges. Werke, Bd. V, Die Rechtfertigung des Guten, S. 226, 227, 587–592; Briefe Ergänzungsband, S. 39, 46, 71, 152 f.; Gedicht S. 267–276, übers.: Ludolf Müller u. a., München 1977

Spencer, Herbert: System der synthetischen Philosophie, Bd. XI, 1. Abtg. Ethik II, übers.: B. Vetter, Stuttgart 1892

Spinoza, Benedikt: Der politische Traktat, in: Der Staat, Zusammenstellung von Walter Schätzel, Basel

Steiner, Rudolf: Kosmische und menschliche Geschichte, Bd. I, 1. Vortrag, Dornach 1964

Tagore, Rabindranath: Persönlichkeit, übers.: Helene Meyer-Franck, München 1921

Tschernyschevski, Nicolai: Was tun, S. 423f., 448f., 430f. übers. M. Hellmann u.a. Berlin/Weimar 1979

Vico, Giovanni Battista: Die neue Wissenschaft, Bd. I 2. Buch 1. Kap., übers.: Erich Auerbach, München 1924

Voltaire: Kritische und Satirische Schriften, München 1970, übers.: K. Horst u. a.; Denkwürdigkeiten aus dem Leben des Herrn de Voltaire aufgezeichnet von ihm selbst, in: Sämtl. Romane und Erzählungen, übers.: Ilse Lehmann, Leipzig 1978; Aus dem philosophischen Wörterbuch, übers.: Erich Salewski, Ffm 1967

Walser, Martin: Die Gallistl'sche Krankheit, Ffm 1972, S. 36

Weininger, Otto: Geschlecht und Charakter, Leipzig 1919, zitiert in der Seitenfolge: 4, 8, 9, 10, 33, 34, 43, 60f., 64, 67, 76f., 81, 85, 93, 101, 106, 342, 332, 106, 108, 110, 134, 122, 124, 240, 243f., 186, 138, 152, 181, 234, 238, 260, 188, 332f., 320, 331, 368f., 379f., 390, 388, 391, 393, 383, 385, 397, 453, 452, 450f., 460f.; Taschenbuch und Briefe an einen Freund, Leipzig 1919, S. 66

Woolf, Virginia: Ein Zimmer für sich allein, S. 25–34, Berlin 1978 (Verlag Renate Gerhardt)

Wust, Peter: Ges. Werke, III/2, S. 75–81, Münster 1964

Otto Weininger
Geschlecht und Charakter

Eine prinzipielle Untersuchung
mit einer Dokumentation und
einem Nachwort von Roberto Calasso

Aus dem Vorwort zur ersten Auflage

Dieses Buch unternimmt es, das Verhältnis der Geschlechter in ein neues, entscheidendes Licht zu rücken. Es sollen nicht möglichst viele einzelne Charakterzüge aneinandergereiht, nicht die Ergebnisse der bisherigen wissenschaftlichen Messungen und Experimente zusammengestellt, sondern die Zurückführung alles Gegensatzes von Mann und Weib auf ein einziges Prinzip versucht werden. Hiedurch unterscheidet es sich von allen anderen Büchern dieser Art. Es verweilt nicht bei diesem oder jenem Idyll, sondern dringt bis zu einem letzten Ziele vor; es häuft nicht Beobachtung auf Beobachtung, sondern bringt die geistigen Differenzen der Geschlechter in ein *System;* es gilt nicht den Frauen, sondern der Frau. Zwar nimmt es stets das Alltäglichste und Oberflächlichste zu seinem Ausgangspunkt, aber nur, um alle konkrete Einzelerfahrung zu *deuten.* Und das ist hier nicht »induktive Metaphysik«, sondern schrittweise psychologische Vertiefung.

Laure
Schriften

Herausgegeben und übersetzt von Bernd Mattheus

Gestorben im Alter von 35 Jahren an Tbc, ließ Laure, die Lebensgefährtin von Georges Bataille, skandalumwitterte Texte zurück, die lange unveröffentlicht blieben.

Als alles zu Ende war, befand ich mich vor ihren Papieren und ich konnte jene Seiten lesen, die ich während ihrer Agonie bemerkt hatte. Die Lektüre all ihrer Schriften, die mir völlig unbekannt waren, rief zweifellos eine der heftigsten Emotionen meines Lebens hervor, doch nichts konnte mich mehr treffen und erschüttern als ein den Text abschließender Satz, wo sie vom Heiligen spricht. Ich hatte ihr gegenüber niemals diese paradoxe Idee zum Ausdruck bringen können: daß das Heilige *Kommunikation* ist. (...) Am Schluß von Laures Text gelang es mir mühsam, diese paar hingekritzelten Sätze zu entziffern: »Das poetische Werk ist heilig, insofern es Schöpfung eines topischen Ereignisses ist, ›Kommunikation‹ empfunden wie *die Nacktheit*. – Es ist Vergewaltigung seiner selbst, Entblößung, Kommunikation mit anderen über das, was Lebensgrund ist; jedoch, dieser Lebensgrund ›verschiebt sich‹.«

(Georges Bataille)

Eine Person, von der jene, die in enger Verbindung mit ihr standen, genau wissen, wie unantastbar ihr Anspruch in seiner Höhe und wie heftig ihre Rebellion gegen jene Normen war, denen die meisten beipflichten. (Michel Leiris)

Als ich Laures Schriften das erste Mal las, glitt ich in einem Fieber und mit einem Furor von Seite zu Seite. (Marie Cardinal)